여러분의 합격을 응원하

KB170663

해커스소방의 특별 예닉!

FREE 소방관계법규 **동영상강의**

해커스소방(fire.Hackers.com) 접속 후 로그인 ▶ 상단의 [무료강좌 → 소방 무료강의] 클릭하여 이용

해커스소방 온라인 단과강의 **20% 할인쿠폰**

5 8 6 F 9 E 5 A 5 8 8 B 5 5 5 J

해커스소방(fire.Hackers.com) 접속 후 로그인 ▶ 상단의 [내강의실] 클릭 ▶
좌측의 [인강 → 결제관리 → 쿠폰 확인] 클릭 ▶ 위 쿠폰번호 입력 후 이용

* ID당 1회에 한하여 사용 가능(단과강의에만 적용 가능)
* 쿠폰 등록 가능 기간: 2023년 12월 31일까지(등록 후 7일간 사용 가능)

해커스소방 무제한 수강상품(패스) **5만원 할인쿠폰**

4 B A 8 2 9 D A 3 B 2 2 F C 4 S

해커스소방(fire.Hackers.com) 접속 후 로그인 ▶ 상단의 [내강의실] 클릭 ▶
좌측의 [인강 → 결제관리 → 쿠폰 확인] 클릭 ▶ 위 쿠폰번호 입력 후 이용

* ID당 1회에 한하여 사용 가능(특별 할인상품 적용 불가)
* 쿠폰 등록 가능 기간: 2023년 12월 31일까지(등록 후 7일간 사용 가능)

쿠폰 이용 관련 문의 **1588-4055**

단기 합격을 위한
해커스 커리큘럼

베이스가 있다면 **기본 레벨**부터!

문제풀이로 이론 학습을 원한다면 **기출문제풀이 레벨**로!

START

입문
탄탄한 기본기를 위한
핵심 개념 다지기!

기본
반드시 알아야 할
개념과 이론 완성!

심화
고난도 개념 학습으로
응용력을 다진다!

강의 **쌩기초 입문반**

이해하기 쉬운 개념 설명과 풍부한
연습문제 풀이로 부담 없이 기초를
다질 수 있는 강의

강의 **기본이론반**

반드시 알아야 할 기본 개념과 문제풀이
전략을 학습하여 핵심 개념 정리를
완성하는 강의

강의 **심화이론반**

심화이론과 중·상 난이도의 문제를
함께 학습하여 고득점을 위한 발판을
마련하는 강의

* 커리큘럼은 과목별·선생님별로 상이할 수 있으며, 자세한 내용은 해커스소방 사이트에서 확인하세요.

기출문제

기출문제풀이 훈련으로
취약영역을 보완한다!

예상문제

예상문제풀이로
실전력을 강화한다!

마무리

시험 직전 반드시
확인할 내용만 엄선한다!

PASS

강의 **기출문제 풀이반**

기출문제의 유형과 출제 의도를 이해
하고, 본인의 취약영역을 파악 및 보완
하는 강의

강의 **예상문제 풀이반**

최신 출제경향을 반영한 예상 문제들을
풀어보며 실전력을 강화하는 강의

강의 **실전동형모의고사반**

최신 출제경향을 완벽하게 반영한 모의고사를
풀어보며 실전 감각을 극대화하는 강의

강의 **봉투모의고사반**

시험 직전에 실제 시험과 동일한 형태의
모의고사를 풀어보며 실전력을 완성하는 강의

해커스소방 단기 합격생이 말하는
소방 합격의 비밀!

해커스소방과 함께라면
다음 합격의 주인공은 바로 여러분입니다.

공부 방법도 모르던
완전 노베이스도 공채 합격!

지*민 합격생

커리큘럼에 충실했던 것이 합격 비결!

—

무엇보다 저는 **노베이스**여서 **공부하는 습관**이 잡혀
있지 않는데, 체계적으로 잡혀있는 **커리큘럼**을
따라 갔던 것이 **합격에 큰 도움**이 되었습니다.

특전사 출신 노베이스,
6개월 만에 특채 합격!

이*영 합격생

후반에는 모의고사로 실전감각 UP!

—

수험기간 후반에는 시간을 정해놓고 **매일 모의고사를**
풀면서 실전감각을 익혔고, 틀린 부분에 대해서는 **다시**
개념을 복습하는 시간을 가졌습니다.

직장인 자위소방대,
7개월 만에 공채 합격!

노*균 합격생

단기합격의 비법은 기본서 반복!

—

물론, 문제풀이도 중요하지만 가장 기본이 되는 것은
기본서를 옆에 두고 반복하는 것! 이것이 단기합격에
가장 큰 도움이 된 것 같습니다.

해커스소방

김진성
소방관계법규

기본서 | 1

해커스소방

"소방공무원을 꿈꾸는
수험생 여러분들을 응원합니다."

2023년은 소방공무원 시험에서 소방관계법규가 선택과목에서 필수과목으로 전환이 되는 첫 번째 해입니다. 저자가 교수업무를 하고 있었던 2000년 초에도 시험과목 변경을 경험한 바가 있었습니다. 당시에도 수험생들은 현재의 여러분처럼 혼란스럽고, 어렵고, 힘든 시간을 보내야만 했습니다. 하지만 위기를 기회로 전환하는 발상을 가지고 철저히 준비하고 대비한 수험생들은 원하는 목표를 이루었습니다. 이번에도 또한 그때와 다르지 않다고 확신합니다.

지금부터 2023년 소방공무원 시험을 대비하기 위해서는 변화된 출제유형에 따라 공부하여야 합니다. 이전에는 필수가 아닌 선택과목으로 단순하게 소방관계법규 조문을 물어보는 유형의 문제가 주류를 이루었다면, 선택이 아닌 필수과목에서는 그 뜻을 이해하고 있는지를 묻는 문제가 한층 심화되어 출제될 가능성이 높아질 것이라고 판단됩니다. 따라서 이에 대한 대비를 철저히 해야 한다고 강조하고 싶습니다.

다년간의 강의 경험이 담긴 이 기본서를 통해 전문과목의 중요도가 높아진 2023년 소방공무원 시험을 완벽하게 대비할 수 있을 것입니다.

어떻게 학습해야 할까요?

많은 수험생 여러분들이 소방관계법규의 방대한 양에 대해 두려움을 느끼곤 합니다. 하지만, 「2023 해커스소방 김진성 소방관계법규 기본서 1」을 아래의 활용법대로 학습한다면 수험생 여러분이 원하시는 결과를 얻을 것이라 확신합니다!

첫째, 법조문 · 시행령 · 시행규칙 연결하여 학습하기

교재 이외에 별도로 법조문을 찾아 학습할 필요가 없도록 법조문 기반으로 교재를 구성하고, 시행령 · 시행규칙까지 수록하였습니다. 전반적인 큰 틀에서 법조문을 학습한 후 관련 시행령 · 시행규칙을 함께 연결하여 학습한다면 효율적인 학습이 가능할 것입니다.

둘째, 다양한 학습 장치를 통해 이론 완성하기

1회독 때에는 전체적인 내용을 이해한다는 생각으로 본문 내용과 선생님의 설명을 담은 '찐tip', 입법의도를 명확하게 이해할 수 있는 '조문플러스'를 통해 내용을 익히도록 합니다. 2-3회독 때에는 1회독 때 확실히 학습하지 못한 부분을 다시 학습하고 출제빈도가 높은 조문 내용을 정리한 '핵심정리'를 통해 중요한 내용을 한번 더 학습합니다. 이렇게 학습한다면 소방관계법규의 내용을 꼼꼼하게 완성할 수 있을 것입니다.

셋째, 최근 기출문제로 출제유형 확인하기

시험은 기출문제의 반복이며, 변형일 수밖에 없습니다. 따라서 조문 및 개별법마다 기출문제를 수록하여 출제의도 및 경향을 파악하고, 학습한 내용을 문제로 점검한다면 소방관계법규 시험을 완벽하게 대비할 수 있습니다.

소방공무원 합격을 꿈꾸는 모든 수험생 여러분에게 「2023 해커스소방 김진성 소방관계법규 기본서 1」이 훌륭한 길잡이가 되기를 바라며, 소방관계법규 시험의 고득점을 달성하고 합격을 향해 한걸음 더 나아가시기를 바랍니다.

2022년 7월

저자 *김진성*

목차

2권

이 책의 구성

① 이론의 세부적인 내용을 정확하게 이해하기

최신 개정법령을 반영한 이론

1. 법, 시행령, 시행규칙의 연계 구성

소방 관계 법령의 구성에 따라 주제별로 시행령과 시행규칙을 연계 배치함으로써 학습의 효율성을 극대화할 수 있도록 하였습니다. 이를 통하여 법조문을 추가로 찾아보지 않아도, 교재의 흐름대로 출제가능성이 있는 모든 부분들을 빠짐없이 학습할 수 있습니다.

2. 최신 개정법령 반영

2022년 6월까지의 개정법령을 전면 반영하였습니다. 특히 최근 개정된 법조문에는 개정일 및 시행일을 표시하여 유의 깊게 학습할 수 있습니다.

3. 중요포인트 강조

소방관계법규의 방대한 학습분량에서 시험에 반드시 필요한 부분은 꼭 학습하고 넘어갈 수 있도록 중요포인트를 색자로 강조하였습니다. 이를 통하여 핵심이 되는 내용이 어떠한 부분인지 빠르게 확인할 수 있으며, 회독 수를 늘려가면서 중요한 출제포인트 위주로 학습의 범위를 좁혀 효과적인 반복학습을 할 수 있습니다.

2 다양한 학습장치를 활용하여 이론 완성하기

한 단계 실력 향상을 위한 다양한 학습장치

❶ **조문플러스**: 복잡하고 난해한 법조문의 내용을 쉽게 이해할 수 있도록 이에 대한 입법의도 및 보충설명을 '조문플러스'에 수록하였습니다. 이를 통하여 이해하기 어려웠던 부분에 대한 이해도를 높이고, 깊이 있는 내용까지 학습할 수 있습니다.

❷ **찐tip**: 학습의 이해를 돕기 위한 선생님의 보충 설명을 수록하였습니다. 이를 통해 강의 내용을 떠올리며 학습할 수 있어 어려운 소방관계법규 이론을 보다 쉽게 이해할 수 있습니다.

❸ **핵심정리**: 출제가능성이 높은 조문에 대한 중요내용을 '핵심정리'에 수록하였습니다. 이를 통하여 학습한 내용을 다시 한 번 요약·정리할 수 있으며, 다회독 시 '핵심정리' 위주로 학습함으로써 시험에 나오는 부분만 효율적으로 학습할 수 있습니다.

❹ **용어사전**: 더 알아두면 이해에 도움이 될 만한 용어에 대한 개념 설명을 '용어사전'에 수록하였습니다. 이를 통하여 용어에 대한 이해를 기반으로 시험에 직접 출제되는 내용들을 정확하게 학습할 수 있습니다.

❺ **기출체크**: 법조문과 관련 있는 기출문제를 이론학습과 연계하여 풀어볼 수 있도록 '기출체크'에 수록하였습니다. 필수적인 개념을 확인하는 문제에서부터 최신 기출문제까지 퀄리티 높은 문제들만 엄선하여 수록함으로써 어떠한 유형으로 출제되는지 확인하고 문제에 접근하는 방법을 익히며, 효과적으로 학습한 이론을 점검할 수 있습니다.

📋 시험 안내

2023년 소방공무원 시험의 가장 큰 변화는 한국사와 영어 과목이 능력검정시험으로 대체되며, 기존 대비 체력시험과 면접시험의 비중이 늘어난다는 점입니다. 한국사, 영어 과목의 능력검정시험 대체와 필기시험 반영 비율의 축소로, 필기시험에 대한 응시생들의 부담이 줄어들 수 있으나 변별력을 위한 소방학개론, 소방관계법규, 행정법총론 과목의 난이도 상승이 예상됨에 따라 해당 과목의 중요성이 상대적으로 높아졌다고 볼 수 있습니다. 즉, 2023년 소방공무원 시험에 합격하기 위해서는 필기시험의 고득점뿐만 아니라 체력시험 및 면접에도 전략적인 대비가 필요합니다. *참고: 소방청(nfa.go.kr)

1. 2023년 소방공무원 시험 과목 개편

구분	2023년			기존
공채	소방학개론, 소방관계법규, 행정법총론			소방학개론, 소방관계법규, 행정법총론, 한국사, 영어
경채	일반	소방학개론, 소방관계법규	한국사, 영어 (능력검정시험)	소방관련학과	국어, 소방학개론, 소방관계법규(경채)
	구급	소방학개론, 응급처치학개론		그 외	국어, 생활영어, 소방학개론
	화학	소방학개론, 화학개론			
	정보통신	소방학개론, 컴퓨터일반			

2. 소방관계법규 개정 사항

구분	개정 전	개정 후	개정사항
1분법	소방기본법	소방기본법	「소방기본법」에서 화재조사에 관한 내용을 삭제하고 화재조사 관련 법률을 강화하여 「소방의 화재조사에 관한 법률」로 신설
		소방의 화재조사에 관한 법률 [시행 2022.6.9.]	
2분법	화재예방, 소방시설 설치·유지 및 안전관리에 관한 법률	화재의 예방 및 안전관리에 관한 법률 [시행 2022.12.1.]	「소방시설법」을 화재예방을 위한 소방기관의 안전관리 등 예방체계를 통합한 내용을 담은 「화재의 예방 및 안전관리에 관한 법률」과 건축물의 용도에 따라 소방시설 설치기준과 관리사항을 정하는 기술법을 내용을 수록한 「소방시설 설치 및 관리에 관한 법률」로 분리
		소방시설 설치 및 관리에 관한 법률 [시행 2022.12.1.]	
3분법	소방시설공사업법	소방시설공사업법	일부 내용 개정
4분법	위험물안전관리법	위험물안전관리법	일부 내용 개정

3. 시험별 반영 비중 개편

2023년부터 필기시험 비율이 축소되고 체력시험과 면접시험의 비율이 강화되어 **필기시험 반영 비율은 50% (▼25%)**, 체력시험은 **25%(▲10%)**, **면접시험은 25%(▲15%)** 로 바뀌게 됩니다. 즉, 필기시험의 비율은 축소되었지만 체력시험과 면접시험의 비율은 강화되면서, 소방의 현장직무에 적합한 소양을 갖추었는지에 대한 판별에 더욱 중점을 두게 되었습니다.

시험 관련 FAQ

 소방공무원 시험 가점 대상 분야가 확대되나요?

 네, 기존 소방공무원 시험 가점 대상은 자격증·사무관리 분야에 한정되었으나 2023년부터는 기존 자격증·사무관리 분야에 추가로 국어·외국어까지 가점 대상 분야가 확대됩니다.

 소방공무원 시험 가점 부여 시기가 변경되나요?

 네, 2022년까지는 가산점이 필기시험 시기에 부여되어 성적에 포함되었으나 2023년부터는 최종합격자 결정 시기에 부여하는 것으로 변경되었습니다.

 국어·외국어 성적의 유효기간은 어떻게 되나요?

 소방청에서는 국어·외국어 성적의 경우, 면접시험일 기준 2년 이내의 것만 인정하고 있습니다.

 가점 자료 제출기한은 언제까지인가요?

 가점 자료 제출기한은 당해 시험이 있는 면접시험 실시일까지이므로 기한을 꼭 주의하세요!

2023 해커스소방 **김진성 소방관계법규** 기본서 1

제1편

소방기본법

제1장 총칙

📖 **용어사전**

❶ **화재:** 사회통념상 공공의 위험을 발생하게 하고 소화할 필요가 있는 규모로서 다음의 종류를 말한다.
  · 사람의 의도에 반하는 불(실화)
  · 고의에 의한 불(방화)
  · 소화설비 및 소화약제의 필요성이 있는 불
  · 인명 또는 재산상의 피해를 주는 불
❷ **예방:** 화재발생 이전의 능동적 행위로서 추상적이며 일반적인 화재위험에 대한 행위를 말한다.
❸ **경계:** 화재발생 이전의 능동적 행위로서 구체적이며 실체적인 화재위험에 대한 행위를 말한다.
❹ **진압:** 발생한 화재에 대한 수동적 행위를 말한다.
❺ **소방:** 화재에 대한 예방, 경계, 진압 및 구조와 구급을 행하는 것을 말한다.

제1조(목적)

이 법은 화재❶를 예방❷·경계❸하거나 진압❹하고 화재, 재난·재해 그 밖의 위급한 상황에서의 구조·구급활동 등을 통하여 국민의 생명·신체 및 재산을 보호함으로써 공공의 안녕 및 질서 유지와 복리증진에 이바지함을 목적으로 한다.

> **시행령 제1조(목적)** 이 영은 「소방❺기본법」에서 위임된 사항과 그 시행에 관하여 필요한 사항을 규정함을 목적으로 한다.

> **시행규칙 제1조(목적)** 이 규칙은 「소방기본법」 및 같은 법 시행령에서 위임된 사항과 그 시행에 관하여 필요한 사항을 규정함을 목적으로 한다.

🔖 **핵심정리 목적**

📋 **기출체크**

다음 중 소방기본법의 제정 목적으로 옳지 않은 것은?　　　　　05. 강원·전북, 07. 대전

① 소방교육을 통한 국민의 안전의식을 높이기 위함이다.
② 화재를 예방, 경계하고 진압한다.
③ 공공의 안녕 및 질서 유지와 복리증진에 이바지한다.
④ 국민의 생명, 신체 및 재산을 보호한다.

정답 ①

제2조(정의)

이 법에서 사용하는 용어의 뜻은 다음과 같다.

1. "소방대상물❶"이란 건축물❷, 차량, 선박❸(「선박법」 제1조의2 제1항에 따른 선박으로서 항구에 매어둔 선박만 해당한다), 선박 건조 구조물❹, 산림, 그 밖의 인공 구조물❺ 또는 물건을 말한다.

2. "관계지역"이란 소방대상물이 있는 장소 및 그 이웃 지역으로서 화재의 예방·경계·진압, 구조·구급 등의 활동에 필요한 지역을 말한다.

3. "관계인"이란 소방대상물의 소유자❻·관리자❼ 또는 점유자❽를 말한다.

4. "소방본부장"이란 특별시·광역시·특별자치시·도 또는 특별자치도(이하 "시·도"라 한다)에서 화재의 예방·경계·진압·조사 및 구조·구급 등의 업무를 담당하는 부서의 장을 말한다.

5. "소방대"(消防隊)란 화재를 진압하고 화재, 재난·재해, 그 밖의 위급한 상황에서 구조·구급 활동 등을 하기 위하여 다음 각 목의 사람으로 구성된 조직체를 말한다.
   가. 「소방공무원법」에 따른 소방공무원
   나. 「의무소방대설치법」 제3조에 따라 임용된 의무소방원(義務消防員)
   다. 「의용소방대 설치 및 운영에 관한 법률」에 따른 의용소방대원(義勇消防隊員)

6. "소방대장"(消防隊長)이란 소방본부장 또는 소방서장 등 화재, 재난·재해, 그 밖의 위급한 상황이 발생한 현장에서 소방대를 지휘하는 사람을 말한다.

🗂 기출 체크

01 「소방기본법」상 용어의 정의로 옳지 않은 것은?   19. 학과

① 소방대상물이란 건축물, 차량, 선박(「선박법」 제1조의2 제1항에 따른 선박으로서 항구에 매어둔 선박만 해당한다), 선박 건조 구조물, 산림, 그 밖의 인공 구조물 또는 물건을 말한다.

② 관계지역이란 소방대상물이 있는 장소 및 그 이웃 지역으로서 화재의 예방·경계·진압, 구조·구급 등의 활동에 필요한 지역을 말한다.

③ 소방본부장이란 특별시·광역시·특별자치시·도 또는 특별자치도에서 화재의 예방·경계·진압·조사 및 구조·구급 등의 업무를 담당하는 부서의 장을 말한다.

④ 소방대란 화재를 진압하고 화재, 재난·재해, 그 밖의 위급한 상황에서 구조·구급 활동 등을 하기 위하여 소방공무원, 의무소방원, 자위소방대원으로 구성된 조직체를 말한다.

02 「소방기본법」상 용어에 대한 설명으로 가장 옳은 것은?   18. 공채 통합

① 관계인이란 소방대상물의 소유자 또는 점유자만을 말한다.

② 관계지역이란 소방대상물이 있는 장소만을 말한다.

③ 소방대상물이란 건축물, 차량, 항구에 매어둔 선박, 선박 건조 구조물, 산림, 그 밖의 인공 구조물 또는 물건을 말한다.

④ 소방대장이란 소방본부장 또는 소방서장만을 말한다.

📖 조문 플러스

법 집행과정에서 발생할 수 있는 해석상의 혼란을 방지하기 위하여 정의 규정을 두었다.

📕 용어사전

❶ **소방대상물**: 소방행정 수행상의 목적물을 말한다.

❷ **건축물**: 토지에 장착하는 건축물 중 지붕과 기둥 또는 벽이 있는 것을 말한다(지하 또는 고가의 공작물에 설치하는 사무소, 공연장, 점포, 차고, 창고 등).

❸ **선박**: 「선박법」에서는 그 적용대상을 특정하기 위하여 선박을 수상(水上) 또는 수중(水中)에서 항행용(航行用)으로 사용될 수 있는 배 종류로 규정하고 있다.

❹ **선박 건조 구조물**: 선박의 건조, 의장, 수리를 하거나 선박에 화물을 적재 또는 하역하기 위한 축조물을 말한다.

❺ **인공 구조물**: 일반적으로는 인위적으로 지상이나 지중에 만들어진 것을 말한다. 건축물과 공작물을 나누어서 말하는 경우는 굴뚝·광고탑·고가수조·옹벽 엘리베이터 등을 말한다.

❻ **소유자**: 물건의 처분권이 있는 사람을 말한다.

❼ **관리자**: 물건의 처분권은 없고 보존행위 등 관리만을 하는 사람을 말한다.

❽ **점유자**: 물건을 소지하는 권리를 가진 사람을 말한다.

👨 찐 tip

소방대 구성원
1. 소방공무원
2. 의무소방원
3. 의용소방대원

03 다음 중 괄호 안에 들어갈 용어로 옳은 것은? 16. 공채 통합

> ( )이란 건축물, 차량, 선박(「선박법」에 따른 선박으로서 항구에 매어둔 선박만 해당한다), 선박 건조 구조물, 산림, 그 밖의 인공 구조물 또는 물건을 말한다.

① 소방대상물
② 특정소방대상물
③ 방염대상물품
④ 특별안전관리대상물

04 「소방기본법」에서 용어의 뜻으로 옳지 않은 것은? 05. 경남, 07. 울산, 10. 전남

① 관계인이란 소방대상물의 소유자·관리자 또는 점유자를 말한다.
② 소방대는 소방공무원만을 지칭한다.
③ 관계지역이란 소방대상물이 있는 장소 및 그 이웃 지역으로서 화재의 예방·경계·진압, 구조·구급 등의 활동에 필요한 지역을 말한다.
④ 소방대장이란 소방본부장 또는 소방서장 등 화재, 재난·재해, 그 밖의 위급한 상황이 발생한 현장에서 소방대를 지휘하는 자를 말한다.

05 「소방기본법」상 용어의 정의에 대한 설명으로 옳지 않은 것은? 15. 공채 통합

① 특정소방대상물이란 건축물, 차량, 항구에 매어둔 선박, 선박 건조 구조물, 산림, 그 밖의 인공 구조물 또는 물건을 말한다.
② 관계인이란 소방대상물의 소유자·관리자 또는 점유자를 말한다.
③ 소방본부장이란 특별시·광역시·특별자치시·도 또는 특별자치도에서 화재의 예방·경계·진압·조사 및 구조·구급 등의 업무를 담당하는 부서의 장을 말한다.
④ 소방대장이란 소방본부장 또는 소방서장 등 화재, 재난·재해, 그 밖의 위급한 상황이 발생한 현장에서 소방대를 지휘하는 사람을 말한다.

정답 01 ④ 02 ③ 03 ① 04 ② 05 ①

제2조의2(국가와 지방자치단체의 책무)

국가와 지방자치단체는 화재, 재난·재해, 그 밖의 위급한 상황으로부터 국민의 생명·신체 및 재산을 보호하기 위하여 필요한 시책을 수립·시행하여야 한다.

제3조(소방기관의 설치 등)

① 시·도의 화재 예방·경계·진압 및 조사, 소방안전교육·홍보와 화재, 재난·재해, 그 밖의 위급한 상황에서의 구조·구급 등의 업무(이하 "소방업무"라 한다)를 수행하는 소방기관의 설치에 필요한 사항은 대통령령으로 정한다.
② 소방업무를 수행하는 소방본부장 또는 소방서장은 그 소재지를 관할하는 특별시장·광역시장·특별자치시장·도지사 또는 특별자치도지사(이하 "시·도지사"라 한다)의 지휘와 감독을 받는다.

📖 **조문 플러스**
「지방자치법」에서 소방에 관한 업무를 시·도 사무로 규정하고 있으며 시·도지사는 관할구역에 대한 소방업무의 책임을 담보하기 위하여 참모기관인 소방본부장과 직속기관인 소방서장을 지휘·감독한다.

③ 제2항에도 불구하고 소방청장은 화재 예방 및 대형 재난 등 필요한 경우 시·도 소 방본부장 및 소방서장을 지휘·감독할 수 있다.

④ 시·도에서 소방업무를 수행하기 위하여 시·도지사 직속으로 소방본부를 둔다.

제3조의2(소방공무원의 배치)

제3조 제1항의 소방기관 및 같은 조 제4항의 소방본부에는 「지방자치단체에 두는 국가공무원의 정원에 관한 법률」에도 불구하고 대통령령으로 정하는 바에 따라 소방공무원을 둘 수 있다.

제3조의3(다른 법률과의 관계)

제주특별자치도에는 「제주특별자치도 설치 및 국제자유도시 조성을 위한 특별법」 제44조에도 불구하고 같은 법 제6조 제1항 단서에 따라 이 법 제3조의2를 우선하여 적용한다.

제4조(119종합상황실의 설치와 운영)

① 소방청장, 소방본부장 및 소방서장은 화재, 재난·재해, 그 밖에 구조·구급이 필요한 상황이 발생하였을 때에 신속한 소방활동(소방업무를 위한 모든 활동을 말한다. 이하 같다)을 위한 정보의 수집·분석과 판단·전파, 상황관리, 현장 지휘 및 조정·통제 등의 업무를 수행하기 위하여 119종합상황실을 설치·운영하여야 한다.

② 제1항에 따른 119종합상황실의 설치·운영에 필요한 사항은 행정안전부령으로 정한다.

> **시행규칙 제2조(종합상황실의 설치·운영)** ① 「소방기본법」(이하 "법"이라 한다) 제4조 제2항의 규정에 의한 종합상황실은 소방청과 특별시·광역시·특별자치시·도 또는 특별자치도(이하 "시·도"라 한다)의 소방본부 및 소방서에 각각 설치·운영하여야 한다.
>
> ② 소방청장, 소방본부장 또는 소방서장은 신속한 소방활동을 위한 정보를 수집·전파하기 위하여 종합상황실에 「소방력 기준에 관한 규칙」에 의한 전산·통신요원을 배치하고, 소방청장이 정하는 유·무선통신시설을 갖추어야 한다.
>
> ③ 종합상황실은 24시간 운영체제를 유지하여야 한다.
>
> **제3조(종합상황실의 실장의 업무 등)** ① 종합상황실의 실장[종합상황실에 근무하는 자 중 최고직위에 있는 자(최고직위에 있는 자가 2인 이상인 경우에는 선임자)를 말한다. 이하 같다]은 다음 각 호의 업무를 행하고, 그에 관한 내용을 기록·관리하여야 한다.
>
> 1. 화재, 재난·재해 그 밖에 구조·구급이 필요한 상황(이하 "재난상황"이라 한다)의 발생의 신고접수
>
> 2. 접수된 재난상황을 검토하여 가까운 소방서에 인력 및 장비의 동원을 요청하는 등의 사고수습
>
> 3. 하급소방기관에 대한 출동지령 또는 동급 이상의 소방기관 및 유관기관에 대한 지원요청
>
> 4. 재난상황의 전파 및 보고
>
> 5. 재난상황이 발생한 현장에 대한 지휘 및 피해현황의 파악
>
> 6. 재난상황의 수습에 필요한 정보수집 및 제공
>
> ② 종합상황실의 실장은 다음 각 호의 1에 해당하는 상황이 발생하는 때에는 그 사실을 지체 없이 별지 제1호 서식에 의하여 서면·팩스 또는 컴퓨터통신 등으로 소방서의 종합상황실의 경우는 소방본부의 종합상황실에, 소방본부의 종합상황실의 경우는 소방청의 종합상황실에 각각 보고하여야 한다.
>
> 1. 다음 각 목의 1에 해당하는 화재
>
> 가. 사망자가 5인 이상 발생하거나 사상자가 10인 이상 발생한 화재
>
> 나. 이재민이 100인 이상 발생한 화재
>
> 다. 재산피해액이 50억원 이상 발생한 화재
>
> 라. 관공서·학교·정부미도정공장·문화재·지하철 또는 지하구의 화재
>
> 마. 관광호텔, 층수(「건축법 시행령」 제119조 제1항 제9호의 규정에 의하여 산정한 층수를 말한다. 이하 이 목에서 같다)가 11층 이상인 건축물, 지하상가, 시장, 백화점, 「위험물안전관리법」 제2조 제2항의 규정에 의한 지정수량의 3천배 이상의 위험물의 제조소·저장소·취급소, 층수가 5층 이상이거나 객실이

30실 이상인 숙박시설, 층수가 5층 이상이거나 병상이 30개 이상인 종합병원·정신병원·한방병원·요양소, 연면적 1만5천제곱미터 이상인 공장 또는 「소방기본법 시행령」(이하 "영"이라 한다) 제4조 제1항 각 목에 따른 화재예방강화지구에서 발생한 화재

바. 철도차량, 항구에 매어둔 총 톤수가 1천톤 이상인 선박, 항공기, 발전소 또는 변전소에서 발생한 화재

사. 가스 및 화약류의 폭발에 의한 화재

아. 「다중이용업❶소의 안전관리에 관한 특별법」 제2조에 따른 다중이용업소의 화재

2. 「긴급구조 대응활동 및 현장지휘에 관한 규칙」에 의한 통제단장❷의 현장지휘가 필요한 재난상황

3. 언론에 보도된 재난상황

4. 그 밖에 소방청장이 정하는 재난상황

③ 종합상황실 근무자의 근무방법 등 종합상황실의 운영에 관하여 필요한 사항은 종합상황실을 설치하는 소방청장, 소방본부장 또는 소방서장이 각각 정한다.

📖 **핵심정리 119종합상황실의 설치와 운영(행정안전부령)**

1. **설치·운영권자:** 소방청장, 소방본부장, 소방서장

2. **설치:** 소방청, 소방본부, 소방서

3. **119종합상황실장의 업무**

재난상황 신고접수 → 소방서에 인력·장비 등 동원 요청(사고 수습) →

하급소방기관 출동지령, 유관기관 지원 요청 → 전화 및 보고 →

피해현황 파악 → 정보 수집 및 보고

4. **보고대상(소방서장 → 소방본부장 → 소방청장)**
   ① 대형화재: 사망 5명 이상, 사상 10명 이상, 재산피해 50억원 이상
   ② 중요화재: 이재민 100명 이상, 백화점·관공서·지하철·정부미도정공장·문화재
   ③ 특수화재: 철도·항공기·발전소·변전소·선박(1천톤 이상)
   ④ 통제단장의 지휘가 필요한 재난상황
   ⑤ 언론에 보도된 재난상황

📘 **용어사전**

❶ 다중이용업: 불특정 다수인이 이용하는 영업 중 화재 등 재난 발생 시 생명·신체·재산상의 피해가 발생할 우려가 높은 영업을 말한다.

❷ 통제단장: 중앙통제단장 및 지역통제단장을 말한다.

01 「소방기본법」상 119종합상황실의 설치 및 운영목적에 대한 내용으로 옳지 않은 것은?

21. 학과

① 상황관리
② 대응계획 실행 및 평가
③ 현장 지휘 및 조정·통제
④ 정보의 수집·분석과 판단·전파

02 상급 119종합상황실에 보고할 사항으로 옳지 않은 것은?

17. 공채 통합

① 연면적 1만5천m² 이상인 공장에서 발생한 화재
② 이재민이 50명 이상 발생한 화재
③ 재산피해액이 50억원 이상 발생한 화재
④ 사망자가 5명 이상 발생한 화재

03 119종합상황실에 지체 없이 보고하여야 할 사항으로 옳지 않은 것은?

05. 제주, 06. 광주·대전, 07. 대전, 09. 서울·경기

① 사상자가 10인 이상 발생한 화재
② 이재민이 50인 이상 발생한 화재
③ 사망자가 5인 이상 발생한 화재
④ 재산피해액이 50억원 이상 발생한 화재

정답 01 ② 02 ② 03 ②

찐 tip

소방기술민원센터의 설치(민원을 종합적으로 접수하여 처리)
1. 소방청장
2. 소방본부장

제4조의2(소방기술민원센터의 설치·운영)

① 소방청장 또는 소방본부장은 소방시설, 소방공사 및 위험물 안전관리 등과 관련된 법령해석 등의 민원을 종합적으로 접수하여 처리할 수 있는 기구(이하 이 조에서 "소방기술민원센터"라 한다)를 설치·운영할 수 있다.
② 소방기술민원센터의 설치·운영 등에 필요한 사항은 대통령령으로 정한다.

시행령 제1조의2(소방기술민원센터의 설치·운영) ① 소방청장 또는 소방본부장은 「소방기본법」(이하 "법"이라 한다) 제4조의2 제1항에 따른 소방기술민원센터(이하 "소방기술민원센터"라 한다)를 소방청 또는 소방본부에 각각 설치·운영한다.
② 소방기술민원센터는 센터장을 포함하여 18명 이내로 구성한다.
③ 소방기술민원센터는 다음 각 호의 업무를 수행한다.
1. 소방시설, 소방공사와 위험물 안전관리 등과 관련된 법령해석 등의 민원(이하 "소방기술민원"이라 한다)의 처리
2. 소방기술민원과 관련된 질의회신집 및 해설서 발간
3. 소방기술민원과 관련된 정보시스템의 운영·관리
4. 소방기술민원과 관련된 현장 확인 및 처리
5. 그 밖에 소방기술민원과 관련된 업무로서 소방청장 또는 소방본부장이 필요하다고 인정하여 지시하는 업무

④ 소방청장 또는 소방본부장은 소방기술민원센터의 업무수행을 위하여 필요하다고 인정하는 경우에는 관계 기관의 장에게 소속 공무원 또는 직원의 파견을 요청할 수 있다.

⑤ 제1항부터 제4항까지에서 규정한 사항 외에 소방기술민원센터의 설치·운영에 필요한 사항은 소방청에 설치하는 경우에는 소방청장이 정하고, 소방본부에 설치하는 경우에는 해당 특별시·광역시·특별자치시·도 또는 특별자치도(이하 "시·도"라 한다)의 규칙으로 정한다.

[본조신설 2022.1.4.]

📖 기출 체크

01 「소방기본법 시행령」상 소방기술민원센터의 설치·운영기준으로 옳지 않은 것은?

22. 공채 통합

① 소방청장 및 본부장은 각 소방서에 소방기술민원센터를 설치·운영한다.
② 소방기술민원센터는 소방기술민원과 관련된 현장 확인 및 처리업무를 수행한다.
③ 소방기술민원센터는 소방기술민원과 관련된 질의회신집 및 해설서 발간의 업무를 수행한다.
④ 소방기술민원센터는 소방시설, 소방공사와 위험물 안전관리 등과 관련된 법령해석 등의 민원을 처리한다.

02 「소방기본법」 및 같은 법 시행령상 소방기술민원센터에 대한 내용으로 옳지 않은 것은?

22. 경채

① 소방기술민원센터는 센터장을 포함하여 18명 이내로 구성한다.
② 소방기술민원센터는 소방기술민원과 관련된 업무로서 소방청장 또는 소방본부장이 필요하다고 인정하여 지시하는 업무를 수행한다.
③ 소방기술민원센터장은 소방기술민원센터의 업무수행을 위하여 필요하다고 인정하는 경우에는 관계 기관의장에게 소속 공무원 또는 직원의 파견을 요청할 수 있다.
④ 소방청장은 소방시설, 소방공사 및 위험물 안전관리 등과 관련된 법령해석 등의 민원을 종합적으로 접수하여 처리할 수 있는 소방기술민원센터를 설치·운영할 수 있다.

정답 01 ① 02 ③

제5조(소방박물관 등의 설립과 운영)

① 소방의 역사와 안전문화를 발전시키고 국민의 안전의식을 높이기 위하여 소방청장은 소방박물관을, 시·도지사는 소방체험관(화재 현장에서의 피난 등을 체험할 수 있는 체험관을 말한다. 이하 이 조에서 같다)을 설립하여 운영할 수 있다.

② 제1항에 따른 소방박물관의 설립과 운영에 필요한 사항은 행정안전부령으로 정하고, 소방체험관의 설립과 운영에 필요한 사항은 행정안전부령으로 정하는 기준에 따라 시·도의 조례로 정한다.

📖 조문 플러스

1. 소방의 위상 정립, 자료의 보존, 세계 소방기관과의 교류 등의 사무를 위하여 소방청장에게 소방박물관의 설립과 운영을 하도록 하였다.
2. 지역 주민에 대한 화재, 재난 등 위급상황에서의 대처능력을 향상시키기 위하여 시·도지사에게 소방체험관의 설립과 운영을 하도록 하였다.

찐 tip

설립과 운영
1. 소방박물관: 소방청장
2. 소방체험관: 시·도지사

📍 [별표 1] p.77

시행규칙 제4조(소방박물관의 설립과 운영) ① 소방청장은 법 제5조 제2항의 규정에 의하여 소방박물관을 설립·운영하는 경우에는 소방박물관에 소방박물관장 1인과 부관장 1인을 두되, 소방박물관장은 소방공무원 중에서 소방청장이 임명한다.

② 소방박물관은 국내·외의 소방의 역사, 소방공무원의 복장 및 소방장비 등의 변천 및 발전에 관한 자료를 수집·보관 및 전시한다.

③ 소방박물관에는 그 운영에 관한 중요한 사항을 심의하기 위하여 7인 이내의 위원으로 구성된 운영위원회를 둔다.

④ 제1항의 규정에 의하여 설립된 소방박물관의 관광업무·조직·운영위원회의 구성 등에 관하여 필요한 사항은 소방청장이 정한다.

제4조의2(소방체험관의 설립 및 운영) ① 법 제5조 제1항에 따라 설립된 소방체험관(이하 "소방체험관"이라 한다)은 다음 각 호의 기능을 수행한다.

1. 재난 및 안전사고 유형에 따른 예방, 대처, 대응 등에 관한 체험교육(이하 "체험교육"이라 한다)의 제공
2. 체험교육 프로그램의 개발 및 국민 안전의식 향상을 위한 홍보·전시
3. 체험교육 인력의 양성 및 유관기관·단체 등과의 협력
4. 그 밖에 체험교육을 위하여 시·도지사가 필요하다고 인정하는 사업의 수행

② 법 제5조 제2항에서 "행정안전부령으로 정하는 기준"이란 별표 1에 따른 기준을 말한다.

📖 **핵심정리 소방박물관 등의 설치와 운영**

1. 설립·운영권자
   ① 소방박물관: 소방청장(행정안전부령)
   ② 소방체험관: 시·도지사(시·도 조례)
2. 박물관장: 소방공무원 중 소방청장이 임명
3. 박물관 운영위원: 7인 이내

📋 **기출체크**

01 「소방기본법」상 소방박물관 등의 설립과 운영에 관한 설명이다. (   ) 안의 내용으로 옳은 것은?   19. 학과

소방의 역사와 안전문화를 발전시키고 국민의 안전의식을 높이기 위하여 (가)은/는 소방박물관을, (나)은/는 소방체험관(화재 현장에서의 피난 등을 체험할 수 있는 체험관을 말한다)을 설립하여 운영할 수 있다.

	가	나
①	소방청장	시·도지사
②	소방청장	소방본부장
③	시·도지사	소방본부장
④	시·도지사	소방청장

02 소방박물관 등의 설립과 운영에 관하여 빈칸에 들어갈 내용으로 옳은 것은?

07. 강원, 11. 제주·서울·전남, 13. 중앙·경기, 14. 학과

> 소방의 역사와 안전문화를 발전시키고 국민의 안전의식을 높이기 위하여 ⬚⬚⬚⬚⬚⬚ 은/는 소방박물관을, ⬚⬚⬚⬚⬚⬚⬚ 은/는 소방체험관을 운영할 수 있다.

① 소방청장, 시·도지사
② 시·도지사, 소방청장
③ 행정안전부장관, 시·도지사
④ 시·도지사, 행정안전부장관

정답 01 ① 02 ①

제6조(소방업무에 대한 종합계획 수립·시행 등)

① 소방청장은 화재, 재난·재해, 그 밖의 위급한 상황으로부터 국민의 생명·신체 및 재산을 보호하기 위하여 소방업무에 관한 종합계획(이하 이 조에서 "종합계획"이라 한다)을 5년마다 수립·시행하여야 하고, 이에 필요한 재원을 확보하도록 노력하여야 한다.

② 종합계획에는 다음 각 호의 사항이 포함되어야 한다.

1. 소방서비스의 질 향상을 위한 정책의 기본방향
2. 소방업무에 필요한 체계의 구축, 소방기술의 연구·개발 및 보급
3. 소방업무에 필요한 장비의 구비
4. 소방전문인력 양성
5. 소방업무에 필요한 기반조성
6. 소방업무의 교육 및 홍보(제21조에 따른 소방자동차의 우선 통행 등에 관한 홍보를 포함한다)
7. 그 밖에 소방업무의 효율적 수행을 위하여 필요한 사항으로서 대통령령으로 정하는 사항

③ 소방청장은 제1항에 따라 수립한 종합계획을 관계 중앙행정기관의 장, 시·도지사에게 통보하여야 한다.

④ 시·도지사는 관할 지역의 특성을 고려하여 종합계획의 시행에 필요한 세부계획(이하 이 조에서 "세부계획"이라 한다)을 매년 수립하여 소방청장에게 제출하여야 하며, 세부계획에 따른 소방업무를 성실히 수행하여야 한다.

⑤ 소방청장은 소방업무의 체계적 수행을 위하여 필요한 경우 제4항에 따라 시·도지사가 제출한 세부계획의 보완 또는 수정을 요청할 수 있다.

⑥ 그 밖에 종합계획 및 세부계획의 수립·시행에 필요한 사항은 대통령령으로 정한다.

시행령 제1조의3(소방업무에 관한 종합계획 및 세부계획의 수립·시행) ① 소방청장은 「소방기본법」(이하 "법"이라 한다) 제6조 제1항에 따른 소방업무에 관한 종합계획을 관계 중앙행정기관의 장과의 협의를 거쳐 계획 시행 전년도 10월 31일까지 수립하여야 한다.

📖 **조문 플러스**

1. 소방 기능의 확대와 역할을 감안하여 소방업무에 대한 종합계획에 포함될 내용을 법률에 규정하여 종합계획을 내실화하고 이를 통해 책임행정을 구현하였다.
2. 소방업무에 대한 종합계획의 내용을 법률에 구체화하고 시·도지사에게 종합계획의 시행에 필요한 세부계획을 수립하도록 하였다.

 진 tip

소방업무 계획
1. 종합계획 수립·시행: 소방청장
2. 세부계획 수립·시행: 시·도지사

② 법 제6조 제2항 제7호에서 "대통령령으로 정하는 사항"이란 다음 각 호의 사항을 말한다.
1. 재난·재해 환경 변화에 따른 소방업무에 필요한 대응 체계 마련
2. 장애인, 노인, 임산부, 영유아 및 어린이 등 이동이 어려운 사람을 대상으로 한 소방활동에 필요한 조치
③ 특별시장·광역시장·특별자치시장·도지사 또는 특별자치도지사(이하 "시·도지사"라 한다)는 법 제6조 제4항에 따른 종합계획의 시행에 필요한 세부계획을 계획 시행 전년도 12월 31일까지 수립하여 소방청장에게 제출하여야 한다.

📖 기출체크

01 「소방기본법」 및 같은 법 시행령상 소방업무에 관한 종합계획의 수립·시행 등의 내용으로 옳지 않은 것은? 22. 경채

① 소방청장은 수립한 종합계획을 관계 중앙행정기관의장, 시·도지사에게 통보하여야 한다.
② 시·도지사는 관할 지역의 특성을 고려하여 종합계획의 시행에 필요한 세부계획을 매년 수립하여 행정안전부장관에게 제출하여야 한다.
③ 종합계획에는 소방업무에 필요한 체계의 구축, 소방기술의 연구·개발 및 보급, 소방전문인력 양성에 대한 사항이 포함되어야 한다.
④ 소방청장은 소방업무에 관한 종합계획을 관계 중앙행정기관의 장과의 협의를 거쳐 계획 시행 전년도 10월 31일까지 수립하여야 한다.

02 소방청장은 화재, 재난·재해, 그 밖의 위급한 상황으로부터 국민의 생명·신체 및 재산을 보호하기 위하여 소방업무에 관한 종합계획을 몇 년마다 수립·시행하여야 하는가? 08. 경남·대전·경북

① 1년
② 3년
③ 5년
④ 6년

03 관할 지역의 특성을 고려하여 소방업무에 관한 종합계획의 시행에 필요한 세부계획을 매년 수립하고 이에 따른 소방업무를 성실히 수행하여야 하는 자는? 05. 울산, 10. 경기, 13. 서울·경기

① 소방서장
② 국가
③ 시·도지사
④ 소방청장

정답 01 ② 02 ③ 03 ③

제7조(소방의 날 제정과 운영 등)

① 국민의 안전의식과 화재에 대한 경각심을 높이고 안전문화를 정착시키기 위하여 매년 11월 9일을 소방의 날로 정하여 기념행사를 한다.

② 소방의 날 행사에 관하여 필요한 사항은 소방청장 또는 시·도지사가 따로 정하여 시행할 수 있다.

③ 소방청장은 다음 각 호에 해당하는 사람을 명예직 소방대원으로 위촉할 수 있다.

    1. 「의사상자 등 예우 및 지원에 관한 법률」 제2조에 따른 의사상자(義死傷者)로서 같은 법 제3조 제3호 또는 제4호에 해당하는 사람

    2. 소방행정 발전에 공로가 있다고 인정되는 사람

🗒 기출 체크

다음 (　　) 안에 내용을 순서대로 옳게 나열한 것은?　　06. 전북·충남, 07. 경기, 09. 서울

> · 소방의 역사와 안전문화를 발전시키고 국민의 안전의식을 높이기 위하여 (　　　　)은/는 소방박물관을, (　　　　)은/는 소방체험관을 설립하여 운영할 수 있다.
> · 국민의 안전의식과 화재에 대한 경각심을 높이고 안전문화를 정착시키기 위하여 매년 (　　　　)을 소방의 날로 정하여 기념행사를 한다.

① 소방청장, 시·도지사, 11월 9일
② 시·도지사, 소방청장, 11월 9일
③ 소방청장, 시·도지사, 1월 9일
④ 소방청장, 소방본부장, 1월 9일

정답 ①

📄 조문 플러스

국민에게 소방 안전의식을 고취하고 화재에 대한 경각심을 높이며 안전문화를 정착시키기 위하여 매년 11월 9일을 소방의 날로 정하고 기념행사를 거행한다.

 찐 tip

소방의 날 제정과 운영
1. 소방의 날: 11월 9일
2. 기념행사: 소방청장, 시·도지사

제2장 소방장비 및 소방용수시설 등

📖 조문 플러스

소방력은 그 지역의 인구와 관할하는 면적을 기준으로 행정안전부령(「소방력 기준에 관한 규칙」)으로 정한다.

진 tip

소방력
1. 인력(전문성을 갖춤)
2. 장비(현대화)

제8조(소방력의 기준 등)

① 소방기관이 소방업무를 수행하는 데에 필요한 인력과 장비 등[이하 "소방력"(消防力)이라 한다]에 관한 기준은 행정안전부령으로 정한다.

② 시·도지사는 제1항에 따른 소방력의 기준에 따라 관할구역의 소방력을 확충하기 위하여 필요한 계획을 수립하여 시행하여야 한다.

③ 소방자동차 등 소방장비의 분류·표준화와 그 관리 등에 필요한 사항은 따로 법률에서 정한다.

📖 **핵심정리 소방력의 기준 등(행정안전부령)**

시·도가 기준이 되면 소방력이 비평준화되기 때문에 행정안전부령으로 정한다.

1. 소방력

2. 현대의 소방력: 훈련된 기술인력, 정비된 장비, 충분한 수리, 원활한 통신망

📋 **기출 체크**

「소방기본법」상 소방력의 기준 등에 관한 설명으로 옳은 것은?   19. 학과

① 소방업무를 수행하는 데에 필요한 소방력에 관한 기준은 대통령령으로 정한다.

② 소방청장은 소방력의 기준에 따라 관할구역의 소방력을 확충하기 위하여 필요한 계획을 수립하여 시행하여야 한다.

③ 소방자동차 등 소방장비의 분류·표준화와 그 관리 등에 필요한 사항은 따로 법률에서 정한다.

④ 국가는 소방장비의 구입 등 시·도의 소방업무에 필요한 경비의 일부를 보조하고, 보조 대상사업의 범위와 기준보조율은 행정안전부령으로 정한다.

정답 ③

제9조(소방장비 등에 대한 국고보조)

① 국가는 소방장비의 구입 등 시·도의 소방업무에 필요한 경비의 일부를 보조한다.

② 제1항에 따른 보조 대상사업의 범위와 기준보조율은 대통령령으로 정한다.

> 시행령 제2조(국고보조 대상사업의 범위와 기준보조율) ① 법 제9조 제2항에 따른 국고보조 대상사업의 범위는 다음 각 호와 같다.
> 1. 다음 각 목의 소방활동장비와 설비의 구입 및 설치
>   가. 소방자동차
>   나. 소방헬리콥터 및 소방정
>   다. 소방전용통신설비 및 전산설비
>   라. 그 밖에 방화복 등 소방활동에 필요한 소방장비
> 2. 소방관서용 청사의 건축(「건축법」 제2조 제1항 제8호에 따른 건축을 말한다)
> ② 제1항 제1호에 따른 소방활동장비 및 설비의 종류와 규격은 행정안전부령으로 정한다.
> ③ 제1항에 따른 국고보조 대상사업의 기준보조율은 「보조금 관리에 관한 법률 시행령」에서 정하는 바에 따른다.

> 시행규칙 제5조(소방활동장비 및 설비의 규격 및 종류와 기준가격) ① 영 제2조 제2항의 규정에 의한 국고보조의 대상이 되는 소방활동장비 및 설비의 종류 및 규격은 별표 1의2와 같다.
> ② 영 제2조 제2항의 규정에 의한 국고보조산정을 위한 기준가격은 다음 각 호와 같다.
> 1. 국내조달품: 정부고시가격
> 2. 수입물품: 조달청에서 조사한 해외시장의 시가
> 3. 정부고시가격 또는 조달청에서 조사한 해외시장의 시가가 없는 물품: 2 이상의 공신력 있는 물가조사기관에서 조사한 가격의 평균가격

> 「보조금 관리에 관한 법률 시행령」 제4조(보조금 지급 대상사업의 범위와 기준보조율)
> ① 법 제9조 제1항 제1호에 따른 보조금이 지급되는 지방자치단체의 사업의 범위 및 같은 항 제2호에 따른 기준보조율(이하 "기준보조율"이라 한다)은 별표 1과 같다. 다만, 별표 2에서 정한 지방자치단체의 사업은 보조금 지급 대상에서 제외한다.
> ② 기준보조율은 해당 회계연도의 국고보조금[1], 지방비 부담액, 국가의 재정융자금으로 조달된 금액, 수익자가 부담하는 금액과 그 밖에 기획재정부장관이 정하는 금액을 모두 합한 금액에서 국고보조금이 차지하는 비율로 한다.
> 제5조(차등보조율의 적용기준 등) ① 법 제10조에 따라 기준보조율에 일정 비율을 더하는 차등보조율(이하 "인상보조율"이라 한다)은 기준보조율에 20퍼센트, 15퍼센트, 10퍼센트를 각각 더하여 적용하고, 기준보조율에서 일정 비율을 빼는 차등보조율은 기준보조율에서 20퍼센트, 15퍼센트, 10퍼센트를 각각 빼고 적용하며, 그 적용기준과 각 적용기준의 구체적인 계산식은 별표 3과 같다.
> ② 인상보조율은 재정사정이 특히 어려운 지방자치단체에 대해서만 적용한다.
> ③ 기획재정부장관은 인상보조율의 적용을 요구한 지방자치단체에 대하여 보조금을 교부하는 경우에는 해당 지방자치단체의 재정운용에 대하여 필요한 권고를 할 수 있다.

조문플러스

1. 소방업무는 시·도 사무로 규정되어 있고 소방용수시설 업무도 시·도 업무로 규정하고 있다.
2. 소방용수시설은 소방력 3대 요소 중 하나로서 소화활동이라는 공익목적을 실현하기 위하여 설치한다.

 전 tip

소방용수시설
1. 설치·유지·관리자: 시·도지사
2. 종류: 소화전, 급수탑, 저수조

비상소화장치
1. 설치자: 시·도지사
2. 대상: 화재경계지구 및 시·도지사가 필요하다고 인정하는 지역

제10조(소방용수시설의 설치 및 관리 등)

① 시·도지사는 소방활동에 필요한 소화전(消火栓)·급수탑(給水塔)·저수조(貯水槽)
(이하 "소방용수시설"이라 한다)를 설치하고 유지·관리하여야 한다. 다만,「수도
법」제45조에 따라 소화전을 설치하는 일반수도사업자는 관할 소방서장과 사전협의
를 거친 후 소화전을 설치하여야 하며, 설치 사실을 관할 소방서장에게 통지하고,
그 소화전을 유지·관리하여야 한다.
② 시·도지사는 제21조 제1항에 따른 소방자동차의 진입이 곤란한 지역 등 화재발생
시에 초기 대응이 필요한 지역으로서 대통령령으로 정하는 지역에 소방호스 또는
호스 릴 등을 소방용수시설에 연결하여 화재를 진압하는 시설이나 장치(이하 "비상
소화장치"라 한다)를 설치하고 유지·관리할 수 있다.
③ 제1항에 따른 소방용수시설과 제2항에 따른 비상소화장치의 설치기준은 행정안전
부령으로 정한다.

> **시행령 제2조의2(비상소화장치의 설치대상 지역)** 법 제10조 제2항에서 "대통령령으
> 로 정하는 지역"이란 다음 각 호의 어느 하나에 해당하는 지역을 말한다.
>   1. 법 제13조 제1항에 따라 지정된 화재경계지구
>   2. 시·도지사가 법 제10조 제2항에 따른 비상소화장치의 설치가 필요하다고 인정
>   하는 지역

핵심정리 소방용수시설의 설치 및 관리 등(행정안전부령)

1. **설치·유지·관리권자:** 시·도지사
2. **종류**
   ① 소화전 ┌ 지상식
            └ 지하식
   ② 저수조
   ③ 급수탑

3. 지하에 설치하는 소화전 또는 저수조의 표지

4. 급수탑 및 지상에 설치하는 소화전 또는 저수조의 표지: 내측 문자 백색, 외측 문자 황색,
   내측 바탕 적색, 외측 바탕 청색

5. 소방용수시설의 설치기준
   ① 공통기준
      · 주거지역 · 상업지역 · 공업지역: 수평거리 100m 이하
      · 기타지역(녹지지역): 수평거리 140m 이하
   ② 소방용수시설별 설치기준
      · 소화전의 설치기준: 연결금속구의 구경은 65mm
      · 급수탑의 설치기준

   ③ 저수조의 설치기준

   ※ 소방용수시설: 시 · 도지사, 설치소화용수설비: 관계인 설치

6. 소방용수시설 및 지리 조사
　① 조사권자: 소방본부장, 소방서장
　② 조사시기: 월 1회 이상
　③ 조사내용
　　· 소방대상물에 인접한 도로의 폭 및 교통 상황
　　· 도로 주변의 토지의 고저
　　· 건축물의 개황

📍 [별표 2] p.82

📍 [별표 3] p.83

시행규칙 제6조(소방용수시설 및 비상소화장치의 설치기준) ① 특별시장·광역시장·특별자치시장·도지사 또는 특별자치도지사(이하 "시·도지사"라 한다)는 법 제10조 제1항의 규정에 의하여 설치된 소방용수시설에 대하여 별표 2의 소방용수표지를 보기 쉬운 곳에 설치하여야 한다.
② 법 제10조 제1항에 따른 소방용수시설의 설치기준은 별표 3과 같다.
③ 법 제10조 제2항에 따른 비상소화장치의 설치기준은 다음 각 호와 같다.
1. 비상소화장치는 비상소화장치함, 소화전, 소방호스(소화전의 방수구에 연결하여 소화용수를 방수하기 위한 도관으로서 호스와 연결금속구로 구성되어 있는 소방용릴호스 또는 소방용고무내장호스를 말한다), 관창(소방호스용 연결금속구 또는 중간연결금속구 등의 끝에 연결하여 소화용수를 방수하기 위한 나사식 또는 차입식 토출기구를 말한다)을 포함하여 구성할 것
2. 소방호스 및 관창은 「화재예방, 소방시설 설치·유지 및 안전관리에 관한 법률」 제36조 제5항에 따라 소방청장이 정하여 고시하는 형식승인 및 제품검사의 기술기준에 적합한 것으로 설치할 것
3. 비상소화장치함은 「화재예방, 소방시설 설치·유지 및 안전관리에 관한 법률」 제39조 제4항에 따라 소방청장이 정하여 고시하는 성능인증 및 제품검사의 기술기준에 적합한 것으로 설치할 것
④ 제3항에서 규정한 사항 외에 비상소화장치의 설치기준에 관한 세부 사항은 소방청장이 정한다.

제7조(소방용수시설 및 지리조사) ① 소방본부장 또는 소방서장은 원활한 소방활동을 위하여 다음 각 호의 조사를 월 1회 이상 실시하여야 한다.
1. 법 제10조의 규정에 의하여 설치된 소방용수시설에 대한 조사
2. 소방대상물에 인접한 도로의 폭·교통상황, 도로주변의 토지의 고저·건축물의 개황 그 밖의 소방활동에 필요한 지리에 대한 조사
② 제1항의 조사결과는 전자적 처리가 불가능한 특별한 사유가 없으면 전자적 처리가 가능한 방법으로 작성·관리하여야 한다.
③ 제1항 제1호의 조사는 별지 제2호 서식에 의하고, 제1항 제2호의 조사는 별지 제3호 서식에 의하되, 그 조사결과를 2년간 보관하여야 한다.

01 「소방기본법 시행규칙」상 소방용수시설 및 비상소화장치의 설치기준으로 옳지 않은 것은? 22. 공채 통합

① 비상소화장치의 설치기준에 관한 세부 사항은 소방청장이 정한다.

② 소방청장은 설치된 소방용수시설에 대하여 소방용수표지를 보기 쉬운 곳에 설치하여야 한다.

③ 소방호스 및 관창은 소방청장이 정하여 고시하는 형식승인 및 제품검사의 기술기준에 적합한 것으로 설치한다.

④ 비상소화장치함은 소방청장이 정하여 고시하는 성능인증 및 제품검사의 기술기준에 적합한 것으로 설치한다.

02 「소방기본법」 및 같은 법 시행령상 비상소화장치 설치대상 지역을 있는 대로 모두 고른 것은? 22. 경채

> ㄱ. 위험물의 저장 및 처리 시설이 밀집한 지역
> ㄴ. 석유화학제품을 생산하는 공장이 있는 지역
> ㄷ. 소방시설·소방용수시설 또는 소방출동로가 없는 지역
> ㄹ. 시·도지사가 비상소화장치의 설치가 필요하다고 인정하는 지역

① ㄱ, ㄴ   ② ㄷ, ㄹ

③ ㄱ, ㄴ, ㄷ   ④ ㄱ, ㄴ, ㄷ, ㄹ

03 「소방기본법」상 소방대장의 권한으로 옳지 않은 것은? 22. 경채

① 소방활동에 필요한 소화전(消火栓)·급수탑(給水塔)·저수조(貯水槽)를 설치하고 유지·관리하여야 한다.

② 소방활동을 위하여 긴급하게 출동할 때에는 소방자동차의 통행과 소방활동에 방해가 되는 주차 또는 정차된 차량 및 물건 등을 제거하거나 이동시킬 수 있다.

③ 화재 발생을 막거나 폭발 등으로 화재가 확대되는 것을 막기 위하여 가스·전기 또는 유류 등의 시설에 대하여 위험물질의 공급을 차단하는 등 필요한 조치를 할 수 있다.

④ 화재, 재난·재해, 그 밖의 위급한 상황이 발생한 현장에서 소방활동을 위하여 필요할 때에는 그 관할구역에 사는 사람 또는 그 현장에 있는 사람으로 하여금 사람을 구출하는 일 또는 불을 끄거나 불이 번지지 아니하도록 하는 일을 하게할 수 있다.

04 「소방기본법 시행규칙」상 소방용수시설의 설치기준으로 옳은 것은? 21. 학과

① 소방용호스와 연결하는 소화전의 연결금속구의 구경은 40mm로 할 것

② 공업지역인 경우 소방대상물과 수평거리를 100m 이하가 되도록 할 것

③ 저수조에 물을 공급하는 방법은 상수도에 연결하여 수동으로 급수되는 구조일 것

④ 급수탑의 개폐밸브는 지상에서 0.8m 이상 1.5m 이하의 위치에 설치하도록 할 것

05 「소방기본법」및 같은 법 시행규칙상 소방용수시설 설치기준 등에 대한 설명으로 옳지 않은 것은? 19. 공채 통합

① 시·도지사는 소방활동에 필요한 소방용수시설을 설치, 유지·관리하여야 하고, 「수도법」제45조에 따라 소화전을 설치하는 일반수도사업자는 관할 소방서장과 사전협의를 거친 후 소화전을 설치하여야 하며, 설치 사실을 관할 소방서장에게 통지하고, 그 소화전은 소방서장이 유지·관리하여야 한다.

② 정당한 사유 없이 소방용수시설 또는 비상소화장치를 사용하거나 소방용수시설 또는 비상소화장치의 효용을 해치거나 그 정당한 사용을 방해한 사람에 대해서는 5년 이하의 징역 또는 5천만원 이하의 벌금에 처한다.

③ 소방본부장 또는 소방서장은 원활한 소방활동을 위하여 소방용수시설에 대한 조사, 소방대상물에 인접한 도로의 폭·교통상황, 도로주변의 토지의 고저·건축물의 개황 그 밖의 소방활동에 필요한 지리에 대한 조사를 월 1회 이상 실시하여야 하며, 조사결과는 2년간 보관하여야 한다.

④ 소화전은 상수도와 연결하여 지하식 또는 지상식의 구조로 하고 소방용호스와 연결하는 소화전의 연결금속구의 구경은 65mm로 하여야 하며, 급수탑은 급수배관의 구경을 100mm 이상으로 하고 개폐밸브는 지상에서 1.5m 이상 1.7m 이하의 높이에 설치할 수 있다.

06 소방용수시설을 설치하고 유지 및 관리는 누가 하여야 하는가? 06. 울산, 07. 서울, 08. 경기, 11. 학과·전남

① 소방서장
② 소방본부장
③ 시·도지사
④ 수도관리단장

07 소방활동에 필요한 소방용수시설의 설치기준으로 설치가 적합하게 된 것은? 14. 공채 통합

① 급수탑 방식의 개폐밸브를 지상에서 1.0m 높이에 설치하였다.
② 주거지역에 설치하는 경우 소방대상물과의 수평거리를 90m가 되도록 설치하였다.
③ 상수도와 연결하여 지하식 또는 지상식의 구조로 하고, 소방용호스와 연결하는 소화전의 연결금속구의 구경을 45mm로 설치하였다.
④ 저수조 흡수부분의 수심을 0.4m로 설치하였다.

08 지하에 설치하는 소화전 또는 저수조의 경우 소방용수표지의 맨홀 뚜껑은 지름 몇 mm 이상의 것으로 하여야 하는가? (단, 승하강식 소화전의 경우에는 이를 적용하지 아니한다) 06. 서울, 07. 경기, 08·12. 부산

① 65mm
② 100mm
③ 140mm
④ 648mm

정답 01 ② 02 ④ 03 ① 04 ② 05 ① 06 ③ 07 ② 08 ④

제11조(소방업무의 응원)

① 소방본부장이나 소방서장은 소방활동을 할 때에 긴급한 경우에는 이웃한 소방본부장 또는 소방서장에게 소방업무의 응원(應援)을 요청할 수 있다.

② 제1항에 따라 소방업무의 응원 요청을 받은 소방본부장 또는 소방서장은 정당한 사유 없이 그 요청을 거절하여서는 아니 된다.

③ 제1항에 따라 소방업무의 응원을 위하여 파견된 소방대원은 응원을 요청한 소방본부장 또는 소방서장의 지휘에 따라야 한다.

④ 시·도지사는 제1항에 따라 소방업무의 응원을 요청하는 경우를 대비하여 출동 대상지역 및 규모와 필요한 경비의 부담 등에 관하여 필요한 사항을 행정안전부령으로 정하는 바에 따라 이웃하는 시·도지사와 협의하여 미리 규약(規約)으로 정하여야 한다.

> **시행규칙 제8조(소방업무의 상호응원협정)** 법 제11조 제4항의 규정에 의하여 시·도지사는 이웃하는 다른 시·도지사와 소방업무에 관하여 상호응원협정을 체결하고자 하는 때에는 다음 각 호의 사항이 포함되도록 하여야 한다.
> 1. 다음 각 목의 소방활동에 관한 사항
>   가. 화재의 경계·진압활동
>   나. 구조·구급업무의 지원
>   다. 화재조사활동
> 2. 응원출동대상지역 및 규모
> 3. 다음 각 목의 소요경비의 부담에 관한 사항
>   가. 출동대원의 수당·식사 및 피복의 수선
>   나. 소방장비 및 기구의 정비와 연료의 보급
>   다. 그 밖의 경비
> 4. 응원출동의 요청방법
> 5. 응원출동훈련 및 평가

🏠 핵심정리 소방업무의 응원(행정안전부령)

1. **지휘권자:** 응원을 요청한 소방본부장 또는 소방서장

2. **비용부담자:** 응원을 요청한 시·도지사

3. **응원협정 내용(화재예방은 대상이 아님)**
   ① **소방활동:** 화재의 경계, 진압, 구조, 구급, 조사활동
   ② 응원출동 대상지역 및 규모
   ③ 소요경비의 부담
   ④ 응원출동의 요청, 훈련, 평가

📖 조문플러스

관할구역 안의 소방력만으로 사고수습이 어렵거나 긴급을 요할 때, 신속한 사고수습을 위하여 이웃 관할행정관청에 응원을 요청하기 위하여 규약으로 규정한 것이다.

쌤 tip

소방업무의 응원
1. 요청자: 소방본부장, 소방서장
2. 요청대상: 소방활동상 긴급한 경우
3. 지휘권: 소방본부장, 소방서장(요청한 측)
4. 비용부담: 시·도지사(요청한 측)

01 소방업무의 상호응원협정에 대한 내용으로 옳지 않은 것은?

07 울산·충북, 08. 경기·서울, 12. 울산

① 소방업무의 응원을 위하여 파견된 소방대원은 응원을 지원해준 소방본부장 또는 소방서장의 지휘에 따라야 한다.
② 소방본부장 또는 소방서장은 소방활동에 있어서 긴급한 때 이웃한 소방본부장 또는 소방서장에게 소방업무의 응원을 요청할 수 있다.
③ 시·도지사는 미리 규약으로 정하는 범위에 출동의 대상지역 및 규모와 소요경비의 부담을 포함한다.
④ 응원요청을 받은 소방본부장 또는 소방서장은 정당한 사유 없이 이를 거절하여서는 아니 된다.

02 소방활동을 할 때 긴급한 경우에는 이웃한 소방본부장 또는 소방서장에게 소방업무의 응원(應援)을 요청할 수 있다. 응원의 요청 중 소방활동에 관한 사항으로 옳지 않은 것은?

14. 공채 통합

① 화재조사활동
② 구조·구급업무의 지원
③ 화재의 경계·진압활동
④ 출동대원의 수당·식사 및 피복의 수선

정답 01 ① 02 ④

제11조의2(소방력의 동원)

① 소방청장은 해당 시·도의 소방력만으로는 소방활동을 효율적으로 수행하기 어려운 화재, 재난·재해, 그 밖의 구조·구급이 필요한 상황이 발생하거나 특별히 국가적 차원에서 소방활동을 수행할 필요가 인정될 때에는 각 시·도지사에게 행정안전부령으로 정하는 바에 따라 소방력을 동원❶할 것을 요청할 수 있다.
② 제1항에 따라 동원 요청을 받은 시·도지사는 정당한 사유 없이 요청을 거절하여서는 아니 된다.
③ 소방청장은 시·도지사에게 제1항에 따라 동원된 소방력을 화재, 재난·재해 등이 발생한 지역에 지원·파견하여 줄 것을 요청하거나 필요한 경우 직접 소방대를 편성하여 화재진압 및 인명구조 등 소방에 필요한 활동을 하게 할 수 있다.
④ 제1항에 따라 동원된 소방대원이 다른 시·도에 파견·지원되어 소방활동을 수행할 때에는 특별한 사정이 없으면 화재, 재난·재해 등이 발생한 지역을 관할하는 소방본부장 또는 소방서장의 지휘에 따라야 한다. 다만, 소방청장이 직접 소방대를 편성하여 소방활동을 하게 하는 경우에는 소방청장의 지휘에 따라야 한다.
⑤ 제3항 및 제4항에 따른 소방활동을 수행하는 과정에서 발생하는 경비 부담에 관한 사항, 제3항 및 제4항에 따라 소방활동을 수행한 민간 소방 인력이 사망하거나 부상을 입었을 경우의 보상❷주체·보상기준 등에 관한 사항, 그 밖에 동원된 소방력의 운용과 관련하여 필요한 사항은 대통령령으로 정한다.

찐 tip

소방력 동원
1. 요청자: 소방청장
2. 요청대상: 시·도 소방력 한계, 국가차원 대응
3. 지휘권: 소방본부장, 소방서장(화재, 재난·재해 발생)
4. 비용부담: 시·도지사(화재, 재난·재해 발생)

📖 용어사전

❶ 동원: 소방대원을 소집하고 징발하는 것을 말한다.
❷ 보상: 남에게 끼친 손해를 갚는 것을 말한다.

시행령 제2조의3(소방력의 동원) ① 법 제11조의2 제3항 및 제4항에 따라 동원된 소방력의 소방활동 수행 과정에서 발생하는 경비는 화재, 재난·재해 또는 그 밖의 구조·구급이 필요한 상황이 발생한 특별시·광역시·도 또는 특별자치도(이하 "시·도"라 한다)에서 부담하는 것을 원칙으로 하되, 구체적인 내용은 해당 시·도가 서로 협의하여 정한다.

② 법 제11조의2 제3항 및 제4항에 따라 동원된 민간 소방 인력이 소방활동을 수행하다가 사망하거나 부상을 입은 경우 화재, 재난·재해 또는 그 밖의 구조·구급이 필요한 상황이 발생한 시·도가 해당 시·도의 조례로 정하는 바에 따라 보상한다.

③ 제1항 및 제2항에서 규정한 사항 외에 법 제11조의2에 따라 동원된 소방력의 운용과 관련하여 필요한 사항은 소방청장이 정한다.

시행규칙 제8조의2(소방력의 동원 요청) ① 소방청장은 법 제11조의2 제1항에 따라 각 시·도지사에게 소방력 동원을 요청하는 경우 동원 요청 사실과 다음 각 호의 사항을 팩스 또는 전화 등의 방법으로 통지하여야 한다. 다만, 긴급을 요하는 경우에는 시·도 소방본부 또는 소방서의 종합상황실장에게 직접 요청할 수 있다.

1. 동원을 요청하는 인력 및 장비의 규모
2. 소방력 이송 수단 및 집결장소
3. 소방활동을 수행하게 될 재난의 규모, 원인 등 소방활동에 필요한 정보

② 제1항에서 규정한 사항 외에 그 밖의 시·도 소방력 동원에 필요한 사항은 소방청장이 정한다.

📋 기출체크

다음 중 소방력의 동원을 요청할 수 있는 자는?

08. 광주·경북, 09. 경기·경북, 10. 경남·충남, 11. 서울·충남, 13. 경기

① 시·도지사
② 소방본부장 또는 소방서장
③ 소방청장
④ 행정안전부장관

정답 ③

제3장 화재의 예방과 경계(警戒)

제12조 삭제 〈2021.11.30.〉

제13조 삭제 〈2021.11.30.〉

제14조 삭제 〈2021.11.30.〉

제15조 삭제 〈2021.11.30.〉

제4장 소방활동 등

제16조(소방활동[1])

① 소방청장, 소방본부장 또는 소방서장은 화재, 재난·재해, 그 밖의 위급한 상황이 발생하였을 때에는 소방대를 현장에 신속하게 출동시켜 화재진압과 인명구조·구급 등 소방에 필요한 활동(이하 이 조에서 "소방활동"이라 한다)을 하게 하여야 한다.

② 누구든지 정당한 사유 없이 제1항에 따라 출동한 소방대의 소방활동을 방해하여서는 아니 된다.

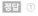

기출 체크

「소방기본법」상 소방활동 등에 대한 설명으로 옳지 않은 것은? 08. 강원·경기, 09. 충남, 10. 서울

① 소방대는 화재, 재난·재해, 그 밖의 위급한 상황이 발생한 현장에 신속하게 출동하기 위하여 긴급할 때에는 일반적인 통행에 쓰이지 아니하는 도로·빈터 또는 물 위로 통행할 수 없다.

② 관계인은 소방대상물에 화재, 재난·재해, 그 밖의 위급한 상황이 발생한 경우에는 소방대가 현장에 도착할 때까지 경보를 울리거나 대피를 유도하는 등의 방법으로 사람을 구출하는 조치 또는 불을 끄거나 불이 번지지 아니하도록 필요한 조치를 하여야 한다.

③ 소방대장은 화재, 재난·재해, 그 밖의 위급한 상황이 발생한 현장에 소방활동구역을 정하여 소방활동에 필요한 사람으로서 대통령령으로 정하는 사람 외에는 그 구역에 출입하는 것을 제한할 수 있다.

④ 소방자동차가 화재진압 및 구조·구급 활동을 위하여 출동하거나 훈련을 위하여 필요할 때에는 사이렌을 사용할 수 있다.

정답 ①

제16조의2(소방지원활동[2])

① 소방청장·소방본부장 또는 소방서장은 공공의 안녕, 질서 유지 또는 복리증진을 위하여 필요한 경우 소방활동 외에 다음 각 호의 활동(이하 "소방지원활동"이라 한다)을 하게 할 수 있다.

1. 산불에 대한 예방·진압 등 지원활동
2. 자연재해에 따른 급수·배수 및 제설 등 지원활동
3. 집회·공연 등 각종 행사시 사고에 대비한 근접대기 등 지원활동
4. 화재, 재난·재해로 인한 피해복구 지원활동
5. 삭제
6. 그 밖에 행정안전부령으로 정하는 활동

② 소방지원활동은 제16조의 소방활동 수행에 지장을 주지 아니하는 범위에서 할 수 있다.

조문플러스

화재 및 재난이 발생하는 경우 신속히 출동하여 소방활동을 수행하도록 의무적 규정을 두었다.

용어사전

❶ 소방활동: 화재, 재난·재해, 그 밖의 위급한 상황이 발생하였을 때 화재진압과 인명구조·구급 등 소방에 필요한 활동을 말한다.

❷ 소방지원활동: 산불, 자연재해, 근접대기, 피해복구, 훈련지원, 오작동사고, 방송 촬용지원 등을 말한다.

③ 유관기관·단체 등의 요청에 따른 소방지원활동에 드는 비용은 지원요청을 한 유관기관·단체 등에게 부담하게 할 수 있다. 다만, 부담금액 및 부담방법에 관하여는 지원요청을 한 유관기관·단체 등과 협의하여 결정한다.

> **시행규칙 제8조의4(소방지원활동)** 법 제16조의2 제1항 제6호에서 "그 밖에 행정안전부령으로 정하는 활동"이란 다음 각 호의 어느 하나에 해당하는 활동을 말한다.
> 1. 군·경찰 등 유관기관에서 실시하는 훈련지원 활동
> 2. 소방시설 오작동 신고에 따른 조치 활동
> 3. 방송제작 또는 촬영 관련 지원 활동

📖 **기출체크**

01 소방지원활동 등에 대한 내용으로 옳지 않은 것은?　　　　　　　　17. 공채 통합

① 유관기관·단체 등의 요청에 따른 소방지원활동에 드는 비용은 지원요청을 한 유관기관·단체 등에게 부담하게 할 수 있다.
② 소방지원활동은 소방활동 수행에 지장을 주지 아니하는 범위에서 할 수 있다.
③ 소방지원활동의 내용에는 단전사고시 비상전원 또는 조명의 공급이 있다.
④ 화재·재난·재해로 인한 피해복구 지원활동을 할 수 있다.

02 소방지원활동의 내용으로 옳지 않은 것은?　　　　　　　　　　　15. 공채 통합

① 자연재해에 따른 급수·배수 및 제설 등 지원활동
② 집회·공연 등 각종 행사시 사고에 대비한 근접대기 등 지원활동
③ 화재, 재난·재해로 인한 피해복구 지원활동
④ 화재, 재난·재해 그 밖의 위급한 상황에서의 구조·구급 지원활동

정답 01 ③　02 ④

📕 **조문 플러스**

생활안전활동의 구체적인 사항을 법률에 명시함으로써 생활밀착형 소방서비스인 생활안전활동의 전문성과 책임성을 제고한다.

📖 **용어사전**

❶ **생활안전활동**: 붕괴, 낙하, 포획, 퇴치, 끼임, 고립, 단전사고 등에 관한 활동을 말한다.

제16조의3(생활안전활동❶)

① 소방청장·소방본부장 또는 소방서장은 신고가 접수된 생활안전 및 위험제거 활동(화재, 재난·재해, 그 밖의 위급한 상황에 해당하는 것은 제외한다)에 대응하기 위하여 소방대를 출동시켜 다음 각 호의 활동(이하 "생활안전활동"이라 한다)을 하게 하여야 한다.
1. 붕괴, 낙하 등이 우려되는 고드름, 나무, 위험 구조물 등의 제거 활동
2. 위해동물, 벌 등의 포획 및 퇴치 활동
3. 끼임, 고립 등에 따른 위험제거 및 구출 활동
4. 단전사고시 비상전원 또는 조명의 공급
5. 그 밖에 방치하면 급박해질 우려가 있는 위험을 예방하기 위한 활동
② 누구든지 정당한 사유 없이 제1항에 따라 출동하는 소방대의 생활안전활동을 방해하여서는 아니 된다.
③ 삭제

제16조의4(소방자동차의 보험 가입 등)

① 시·도지사는 소방자동차의 공무상 운행 중 교통사고가 발생한 경우 그 운전자의 법률상 분쟁에 소요되는 비용을 지원할 수 있는 보험에 가입하여야 한다.
② 국가는 제1항에 따른 보험 가입비용의 일부를 지원할 수 있다.

📄 조문 플러스

시·도지사가 소방자동차의 공무상 운행 중 교통사고로 인한 법률상 분쟁비용을 지원할 수 있는 보험에 가입하도록 하고, 국가가 그 가입비용 일부를 지원할 수 있도록 한다.

제16조의5(소방활동에 대한 면책)

소방공무원이 제16조 제1항에 따른 소방활동으로 인하여 타인을 사상(死傷)에 이르게 한 경우 그 소방활동이 불가피하고 소방공무원에게 고의 또는 중대한 과실이 없는 때에는 그 정상을 참작하여 사상에 대한 형사책임을 감경하거나 면제할 수 있다.

📖 용어사전

❶ 면책: 책임이나 책망을 면하는 것을 말한다.

제16조의6(소송지원)

소방청장, 소방본부장 또는 소방서장은 소방공무원이 제16조 제1항에 따른 소방활동, 제16조의2 제1항에 따른 소방지원활동, 제16조의3 제1항에 따른 생활안전활동으로 인하여 민·형사상 책임과 관련된 소송을 수행할 경우 변호인 선임 등 소송수행에 필요한 지원을 할 수 있다.

 찐 tip

소송지원자

비용임에도 불구하고 소방청장, 소방본부장, 소방서장이 지원할 수 있다.

제17조(소방교육·훈련)

① 소방청장, 소방본부장 또는 소방서장은 소방업무를 전문적이고 효과적으로 수행하기 위하여 소방대원에게 필요한 교육·훈련을 실시하여야 한다.
② 소방청장, 소방본부장 또는 소방서장은 화재를 예방하고 화재 발생시 인명과 재산피해를 최소화하기 위하여 다음 각 호에 해당하는 사람을 대상으로 행정안전부령으로 정하는 바에 따라 소방안전에 관한 교육과 훈련을 실시할 수 있다. 이 경우 소방청장, 소방본부장 또는 소방서장은 해당 어린이집·유치원·학교의 장과 교육일정 등에 관하여 협의하여야 한다.

📄 조문 플러스

원활한 소방활동을 위하여 소방대원에게 주기적인 교육훈련을 실시함으로써 사고예방뿐만 아니라 신속한 소방활동으로 피해를 최소화하기 위함이다.

 찐 tip

소방교육·훈련
1. 실시자: 소방청장, 소방본부장, 소방서장
2. 종류: 화재진압훈련, 인명구조훈련, 인명대피훈련, 응급처치훈련, 현장지휘훈련

1. 「영유아보육법」제2조에 따른 어린이집의 영유아
2. 「유아교육법」제2조에 따른 유치원의 유아
3. 「초·중등교육법」제2조에 따른 학교의 학생

③ 소방청장, 소방본부장 또는 소방서장은 국민의 안전의식을 높이기 위하여 화재 발생 시 피난 및 행동 방법 등을 홍보하여야 한다.

④ 제1항에 따른 교육·훈련의 종류 및 대상자, 그 밖에 교육·훈련의 실시에 필요한 사항은 행정안전부령으로 정한다.

📍 [별표 3의2] p.84

📍 [별표 3의3] p.85

> **시행규칙 제9조(소방교육·훈련의 종류 등)** ① 법 제17조 제1항에 따라 소방대원에게 실시할 교육·훈련의 종류, 해당 교육·훈련을 받아야 할 대상자 및 교육·훈련기간 등은 별표 3의2와 같다.
> ② 법 제17조 제2항에 따른 소방안전에 관한 교육과 훈련(이하 "소방안전교육훈련"이라 한다)에 필요한 시설, 장비, 강사자격 및 교육방법 등의 기준은 별표 3의3과 같다.
> ③ 소방청장, 소방본부장 또는 소방서장은 소방안전교육훈련을 실시하려는 경우 매년 12월 31일까지 다음 해의 소방안전교육훈련 운영계획을 수립하여야 한다.
> ④ 소방청장은 제3항에 따른 소방안전교육훈련 운영계획의 작성에 필요한 지침을 정하여 소방본부장과 소방서장에게 매년 10월 31일까지 통보하여야 한다.

📖 **핵심정리 소방대의 소방교육·훈련(행정안전부령)**

1. **교육·훈련의 목적:** 훈련된 소방대원의 양성
2. **교육·훈련의 종류 및 대상자**
   ① 화재진압: 진압 소방공무원, 의무소방원, 의용소방대원
   ② 인명구조: 구조 소방공무원, 의무소방원, 의용소방대원
   ③ 응급처치: 구급 소방공무원, 의무소방원, 의용소방대원
   ④ 인명대피: 소방공무원, 의무소방원, 의용소방대원
   ⑤ 현장지휘: 소방(위, 경, 령, 정)
3. **기간 및 횟수:** 2년마다 1회, 2주 이상

제17조의2(소방안전교육사)

① 소방청장은 제17조 제2항에 따른 소방안전교육을 위하여 소방청장이 실시하는 시험에 합격한 사람에게 소방안전교육사 자격을 부여한다.

② 소방안전교육사는 소방안전교육의 기획·진행·분석·평가 및 교수업무를 수행한다.

③ 제1항에 따른 소방안전교육사시험의 응시자격, 시험방법, 시험과목, 시험위원, 그 밖에 소방안전교육사시험의 실시에 필요한 사항은 대통령령으로 정한다.

④ 제1항에 따른 소방안전교육사시험에 응시하려는 사람은 대통령령으로 정하는 바에 따라 수수료를 내야 한다.

📝 **tip**

소방안전교육사
1. 실시자: 소방청장
2. 필요사항: 대통령령

시행령 제7조의2(소방안전교육사의 응시자격) 법 제17조의2 제3항에 따른 소방안전교육사시험의 응시자격은 별표 2의2와 같다.

📍 [별표 2의2] p.72

제7조의3(시험방법) ① 소방안전교육사시험은 제1차시험 및 제2차시험으로 구분하여 시행한다.

② 제1차시험은 선택형을, 제2차시험은 논술형을 원칙으로 한다. 다만, 제2차시험에는 주관식 단답형 또는 기입형을 포함할 수 있다.

③ 제1차시험에 합격한 사람에 대해서는 다음 회의 시험에 한정하여 제1차시험을 면제한다.

제7조의4(시험과목) ① 소방안전교육사시험의 제1차시험 및 제2차시험 과목은 다음 각 호와 같다.

1. 제1차시험: 소방학개론, 구급·응급처치론, 재난관리론 및 교육학개론 중 응시자가 선택하는 3과목

2. 제2차시험: 국민안전교육 실무

② 제1항에 따른 시험 과목별 출제범위는 행정안전부령으로 정한다.

제7조의5(시험위원[1] 등) ① 소방청장은 소방안전교육사시험 응시자격심사, 출제 및 채점을 위하여 다음 각 호의 어느 하나에 해당하는 사람을 응시자격심사위원 및 시험위원으로 임명 또는 위촉하여야 한다.

1. 소방 관련 학과, 교육학과 또는 응급구조학과 박사학위 취득자

2. 「고등교육법」 제2조 제1호부터 제6호까지의 규정 중 어느 하나에 해당하는 학교에서 소방 관련 학과, 교육학과 또는 응급구조학과에서 조교수 이상으로 2년 이상 재직한 자

3. 소방위 이상의 소방공무원

4. 소방안전교육사 자격을 취득한 자

② 제1항에 따른 응시자격심사위원 및 시험위원의 수는 다음 각 호와 같다.

1. 응시자격심사위원: 3명

2. 시험위원 중 출제위원: 시험과목별 3명

3. 시험위원 중 채점위원: 5명

4. 삭제

③ 제1항에 따라 응시자격심사위원 및 시험위원으로 임명 또는 위촉된 자는 소방청장이 정하는 시험문제 등의 작성시 유의사항 및 서약서 등에 따른 준수사항을 성실히 이행해야 한다.

④ 제1항에 따라 임명 또는 위촉된 응시자격심사위원 및 시험위원과 시험감독업무에 종사하는 자에 대하여는 예산의 범위에서 수당 및 여비를 지급할 수 있다.

제7조의6(시험의 시행 및 공고) ① 소방안전교육사시험은 2년마다 1회 시행함을 원칙으로 하되, 소방청장이 필요하다고 인정하는 때에는 그 횟수를 증감할 수 있다.

② 소방청장은 소방안전교육사시험을 시행하려는 때에는 응시자격·시험과목·일시·장소 및 응시절차 등에 관하여 필요한 사항을 모든 응시 희망자가 알 수 있도록 소방안전교육사시험의 시행일 90일 전까지 소방청의 인터넷 홈페이지 등에 공고해야 한다.

제7조의7(응시원서 제출 등) ① 소방안전교육사시험에 응시하려는 자는 행정안전부령으로 정하는 소방안전교육사시험 응시원서를 소방청장에게 제출(정보통신망에 의한 제출을 포함한다. 이하 이 조에서 같다)하여야 한다.

📖 **용어사전**

❶ 위원: 임명 또는 위촉에 의하여 지명되어 단체의 특정 사항을 처리할 것을 위임받은 사람을 말한다.

② 소방안전교육사시험에 응시하려는 자는 행정안전부령으로 정하는 제7조의2에 따른 응시자격에 관한 증명서류를 소방청장이 정하는 기간 내에 제출해야 한다.

③ 소방안전교육사시험에 응시하려는 자는 행정안전부령으로 정하는 응시수수료를 납부해야 한다.

④ 제3항에 따라 납부한 응시수수료는 다음 각 호의 어느 하나에 해당하는 경우에는 해당 금액을 반환하여야 한다.

1. 응시수수료를 과오납한 경우: 과오납한 응시수수료 전액
2. 시험시행기관의 귀책사유로 시험에 응시하지 못한 경우: 납입한 응시수수료 전액
3. 시험시행일 20일 전까지 접수를 철회하는 경우: 납입한 응시수수료 전액
4. 시험시행일 10일 전까지 접수를 철회하는 경우: 납입한 응시수수료의 100분의 50

제7조의8(시험의 합격자 결정 등) ① 제1차시험은 매과목 100점을 만점으로 하여 매과목 40점 이상, 전과목 평균 60점 이상 득점한 자를 합격자로 한다.

② 제2차시험은 100점을 만점으로 하되, 시험위원의 채점점수 중 최고점수와 최저점수를 제외한 점수의 평균이 60점 이상인 사람을 합격자로 한다.

③ 소방청장은 제1항 및 제2항에 따라 소방안전교육사시험 합격자를 결정한 때에는 이를 소방청의 인터넷 홈페이지 등에 공고해야 한다.

④ 소방청장은 제3항에 따른 시험합격자 공고일부터 1개월 이내에 행정안전부령으로 정하는 소방안전교육사증을 시험합격자에게 발급하며, 이를 소방안전교육사증 교부대장에 기재하고 관리하여야 한다.

제7조의9 삭제

📍 [별표 3의4] p.86

시행규칙 제9조의2(시험과목별 출제범위) 영 제7조의4 제2항에 따른 소방안전교육사 시험 과목별 출제범위는 별표 3의4와 같다.

제9조의3(응시원서 등) ① 영 제7조의7 제1항에 따른 소방안전교육사시험 응시원서는 별지 제4호 서식과 같다.

② 영 제7조의7 제2항에 따라 응시자가 제출하여야 하는 증명서류는 다음 각 호의 서류 중 응시자에게 해당되는 것으로 한다.

1. 자격증 사본. 다만, 영 별표 2의2 제6호, 제8호 및 제9호에 해당하는 사람이 응시하는 경우 해당 자격증 사본은 제외한다.
2. 교육과정 이수증명서 또는 수료증
3. 교과목 이수증명서 또는 성적증명서
4. 별지 제5호 서식에 따른 경력(재직)증명서. 다만, 발행 기관에 별도의 경력(재직)증명서 서식이 있는 경우는 그에 따를 수 있다.
5. 「화재예방, 소방시설 설치·유지 및 안전관리에 관한 법률 시행규칙」 제35조에 따른 소방안전관리자수첩 사본

③ 소방청장은 제2항 제1호 단서에 따라 응시자가 제출하지 아니한 영 별표 2의2 제6호, 제8호 및 제9호에 해당하는 국가기술자격증에 대해서는 「전자정부법」 제36조 제1항에 따른 행정정보의 공동이용을 통하여 확인하여야 한다. 다만, 응시자가 확인에 동의하지 아니하는 경우에는 해당 국가기술자격증 사본을 제출하도록 하여야 한다.

제9조의4(응시수수료) ① 영 제7조의7 제3항에 따른 응시수수료(이하 "수수료"라 한다)는 제1차시험의 경우 3만원, 제2차시험의 경우 2만 5천원으로 한다.

② 수수료는 수입인지 또는 정보통신망을 이용한 전자화폐 · 전자결제 등의 방법으로 납부해야 한다.

③ 삭제

제9조의5(소방안전교육사증 등의 서식) 영 제7조의8 제4항에 따른 소방안전교육사증 및 소방안전교육사증 교부대장은 별지 제6호 서식 및 별지 제7호 서식과 같다.

기출 체크

01 「소방기본법 시행령」상 소방안전교육사시험 응시자격에 대한 설명으로 옳은 것은?

19. 공채 통합

> ㄱ. 「영유아보육법」 제21조에 따라 보육교사 자격을 취득한 후 2년 이상의 보육업무 경력이 있는 사람
> ㄴ. 「국가기술자격법」 제2조 제3호에 따른 국가기술자격의 직무 분야 중 안전관리 분야의 산업기사 자격을 취득한 후 안전관리 분야에 3년 이상 종사한 사람
> ㄷ. 「의료법」 제7조에 따라 간호조무사 자격을 취득한 후 간호업무 분야에 2년 이상 종사한 사람
> ㄹ. 「응급의료에 관한 법률」 제36조 제3항에 따라 2급 응급구조사 자격을 취득한 후 응급의료 업무 분야에 3년 이상 종사한 사람
> ㅁ. 「소방공무원법」 제2조에 따른 소방공무원으로 2년 이상 근무한 경력이 있는 사람
> ㅂ. 「의용소방대 설치 및 운영에 관한 법률」 제3조에 따라 의용소방대원으로 임명된 후 5년 이상 의용소방대 활동을 한 경력이 있는 사람

① ㄱ, ㄷ, ㅁ
② ㄴ, ㄹ, ㅂ
③ ㄷ, ㄹ, ㅁ
④ ㄹ, ㅁ, ㅂ

02 다음 중 소방안전교육사에 관한 내용으로 옳지 않은 것은?

05. 전남, 07. 광주, 08. 전북 · 경남 · 울산

① 시험위원의 수는 출제위원은 시험과목별 3명, 채점위원은 시험과목별 5명에 해당한다.
② 소방청장은 소방안전교육사시험을 시행하려는 때에는 응시자격 · 시험과목 · 일시 · 장소 및 응시절차 등에 관하여 필요한 사항을 모든 응시 희망자가 알 수 있도록 소방안전교육사시험의 90일 전까지 소방청의 인터넷 홈페이지 등에 공고해야 한다.
③ 소방청장은 소방안전교육사시험에서 부정행위를 한 사람에 대하여는 그 시험을 정지시키거나 무효로 하고, 그 처분이 있는 날부터 2년간 소방안전교육사시험에 응시하지 못한다.
④ 소방청장은 소방안전교육사시험 응시자격심사, 출제, 채점 및 실기 · 면접시험을 위하여 소방경 이상의 소방공무원을 응시자격심사위원 및 시험위원으로 임명 또는 위촉해야 한다.

정답 01 ② 02 ④

찐 tip

결격사유
1. 피성년후견인
2. 2년이 지나지 않음(금고 이상의 실형 선고)
3. 유예기간 중(집행유예 선고)
4. 자격(정지, 상실)

📖 **용어사전**

❶ 결격사유: 어떠한 자격을 상실하게 되는 사유를 말한다.
❷ 피성년후견인: 법원에서 성년후견개시의 심판을 받은 사람을 말한다.

제17조의3(소방안전교육사의 결격사유❶)

다음 각 호의 어느 하나에 해당하는 사람은 소방안전교육사가 될 수 없다.

1. 피성년후견인❷
2. 금고 이상의 실형을 선고받고 그 집행이 끝나거나(집행이 끝난 것으로 보는 경우를 포함한다) 집행이 면제된 날부터 2년이 지나지 아니한 사람
3. 금고 이상의 형의 집행유예를 선고받고 그 유예기간 중에 있는 사람
4. 법원의 판결 또는 다른 법률에 따라 자격이 정지되거나 상실된 사람

📋 **기출 체크**

소방안전교육사의 결격사유로 옳지 않은 것은?   06. 울산, 07. 학과, 10. 충북

① 금고 이상의 실형을 선고받고 그 집행이 면제된 날부터 2년이 경과한 사람
② 금고 이상의 형의 집행유예를 선고받고 그 유예기간 중에 있는 사람
③ 법원의 판결 또는 다른 법률에 의하여 자격이 정지 또는 상실된 사람
④ 피성년후견인

정답 ①

제17조의4(부정행위자에 대한 조치)

① 소방청장은 제17조의2에 따른 소방안전교육사시험에서 부정행위를 한 사람에 대하여는 해당 시험을 정지시키거나 무효로 처리한다.
② 제1항에 따라 시험이 정지되거나 무효로 처리된 사람은 그 처분이 있은 날부터 2년간 소방안전교육사시험에 응시하지 못한다.

제17조의5(소방안전교육사의 배치)

① 제17조의2 제1항에 따른 소방안전교육사를 소방청, 소방본부 또는 소방서, 그 밖에 대통령령으로 정하는 대상에 배치할 수 있다.
② 제1항에 따른 소방안전교육사의 배치대상 및 배치기준, 그 밖에 필요한 사항은 대통령령으로 정한다.

시행령 제7조의10(소방안전교육사의 배치대상) 법 제17조의5 제1항에서 "그 밖에 대통령령으로 정하는 대상"이란 다음 각 호의 어느 하나에 해당하는 기관이나 단체를 말한다.
  1. 법 제40조에 따라 설립된 한국소방안전원(이하 "안전원"이라 한다)
  2. 「소방산업의 진흥에 관한 법률」 제14조에 따른 한국소방산업기술원
제7조의11(소방안전교육사의 배치대상별 배치기준) 법 제17조의5 제2항에 따른 소방안전교육사의 배치대상별 배치기준은 별표 2의3과 같다.

📍 [별표 2의3] p.73

042 해커스소방 학원·인강 fire.Hackers.com

제17조의6(한국119청소년단)

① 청소년에게 소방안전에 관한 올바른 이해와 안전의식을 함양시키기 위하여 한국119청소년단을 설립한다.

② 한국119청소년단은 법인으로 하고, 그 주된 사무소의 소재지에 설립등기❶를 함으로써 성립한다.

③ 국가나 지방자치단체는 한국119청소년단에 그 조직 및 활동에 필요한 시설·장비를 지원할 수 있으며, 운영경비와 시설비 및 국내외 행사에 필요한 경비를 보조할 수 있다.

④ 개인·법인 또는 단체는 한국119청소년단의 시설 및 운영 등을 지원하기 위하여 금전이나 그 밖의 재산을 기부할 수 있다.

⑤ 이 법에 따른 한국119청소년단이 아닌 자는 한국119청소년단 또는 이와 유사한 명칭을 사용할 수 없다.

⑥ 한국119청소년단의 정관 또는 사업의 범위·지도·감독 및 지원에 필요한 사항은 행정안전부령으로 정한다.

⑦ 한국119청소년단에 관하여 이 법에서 규정한 것을 제외하고는 「민법」 중 사단법인❷에 관한 규정을 준용한다.

📖 **용어사전**

❶ 설립등기: 법인을 설립하기 위하여 하는 등기를 말한다.
❷ 사단법인: 일정한 목적을 위하여 결합한 사람의 단체를 실체로 하는 법인을 말한다.

제18조(소방신호)

화재예방, 소방활동 또는 소방훈련을 위하여 사용되는 소방신호의 종류와 방법은 행정안전부령으로 정한다.

> **시행규칙 제10조(소방신호의 종류 및 방법)** ① 법 제18조의 규정에 의한 소방신호의 종류는 다음 각 호와 같다.
>   1. 경계신호: 화재예방상 필요하다고 인정되거나 법 제14조의 규정에 의한 화재위험경보시 발령
>   2. 발화신호: 화재가 발생한 때 발령
>   3. 해제신호: 소화활동이 필요없다고 인정되는 때 발령
>   4. 훈련신호: 훈련상 필요하다고 인정되는 때 발령
> ② 제1항의 규정에 의한 소방신호의 종류별 소방신호의 방법은 별표 4와 같다.

📄 **조문 플러스**

소방활동을 하는 소방대가 무선통신 등의 방법으로 지휘 또는 연락 등을 할 수 없는 경우에 대비하여 소방신호의 종류와 방법 등을 미리 규정하였다.

📍 [별표 4] p.87

전 tip

소방신호 종류

1. 경계신호(예방, 위험)
2. 발화신호(화재)
3. 해제신호(소화활동 마침)
4. 훈련신호(훈련, 비상소집)

📖 **핵심정리 소방신호(행정안전부령)**

1. **목적:** 화재예방, 소방활동, 소방훈련
2. **신호 방식:** 타종, 사이렌, 통풍대, 게시판, 기
3. **소방신호의 종류와 방법**

신호방법 종류	타종신호	사이렌신호		
		발령시간	간격	횟수
경계신호	1타와 연 2타를 반복	30초	5초	3회
발화신호	난타	5초	5초	3회
해제신호	상당한 간격을 두고 1타 반복	1분간	–	1회
훈련신호	연 3타 반복	1분씩	10초	3회

📋 **기출체크**

01 「소방기본법 시행규칙」상 소방신호에 대한 설명으로 옳은 것은? 18. 공채 통합

	종류	타종신호	사이렌신호
①	경계신호	1타와 연 2타 반복	5초 간격을 두고 30초씩 3회
②	발화신호	연 3타 반복 후 난타	5초 간격을 두고 5초씩 3회
③	해제신호	연 2타 반복	1분간 1회
④	훈련신호	연 3타 반복	5초 간격을 두고 1분씩 3회

02 화재예방, 소방활동 또는 소방훈련을 위하여 사용되는 소방신호의 종류와 방법 중 사이렌신호에 대한 설명으로 옳지 않은 것은? 16. 공채 통합

① 경계신호: 5초 간격을 두고 30초씩 3회
② 발화신호: 5초 간격을 두고 5초씩 3회
③ 해제신호: 1분간 1회
④ 훈련신호: 1분 간격을 두고 1분씩 3회

03 소방신호의 종류 및 방법에 대한 설명으로 옳지 않은 것은? 15. 공채 통합

① 경계신호: 1타와 연 2타를 반복
② 발화신호: 난타
③ 해제신호: 상당한 간격을 두고 1타씩 반복
④ 소방대의 비상소집을 하는 경우에는 훈련신호를 사용할 수 없다.

정답 01 ① 02 ④ 03 ④

제19조(화재 등의 통지)

① 화재 현장 또는 구조·구급이 필요한 사고 현장을 발견한 사람은 그 현장의 상황을 소방본부, 소방서 또는 관계 행정기관에 지체 없이 알려야 한다.

② 다음 각 호의 어느 하나에 해당하는 지역 또는 장소에서 화재로 오인할 만한 우려가 있는 불을 피우거나 연막(煙幕) 소독을 하려는 자는 시·도의 조례로 정하는 바에 따라 관할 소방본부장 또는 소방서장에게 신고하여야 한다.

1. 시장지역
2. 공장·창고가 밀집한 지역
3. 목조건물이 밀집한 지역
4. 위험물의 저장 및 처리시설이 밀집한 지역
5. 석유화학제품을 생산하는 공장이 있는 지역
6. 그 밖에 시·도의 조례로 정하는 지역 또는 장소

> 📖 **핵심정리** 화재 등의 통지

1. **화재 등의 통지의 목적:** 화재, 재난 현장을 발견한 사람이 소방관서에 통지함으로써 피해를 최소화하기 위함
2. **허위 신고:** 500만원 이하의 과태료
3. **오인출동 방지(연막소독, 화재오인 우려 행위)**
   ① 통보대상: 화재경계지구 내 오인 화재
   ② 미통보시: 20만원 이하의 과태료(시·도 조례)

> 📋 **기출 체크**
>
> 다음 중 시·도 조례로 정하는 바에 따라 연막소독을 하려는 자가 관할 소방본부장 또는 소방서장에게 신고하지 않아도 되는 지역으로 옳은 것은? 14. 학과
>
> ① 석유화학제품을 생산하는 공장
> ② 소방시설, 소방용수시설 또는 소방출동로가 있는 지역
> ③ 위험물의 저장 및 처리시설이 밀집한 지역
> ④ 목조건물이 밀집한 지역 및 공장·창고가 밀집한 지역
>
> **정답** ②

찐 tip

화재오인우려 행위 시
1. 조치: 사전 신고
2. 신고처: 소방본부장, 소방서장
3. 신고대상: 시장, 공장, 창고, 위험물, 가스, 석유화학제품, 시·도 조례로 정하는 곳

제20조(관계인의 소방활동 등)

① 관계인은 소방대상물에 화재, 재난·재해, 그 밖의 위급한 상황이 발생한 경우에는 소방대가 현장에 도착할 때까지 경보를 울리거나 대피를 유도하는 등의 방법으로 사람을 구출하는 조치 또는 불을 끄거나 불이 번지지 아니하도록 필요한 조치를 하여야 한다. 〈개정 2022.4.26.〉

② 관계인은 소방대상물에 화재, 재난·재해, 그 밖의 위급한 상황이 발생한 경우에는 이를 소방본부, 소방서 또는 관계 행정기관에 지체 없이 알려야 한다. 〈신설 2022.4.26.〉

📖 **조문 플러스**

관계인에게 소방대가 도착하기 전까지 하여야 할 소화·인명구조 및 연소방지 등의 의무를 규정하였다.

찐 tip

관계인의 소방활동
1. 소화
2. 사람구출
3. 대피유도

1. 관계인의 소방활동 내용: 인명구조 , 소화, 연소 확대 방지

2. 벌칙: 100만원 이하의 벌금

📋 **기출 체크**

화재가 발생하는 경우 관계인으로서 하여야 하는 소방활동으로 옳지 않은 것은?　　14. 학과

① 사람을 구출하는 조치를 취할 것
② 불을 끄거나 불이 번지지 아니하도록 할 것
③ 경보를 울릴 것
④ 소방활동구역을 설정할 것

정답 ④

📖 **조문 플러스**

소방자동차를 사고현장에 신속하게 도착시키기 위하여 소방차량에 대한 우선 통행 및 사이렌 사용에 대한 사항을 「도로교통법」에서 정하여 그 긴급성을 확보하였다.

제21조(소방자동차의 우선 통행 등)

① 모든 차와 사람은 소방자동차(지휘를 위한 자동차와 구조·구급차를 포함한다. 이하 같다)가 화재진압 및 구조·구급 활동을 위하여 출동을 할 때에는 이를 방해하여서는 아니 된다.

② 소방자동차가 화재진압 및 구조·구급 활동을 위하여 출동하거나 훈련을 위하여 필요할 때에는 사이렌을 사용할 수 있다.

③ 모든 차와 사람은 소방자동차가 화재진압 및 구조·구급 활동을 위하여 제2항에 따라 사이렌을 사용하여 출동하는 경우에는 다음 각 호의 행위를 하여서는 아니 된다.

　1. 소방자동차에 진로를 양보하지 아니하는 행위

　2. 소방자동차 앞에 끼어들거나 소방자동차를 가로막는 행위

　3. 그 밖에 소방자동차의 출동에 지장을 주는 행위

④ 제3항의 경우를 제외하고 소방자동차의 우선 통행에 관하여는 「도로교통법」에서 정하는 바에 따른다.

📋 **기출 체크**

소방활동을 위한 소방자동차의 출동 및 통행에 대한 설명으로 옳지 않은 것은?　　14. 학과

① 모든 차와 사람은 소방자동차가 화재진압 및 구조·구급 활동을 위하여 출동을 할 때에는 이를 방해하여서는 아니 된다.
② 소방자동차의 우선 통행에 관하여는 「도로교통법」에서 정하는 바에 따른다.
③ 소방대가 현장에 신속하게 출동하기 위하여 긴급할 때에는 일반적인 통행에 쓰이지 아니하는 도로·빈터 또는 물 위로 통행할 수 있다.
④ 소방자동차가 구조·구급 활동에 한하여 사이렌을 사용할 수 있다.

정답 ④

제21조의2(소방자동차 전용구역 등)

① 「건축법」 제2조 제2항 제2호에 따른 공동주택 중 대통령령으로 정하는 공동주택의 건축주는 제16조 제1항에 따른 소방활동의 원활한 수행을 위하여 공동주택에 소방자동차 전용구역(이하 "전용구역"이라 한다)을 설치하여야 한다.

② 누구든지 전용구역에 차를 주차하거나 전용구역에의 진입을 가로막는 등의 방해행위를 하여서는 아니 된다.

③ 전용구역의 설치기준·방법, 제2항에 따른 방해행위의 기준, 그 밖의 필요한 사항은 대통령령으로 정한다.

> **시행령 제7조의12(소방자동차 전용구역 설치 대상)** 법 제21조의2 제1항에서 "대통령령으로 정하는 공동주택"이란 다음 각 호의 주택을 말한다.
> 1. 「건축법 시행령」 별표 1 제2호 가목의 아파트 중 세대수가 100세대 이상인 아파트
> 2. 「건축법 시행령」 별표 1 제2호 라목의 기숙사 중 3층 이상의 기숙사
>
> **제7조의13(소방자동차 전용구역의 설치기준·방법)** ① 제7조의12에 따른 공동주택의 건축주는 소방자동차가 접근하기 쉽고 소방활동이 원활하게 수행될 수 있도록 각 동별 전면 또는 후면에 소방자동차 전용구역(이하 "전용구역"이라 한다)을 1개소 이상 설치하여야 한다. 다만, 하나의 전용구역에서 여러 동에 접근하여 소방활동이 가능한 경우로서 소방청장이 정하는 경우에는 각 동별로 설치하지 아니할 수 있다.
> ② 전용구역의 설치 방법은 별표 2의5와 같다.
>
> **제7조의14(전용구역 방해행위의 기준)** 법 제21조의2 제2항에 따른 방해행위의 기준은 다음 각 호와 같다.
> 1. 전용구역에 물건 등을 쌓거나 주차하는 행위
> 2. 전용구역의 앞면, 뒷면 또는 양 측면에 물건 등을 쌓거나 주차하는 행위. 다만, 「주차장법」 제19조에 따른 부설주차장의 주차구획 내에 주차하는 경우는 제외한다.
> 3. 전용구역 진입로에 물건 등을 쌓거나 주차하여 전용구역으로의 진입을 가로막는 행위
> 4. 전용구역 노면표지를 지우거나 훼손하는 행위
> 5. 그 밖의 방법으로 소방자동차가 전용구역에 주차하는 것을 방해하거나 전용구역으로 진입하는 것을 방해하는 행위

 찐 tip

전용구역
1. 설치자: 선축주
2. 대상: 아파트(100세대 이상), 기숙사(3층 이상)

📍 [별표 2의5] p.75

01 「소방기본법」 및 같은 법 시행령상 소방자동차 전용구역 등에 대한 내용으로 옳지 않은 것은? 22. 공채 통합

① 소방자동차 전용구역의 설치기준·방법, 방해행위의 기준, 그 밖에 필요한 사항은 대통령령으로 정한다.

② 전용구역에 주차하거나 전용구역에의 진입을 가로막는 등의 방해행위를 한 자에게는 200만원 이하의 과태료를 부과한다.

③ 「건축법 시행령」 별표 1 제2호 가목의 아파트 중 세대수가 100세대 이상인 아파트의 건축주는 소방활동의 원활한 수행을 위하여 공동주택에 소방자동차 전용구역을 설치하여야 한다.

④ 「건축법 시행령」 별표 1 제2호 라목의 기숙사 중 3층인 기숙사가 하나의 대지에 하나의 동(棟)으로 구성되고, 「도로교통법」 제32조 또는 제33조에 따라 정차 또는 주차가 금지된 편도 2차선 이상의 도로에 직접 접하여 소방자동차가 도로에서 직접 소방활동이 가능한 경우 소방자동차 전용구역 설치대상에서 제외한다.

02 「소방기본법」 및 같은 법 시행령상 소방자동차 전용구역의 설치 등에 관한 설명으로 옳지 않은 것은? 19. 학과

① 세대수가 100세대 이상인 아파트에는 소방자동차 전용구역을 설치하여야 한다.

② 소방본부장 또는 소방서장은 소방자동차가 접근하기 쉽고 소방활동이 원활하게 수행될 수 있도록 공동주택의 각 동별 전면 또는 후면에 소방자동차 전용구역을 1개소 이상 설치하여야 한다.

③ 전용구역 노면표지 도료의 색채는 황색을 기본으로 하되, 문자(P, 소방차 전용)는 백색으로 표시한다.

④ 소방자동차 전용구역에 차를 주차하거나 전용구역에의 진입을 가로막는 등의 방해행위를 한 자에게는 100만원 이하의 과태료를 부과한다.

정답 01 ② 02 ②

찐 tip

소방자동차 교통안전 분석 시스템 구축·운영
1. 운행기록장치: 소방청장, 소방본부장
2. 소방자동차 교통안전 분석 시스템: 소방청장

제21조의3(소방자동차 교통안전 분석 시스템 구축·운영)

① 소방청장 또는 소방본부장은 대통령령으로 정하는 소방자동차에 행정안전부령으로 정하는 기준에 적합한 운행기록장치(이하 이 조에서 "운행기록장치"라 한다)를 장착하고 운용하여야 한다.

② 소방청장은 소방자동차의 안전한 운행 및 교통사고 예방을 위하여 운행기록장치 데이터의 수집·저장·통합·분석 등의 업무를 전자적으로 처리하기 위한 시스템(이하 이 조에서 "소방자동차 교통안전 분석 시스템"이라 한다)을 구축·운영할 수 있다.

③ 소방청장, 소방본부장 및 소방서장은 소방자동차 교통안전 분석 시스템으로 처리된 자료(이하 이 조에서 "전산자료"라 한다)를 이용하여 소방자동차의 장비운용자 등에게 어떠한 불리한 제재나 처벌을 하여서는 아니 된다.

④ 소방자동차 교통안전 분석 시스템의 구축·운영, 운행기록장치 데이터 및 전산자료의 보관·활용 등에 필요한 사항은 행정안전부령으로 정한다.

[본조신설 2022.4.26.]

제22조(소방대의 긴급통행)

소방대는 화재, 재난·재해, 그 밖의 위급한 상황이 발생한 현장에 신속하게 출동하기 위하여 긴급할 때에는 일반적인 통행에 쓰이지 아니하는 도로❶·빈터❷ 또는 물 위❸로 통행할 수 있다.

📖 **기출 체크**

소방대의 긴급통행에 대한 설명으로 옳은 것은?   05. 경남, 07. 대선

① 소방대는 화재, 재난·재해, 그 밖의 위급한 상황이 발생한 현장에 신속하게 출동하기 위하여 긴급할 때에는 일반적인 통행에 쓰이지 아니하는 도로·빈터 또는 물 위로 통행할 수 있다.
② 모든 차와 사람은 소방자동차(지휘를 위한 자동차와 구조·구급차를 포함한다)가 화재진압 및 구조·구급 활동을 위하여 출동을 할 때에는 이를 방해하여서는 아니 된다.
③ 소방자동차의 우선 통행에 관하여는 「도로교통법」에서 정하는 바에 따른다.
④ 소방자동차가 화재진압 및 구조·구급 활동을 위하여 출동하거나 훈련을 위하여 필요할 때에는 사이렌을 사용할 수 있다.

정답 ①

제23조(소방활동구역의 설정)

① 소방대장은 화재, 재난·재해, 그 밖의 위급한 상황이 발생한 현장에 소방활동구역을 정하여 소방활동에 필요한 사람으로서 대통령령으로 정하는 사람 외에는 그 구역에 출입하는 것을 제한할 수 있다.
② 경찰공무원은 소방대가 제1항에 따른 소방활동구역에 있지 아니하거나 소방대장의 요청이 있을 때에는 제1항에 따른 조치를 할 수 있다.

> **시행령 제8조(소방활동구역의 출입자)** 법 제23조 제1항에서 "대통령령으로 정하는 사람"이란 다음 각 호의 사람을 말한다.
> 1. 소방활동구역 안에 있는 소방대상물의 소유자·관리자 또는 점유자
> 2. 전기·가스·수도·통신·교통의 업무에 종사하는 사람으로서 원활한 소방활동을 위하여 필요한 사람
> 3. 의사·간호사 그 밖의 구조·구급업무에 종사하는 사람
> 4. 취재인력 등 보도업무에 종사하는 사람
> 5. 수사업무에 종사하는 사람
> 6. 그 밖에 소방대장이 소방활동을 위하여 출입을 허가한 사람

📄 **조문 플러스**

소방대의 현장 출동시 공공용 도로 외에 사도 또는 사유지에 대한 점용을 허용하고 절차 없이 통행할 수 있는 강제처분권을 규정하여 개인 재산 등에 대한 침해를 할 수 있는 법적 근거를 마련하였다.

📒 **용어사전**

❶ 일반적인 통행에 쓰이지 아니하는 도로: 차량 등의 통행금지 도로, 가옥 부지 내의 도로, 개인 주택의 전용도로를 말한다.
❷ 빈터: 개인 소유지로 공지되어 있는 것을 말한다.
❸ 물 위: 호수, 양식장, 댐 등을 말한다.

📄 **조문 플러스**

원활한 소화활동과 화재조사를 위하여 일정시간 동안 일정구역을 정함으로써 출입을 금지 또는 제한하기 위함이다.

 찐 tip

소방활동구역 출입자
1. 소방활동구역 안 관계인
2. 전기·가스·수도·통신·교통업무 종사
3. 의사·간호, 구조·구급업무 종사
4. 보도업무에 종사
5. 수사업무 종사
6. 소방대장이 출입 허가

1. **설정권자**: 소방본부장, 소방서장, 소방대장
2. **출입가능자**
   ① 관계인
   ② 전기 · 가스 · 수도 · 통신 · 교통업무 종사자
   ③ 의료인(의사, 간호사), 구조 · 구급업무 종사자
   ④ 보도업무 종사자
   ⑤ 수사업무 종사자
   ⑥ 소방대장이 출입을 허가한 자
3. **벌칙**: 200만원 이하의 과태료

📋 기출 체크

01 「소방기본법 시행령」상 소방활동구역의 출입자로 옳지 않은 것은?   19. 학과

   ① 소방활동구역 안에 있는 소방대상물의 관계인
   ② 구조 · 구급업무에 종사하는 사람
   ③ 수사업무에 종사하는 사람
   ④ 시 · 도지사가 출입을 허가한 사람

02 소방활동구역을 출입할 수 있는 사람으로 옳지 않은 것은?   08. 경북, 11. 전남, 13. 전북

   ① 소방활동구역 내 소유자 · 관리자 · 점유자
   ② 전기 · 통신 · 가스 · 수도 · 교통업무에 종사한 자로서 원활한 소방활동을 위하여 필요한 자
   ③ 의사, 간호사
   ④ 의용소방대장이 정하는 자

정답 01 ④ 02 ④

📋 조문 플러스

현장의 여건에 따라 관설 소방력만으로 한계가 있는 경우 소방활동에 종사할 것을 명령하는 규정이다.

제24조(소방활동 종사 명령)

① 소방본부장, 소방서장 또는 소방대장은 화재, 재난 · 재해, 그 밖의 위급한 상황이 발생한 현장에서 소방활동을 위하여 필요할 때에는 그 관할구역에 사는 사람 또는 그 현장에 있는 사람으로 하여금 사람을 구출하는 일 또는 불을 끄거나 불이 번지지 아니하도록 하는 일을 하게 할 수 있다. 이 경우 소방본부장, 소방서장 또는 소방대장은 소방활동에 필요한 보호장구를 지급하는 등 안전을 위한 조치를 하여야 한다.

② 삭제

③ 제1항에 따른 명령에 따라 소방활동에 종사한 사람은 시 · 도지사로부터 소방활동의 비용을 지급받을 수 있다. 다만, 다음 각 호의 어느 하나에 해당하는 사람의 경우에는 그러하지 아니하다.

   1. 소방대상물에 화재, 재난 · 재해, 그 밖의 위급한 상황이 발생한 경우 그 관계인
   2. 고의 또는 과실로 화재 또는 구조 · 구급 활동이 필요한 상황을 발생시킨 사람
   3. 화재 또는 구조 · 구급 현장에서 물건을 가져간 사람

📖 핵심정리 소방활동 종사명령

1. **명령권자**: 소방본부장, 소방서장, 소방대장

2. **비용지급자**: 시·도지사

3. **비용지급 제외**
   ① 관계인
   ② 고의·과실로 화재 또는 구조·구급활동을 발생시킨 자
   ③ 물건을 가져간 자

📋 기출 체크

「소방기본법」상 소방활동 종사명령에 대한 설명으로 옳지 않은 것은?   21. 학과

① 소방본부장 또는 소방서장은 화재 현장에서 소방활동 종사명령을 할 수 있다.
② 소방활동 종사명령은 관할구역에 사는 사람 또는 그 현장에 있는 사람을 대상으로 할 수 있다.
③ 소방활동에 종사한 사람은 소방본부장 또는 소방서장으로부터 소방활동의 비용을 지급받을 수 있다.
④ 소방본부장 또는 소방서장은 소방활동에 필요한 보호장구를 지급하는 등 안전을 위한 조치를 하여야 한다.

정답 ③

제25조(강제처분 등)

① 소방본부장, 소방서장 또는 소방대장은 사람을 구출하거나 불이 번지는 것을 막기 위하여 필요할 때에는 화재가 발생하거나 불이 번질 우려가 있는 소방대상물 및 토지를 일시적으로 사용하거나 그 사용의 제한 또는 소방활동에 필요한 처분을 할 수 있다.

② 소방본부장, 소방서장 또는 소방대장은 사람을 구출하거나 불이 번지는 것을 막기 위하여 긴급하다고 인정할 때에는 제1항에 따른 소방대상물 또는 토지 외의 소방대상물과 토지에 대하여 제1항에 따른 처분을 할 수 있다.

③ 소방본부장, 소방서장 또는 소방대장은 소방활동을 위하여 긴급하게 출동할 때에는 소방자동차의 통행과 소방활동에 방해가 되는 주차 또는 정차된 차량 및 물건 등을 제거하거나 이동시킬 수 있다.

④ 소방본부장, 소방서장 또는 소방대장은 제3항에 따른 소방활동에 방해가 되는 주차 또는 정차된 차량의 제거나 이동을 위하여 관할 지방자치단체 등 관련 기관에 견인차량과 인력 등에 대한 지원을 요청할 수 있고, 요청을 받은 관련 기관의 장은 정당한 사유가 없으면 이에 협조하여야 한다.

⑤ 시·도지사는 제4항에 따라 견인차량과 인력 등을 지원한 자에게 시·도의 조례로 정하는 바에 따라 비용을 지급할 수 있다.

📖 조문 플러스

1. 화재현장의 소방활동 또는 소방활동상 출동하는 과정에서 소방대상물, 토지 및 주차·정차된 차량 등의 타인의 재산권에 대한 침해 및 제한이 수반되어 법률적 근거를 마련하였다.

2. 관련 원칙은 다음과 같다.
   · **적합성의 원칙**: 행정상의 장애가 목전에 급박하여 조치가 필요할 것
   · **필요성의 원칙·침해 최소의 원칙**: 목적 달성을 위하여 관계자에게 가장 적게 부담을 주는 수단을 선택할 것
   · **보충성의 원칙**: 다른 수단으로는 행정목적을 달성할 수 없는 경우에 발동할 것
   · **비례성의 원칙**: 행정상 즉시강제와 행정목적 사이에 정당한 비례관계가 유지될 것

 찐 tip

강제처분
1. **처분자**: 소방본부장, 소방서장, 소방대장
2. **비용지급**: 시·도지사

1. **처분권자:** 소방본부장, 소방서장, 소방대장
2. **손실보상:** 시 · 도지사
3. **처분 대상**
   ① 소방활동구역 내의 소방대상물, 토지
   ② 출동 중의 소방대상물, 토지, 주 · 정차 차량

📋 **기출 체크**

01 「소방기본법」 제25조 제1항에 대한 내용이다. (   ) 안에 들어갈 말로 옳지 않은 것은?

22. 경채

> (   ), (   ) 또는 (   )은 사람을 구출하거나 불이 번지는 것을 막기 위하여 필요할 때에는 화재가 발생하거나 불이 번질 우려가 있는 소방대상물 및 토지를 일시적으로 사용하거나 그 사용의 제한 또는 소방활동에 필요한 처분을 할 수 있다.

① 소방청장
② 소방본부장
③ 소방서장
④ 소방대장

02 「소방기본법」상 소방활동에 필요한 처분(강제처분 등)을 할 수 있는 처분권자로 옳은 것은?

19. 공채 통합

ㄱ. 소방서장	ㄴ. 소방본부장
ㄷ. 소방대장	ㄹ. 소방청장
ㅁ. 시 · 도지사	

① ㄱ, ㄴ, ㄷ
② ㄱ, ㄴ, ㄹ
③ ㄱ, ㄷ, ㅁ
④ ㄱ, ㄹ, ㅁ

03 다음 중 소방활동으로 인한 강제처분을 할 수 있는 사람으로 옳지 않은 것은? 14. 학과

① 소방본부장
② 소방서장
③ 소방대장
④ 시 · 도지사

정답 01 ① 02 ① 03 ④

제26조(피난 명령)

① 소방본부장, 소방서장 또는 소방대장은 화재, 재난·재해, 그 밖의 위급한 상황이 발생하여 사람의 생명을 위험하게 할 것으로 인정할 때에는 일정한 구역을 지정하여 그 구역에 있는 사람에게 그 구역 밖으로 피난할 것을 명할 수 있다.

② 소방본부장, 소방서장 또는 소방대장은 제1항에 따른 명령을 할 때 필요하면 관할 경찰서장 또는 자치경찰단장에게 협조를 요청할 수 있다.

> **핵심정리 피난명령**
>
> 1. **명령권자:** 소방본부장, 소방서장, 소방대장
> 2. **협조자:** 경찰서장, 자치경찰단장
> 3. **벌칙:** 100만원 이하의 벌금

조문 플러스

위급한 상황이 발생한 지역 내의 주민에 대한 안전 확보를 목적으로 한다.

제27조(위험시설 등에 대한 긴급조치)

① 소방본부장, 소방서장 또는 소방대장은 화재 진압 등 소방활동을 위하여 필요할 때에는 소방용수 외에 댐·저수지 또는 수영장 등의 물을 사용하거나 수도(水道)의 개폐장치 등을 조작할 수 있다.

② 소방본부장, 소방서장 또는 소방대장은 화재 발생을 막거나 폭발 등으로 화재가 확대되는 것을 막기 위하여 가스·전기 또는 유류 등의 시설에 대하여 위험물질의 공급을 차단하는 등 필요한 조치를 할 수 있다.

③ 삭제

조문 플러스

화재진압에 필요한 소방용수를 공급받아 원활한 소방활동을 할 수 있도록 하며, 폭발의 위험성이 큰 물질에 대하여 긴급조치권을 부여함으로써 대형재난을 사전에 예방하기 위함이다.

제27조의2(방해행위의 제지 등)

소방대원은 제16조 제1항에 따른 소방활동 또는 제16조의3 제1항에 따른 생활안전활동을 방해하는 행위를 하는 사람에게 필요한 경고를 하고, 그 행위로 인하여 사람의 생명·신체에 위해를 끼치거나 재산에 중대한 손해를 끼칠 우려가 있는 긴급한 경우에는 그 행위를 제지할 수 있다.

 찐 tip

방해행위 제지 등
1. 대상: 소방활동, 생활안전활동
2. 절차: 1차 경고, 2차 행위 제지

제28조(소방용수시설 또는 비상소화장치의 사용금지 등)

누구든지 다음 각 호의 어느 하나에 해당하는 행위를 하여서는 아니 된다.

1. 정당한 사유 없이 소방용수시설 또는 비상소화장치를 사용하는 행위
2. 정당한 사유 없이 손상·파괴, 철거 또는 그 밖의 방법으로 소방용수시설 또는 비상소화장치의 효용(效用)을 해치는 행위
3. 소방용수시설 또는 비상소화장치의 정당한 사용을 방해하는 행위

조문 플러스

1. 소방용수 및 비상소화장치의 설치목적을 벗어난 행위에 대한 처벌규정을 두며 관리·유지를 강제하여 소방행정의 효율성을 높인다.
2. 정당한 사유는 다음과 같다.
   · 화재를 소화하기 위하여 사용하는 경우
   · 소방자동차에 소화수를 공급하기 위하여 사용하는 경우
   · 소방용수시설의 점검, 정비 또는 보수를 위하여 사용하는 경우

제5장 화재의 조사

제29조 삭제 〈2021.6.8.〉

제30조 삭제 〈2021.6.8.〉

제31조 삭제 〈2021.6.8.〉

제32조 삭제 〈2021.6.8.〉

제33조 삭제 〈2021.6.8.〉

제6장 구조 및 구급

제34조(구조대 및 구급대의 편성과 운영)

구조대 및 구급대의 편성과 운영에 관하여는 별도의 법률로 정한다.

제35조 삭제

제36조 삭제

제7장 의용소방대

제37조(의용소방대의 설치 및 운영)

의용소방대의 설치 및 운영에 관하여는 별도의 법률로 정한다.

제38조 삭제

제39조 삭제

제39조의2 삭제

제7-2장 소방산업의 육성·진흥 및 지원 등

제39조의3(국가의 책무)

국가는 소방산업(소방용 기계·기구의 제조, 연구·개발 및 판매 등에 관한 일련의 산업을 말한다. 이하 같다)의 육성·진흥을 위하여 필요한 계획의 수립 등 행정상·재정상의 지원시책을 마련하여야 한다.

제39조의4 삭제

제39조의5(소방산업과 관련된 기술개발 등의 지원)

① 국가는 소방산업과 관련된 기술(이하 "소방기술"이라 한다)의 개발을 촉진하기 위하여 기술개발을 실시하는 자에게 그 기술개발에 드는 자금의 전부나 일부를 출연하거나 보조할 수 있다.

② 국가는 우수소방제품의 전시·홍보를 위하여 「대외무역법」 제4조 제2항에 따른 무역전시장 등을 설치한 자에게 다음 각 호에서 정한 범위에서 재정적인 지원을 할 수 있다.

1. 소방산업전시회 운영에 따른 경비의 일부
2. 소방산업전시회 관련 국외 홍보비
3. 소방산업전시회 기간 중 국외의 구매자 초청 경비

제39조의6(소방기술의 연구·개발사업의 수행)

① 국가는 국민의 생명과 재산을 보호하기 위하여 다음 각 호의 어느 하나에 해당하는 기관이나 단체로 하여금 소방기술의 연구·개발사업을 수행하게 할 수 있다.

1. 국공립 연구기관
2. 「과학기술분야 정부출연연구기관 등의 설립·운영 및 육성에 관한 법률」에 따라 설립된 연구기관
3. 「특정연구기관 육성법」 제2조에 따른 특정연구기관
4. 「고등교육법」에 따른 대학·산업대학·전문대학 및 기술대학
5. 「민법」이나 다른 법률에 따라 설립된 소방기술 분야의 법인인 연구기관 또는 법인 부설 연구소
6. 「기초연구진흥 및 기술개발지원에 관한 법률」 제14조의2 제1항에 따라 인정받은 기업부설연구소

 찐 tip

소방산업(육성, 진흥, 지원)
1. 책무: 국가
2. 지원: 국가
3. 연구, 개발 수행: 연구기관, 대학, 산업대학, 기술대학, 전문대학, 부설연구소

7. 「소방산업의 진흥에 관한 법률」 제14조에 따른 한국소방산업기술원

8. 그 밖에 대통령령으로 정하는 소방에 관한 기술개발 및 연구를 수행하는 기관·협회

② 국가가 제1항에 따른 기관이나 단체로 하여금 소방기술의 연구·개발사업을 수행하게 하는 경우에는 필요한 경비를 지원하여야 한다.

제39조의7(소방기술 및 소방산업의 국제화사업)

① 국가는 소방기술 및 소방산업의 국제경쟁력과 국제적 통용성을 높이는 데에 필요한 기반 조성을 촉진하기 위한 시책을 마련하여야 한다.

② 소방청장은 소방기술 및 소방산업의 국제경쟁력과 국제적 통용성을 높이기 위하여 다음 각 호의 사업을 추진하여야 한다.

1. 소방기술 및 소방산업의 국제 협력을 위한 조사·연구

2. 소방기술 및 소방산업에 관한 국제 전시회, 국제 학술회의 개최 등 국제 교류

3. 소방기술 및 소방산업의 국외시장 개척

4. 그 밖에 소방기술 및 소방산업의 국제경쟁력과 국제적 통용성을 높이기 위하여 필요하다고 인정하는 사업

진 tip

국제화사업
1. 국제경쟁력과 국제적 통용성을 높이는 것
2. 시책 마련: 국가
3. 사업 추진: 소방청장

📋 **기출체크**

소방산업과 관련된 기술의 개발 등에 대한 지원과 소방기술 및 소방산업의 국제경쟁력과 국제적 통용성을 높이는 데 필요한 기반조성을 촉진하기 위한 시책은 누가 마련하는가?

05. 울산, 09. 전북, 13. 충북

① 국가
② 행정안전부장관
③ 소방청장
④ 시·도지사

정답 ①

제8장 한국소방안전원

제40조(한국소방안전원의 설립 등)

① 소방기술과 안전관리기술의 향상 및 홍보, 그 밖의 교육·훈련 등 행정기관이 위탁하는 업무의 수행과 소방 관계 종사자의 기술 향상을 위하여 한국소방안전원(이하 "안전원"이라 한다)을 소방청장의 인가를 받아 설립한다.

② 제1항에 따라 설립되는 안전원은 법인으로 한다.

③ 안전원에 관하여 이 법에 규정된 것을 제외하고는 「민법」 중 재단법인에 관한 규정을 준용한다.

제40조의2(교육계획의 수립 및 평가 등)

① 안전원의 장(이하 "안전원장"이라 한다)은 소방기술과 안전관리의 기술향상을 위하여 매년 교육 수요조사를 실시하여 교육계획을 수립하고 소방청장의 승인을 받아야 한다.

② 안전원장은 소방청장에게 해당 연도 교육결과를 평가·분석하여 보고하여야 하며, 소방청장은 교육평가 결과를 제1항의 교육계획에 반영하게 할 수 있다.

③ 안전원장은 제2항의 교육결과를 객관적이고 정밀하게 분석하기 위하여 필요한 경우 교육 관련 전문가로 구성된 위원회를 운영할 수 있다.

④ 제3항에 따른 위원회의 구성·운영에 필요한 사항은 대통령령으로 정한다.

> **시행령 제9조(교육평가심의위원회의 구성·운영)** ① 안전원의 장(이하 "안전원장"이라 한다)은 법 제40조의2 제3항에 따라 다음 각 호의 사항을 심의하기 위하여 교육평가심의위원회(이하 "평가위원회"라 한다)를 둔다.
> 1. 교육평가 및 운영에 관한 사항
> 2. 교육결과 분석 및 개선에 관한 사항
> 3. 다음 연도의 교육계획에 관한 사항
> ② 평가위원회는 위원장 1명을 포함하여 9명 이하의 위원으로 성별을 고려하여 구성한다.
> ③ 평가위원회의 위원장은 위원 중에서 호선(互選)한다.
> ④ 평가위원회의 위원은 다음 각 호의 어느 하나에 해당하는 사람 중에서 안전원장이 임명 또는 위촉한다.
> 1. 소방안전교육 업무 담당 소방공무원 중 소방청장이 추천하는 사람
> 2. 소방안전교육 전문가
> 3. 소방안전교육 수료자
> 4. 소방안전에 관한 학식과 경험이 풍부한 사람

⑤ 평가위원회에 참석한 위원에게는 예산의 범위에서 수당을 지급할 수 있다. 다만, 공무원인 위원이 소관 업무와 직접 관련되어 참석하는 경우에는 수당을 지급하지 아니한다.

⑥ 제1항부터 제5항까지에서 규정한 사항 외에 평가위원회의 운영 등에 필요한 사항은 안전원장이 정한다.

📖 조문 플러스

안전원의 설립목적 달성을 위한 업무 범위를 구체적으로 규정하였다.

제41조(안전원의 업무)

안전원은 다음 각 호의 업무를 수행한다.

1. 소방기술과 안전관리에 관한 교육 및 조사·연구
2. 소방기술과 안전관리에 관한 각종 간행물 발간
3. 화재예방과 안전관리의식 고취를 위한 대국민 홍보
4. 소방업무에 관하여 행정기관이 위탁하는 업무
5. 소방안전에 관한 국제협력
6. 그 밖에 회원에 대한 기술지원 등 정관으로 정하는 사항

찐 tip

안전원 업무
1. 교육, 조사, 연구
2. 간행물 발간, 대국민 홍보
3. 국제협력, 기술지원(회원)
4. 행정기관 위탁업무

> 📖 **핵심정리** 한국소방안전원의 업무
>
> 1. 교육 및 조사, 연구
> 2. 간행물의 발간
> 3. 대국민 홍보
> 4. 행정기관이 위탁하는 업무
> 5. 국제협력
> 6. 정관이 정하는 사항

> 📋 **기출체크**
>
> **01** 「소방기본법」 제41조에서 정한 한국소방안전원의 업무로 옳지 않은 것은?　　　22. 경채
>
> ① 소방안전에 관한 국제협력
> ② 소방기술과 안전관리에 관한 교육 및 조사·연구
> ③ 화재 예방과 안전관리의식 고취를 위한 대국민 홍보
> ④ 소방장비의 품질 확보, 품질 인증 및 신기술·신제품에 관한 인증 업무
>
> **02** 「소방기본법」상 한국소방안전원이 수행하는 업무에 대한 내용으로 옳지 않은 것은?
>
> 　　　21. 학과
>
> ① 소방기술과 안전관리에 관한 인·허가 업무
> ② 소방기술과 안전관리에 관한 각종 간행물 발간
> ③ 소방기술과 안전관리에 관한 교육 및 조사·연구
> ④ 화재 예방과 안전관리의식 고취를 위한 대국민 홍보

03 한국소방안전원의 업무에 관한 내용으로 옳지 않은 것은?

07. 울산, 08. 충북, 12. 울산, 14. 학과

① 소방기술과 안전관리에 관한 교육 및 조사·연구
② 소방기술과 안전관리에 관한 각종 간행물 발간
③ 화재예방과 안전관리의식의 고취를 위한 대국민 홍보
④ 소방업무에 관하여 소방시설과 행정기관이 위탁하는 업무

정답 01 ④ 02 ① 03 ④

제42조(회원의 관리)

안전원은 소방기술과 안전관리 역량의 향상을 위하여 다음 각 호의 사람을 회원으로 관리할 수 있다.

1. 「소방시설 설치 및 관리에 관한 법률」, 「소방시설공사업법」 또는 「위험물안전관리법」에 따라 등록을 하거나 허가를 받은 사람으로서 회원이 되려는 사람
2. 「화재의 예방 및 안전관리에 관한 법률」, 「소방시설공사업법」 또는 「위험물안전관리법」에 따라 소방안전관리자, 소방기술자 또는 위험물안전관리자로 선임되거나 채용된 사람으로서 회원이 되려는 사람
3. 그 밖에 소방 분야에 관심이 있거나 학식과 경험이 풍부한 사람으로서 회원이 되려는 사람

제43조(안전원의 정관)

① 안전원의 정관에는 다음 각 호의 사항이 포함되어야 한다.
   1. 목적
   2. 명칭
   3. 주된 사무소의 소재지
   4. 사업에 관한 사항
   5. 이사회에 관한 사항
   6. 회원과 임원 및 직원에 관한 사항
   7. 재정 및 회계에 관한 사항
   8. 정관의 변경에 관한 사항
② 안전원은 정관을 변경하려면 소방청장의 인가를 받아야 한다.

> 📖 **조문 플러스**
>
> 정관은 회사 또는 법인의 자주적 법규로, 실질적으로는 단체 또는 법인의 조직·활동을 정한 근본규칙을 뜻하고, 형식적으로는 그 근본규칙을 기재한 서면을 의미한다. 정관은 강행규정이나 사회질서에 반하지 않는 한 회사 또는 법인의 구성원 내지 기관을 구속한다. 주식회사의 이사가 정관에 위반한 행위를 한 때에는 회사에 대하여 손해배상책임을 진다.

> 📋 **기출체크**
>
> 한국소방안전원의 정관에 기재하여야 하는 사항으로 옳지 않은 것은?
>
> 16. 공채 통합
>
> ① 임원 및 직원에 관한 사항 ② 사업에 관한 사항
> ③ 사무소의 소재지 ④ 대표자
>
> **정답** ④

제44조(안전원의 운영 경비)

안전원의 운영 및 사업에 소요되는 경비는 다음 각 호의 재원으로 충당한다.

1. 제41조 제1호 및 제4호의 업무 수행에 따른 수입금
2. 제42조에 따른 회원의 회비
3. 자산운영수익금
4. 그 밖의 부대수입

찐 tip

안전원 임원
1. 임원: 원장 1명 포함 9명 이내 이사, 감사 1명
2. 임명: 원장 및 감사는 소방청장이 임명

제44조의2(안전원의 임원)

① 안전원에 임원으로 원장 1명을 포함한 9명 이내의 이사와 1명의 감사를 둔다.
② 제1항에 따른 원장과 감사는 소방청장이 임명한다.

제44조의3(유사명칭의 사용금지)

이 법에 따른 안전원이 아닌 자는 한국소방안전원 또는 이와 유사한 명칭을 사용하지 못한다.

제45조 삭제

제46조 삭제

제47조 삭제

제48조(감독)

① 소방청은 안전원의 업무를 감독한다.

② 소방청장은 안전원에 대하여 업무·회계 및 재산에 관하여 필요한 사항을 보고하게 하거나, 소속 공무원으로 하여금 안전원의 장부·서류 및 그 밖의 물건을 검사하게 할 수 있다.

③ 소방청장은 제2항에 따른 보고 또는 검사의 결과 필요하다고 인정되면 시정명령 등 필요한 조치를 할 수 있다.

> **시행령 제10조(감독 등)** ① 소방청장은 법 제48조 제1항에 따라 안전원의 다음 각 호의 업무를 감독하여야 한다.
> 1. 이사회의 중요의결 사항
> 2. 회원의 가입·탈퇴 및 회비에 관한 사항
> 3. 사업계획 및 예산에 관한 사항
> 4. 기구 및 조직에 관한 사항
> 5. 그 밖에 소방청장이 위탁한 업무의 수행 또는 정관에서 정하고 있는 업무의 수행에 관한 사항
> ② 협회의 사업계획 및 예산에 관하여는 소방청장의 승인을 얻어야 한다.
> ③ 소방청장은 협회의 업무감독을 위하여 필요한 자료의 제출을 명하거나 「화재예방, 소방시설 설치·유지 및 안전관리에 관한 법률」 제45조, 「소방시설공사업법」 제33조 및 「위험물안전관리법」 제30조의 규정에 의하여 위탁된 업무와 관련된 규정의 개선을 명할 수 있다. 이 경우 협회는 정당한 사유가 없는 한 이에 따라야 한다.
>
> **제18조의2(고유식별정보의 처리)** 소방청장(해당 권한이 위임·위탁된 경우에는 그 권한을 위임·위탁받은 자를 포함한다), 시·도지사는 다음 각 호의 사무를 수행하기 위하여 불가피한 경우 「개인정보 보호법 시행령」 제19조 제1호 또는 제4호에 따른 주민등록번호 또는 외국인등록번호가 포함된 자료를 처리할 수 있다.
> 1. 법 제17조의2에 따른 소방안전교육사 자격시험 운영·관리에 관한 사무
> 2. 법 제17조의3에 따른 소방안전교육사의 결격사유 확인에 관한 사무
> 3. 법 제49조의2에 따른 손실보상에 관한 사무

제49조(권한의 위임)

소방청장은 이 법에 따른 권한의 일부를 대통령령으로 정하는 바에 따라 시·도지사, 소방본부장 또는 소방서장에게 위임할 수 있다.

📄 **조문 플러스**

권한의 위임은 행정관청이 그 권한의 일부를 다른 행정기관에 위양하는 것으로 권한의 위임을 받은 기관은 당해 행정관청의 보조기관·하급기관이 되는 것이 통례이다.

찐 tip

손실보상
1. 보상자: 소방청장 또는 시·도지사
2. 보상청구: 손실을 안날로 3년, 손실이 발생한 날부터 5년 이내
3. 필요사항: 대통령령

제49조의2(손실보상)

① 소방청장 또는 시·도지사는 다음 각 호의 어느 하나에 해당하는 자에게 제3항의 손실보상심의위원회의 심사·의결에 따라 정당한 보상을 하여야 한다.

1. 제16조의3 제1항에 따른 조치로 인하여 손실을 입은 자
2. 제24조 제1항 전단에 따른 소방활동 종사로 인하여 사망하거나 부상을 입은 자
3. 제25조 제2항 또는 제3항에 따른 처분으로 인하여 손실을 입은 자. 다만, 같은 조 제3항에 해당하는 경우로서 법령을 위반하여 소방자동차의 통행과 소방활동에 방해가 된 경우는 제외한다.
4. 제27조 제1항 또는 제2항에 따른 조치로 인하여 손실을 입은 자
5. 그 밖에 소방기관 또는 소방대의 적법한 소방업무 또는 소방활동으로 인하여 손실을 입은 자

② 제1항에 따라 손실보상을 청구할 수 있는 권리는 손실이 있음을 안 날부터 3년, 손실이 발생한 날부터 5년간 행사하지 아니하면 시효의 완성으로 소멸한다.

③ 제1항에 따른 손실보상청구 사건을 심사·의결하기 위하여 손실보상심의위원회를 둔다.

④ 제1항에 따른 손실보상의 기준, 보상금액, 지급절차 및 방법, 제3항에 따른 손실보상심의위원회의 구성 및 운영, 그 밖에 필요한 사항은 대통령령으로 정한다.

시행령 제11조(손실보상의 기준 및 보상금액) ① 법 제49조의2 제1항에 따라 같은 항 각 호(제2호는 제외한다)의 어느 하나에 해당하는 자에게 물건의 멸실·훼손으로 인한 손실보상을 하는 때에는 다음 각 호의 기준에 따른 금액으로 보상한다. 이 경우 영업자가 손실을 입은 물건의 수리나 교환으로 인하여 영업을 계속할 수 없는 때에는 영업을 계속할 수 없는 기간의 영업이익액에 상당하는 금액을 더하여 보상한다.
1. 손실을 입은 물건을 수리할 수 있는 때: 수리비에 상당하는 금액
2. 손실을 입은 물건을 수리할 수 없는 때: 손실을 입은 당시의 해당 물건의 교환가액
② 물건의 멸실·훼손으로 인한 손실 외의 재산상 손실에 대해서는 직무집행과 상당한 인과관계가 있는 범위에서 보상한다.
③ 법 제49조의2 제1항 제2호에 따른 사상자의 보상금액 등의 기준은 별표 2의4와 같다.

제12조(손실보상의 지급절차 및 방법) ① 법 제49조의2 제1항에 따라 소방기관 또는 소방대의 적법한 소방업무 또는 소방활동으로 인하여 발생한 손실을 보상받으려는 자는 행정안전부령으로 정하는 보상금 지급 청구서에 손실내용과 손실금액을 증명할 수 있는 서류를 첨부하여 소방청장 또는 시·도지사(이하 "소방청장등"이라 한다)에게 제출하여야 한다. 이 경우 소방청장등은 손실보상금의 산정을 위하여 필요하면 손실보상을 청구한 자에게 증빙·보완 자료의 제출을 요구할 수 있다.
② 소방청장등은 제13조에 따른 손실보상심의위원회의 심사·의결을 거쳐 특별한 사유가 없으면 보상금 지급 청구서를 받은 날부터 60일 이내에 보상금 지급 여부 및 보상금액을 결정하여야 한다.
③ 소방청장등은 다음 각 호의 어느 하나에 해당하는 경우에는 그 청구를 각하(却下)하는 결정을 하여야 한다.

📍 [별표 2의4] p.74

찐 tip

손실보상 절차(6 → 1 → 3원칙)
60일 이내 결정(대상, 금액) → 10일 이내 통지(결정내용) → 30일 이내 지급

1. 청구인이 같은 청구 원인으로 보상금 청구를 하여 보상금 지급 여부 결정을 받은 경우. 다만, 기각 결정을 받은 청구인이 손실을 증명할 수 있는 새로운 증거가 발견되었음을 소명(疏明)하는 경우는 제외한다.

2. 손실보상 청구가 요건과 절차를 갖추지 못한 경우. 다만, 그 잘못된 부분을 시정할 수 있는 경우는 제외한다.

④ 소방청장등은 제2항 또는 제3항에 따른 결정일부터 10일 이내에 행정안전부령으로 정하는 바에 따라 결정 내용을 청구인에게 통지하고, 보상금을 지급하기로 결정한 경우에는 특별한 사유가 없으면 통지한 날부터 30일 이내에 보상금을 지급하여야 한다.

⑤ 소방청장등은 보상금을 지급받을 자가 지정하는 예금계좌(「우체국예금 · 보험에 관한 법률」에 따른 체신관서 또는 「은행법」에 따른 은행의 계좌를 말한다)에 입금하는 방법으로 보상금을 지급한다. 다만, 보상금을 지급받을 자가 체신관서 또는 은행이 없는 지역에 거주하는 등 부득이한 사유가 있는 경우에는 그 보상금을 지급받을 자의 신청에 따라 현금으로 지급할 수 있다.

⑥ 보상금은 일시불로 지급하되, 예산 부족 등의 사유로 일시불로 지급할 수 없는 특별한 사정이 있는 경우에는 청구인의 동의를 받아 분할하여 지급할 수 있다.

⑦ 제1항부터 제6항까지에서 규정한 사항 외에 보상금의 청구 및 지급에 필요한 사항은 소방청장이 정한다.

시행규칙 제14조(보상금 지급 청구서 등의 서식) ① 영 제12조 제1항에 따른 보상금 지급 청구서는 별지 제8호 서식에 따른다.

② 영 제12조 제4항에 따라 결정 내용을 청구인에게 통지하는 경우에는 다음 각 호의 서식에 따른다.

1. 보상금을 지급하기로 결정한 경우: 별지 제9호 서식의 보상금 지급 결정 통지서

2. 보상금을 지급하지 아니하기로 결정하거나 보상금 지급 청구를 각하한 경우: 별지 제10호 서식의 보상금 지급 청구 (기각 · 각하) 통지서

시행령 제13조(손실보상심의위원회의 설치 및 구성) ① 소방청장등은 법 제49조의2 제3항에 따라 손실보상청구 사건을 심사 · 의결하기 위하여 각각 손실보상심의위원회(이하 "보상위원회"라 한다)를 둔다.

② 보상위원회는 위원장 1명을 포함하여 5명 이상 7명 이하의 위원으로 구성한다.

③ 보상위원회의 위원은 다음 각 호의 어느 하나에 해당하는 사람 중에서 소방청장등이 위촉하거나 임명한다. 이 경우 위원의 과반수는 성별을 고려하여 소방공무원이 아닌 사람으로 하여야 한다.

1. 소속 소방공무원

2. 판사 · 검사 또는 변호사로 5년 이상 근무한 사람

3. 「고등교육법」 제2조에 따른 학교에서 법학 또는 행정학을 가르치는 부교수 이상으로 5년 이상 재직한 사람

4. 「보험업법」 제186조에 따른 손해사정사

5. 소방안전 또는 의학 분야에 관한 학식과 경험이 풍부한 사람

④ 제3항에 따라 위촉되는 위원의 임기는 2년으로 하며, 한 차례만 연임할 수 있다.

⑤ 보상위원회의 사무를 처리하기 위하여 보상위원회에 간사 1명을 두되, 간사는 소속 소방공무원 중에서 소방청장등이 지명한다.

 진 tip

손실보상심의위원회
1. 구성: 위원장 1명을 포함 5명 이상 7명 이하의 위원
2. 위원: 소방공무원, 손해사정사, 5년 이상 (판사, 검사, 변호사, 부교수 이상의 법학 또는 행정학 교수)

제14조(보상위원회의 위원장) ① 보상위원회의 위원장(이하 "보상위원장"이라 한다)은 위원 중에서 호선한다.

② 보상위원장은 보상위원회를 대표하며, 보상위원회의 업무를 총괄한다.

③ 보상위원장이 부득이한 사유로 직무를 수행할 수 없는 때에는 보상위원장이 미리 지명한 위원이 그 직무를 대행한다.

제15조(보상위원회의 운영) ① 보상위원장은 보상위원회의 회의를 소집하고, 그 의장이 된다.

② 보상위원회의 회의는 재적위원 과반수의 출석으로 개의(開議)하고, 출석위원 과반수의 찬성으로 의결한다.

③ 보상위원회는 심의를 위하여 필요한 경우에는 관계 공무원이나 관계 기관에 사실조사나 자료의 제출 등을 요구할 수 있으며, 관계 전문가에게 필요한 정보의 제공이나 의견의 진술 등을 요청할 수 있다.

제16조(보상위원회 위원의 제척·기피·회피) ① 보상위원회의 위원이 다음 각 호의 어느 하나에 해당하는 경우에는 보상위원회의 심의·의결에서 제척(除斥)된다.

1. 위원 또는 그 배우자나 배우자였던 사람이 심의 안건의 청구인인 경우
2. 위원이 심의 안건의 청구인과 친족이거나 친족이었던 경우
3. 위원이 심의 안건에 대하여 증언, 진술, 자문, 용역 또는 감정을 한 경우
4. 위원이나 위원이 속한 법인(법무조합 및 공증인가합동법률사무소를 포함한다)이 심의 안건 청구인의 대리인이거나 대리인이었던 경우
5. 위원이 해당 심의 안건의 청구인인 법인의 임원인 경우

② 청구인은 보상위원회의 위원에게 공정한 심의·의결을 기대하기 어려운 사정이 있는 때에는 보상위원회에 기피 신청을 할 수 있고, 보상위원회는 의결로 이를 결정한다. 이 경우 기피 신청의 대상인 위원은 그 의결에 참여하지 못한다.

③ 보상위원회의 위원이 제1항 각 호에 따른 제척 사유에 해당하는 경우에는 스스로 해당 안건의 심의·의결에서 회피(回避)하여야 한다.

제17조(보상위원회 위원의 해촉 및 해임) 소방청장등은 보상위원회의 위원이 다음 각 호의 어느 하나에 해당하는 경우에는 해당 위원을 해촉(解囑)하거나 해임할 수 있다.

1. 심신장애로 인하여 직무를 수행할 수 없게 된 경우
2. 직무태만, 품위손상이나 그 밖의 사유로 위원으로 적합하지 아니하다고 인정되는 경우
3. 제16조 제1항 각 호의 어느 하나에 해당하는 데에도 불구하고 회피하지 아니한 경우
4. 제17조의2를 위반하여 직무상 알게 된 비밀을 누설한 경우

제17조의2(보상위원회의 비밀누설 금지) 보상위원회의 회의에 참석한 사람은 직무상 알게 된 비밀을 누설해서는 아니 된다.

제18조(보상위원회의 운영 등에 필요한 사항) 제13조부터 제17조까지 및 제17조의2에서 규정한 사항 외에 보상위원회의 운영 등에 필요한 사항은 소방청장등이 정한다.

01 「소방기본법」 및 같은 법 시행령상 손실보상에 관한 설명 중 (   ) 안에 들어갈 숫자로 옳은 것은?   19. 공채 통합

> · 손실보상을 청구할 수 있는 권리는 손실이 있음을 안 날부터 (가)년, 손실이 발생한 날부터 (나)년간 행사하지 아니하면 시효의 완성으로 소멸한다.
> · 소방청장등은 손실보상심의위원회의 심사·의결을 거쳐 특별한 사유가 없으면 보상금 지급 청구서를 받은 날부터 (다)일 이내에 보상금 지급 여부 및 보상금액을 결정하여야 한다.
> · 소방청장등은 결정일부터 (라)일 이내에 행정안전부령으로 정하는 바에 따라 결정 내용을 청구인에게 통지하고, 보상금을 지급하기로 결정한 경우에는 특별한 사유가 없으면 통지한 날부터 (마)일 이내에 보상금을 지급하여야 한다.

	가	나	다	라	마
①	3	5	60	10	30
②	5	3	60	12	20
③	3	5	50	12	30
④	5	3	50	10	20

02 「소방기본법」 및 같은 법 시행령상 손실보상에 관한 내용 중 소방청장 또는 시·도지사가 손실보상심의위원회의 심사·의결에 따라 정당한 보상을 하여야 하는 대상으로 옳지 않은 것은?   19. 학과

① 생활안전활동에 따른 조치로 인하여 손실을 입은 자
② 소방활동 종사 명령에 따른 소방활동 종사로 인하여 사망하거나 부상을 입은 자
③ 위험물 또는 물건의 보관기간 경과 후 매각이나 폐기로 손실을 입은 자
④ 소방기관 또는 소방대의 적법한 소방업무 또는 소방활동으로 인하여 손실을 입은 자

정답 01 ① 02 ③

제49조의3(벌칙 적용에서 공무원 의제)

제41조 제4호에 따라 위탁받은 업무에 종사하는 안전원의 임직원은 「형법」 제129조부터 제132조까지를 적용할 때에는 공무원으로 본다.

제10장 벌칙

찐 tip

징역(5년 이하), 벌금(5천만원 이하)
1. 소방활동 방해(위력, 폭행, 협박, 장비파손 등)
2. 소방자동차 출동 방해
3. 우선통행 방해
4. 종사명령 방해
5. 소방용수시설 및 비상소화장치 금지사항 위반

🏭 용어사전

❶ 징역: 일정기간 교도소 내에 구치(拘置)하여 정역(定役)에 종사하게 하는 형벌을 말한다.
❷ 벌금: 일정금액을 국가에 납부하게 하는 형벌을 말한다.

제50조(벌칙)

다음 각 호의 어느 하나에 해당하는 사람은 5년 이하의 징역 또는 5천만원 이하의 벌금에 처한다.

1. 제16조 제2항을 위반하여 다음 각 목의 어느 하나에 해당하는 행위를 한 사람
   가. 위력(威力)을 사용하여 출동한 소방대의 화재진압·인명구조 또는 구급활동을 방해하는 행위
   나. 소방대가 화재진압·인명구조 또는 구급활동을 위하여 현장에 출동하거나 현장에 출입하는 것을 고의로 방해하는 행위
   다. 출동한 소방대원에게 폭행 또는 협박을 행사하여 화재진압·인명구조 또는 구급활동을 방해하는 행위
   라. 출동한 소방대의 소방장비를 파손하거나 그 효용을 해하여 화재진압·인명구조 또는 구급활동을 방해하는 행위
2. 제21조 제1항을 위반하여 소방자동차의 출동을 방해한 사람
3. 제24조 제1항에 따른 사람을 구출하는 일 또는 불을 끄거나 불이 번지지 아니하도록 하는 일을 방해한 사람
4. 제28조를 위반하여 정당한 사유 없이 소방용수시설 또는 비상소화장치를 사용하거나 소방용수시설 또는 비상소화장치의 효용을 해치거나 그 정당한 사용을 방해한 사람

제51조(벌칙)

제25조 제1항에 따른 처분을 방해한 자 또는 정당한 사유 없이 그 처분에 따르지 아니한 자는 3년 이하의 징역❶ 또는 3천만원 이하의 벌금❷에 처한다.

제52조(벌칙)

다음 각 호의 어느 하나에 해당하는 자는 300만원 이하의 벌금에 처한다.

1. 제25조 제2항 및 제3항에 따른 처분을 방해한 자 또는 정당한 사유 없이 그 처분에 따르지 아니한 자
2. 삭제 〈2021.6.8.〉

제53조 삭제 〈2021.11.30.〉

제54조(벌칙)

다음 각 호의 어느 하나에 해당하는 자는 100만원 이하의 벌금에 처한다.

1. 삭제 〈2021.11.30.〉

1의2. 제16조의3 제2항(소방대의 생활안전활동 방해 금지)을 위반하여 정당한 사유 없이 소방대의 생활안전활동을 방해한 자

2. 제20조 제1항(관계인의 소방활동)을 위반하여 정당한 사유 없이 소방대가 현장에 도착할 때까지 사람을 구출하는 조치 또는 불을 끄거나 불이 번지지 아니하도록 하는 조치를 하지 아니한 사람

3. 제26조 제1항(소방본부장, 소방서장, 소방대장의 피난명령)에 따른 피난명령을 위반한 사람

4. 제27조 제1항을 위반하여 정당한 사유 없이 물의 사용이나 수도의 개폐장치의 사용 또는 조작을 하지 못하게 하거나 방해한 자

5. 제27조 제2항(유류, 가스, 전기의 위험시설에 대한 긴급조치)에 따른 조치를 정당한 사유 없이 방해한 자

제54조의2(「형법」상 감경규정에 관한 특례)

음주 또는 약물로 인한 심신장애 상태에서 제50조 제1호 다목의 죄를 범한 때에는 「형법」 제10조 제1항 및 제2항을 적용하지 아니할 수 있다.

제55조(양벌규정)

법인의 대표자나 법인 또는 개인의 대리인, 사용인, 그 밖의 종업원이 그 법인 또는 개인의 업무에 관하여 제50조(5년 이하의 징역 또는 3천만원 이하의 벌금)부터 제54조(100만원 이하의 벌금)까지의 어느 하나에 해당하는 위반행위를 하면 그 행위자를 벌하는 외에 그 법인 또는 개인에게도 해당 조문의 벌금형을 과(科)한다. 다만, 법인 또는 개인이 그 위반행위를 방지하기 위하여 해당 업무에 관하여 상당한 주의와 감독을 게을리 하지 아니한 경우에는 그러하지 아니하다.

 진 tip

양벌규정
1. 대상: 벌칙 중 벌금 이상(즉, 과태료는 대상 아님)
2. 위반행위자를 벌하는 외에 행위자가 속한 개인 또는 법인에게도 해당 조문의 벌금형을 과함

제56조(과태료)

① 다음 각 호의 어느 하나에 해당하는 자에게는 500만원 이하의 과태료를 부과한다. 〈개정 2022.4.26.〉

　　1. 제19조 제1항을 위반하여 화재 또는 구조·구급이 필요한 상황을 거짓으로 알린 사람

　　2. 정당한 사유 없이 제20조 제2항을 위반하여 화재, 재난·재해, 그 밖의 위급한 상황을 소방본부, 소방서 또는 관계 행정기관에 알리지 아니한 관계인

② 다음 각 호의 어느 하나에 해당하는 자에게는 200만원 이하의 과태료를 부과한다.

　　1. 삭제 〈2021.11.30.〉

　　2. 삭제 〈2021.11.30.〉

　　2의2. 제17조의6 제5항을 위반하여 한국119청소년단 또는 이와 유사한 명칭을 사용한 자

　　3. 삭제

　　3의2. 제21조 제3항을 위반하여 소방자동차의 출동에 지장을 준 자

　　4. 제23조 제1항을 위반하여 소방활동구역을 출입한 사람

　　5. 삭제 〈2021. 6. 8.〉

　　6. 제44조의3을 위반하여 한국소방안전원 또는 이와 유사한 명칭을 사용한 자

③ 제21조의2 제2항을 위반하여 전용구역에 차를 주차하거나 전용구역에의 진입을 가로막는 등의 방해행위를 한 자에게는 100만원 이하의 과태료를 부과한다.

④ 제1항부터 제3항까지에 따른 과태료는 대통령령으로 정하는 바에 따라 관할 시·도지사, 소방본부장 또는 소방서장이 부과·징수한다.

제57조(과태료[1])

① 제19조 제2항(화재 오인 우려 행위)에 따른 신고를 하지 아니하여 소방자동차를 출동하게 한 자에게는 20만원 이하의 과태료를 부과한다.

② 제1항에 따른 과태료는 조례로 정하는 바에 따라 관할 소방본부장 또는 소방서장이 부과·징수한다.

> **시행령 제19조(과태료 부과기준)** 법 제56조 제1항부터 제3항까지의 규정에 따른 과태료의 부과기준은 별표 3과 같다.

> **시행규칙 제15조(과태료의 징수절차)** 영 제19조 제4항의 규정에 의한 과태료의 징수절차에 관하여는 「국고금관리법 시행규칙」을 준용한다. 이 경우 납입고지서에는 이의방법 및 이의기간 등을 함께 기재하여야 한다.

01 「소방기본법」제53조 및 제54조의 벌칙 기준으로 옳지 않은 것은?   22. 경채

① 정당한 사유 없이 물의 사용이나 수도의 개폐장치의 사용 또는 조작을 하지 못하게 하거나 방해한 자: 100만원 이하의 벌금

② 정당한 사유 없이 소방대가 현장에 도착할 때까지 사람을 구출하는 조치 또는 불을 끄거나 불이 번지지 아니하도록 하는 조치를 하지 아니한 사람: 100만원 이하의 벌금

③ 불장난, 모닥불, 흡연, 화기(火氣) 취급, 풍등 등 소형열기구 날리기, 그 밖에 화재예방상 위험하다고 인정되는 행위의 금지 또는 제한에 대한 명령에 따르지 아니하거나 이를 방해한 자: 200만원 이하의 벌금

④ 화재, 재난·재해, 그 밖의 위급한 상황이 발생하여 사람의 생명을 위험하게 할 것으로 인정할 때에는 일정한 구역을 지정하여 그 구역에 있는 사람에게 그 구역 밖으로 피난할 것에 대한 명령을 위반한 사람: 200만원 이하의 벌금

02 「소방기본법」상 과태료 부과대상으로 옳은 것은?   19. 학과

① 화재 또는 구조·구급이 필요한 상황을 거짓으로 알린 사람

② 화재경계지구 안의 소방대상물에 대한 소방특별조사를 거부·방해 또는 기피한 사람

③ 소방자동차가 화재진압 및 구조활동을 위하여 출동할 때, 소방자동차의 출동을 방해한 사람

④ 소방활동 종사명령에 따라 사람을 구출하는 일 또는 불을 끄거나 불이 번지지 아니하도록 하는 일을 방해한 사람

03 소방활동 등에 대한 설명으로 옳은 것은?   17. 공채 통합

① 소방활동 시 방해하면 5년 이하의 징역 또는 5천만원 이하의 벌금에 해당한다.

② 소방활동에 종사한 관계인은 시·도지사로부터 비용을 지급받을 수 있다.

③ 소방서장은 인근 사람에게 인명구출, 화재진압, 화재조사 등의 종사를 명할 수 있다.

④ 관계인이 소방활동 업무에 종사하다가 사망하거나 부상을 입은 경우에는 시·도지사는 보상하지 않아도 된다.

04 5년 이하의 징역 또는 5천만원 이하의 벌금에 해당하지 않는 것은?

05. 경기, 06 대구·충북, 07. 충북·강원, 08. 전남, 09. 광주·경북·경남, 10. 광주, 11. 제주

① 소방자동차 출동을 방해한 사람

② 사람 구출 또는 불을 끄는 소화활동을 방해한 사람

③ 영업정지기간 중에 방염업 또는 관리업의 업무를 한 자

④ 정당한 사유 없이 소방용수시설을 사용하거나, 효용을 해치거나 정당한 사용을 방해한 사람

05 「소방기본법」에서의 벌칙에 따른 처벌에 관한 내용 중 성격이 다른 하나는?   14. 학과

① 화재 또는 구조·구급이 필요한 상황을 거짓으로 알린 행위

② 출동한 소방대원에게 폭행 또는 협박을 행사하여 화재진압·인명구조 또는 구급활동을 방해하는 행위

③ 위력(威力)을 사용하여 출동한 소방대의 화재진압·인명구조 또는 구급활동을 방해하는 행위

④ 소방대가 화재진압·인명구조 또는 구급활동을 위하여 현장에 출동하거나 현장에 출입하는 것을 고의로 방해하는 행위

정답 **01** ④ **02** ① **03** ① **04** ③ **05** ①

📍 **[별표 1] 삭제**

📍 **[별표 2] 삭제**

📍 **[별표 2의2] 소방안전교육사시험의 응시자격(제7조의2 관련)**

〈개정 2020.12.9.〉

1. 소방공무원으로서 다음 각 목의 어느 하나에 해당하는 사람
   가. 소방공무원으로 3년 이상 근무한 경력이 있는 사람
   나. 중앙소방학교 또는 지방소방학교에서 2주 이상의 소방안전교육사 관련 전문교육과정을 이수한 사람
2. 「초·중등교육법」 제21조에 따라 교원의 자격을 취득한 사람
3. 「유아교육법」 제22조에 따라 교원의 자격을 취득한 사람
4. 「영유아보육법」 제21조에 따라 어린이집의 원장 또는 보육교사의 자격을 취득한 사람(보육교사 자격을 취득한 사람은 보육교사 자격을 취득한 후 3년 이상의 보육업무 경력이 있는 사람만 해당한다)
5. 다음 각 목의 어느 하나에 해당하는 기관에서 소방안전교육 관련 교과목(응급구조학과, 교육학과 또는 제15조 제2호에 따라 소방청장이 정하여 고시하는 소방 관련 학과에 개설된 전공과목을 말한다)을 총 6학점 이상 이수한 사람
   가. 「고등교육법」 제2조 제1호부터 제6호까지의 규정의 어느 하나에 해당하는 학교
   나. 「학점인정 등에 관한 법률」 제3조에 따라 학습과정의 평가인정을 받은 교육훈련기관
6. 「국가기술자격법」 제2조 제3호에 따른 국가기술자격의 직무분야 중 안전관리 분야(국가기술자격의 직무분야 및 국가기술자격의 종목 중 중직무분야의 안전관리를 말한다. 이하 같다)의 기술사 자격을 취득한 사람
7. 「화재예방, 소방시설 설치·유지 및 안전관리에 관한 법률」 제26조에 따른 소방시설관리사 자격을 취득한 사람
8. 「국가기술자격법」 제2조 제3호에 따른 국가기술자격의 직무분야 중 안전관리 분야의 기사 자격을 취득한 후 안전관리 분야에 1년 이상 종사한 사람
9. 「국가기술자격법」 제2조 제3호에 따른 국가기술자격의 직무분야 중 안전관리 분야의 산업기사 자격을 취득한 후 안전관리 분야에 3년 이상 종사한 사람
10. 「의료법」 제7조에 따라 간호사 면허를 취득한 후 간호업무 분야에 1년 이상 종사한 사람
11. 「응급의료에 관한 법률」 제36조 제2항에 따라 1급 응급구조사 자격을 취득한 후 응급의료 업무 분야에 1년 이상 종사한 사람
12. 「응급의료에 관한 법률」 제36조 제3항에 따라 2급 응급구조사 자격을 취득한 후 응급의료 업무 분야에 3년 이상 종사한 사람
13. 「화재예방, 소방시설 설치·유지 및 안전관리에 관한 법률 시행령」 제23조 제1항 각 호의 어느 하나에 해당하는 사람
14. 「화재예방, 소방시설 설치·유지 및 안전관리에 관한 법률 시행령」 제23조 제2항 각 호의 어느 하나에 해당하는 자격을 갖춘 후 소방안전관리대상물의 소방안전관리에 관한 실무경력이 1년 이상 있는 사람
15. 「화재예방, 소방시설 설치·유지 및 안전관리에 관한 법률 시행령」 제23조 제3항 각 호의 어느 하나에 해당하는 자격을 갖춘 후 소방안전관리대상물의 소방안전관리에 관한 실무경력이 3년 이상 있는 사람
16. 「의용소방대 설치 및 운영에 관한 법률」 제3조에 따라 의용소방대원으로 임명된 후 5년 이상 의용소방대 활동을 한 경력이 있는 사람
17. 「국가기술자격법」 제2조 제3호에 따른 국가기술자격의 직무분야 중 위험물 중 직무분야의 기능장 자격을 취득한 사람

📍 [별표 2의3] 소방안전교육사의 배치대상별 배치기준(제7조의11 관련)

〈개정 2017.7.26.〉

배치대상	배치기준(단위: 명)
1. 소방청	2 이상
2. 소방본부	2 이상
3. 소방서	1 이상
4. 한국소방안전원	본원: 2 이상 시·도지부: 1 이상
5. 한국소방산업기술원	2 이상

📋 기출 체크

01 「소방기본법 시행령」상 소방안전교육사의 배치대상별 배치기준에 관한 설명이다. ( ) 안의 내용으로 옳은 것은? 19. 학과

> 소방안전교육사의 배치대상별 배치기준에 따르면 소방청 (가)명 이상, 소방본부 (나)명 이상, 소방서 (다)명 이상이다.

	가	나	다
①	1	1	1
②	1	2	2
③	2	1	2
④	2	2	1

02 다음 중 소방안전교육사 배치인원으로 옳은 것은? 05. 경북, 10. 충남·경기, 12. 서울

① 소방청: 1인 이상
② 소방서: 2인 이상
③ 한국소방안전원의 지부: 2인 이상
④ 한국소방산업기술원: 2인 이상

정답 01 ④ 02 ④

📍 [별표 2의4] 소방활동 종사 사상자의 보상금액 등의 기준(제11조 제3항 관련)

⟨신설 2018.6.26.⟩

1. 사망자의 보상금액 기준

「의사상자 등 예우 및 지원에 관한 법률 시행령」제12조 제1항에 따라 보건복지부장관이 결정하여 고시하는 보상금에 따른다.

2. 부상등급의 기준

「의사상자 등 예우 및 지원에 관한 법률 시행령」제2조 및 별표 1에 따른 부상범위 및 등급에 따른다.

3. 부상등급별 보상금액 기준

「의사상자 등 예우 및 지원에 관한 법률 시행령」제12조 제2항 및 별표 2에 따른 의상자의 부상등급별 보상금에 따른다.

4. 보상금 지급순위의 기준

「의사상자 등 예우 및 지원에 관한 법률」제10조의 규정을 준용한다.

5. 보상금의 환수 기준

「의사상자 등 예우 및 지원에 관한 법률」제19조의 규정을 준용한다.

📍 [별표 2의5] 전용구역의 설치 방법(제7조의13 제2항 관련)

〈신설 2018.8.7.〉

비고
1. 전용구역 노면표지의 외곽선은 빗금무늬로 표시하되, 빗금은 두께를 30센티미터로 하여 50센티미터 간격으로 표시한다.
2. 전용구역 노면표지 도료의 색채는 황색을 기본으로 하되, 문자(P, 소방차 전용)는 백색으로 표시한다.

📍 [별표 3] 과태료의 부과기준(제19조 관련)

〈개정 2021.1.19.〉

1. 일반기준

가. 과태료 부과권자는 위반행위자가 다음 중 어느 하나에 해당하는 경우에는 제2호 각 목의 과태료 금액의 100분의 50의 범위에서 그 금액을 감경하여 부과할 수 있다. 다만, 감경할 사유가 여러 개 있는 경우라도 「질서위반행위규제법」 제18조에 따른 감경을 제외하고는 감경의 범위는 100분의 50을 넘을 수 없다.

1) 위반행위자가 화재 등 재난으로 재산에 현저한 손실이 발생한 경우 또는 사업의 부도·경매 또는 소송 계속 등 사업여건이 악화된 경우로서 과태료 부과권자가 자체위원회의 의결을 거쳐 감경하는 것이 타당하다고 인정하는 경우[위반행위자가 최근 1년 이내에 소방 관계 법령(「소방기본법」, 「화재예방, 소방시설 설치·유지 및 안전관리에 관한 법률」, 「소방시설공사업법」, 「위험물안전관리법」, 「다중이용업소의 안전관리에 관한 특별법」 및 그 하위법령을 말한다)을 2회 이상 위반한 자는 제외한다]
2) 위반행위자가 위반행위로 인한 결과를 시정하거나 해소한 경우

나. 위반행위의 횟수에 따른 과태료의 가중된 부과기준은 최근 1년간 같은 위반행위로 과태료 부과처분을 받은 경우에 적용한다. 이 경우 기간의 계산은 위반행위에 대하여 과태료 부과처분을 받은 날과 그 처분 후 다시 같은 위반행위를 하여 적발된 날을 기준으로 한다.

다. 나목에 따라 가중된 부과처분을 하는 경우 가중처분의 적용 차수는 그 위반행위 전 부과처분 차수(나목에 따른 기간 내에 과태료 부과처분이 둘 이상 있었던 경우에는 높은 차수를 말한다)의 다음 차수로 한다.

2. 개별기준

위반행위	근거 법조문	과태료 금액(만원)			
		1회	2회	3회	4회 이상
가. 삭제					
나. 삭제					
다. 삭제					
라. 법 제17조의6 제5항을 위반하여 한국119청소년단 또는 이와 유사한 명칭을 사용한 경우	법 제56조 제2항 제2호의2	50	100	150	200
마. 법 제19조 제1항을 위반하여 화재 또는 구조·구급이 필요한 상황을 거짓으로 알린 경우	법 제56조 제1항 제1호	200	400	500	500
바. 법 제20조 제2항을 위반하여 화재, 재난·재해, 그 밖의 위급한 상황을 알리지 아니한 경우	법 제56조 제1항 제2호	500			
사. 법 제21조 제3항을 위반하여 소방자동차의 출동에 지장을 준 경우	법 제56조 제2항 제3호의2	100			
아. 법 제21조의2 제2항을 위반하여 전용구역에 차를 주차하거나 전용구역에의 진입을 가로막는 등의 방해행위를 한 경우	법 제56조 제3항	50	100	100	100
자. 법 제23조 제1항을 위반하여 소방활동구역을 출입한 경우	법 제56조 제2항 제4호	100			
차. 법 제30조 제1항에 따른 명령을 위반하여 보고 또는 자료 제출을 하지 아니하거나 거짓으로 보고 또는 자료 제출을 한 경우	법 제56조 제2항 제5호	50	100	150	200
카. 법 제44조의3을 위반하여 한국소방안전원 또는 이와 유사한 명칭을 사용한 경우	법 제56조 제2항 제6호	200			

[별표 1] 소방체험관의 설립 및 운영에 관한 기준(제4조의2 제2항 관련)

〈개정 2017.7.26.〉

1. 설립 입지 및 규모 기준

가. 소방체험관은 도로 등 교통시설을 갖추고, 재해 및 재난 위험요소가 없는 등 국민의 접근성과 안전성이 확보된 지역에 설립되어야 한다.

나. 소방체험관 중 제2호의 소방안전 체험실로 사용되는 부분의 바닥면적의 합이 900제곱미터 이상이 되어야 한다.

2. 소방체험관의 시설 기준

가. 소방체험관에는 다음 표에 따른 체험실을 모두 갖추어야 한다. 이 경우 체험실별 바닥면적은 100제곱미터 이상이어야 한다.

분야	체험실
생활안전	화재안전 체험실
	시설안전 체험실
교통안전	보행안전 체험실
	자동차안전 체험실
자연재난안전	기후성 재난 체험실
	지질성 재난 체험실
보건안전	응급처치 체험실

나. 소방체험관의 규모 및 지역 여건 등을 고려하여 다음 표에 따른 체험실을 갖출 수 있다. 이 경우 체험실별 바닥면적은 100제곱미터 이상이어야 한다.

분야	체험실
생활안전	전기안전 체험실, 가스안전 체험실, 작업안전 체험실, 여가활동 체험실, 노인안전 체험실
교통안전	버스안전 체험실, 이륜차안전 체험실, 지하철안전 체험실
자연재난안전	생물권 재난안전 체험실(조류독감, 구제역 등)
사회기반안전	화생방·민방위안전 체험실, 환경안전 체험실, 에너지·정보통신안전 체험실, 사이버안전 체험실
범죄안전	미아안전 체험실, 유괴안전 체험실, 폭력안전 체험실, 성폭력안전 체험실, 사기범죄안전 체험실
보건안전	중독안전 체험실(게임·인터넷, 흡연 등), 감염병안전 체험실, 식품안전 체험실, 자살방지 체험실
기타	시·도지사가 필요하다고 인정하는 체험실

다. 소방체험관에는 사무실, 회의실, 그 밖에 시설물의 관리·운영에 필요한 관리시설이 건물규모에 적합하게 설치되어야 한다.

3. 체험교육 인력의 자격 기준

가. 체험실별 체험교육을 총괄하는 교수요원은 소방공무원 중 다음의 어느 하나에 해당하는 사람이어야 한다.

　1) 소방 관련학과의 석사학위 이상을 취득한 사람

　2)「소방기본법」제17조의2에 따른 소방안전교육사,「화재예방, 소방시설 설치·유지 및 안전관리에 관한 법률」제26조에 따른 소방시설관리사,「국가기술자격법」에 따른 소방기술사 또는 소방설비기사 자격을 취득한 사람

　3) 간호사 또는「응급의료에 관한 법률」제36조에 따른 응급구조사 자격을 취득한 사람

　4) 소방청장이 실시하는 인명구조사시험 또는 화재대응능력시험에 합격한 사람

　5)「소방기본법」제16조 또는 제16조의3에 따른 소방활동이나 생활안전활동을 3년 이상 수행한 경력이 있는 사람

　6) 5년 이상 근무한 소방공무원 중 시·도지사가 체험실의 교수요원으로 적합하다고 인정하는 사람

나. 체험실별 체험교육을 지원하고 실습을 보조하는 조교는 다음의 어느 하나에 해당하는 사람이어야 한다.

　1) 가목에 따른 교수요원의 자격을 갖춘 사람

　2)「소방기본법」제16조 및 제16조의3에 따른 소방활동이나 생활안전활동을 1년 이상 수행한 경력이 있는 사람

　3) 중앙소방학교 또는 지방소방학교에서 2주 이상의 소방안전교육사 관련 전문교육과정을 이수한 사람

　4) 소방체험관에서 2주 이상의 체험교육에 관한 직무교육을 이수한 의무소방원

　5) 그 밖에 1)부터 4)까지의 규정에 준하는 자격 또는 능력을 갖추었다고 시·도지사가 인정하는 사람

4. 소방체험관의 관리인력 배치기준 등

가. 소방체험관의 규모 등에 비추어 체험교육 프로그램의 기획·개발, 대외협력 및 성과분석 등을 담당할 적정한 수준의 행정인력을 두어야 한다.

나. 소방체험관의 규모 등에 비추어 건축물과 체험교육 시설·장비 등의 유지관리를 담당할 적정한 수준의 시설관리인력을 두어야 한다.

다. 시·도지사는 소방체험관 이용자에 대한 안전지도 및 질서 유지 등을 담당할 자원봉사자를 모집하여 활용할 수 있다.

5. 체험교육 운영 기준

가. 체험교육을 실시할 때 체험실에는 1명 이상의 교수요원을 배치하고, 조교는 체험교육대상자 30명당 1명 이상이 배치되도록 하여야 한다. 다만, 소방체험관의 장은 체험교육대상자의 연령 등을 고려하여 조교의 배치기준을 달리 정할 수 있다.

나. 교수요원은 체험교육 실시 전에 소방체험관 이용자에게 주의사항 및 안전관리 협조사항을 미리 알려야 한다.

다. 시·도지사는 설치되어 있는 체험실별로 체험교육 표준운영절차를 마련하여야 한다.

라. 시·도지사는 체험교육대상자의 정신적·신체적 능력을 고려하여 체험교육을 운영하여야 한다.

마. 시·도지사는 체험교육 운영인력에 대하여 체험교육과 관련된 지식·기술 및 소양 등에 관한 교육훈련을 연간 12시간 이상 이수하도록 하여야 한다.

바. 체험교육 운영인력은「소방공무원 복제 규칙」제12조에 따른 기동장을 착용하여야 한다. 다만, 계절이나 야외 체험활동 등을 고려하여 제복의 종류 및 착용방법을 달리 정할 수 있다.

6. 안전관리 기준

가. 시·도지사는 소방체험관에서 발생한 사고로 인한 이용자 등의 생명·신체나 재산상의 손해를 보상하기 위한 보험 또는 공제에 가입하여야 한다.

나. 교수요원은 체험교육 실시 전에 체험실의 시설 및 장비의 이상 유무를 반드시 확인하는 등 안전검검을 실시하여야 한다.

다. 소방체험관의 장은 소방체험관에서 발생하는 각종 안전사고 등을 총괄하여 관리하는 안전관리자를 지정하여야 한다.

라. 소방체험관의 장은 안전사고 발생 시 신속한 응급처치 및 병원 이송 등의 조치를 하여야 한다.

마. 소방체험관의 장은 소방체험관의 이용자의 안전에 위해(危害)를 끼치거나 끼칠 위험이 있다고 인정되는 이용자에 대하여 출입 금지 또는 행위의 제한, 체험교육의 거절 등의 조치를 하여야 한다.

7. 이용현황 관리 등

가. 소방체험관의 장은 체험교육의 운영결과, 만족도 조사결과 등을 기록하고 이를 3년간 보관하여야 한다.

나. 소방체험관의 장은 체험교육의 효과 및 개선 사항 발굴 등을 위하여 이용자를 대상으로 만족도 조사를 실시하여야 한다. 다만, 이용자가 거부하거나 만족도 조사를 실시할 시간적 여유가 없는 등의 경우에는 만족도 조사를 실시하지 아니할 수 있다.

다. 소방체험관의 장은 체험교육을 이수한 사람에게 교육이수자의 성명, 체험내용, 체험시간 등을 적은 체험교육 이수증을 발급할 수 있다.

📍 [별표 1의2] 국고보조의 대상이 되는 소방활동장비 및 설비의 종류와 규격(제5조 제1항 관련)

〈개정 2021.7.13.〉

구분				종류	규격
소방활동 장비	소방 자동차	펌프차		대형	240마력 이상
				중형	170마력 이상 240마력 미만
				소형	120마력 이상 170마력 미만
		물탱크 소방차		대형	240마력 이상
				중형	170마력 이상 240마력 미만
		화학 소방차		비활성가스를 이용한 소방차	
				고성능	340마력 이상
				내폭	340마력 이상
			일반	대형	240마력 이상
				중형	170마력 이상 240마력 미만
		사다리 소방차		고가(사다리의 길이가 33m 이상인 것에 한한다)	330마력 이상
			굴절	27m 이상급	330마력 이상
				18m 이상 27m 미만급	240마력 이상
		조명차		중형	170마력
		배연차		중형	170마력 이상
		구조차		대형	240마력 이상
				중형	170마력 이상 240마력 미만
		구급차		특수	90마력 이상
				일반	85마력 이상 90마력 미만
	소방정			소방정	100톤 이상급, 50톤급
				구조정	30톤급
	소방헬리콥터				5 ~ 17인승
소방전용 통신설비 및 전산설비	통신 설비	유선 통신 장비		디지털전화교환기	국내 100회선 이상, 내선 1,000회선 이상
				키폰장치	국내 100회선 이상, 내선 200회선 이상
				팩스	일제 개별 동보장치
				영상장비다중화장치	동화상 및 정지화상 E1급 이상
		무선 통신 기기	극초단파 무선기기	고정용	공중전력 50와트 이하
				이동용	공중전력 20와트 이하
				휴대용	공중전력 5와트 이하

	초단파 무선기기	고정용	공중전력 50와트 이하	
		이동용	공중전력 20와트 이하	
		휴대용	공중전력 5와트 이하	
	단파무전기	고정용	공중전력 100와트 이하	
		이동용	공중전력 50와트 이하	
전산 설비	주전산 기기	중앙처리장치	클럭속도: 90메가헤르즈 이상 워드길이: 32비트 이상	
		주기억장치	용량: 125메가바이트 이상 전송속도: 초당 22메가바이트 이상 캐시메모리: 1메가바이트 이상	
		보조기억장치	용량 5기가바이트 이상	
	보조 전산 기기	중앙처리장치	성능: 26밉스 이상 클럭속도: 25메가헤르즈 이상 워드길이: 32비트 이상	
		주기억장치	용량: 32메가바이트 이상 전송속도: 초당 22메가바이트 이상 캐시메모리: 128킬로바이트 이상	
		보조기억장치	용량: 22기가바이트 이상	
	서버	중앙처리장치	성능: 80밉스 이상 클럭속도: 100메가헤르즈 이상 워드길이: 32비트 이상	
		주기억장치	용량: 초당 32메가바이트 이상 전송속도: 초당 22메가바이트 이상 캐시메모리: 128킬로바이트 이상	
		보조기억장치	용량: 3기가바이트 이상	
	단말기	중앙처리장치	클럭속도: 100메가헤르즈 이상	
		주기억장치	용량: 16메가바이트 이상	
		보조기억장치	용량: 1기가바이트 이상	
		모니터	칼라, 15인치 이상	
	라우터(네트워크 연결장치)		6시리얼포트 이상	
	스위칭허브		16이더넷포트 이상	
	디에스유, 씨에스유		초당 56킬로바이트 이상	
	스캐너		A4사이즈, 칼라 600, 인치당 2,400도트 이상	
	플로터		A4사이즈, 칼라 300, 인치당 600도트 이상	
	빔프로젝트		밝기 400럭스 이상 컴퓨터 데이터 접속 가능	
	액정프로젝트		밝기 400럭스 이상 컴퓨터 데이터 접속 가능	
	무정전 전원장치		5킬로볼트암페어 이상	

📍 [별표 2] 소방용수표지(제6조 제1항 관련)

〈개정 2020.2.20.〉

1. 지하에 설치하는 소화전 또는 저수조의 경우 소방용수표지는 다음 각 목의 기준에 따라 설치한다.

   가. 맨홀 뚜껑은 지름 648밀리미터 이상의 것으로 할 것. 다만, 승하강식 소화전의 경우에는 이를 적용하지 않는다.

   나. 맨홀 뚜껑에는 "소화전 · 주정차금지" 또는 "저수조 · 주정차금지"의 표시를 할 것

   다. 맨홀 뚜껑 부근에는 노란색 반사도료로 폭 15센티미터의 선을 그 둘레를 따라 칠할 것

2. 지상에 설치하는 소화전, 저수조 및 급수탑의 경우 소방용수표지는 다음 각 목의 기준에 따라 설치한다.

   가. 규격

   나. 안쪽 문자는 흰색, 바깥쪽 문자는 노란색으로, 안쪽 바탕은 붉은색, 바깥쪽 바탕은 파란색으로 하고, 반사재료를 사용해야 한다.

   다. 가목의 규격에 따른 소방용수표지를 세우는 것이 매우 어렵거나 부적당한 경우에는 그 규격 등을 다르게 할 수 있다.

♀ [별표 3] 소방용수시설의 설치기준(제6조 제2항 관련)

1. 공통기준

가. 「국토의 계획 및 이용에 관한 법률」 제36조 제1항 제1호의 규정에 의한 주거지역·상업지역 및 공업지역에 설치하는 경우: 소방대상물과의 수평거리를 100미터 이하가 되도록 할 것

나. 가목 외의 지역에 설치하는 경우: 소방대상물과의 수평거리를 140미터 이하가 되도록 할 것

2. 소방용수시설별 설치기준

가. 소화전의 설치기준: 상수도와 연결하여 지하식 또는 지상식의 구조로 하고, 소방용호스와 연결하는 소화전의 연결금속구의 구경은 65밀리미터로 할 것

나. 급수탑의 설치기준: 급수배관의 구경은 100밀리미터 이상으로 하고, 개폐밸브는 지상에서 1.5미터 이상 1.7미터 이하의 위치에 설치하도록 할 것

다. 저수조의 설치기준

   1) 지면으로부터의 낙차가 4.5미터 이하일 것
   2) 흡수부분의 수심이 0.5미터 이상일 것
   3) 소방펌프자동차가 쉽게 접근할 수 있도록 할 것
   4) 흡수에 지장이 없도록 토사 및 쓰레기 등을 제거할 수 있는 설비를 갖출 것
   5) 흡수관의 투입구가 사각형의 경우에는 한 변의 길이가 60센티미터 이상, 원형의 경우에는 지름이 60센티미터 이상일 것
   6) 저수조에 물을 공급하는 방법은 상수에 연결하여 자동으로 급수되는 구조일 것

📍 [별표 3의2] 소방대원에게 실시할 교육·훈련의 종류 등(제9조 제1항 관련)

〈개정 2017.7.26.〉

1. 교육·훈련의 종류 및 교육·훈련을 받아야 할 대상자

종류	교육·훈련을 받아야 할 대상자
가. 화재진압훈련	1) 화재진압업무를 담당하는 소방공무원 2) 「의무소방대설치법 시행령」 제20조 제1항 제1호에 따른 임무를 수행하는 의무소방원 3) 「의용소방대 설치 및 운영에 관한 법률」 제3조에 따라 임명된 의용소방대원
나. 인명구조훈련	1) 구조업무를 담당하는 소방공무원 2) 「의무소방대설치법 시행령」 제20조 제1항 제1호에 따른 임무를 수행하는 의무소방원 3) 「의용소방대 설치 및 운영에 관한 법률」 제3조에 따라 임명된 의용소방대원
다. 응급처치훈련	1) 구급업무를 담당하는 소방공무원 2) 「의무소방대설치법」 제3조에 따라 임용된 의무소방원 3) 「의용소방대 설치 및 운영에 관한 법률」 제3조에 따라 임명된 의용소방대원
라. 인명대피훈련	1) 소방공무원 2) 「의무소방대설치법」 제3조에 따라 임용된 의무소방원 3) 「의용소방대 설치 및 운영에 관한 법률」 제3조에 따라 임명된 의용소방대원
마. 현장지휘훈련	소방공무원 중 다음의 계급에 있는 사람 1) 소방정 2) 소방령 3) 소방경 4) 소방위

2. 교육·훈련 횟수 및 기간

횟수	기간
2년마다 1회	2주 이상

3. 제1호 및 제2호에서 규정한 사항 외에 소방대원의 교육·훈련에 필요한 사항은 소방청장이 정한다.

📍 [별표 3의3] 소방안전교육훈련의 시설, 장비, 강사자격 및 교육방법 등의 기준(제9조 제2항 관련)

〈개정 2021.7.13.〉

1. 시설 및 장비 기준

가. 소방안전교육훈련에 필요한 장소 및 차량의 기준은 다음과 같다.

　　1) 소방안전교실: 화재안전 및 생활안전 등을 체험할 수 있는 100제곱미터 이상의 실내시설

　　2) 이동안전체험차량: 어린이 30명(성인은 15명)을 동시에 수용할 수 있는 실내공간을 갖춘 자동차

나. 소방안전교실 및 이동안전체험차량에 갖추어야 할 안전교육장비의 종류는 다음과 같다.

구분	종류
화재안전 교육용	안전체험복, 안전체험용 안전모, 소화기, 물소화기, 연기소화기, 옥내소화전 모형장비, 화재모형 타켓, 가상화재 연출장비, 연기발생기, 유도등, 유도표지, 완강기, 소방시설(자동화재탐지설비, 옥내소화전 등) 계통 모형도, 화재대피용 마스크, 공기호흡기, 119신고 실습전화기
생활안전 교육용	구명조끼, 구명환, 공기 튜브, 안전벨트, 개인로프, 가스안전 실습 모형도, 전기안전 실습 모형도
교육 기자재	유·무선 마이크, 노트북 컴퓨터, 빔 프로젝터, 이동형 앰프, LCD 모니터, 디지털 캠코더
기타	그 밖에 소방안전교육훈련에 필요하다고 인정하는 장비

2. 강사 및 보조강사의 자격 기준 등

가. 강사는 다음의 어느 하나에 해당하는 사람이어야 한다.

　　1) 소방 관련학과의 석사학위 이상을 취득한 사람

　　2) 「소방기본법」 제17조의2에 따른 소방안전교육사, 「화재예방, 소방시설 설치·유지 및 안전관리에 관한 법률」 제26조에 따른 소방시설관리사, 「국가기술자격법」에 따른 소방기술사 또는 소방설비기사 자격을 취득한 사람

　　3) 응급구조사, 인명구조사, 화재대응능력 등 소방청장이 정하는 소방활동 관련 자격을 취득한 사람

　　4) 소방공무원으로서 5년 이상 근무한 경력이 있는 사람

나. 보조강사는 다음의 어느 하나에 해당하는 사람이어야 한다.

　　1) 가목에 따른 강사의 자격을 갖춘 사람

　　2) 소방공무원으로서 3년 이상 근무한 경력이 있는 사람

　　3) 그 밖에 보조강사의 능력이 있다고 소방청장, 소방본부장 또는 소방서장이 인정하는 사람

다. 소방청장, 소방본부장 또는 소방서장은 강사 및 보조강사로 활동하는 사람에 대하여 소방안전교육훈련과 관련된 지식·기술 및 소양 등에 관한 교육 등을 받게 할 수 있다.

3. 교육의 방법

가. 소방안전교육훈련의 교육시간은 소방안전교육훈련대상자의 연령 등을 고려하여 소방청장, 소방본부장 또는 소방서장이 정한다.

나. 소방안전교육훈련은 이론교육과 실습(체험)교육을 병행하여 실시하되, 실습(체험)교육이 전체 교육시간의 100분의 30 이상이 되어야 한다.

다. 소방청장, 소방본부장 또는 소방서장은 나목에도 불구하고 소방안전교육훈련대상자의 연령 등을 고려하여 실습(체험)교육 시간의 비율을 달리할 수 있다.

라. 실습(체험)교육 인원은 특별한 경우가 아니면 강사 1명당 30명을 넘지 않아야 한다.

마. 소방청장, 소방본부장 또는 소방서장은 소방안전교육훈련 실시 전에 소방안전교육훈련대상자에게 주의사항 및 안전관리 협조사항을 미리 알려야 한다.

바. 소방청장, 소방본부장 또는 소방서장은 소방안전교육훈련대상자의 정신적·신체적 능력을 고려하여 소방안전교육훈련을 실시하여야 한다.

4. 안전관리 기준

가. 소방청장, 소방본부장 또는 소방서장은 소방안전교육훈련 중 발생한 사고로 인한 교육훈련대상자 등의 생명·신체나 재산상의 손해를 보상하기 위한 보험 또는 공제에 가입하여야 한다.

나. 소방청장, 소방본부장 또는 소방서장은 소방안전교육훈련 실시 전에 시설 및 장비의 이상 유무를 반드시 확인하는 등 안전점검을 실시하여야 한다.

다. 소방청장, 소방본부장 또는 소방서장은 사고가 발생한 경우 신속한 응급처치 및 병원 이송 등의 조치를 하여야 한다.

5. 교육현황 관리 등

가. 소방청장, 소방본부장 또는 소방서장은 소방안전교육훈련의 실시결과, 만족도 조사결과 등을 기록하고 이를 3년간 보관하여야 한다.

나. 소방청장, 소방본부장 또는 소방서장은 소방안전교육훈련의 효과 및 개선사항 발굴 등을 위하여 이용자를 대상으로 만족도 조사를 실시하여야 한다. 다만, 이용자가 거부하거나 만족도 조사를 실시할 시간적 여유가 없는 등의 경우에는 만족도 조사를 실시하지 아니할 수 있다.

다. 소방청장, 소방본부장 또는 소방서장은 소방안전교육훈련을 이수한 사람에게 교육이수자의 성명, 교육내용, 교육시간 등을 기재한 소방안전교육훈련 이수증을 발급할 수 있다.

📍 [별표 3의4] 소방안전교육사시험 과목별 출제범위(제9조의2 관련)

〈개정 2020.12.10.〉

구분	시험 과목	출제범위	비고
제1차시험 ※ 4과목 중 3과목 선택	소방학개론	소방조직, 연소이론, 화재이론, 소화이론, 소방시설(소방시설의 종류, 작동원리 및 사용법 등을 말하며, 소방시설의 구체적인 설치기준은 제외한다)	선택형 (객관식)
	구급·응급처치론	응급환자 관리, 임상응급의학, 인공호흡 및 심폐소생술(기도폐쇄 포함), 화상환자 및 특수환자 응급처치	
	재난관리론	재난의 정의·종류, 재난유형론, 재난단계별 대응이론	
	교육학개론	교육의 이해, 교육심리, 교육사회, 교육과정, 교육방법 및 교육공학, 교육평가	
제2차시험	국민안전교육 실무	재난 및 안전사고의 이해, 안전교육의 개념과 기본원리, 안전교육 지도의 실제	논술형 (주관식)

📍 [별표 4] 소방신호의 방법(제10조 제2항 관련)

종별 ╲ 신호방법	타종신호	사이렌신호	그 밖의 신호
경계신호	1타와 연 2타를 반복	5초 간격을 두고 30초씩 3회	"통풍대" "게시판" 화재경보발령중
발화신호	난타	5초 간격을 두고 5초씩 3회	
해제신호	상당한 간격을 두고 1타씩 반복	1분간 1회	"기"
훈련신호	연 3타 반복	10초 간격을 두고 1분씩 3회	

비고

1. 소방신호의 방법은 그 전부 또는 일부를 함께 사용할 수 있다.

2. 게시판을 철거하거나 통풍대 또는 기를 내리는 것으로 소방활동이 해제되었음을 알린다.

3. 소방대의 비상소집을 하는 경우에는 훈련신호를 사용할 수 있다.

📍 [별표 5] 삭제

📍 [별표 6] 삭제

📍 [별표 7] 삭제

제2-1편

화재의 예방 및 안전관리에 관한 법률

제1장 총칙

제1조(목적)

이 법은 화재의 예방과 안전관리에 필요한 사항을 규정함으로써 화재로부터 국민의 생명·신체 및 재산을 보호하고 공공의 안전과 복리 증진에 이바지함을 목적으로 한다.

> **시행령 제1조(목적)** 이 영은 「화재의 예방 및 안전관리에 관한 법률」에서 위임된 사항과 그 시행에 필요한 사항을 규정함을 목적으로 한다.

> **시행규칙 제1조(목적)** 이 규칙은 「화재의 예방 및 안전관리에 관한 법률」 및 같은 법 시행령에서 위임된 사항과 그 시행에 필요한 사항을 규정함을 목적으로 한다.

제2조(정의)

① 이 법에서 사용하는 용어의 뜻은 다음과 같다.

1. "예방❶"이란 화재의 위험으로부터 사람의 생명·신체 및 재산을 보호하기 위하여 화재발생을 사전에 제거하거나 방지하기 위한 모든 활동을 말한다.
2. "안전관리❷"란 화재로 인한 피해를 최소화하기 위한 예방, 대비❸, 대응❹ 등의 활동을 말한다.
3. "화재안전조사❺"란 소방청장, 소방본부장 또는 소방서장(이하 "소방관서장❻"이라 한다)이 소방대상물, 관계지역 또는 관계인에 대하여 소방시설등(「소방시설 설치 및 관리에 관한 법률」 제2조 제1항 제2호에 따른 소방시설등을 말한다. 이하 같다)이 소방 관계 법령에 적합하게 설치·관리되고 있는지, 소방대상물에 화재의 발생 위험이 있는지 등을 확인하기 위하여 실시하는 현장조사·문서열람·보고요구 등을 하는 활동을 말한다.
4. "화재예방강화지구❼"란 특별시장·광역시장·특별자치시장·도지사 또는 특별자치도지사(이하 "시·도지사"라 한다)가 화재발생 우려가 크거나 화재가 발생할 경우 피해가 클 것으로 예상되는 지역에 대하여 화재의 예방 및 안전관리를 강화하기 위해 지정·관리하는 지역을 말한다.
5. "화재예방안전진단❽"이란 화재가 발생할 경우 사회·경제적으로 피해 규모가 클 것으로 예상되는 소방대상물에 대하여 화재위험요인을 조사하고 그 위험성을 평가하여 개선대책을 수립하는 것을 말한다.

② 이 법에서 사용하는 용어의 뜻은 제1항에서 규정하는 것을 제외하고는 「소방기본법」, 「소방시설 설치 및 관리에 관한 법률」, 「소방시설공사업법」, 「위험물안전관리법」 및 「건축법」에서 정하는 바에 따른다.

제3조(국가[1]와 지방자치단체[2] 등의 책무)

① 국가는 화재로부터 국민의 생명과 재산을 보호할 수 있도록 화재의 예방 및 안전관리에 관한 정책(이하 "화재예방정책"이라 한다)을 수립·시행하여야 한다.

② 지방자치단체는 국가의 화재예방정책에 맞추어 지역의 실정에 부합하는 화재예방정책을 수립·시행하여야 한다.

③ 관계인은 국가와 지방자치단체의 화재예방정책에 적극적으로 협조하여야 한다.

핵심정리 정의

1. **예방:** 화재를 사전에 제거 및 방지하는 활동

2. **안전관리:** 피해를 최소화하기 위한 예방, 대비, 대응 등의 활동

3. **화재안전조사:** 소방관서장이 소방시설등의 적합 설치·관리, 소방대상물에 화재발생 위험 등을 확인하기 위하여 실시하는 현장조사·문서열람·보고요구 등의 활동

4. **화재예방강화지구:** 시·도지사가 화재예방 및 안전관리를 강화하기 위해 지정·관리하는 지역

5. **화재예방안전진단:** 화재 시 피해 규모가 클 것으로 예상되는 소방대상물에 대하여 화재위험 요인을 조사하고 그 위험성을 평가하여 개선대책을 수립하는 것

핵심정리 책무

1. **국가:** 화재예방정책 수립·시행

2. **지방자치단체:** 국가의 화재예방정책에 맞추어 지역의 실정에 부합하는 화재예방정책을 수립·시행

3. **관계인:** 화재예방정책에 적극 협조

조문플러스

화재예방 및 안전관리에 관한 국가·지방자치단체 및 관계인의 책무를 정하였다.

용어사전

❶ 국가: 일정한 영토와 거기에 사는 사람들로 구성되고, 주권(主權)에 의한 하나의 통치 조직을 가지고 있는 사회 집단을 말한다.

❷ 지방자치단체: 특별시·특별자치시·광역시·도·시·군과 같이, 국가 영토의 일부를 구역으로 하여 그 구역 내에서 법이 인정하는 한도의 지배권을 소유하는 단체를 말한다. 주민의 복리에 관한 사무를 처리하고 재산을 관리하며 법령의 범위 안에서 자치에 관한 규정을 제정할 수 있다.

제4조(화재의 예방 및 안전관리 기본계획 등의 수립·시행)

① 소방청장은 화재예방정책을 체계적·효율적으로 추진하고 이에 필요한 기반 확충을 위하여 화재의 예방 및 안전관리에 관한 기본계획(이하 "기본계획"이라 한다)을 5년마다 수립·시행하여야 한다.

② 기본계획은 대통령령으로 정하는 바에 따라 소방청장이 관계 중앙행정기관의 장과 협의하여 수립한다.

③ 기본계획에는 다음 각 호의 사항이 포함되어야 한다.

　1. 화재예방정책의 기본목표 및 추진방향

　2. 화재의 예방과 안전관리를 위한 법령·제도의 마련 등 기반 조성

　3. 화재의 예방과 안전관리를 위한 대국민 교육·홍보

　4. 화재의 예방과 안전관리 관련 기술의 개발·보급

　5. 화재의 예방과 안전관리 관련 전문인력의 육성·지원 및 관리

　6. 화재의 예방과 안전관리 관련 산업의 국제경쟁력 향상

　7. 그 밖에 대통령령으로 정하는 화재의 예방과 안전관리에 필요한 사항

④ 소방청장은 기본계획을 시행하기 위하여 매년 시행계획을 수립·시행하여야 한다.

⑤ 소방청장은 제1항 및 제4항에 따라 수립된 기본계획과 시행계획을 관계 중앙행정기관의 장과 시·도지사에게 통보하여야 한다.

⑥ 제5항에 따라 기본계획과 시행계획을 통보받은 관계 중앙행정기관의 장과 시·도지사는 소관 사무의 특성을 반영한 세부시행계획을 수립·시행하고 그 결과를 소방청장에게 통보하여야 한다.

⑦ 소방청장은 기본계획 및 시행계획을 수립하기 위하여 필요한 경우에는 관계 중앙행정기관의 장 또는 시·도지사에게 관련 자료의 제출을 요청할 수 있다. 이 경우 자료 제출을 요청받은 관계 중앙행정기관의 장 또는 시·도지사는 특별한 사유가 없으면 이에 따라야 한다.

⑧ 제1항부터 제7항까지에서 규정한 사항 외에 기본계획, 시행계획 및 세부시행계획의 수립·시행에 필요한 사항은 대통령령으로 정한다.

> **시행령 제2조(화재❶의 예방 및 안전관리 기본계획의 협의 및 수립)** 소방청장은 「화재의 예방 및 안전관리에 관한 법률」(이하 "법"이라 한다) 제4조에 따른 화재의 예방 및 안전관리에 관한 기본계획(이하 "기본계획"이라 한다)을 계획 시행 전년도 8월 31일까지 관계 중앙행정기관의 장과 협의를 마친 후 계획 시행 전년도 9월 30일까지 수립하여야 한다.
>
> **제3조(기본계획의 내용)** 법 제4조 제3항 제7호에서 "대통령령❷으로 정하는 화재의 예방과 안전관리에 필요한 사항"이란 다음 각 호의 사항을 말한다.
>
> 　1. 화재발생현황에 관한 사항

2. 소방대상물의 환경 및 화재위험특성 변화 추세 등 화재예방정책의 여건 변화에 관한 사항

2. 소방대상물의 환경 및 화재위험특성 변화 추세 등 화재예방정책의 여건 변화에 관한 사항

3. 소방시설의 설치 · 관리 및 화재안전기준의 개선에 관한 사항

4. 화재안전 중점관리대상(특정소방대상물 중 다수의 인명피해 발생이 우려되는 시설로 화재예방 및 대응이 필요하여 소방본부장 또는 소방서장이 지정하는 대상을 말한다)의 선정 및 관리 등에 관한 사항

5. 계절별 · 시기별 · 소방대상물별 화재예방대책의 추진 및 평가 · 인증 등에 관한 사항

6. 그 밖에 화재의 예방과 안전관리 관련하여 소방청장이 필요하다고 인정하는 사항

제4조(시행계획의 수립 · 시행) ① 소방청장은 법 제4조 제4항에 따라 기본계획을 시행하기 위한 계획(이하 "시행계획"이라 한다)을 계획 시행 전년도 10월 31일까지 수립하여야 한다.

② 시행계획에는 다음 각 호의 사항이 포함되어야 한다.

1. 기본계획의 시행을 위하여 필요한 사항

2. 그 밖에 화재의 예방 및 안전관리와 관련하여 소방청장이 필요하다고 인정하는 사항

제5조(세부시행계획의 수립 · 시행) ① 소방청장은 관계 중앙행정기관의 장과 특별시장 · 광역시장 · 특별자치시장 · 도지사 · 특별자치도지사(이하 "시 · 도지사"라 한다)에게 법 제4조 제5항에 따른 기본계획 및 시행계획을 계획 시행 전년도 10월 31일까지 통보하여야 한다.

② 관계 중앙행정기관의 장 및 시 · 도지사는 법 제4조 제6항에 따라 소관 사무의 특성을 반영한 세부시행계획(이하 "세부시행계획"이라 한다)을 계획 시행 전년도 11월 30일까지 수립하고, 이를 그 계획이 실시되는 연도의 전년도 12월 31일까지 소방청장에게 제출하여야 한다.

③ 세부시행계획에는 다음 각 호의 사항이 포함되어야 한다.

1. 기본계획 및 시행계획에 대한 관계 중앙행정기관 또는 특별시 · 광역시 · 특별자치시 · 도 · 특별자치도(이하 "시 · 도"라 한다)의 해당 연도의 사업 추진 방향

2. 주요 사업별 추진 방침

3. 주요 사업별 세부시행계획

4. 그 밖에 화재의 예방 및 안전관리와 관련하여 관계 중앙행정기관의 장 또는 시 · 도지사가 필요하다고 결정한 사항

📋 **기출 체크**

「화재의 예방 및 안전관리에 관한 법률」상 화재의 예방 및 안전관리 기본계획 등의 수립 · 시행에 대한 내용으로 옳지 않은 것은? 22. 공채 통합

① 국가는 화재안전 기반 확충을 위하여 화재의 예방 및 안전관리 기본계획을 10년마다 수립 · 시행하여야 한다.

② 소방청장은 기본계획을 시행하기 위하여 매년 시행계획을 수립 · 시행하여야 한다.

③ 기본계획, 시행계획 및 세부시행계획 등의 수립 · 시행에 관하여 필요한 사항은 대통령령으로 정한다.

④ 소방청장은 기본계획 및 시행계획을 수립하기 위하여 필요한 경우에는 관계 중앙행정기관의 장 또는 시 · 도지사에게 관련 자료의 제출을 요청할 수 있다.

정답 ①

실태조사
1. 조사자: 소방청장
2. 실태조사: 통계조사, 문헌조사, 현장조사
3. 조사통보: 조사 시작 7일 전까지

📖 **용어사전**
....
❶ 실태조사: 실제의 상태·사정 등을 살펴 알아보는 것을 말한다.
❷ 부령: 행정입법 중의 하나로, 행정 각부에 서 소관 사무에 대해 발하는 명령으로 대 통령령 보다 하위인 것을 말한다.
❸ 통계: 어떤 현상을 보기 쉽게 일정 체계에 의해 숫자로 나타낸 것을 말한다.

제5조(실태조사)

① 소방청장은 기본계획 및 시행계획의 수립·시행에 필요한 기초자료를 확보하기 위하여 다음 각 호의 사항에 대하여 실태조사를 할 수 있다. 이 경우 관계 중앙행정기관의 장의 요청이 있는 때에는 합동으로 실태조사를 할 수 있다.

1. 소방대상물의 용도별·규모별 현황
2. 소방대상물의 화재의 예방 및 안전관리 현황
3. 소방대상물의 소방시설등 설치·관리 현황
4. 그 밖에 기본계획 및 시행계획의 수립·시행을 위하여 필요한 사항

② 소방청장은 소방대상물의 현황 등 관련 정보를 보유·운용하고 있는 관계 중앙행정기관의 장, 지방자치단체의 장, 「공공기관의 운영에 관한 법률」 제4조에 따른 공공기관(이하 "공공기관"이라 한다)의 장 또는 관계인 등에게 제1항에 따른 실태조사에 필요한 자료의 제출을 요청할 수 있다. 이 경우 자료 제출을 요청받은 자는 특별한 사유가 없으면 이에 따라야 한다.

③ 제1항에 따른 실태조사❶의 방법 및 절차 등에 필요한 사항은 행정안전부령❷으로 정한다.

시행규칙 제2조(실태조사의 방법 및 절차 등) ① 「화재의 예방 및 안전관리에 관한 법률」(이하 "법"이라 한다) 제5조 제1항에 따른 실태조사는 통계조사, 문헌조사 또는 현장조사 방법으로 하며, 정보통신망 또는 전자적인 방식을 사용할 수 있다.

② 소방청장은 제1항에 따른 실태조사를 실시하려는 경우 실태조사 시작 7일 전까지 조사 일시, 조사 사유 및 조사 내용 등 조사계획을 조사대상자에게 서면 또는 전자우편 등의 방법으로 미리 알려야 한다.

③ 실태조사 업무를 수행하는 관계 공무원 및 관계 전문가 등이 소방시설등의 설치 및 관리 현황 등을 파악하기 위하여 소방대상물에 출입할 때에는 출입자의 성명, 출입일시, 출입목적 등이 표시된 문서를 관계인에게 보여주어야 한다.

④ 소방청장은 실태조사를 전문연구기관·단체나 관계 전문가에게 의뢰하여 실시할 수 있다.

⑤ 소방청장은 실태조사의 결과를 인터넷 홈페이지 등에 공표할 수 있다.

⑥ 제1항부터 제5항까지의 규정에서 정한 사항 외에 실태조사 방법 및 절차에 필요한 사항은 소방청장이 정한다.

통계 작성 및 관리
1. 작성 및 관리자: 소방청장
2. 주기: 매년

제6조(통계의 작성 및 관리)

① 소방청장은 화재의 예방 및 안전관리에 관한 통계❸를 매년 작성·관리하여야 한다.

② 소방청장은 제1항의 통계자료를 작성·관리하기 위하여 관계 중앙행정기관의 장, 지방자치단체의 장, 공공기관의 장 또는 관계인 등에게 필요한 자료와 정보의 제공을 요청할 수 있다. 이 경우 자료와 정보의 제공을 요청받은 자는 특별한 사정이 없으면 이에 따라야 한다.

③ 소방청장은 제1항에 따른 통계자료의 작성·관리에 관한 업무의 전부 또는 일부를 행정안전부령으로 정하는 바에 따라 전문성이 있는 기관을 지정하여 수행하게 할 수 있다.

④ 제1항에 따른 통계의 작성·관리 등에 필요한 사항은 대통령령으로 정한다.

시행령 제6조(통계의 작성·관리) ① 소방청장은 법 제6조 제1항에 따른 통계를 체계적으로 작성·관리하고 분석할 수 있는 전산시스템을 구축·운용할 수 있다.

② 제1항에 따른 통계의 작성·관리 항목은 다음 각 호와 같다.

1. 「소방기본법」 제2조 제1호에 따른 소방대상물의 현황 및 안전관리에 관한 사항
2. 「소방시설 설치 및 관리에 관한 법률」 제2조 제2호에 따른 소방시설등❶의 설치 및 관리에 관한 사항
3. 「다중이용업소의 안전관리에 관한 특별법」 제2조 제1호에 따른 다중이용업 현황 및 안전관리에 관한 사항
4. 화재발생 이력 및 화재안전조사 등 화재예방 활동에 관한 사항
5. 소방활동 자료조사 등 대응활동에 관한 사항
6. 소방안전관리자 자격 및 선임 현황 등에 관한 사항
7. 화재예방강화지구 현황 및 소방안전관리 실태에 관한 사항
8. 화재예방안전진단의 현황 및 소방안전관리에 관한 사항
9. 법 제23조에 따른 어린이, 노인, 장애인 등 화재의 예방 및 안전관리에 취약한 자(이하 "화재안전취약자"라 한다)에 대한 현황
10. 「소방시설공사업법」 제2조 제1항 제1호 및 제4호에 따른 소방시설업❷ 및 소방기술자 현황
11. 그 밖에 화재의 예방 및 안전관리에 관한 자료로서 소방청장이 수집·관리가 필요하다고 인정하는 사항

③ 소방청장은 제1항에 따른 통계를 작성·관리하는 경우 다른 법령에 따라 제2항의 항목에 관하여 조사한 자료가 있는 경우 그 자료를 활용할 수 있다.

④ 소방청장은 제1항에 따른 전산시스템을 구축·운용하는 경우 빅데이터(대용량의 정형 또는 비정형의 데이터 세트를 말한다)를 활용하여 화재발생 동향 분석 및 전망 등을 할 수 있도록 노력하여야 한다.

⑤ 제4항에 따른 빅데이터를 활용하기 위한 방법·절차 등에 필요한 사항은 소방청장이 정한다.

시행규칙 제3조(통계의 작성·관리) 소방청장은 법 제6조 제3항에 따라 다음 각 호의 기관으로 하여금 통계자료의 작성·관리에 관한 업무를 수행하게 할 수 있다.

1. 「소방기본법」 제40조 제1항에 따라 설립된 한국소방안전원(이하 "안전원"이라 한다)
2. 「정부출연연구기관 등의 설립·운영 및 육성에 관한 법률」 제8조에 따라 설립된 정부출연연구기관
3. 「통계법」 제15조에 따라 지정된 통계작성지정기관

📚**용어사전**

❶ 소방시설등: 소방시설과 비상구(非常口), 그 밖에 소방 관련 시설을 말한다.
❷ 소방시설업: 소방시설설계업·소방시설공사업·소방공사감리업·방염처리업을 말한다.

제3장 화재안전조사

📖 **조문플러스**

소방대상물의 위치·구조·설비·용도 및 관리상황 등을 관계지역에 출입하여 화재발생 요인을 발견함으로써 조사에 의한 자료를 토대로 발견된 미비점 또는 불량사항에 대하여 시정 또는 보완하도록 하여 화재사고를 미연에 방지하고 화재 발생시 당해 소방대상물의 상황 및 상태에 맞는 소방력 투입으로 원활한 인명구조 및 인명대피 유도와 연소확대 방지 등 효율적인 소방활동을 전개하기 위함이다.

📖 **용어사전**

❶ (행정)조사: 행정기관이 정책을 결정하거나 직무를 수행하는데 필요한 정보나 자료를 수집하기 위하여 현장조사·문서열람·시료채취 등을 하거나 조사대상자에게 보고 요구·자료제출 요구 및 출석·진술 요구를 행하는 활동을 말한다.

제7조(화재안전조사)

① 소방관서장은 다음 각 호의 어느 하나에 해당하는 경우 화재안전조사❶를 실시할 수 있다. 다만, 개인의 주거(실제 주거용도로 사용되는 경우에 한정한다)에 대한 화재안전조사는 관계인의 승낙이 있거나 화재발생의 우려가 뚜렷하여 긴급한 필요가 있는 때에 한정한다.

　1. 「소방시설 설치 및 관리에 관한 법률」 제22조에 따른 자체점검이 불성실하거나 불완전하다고 인정되는 경우

　2. 화재예방강화지구 등 법령에서 화재안전조사를 하도록 규정되어 있는 경우

　3. 화재예방안전진단이 불성실하거나 불완전하다고 인정되는 경우

　4. 국가적 행사 등 주요 행사가 개최되는 장소 및 그 주변의 관계 지역에 대하여 소방안전관리 실태를 조사할 필요가 있는 경우

　5. 화재가 자주 발생하였거나 발생할 우려가 뚜렷한 곳에 대한 조사가 필요한 경우

　6. 재난예측정보, 기상예보 등을 분석한 결과 소방대상물에 화재의 발생 위험이 크다고 판단되는 경우

　7. 제1호부터 제6호까지에서 규정한 경우 외에 화재, 그 밖의 긴급한 상황이 발생할 경우 인명 또는 재산 피해의 우려가 현저하다고 판단되는 경우

② 화재안전조사의 항목은 대통령령으로 정한다. 이 경우 화재안전조사의 항목에는 화재의 예방조치 상황, 소방시설등의 관리 상황 및 소방대상물의 화재 등의 발생 위험과 관련된 사항이 포함되어야 한다.

③ 소방관서장은 화재안전조사를 실시하는 경우 다른 목적을 위하여 조사권을 남용하여서는 아니 된다.

> **시행령 제7조(화재안전조사의 항목)** 법 제7조 제2항에 따른 화재안전조사 항목은 다음 각 호와 같다.
>
> 　1. 법 제17조에 따른 화재의 예방조치 등에 관한 사항
>
> 　2. 법 제24조, 제25조, 제27조, 제29조 및 제36조에 따른 소방안전관리 업무 수행에 관한 사항
>
> 　3. 법 제37조에 따른 소방훈련 및 교육에 관한 사항
>
> 　4. 「소방기본법」 제21조의2에 따른 소방자동차 전용구역 등에 관한 사항
>
> 　5. 「소방시설공사업법」 제12조, 제16조 및 제18조에 따른 소방기술자 및 감리원 배치 등에 관한 사항
>
> 　6. 「소방시설 설치 및 관리에 관한 법률」 제12조에 따른 소방시설의 설치 및 관리 등에 관한 사항
>
> 　7. 「소방시설 설치 및 관리에 관한 법률」 제15조에 따른 건설현장의 임시소방시설의 설치 및 관리에 관한 사항

8. 「소방시설 설치 및 관리에 관한 법률」제16조에 따른 피난시설❶, 방화구획❷ 및 방화시설의 관리에 관한 사항

9. 「소방시설 설치 및 관리에 관한 법률」제20조 및 제21조에 따른 방염❸에 관한 사항

10. 「소방시설 설치 및 관리에 관한 법률」제22조에 따른 소방시설등의 자체점검에 관한 사항

11. 「다중이용업소의 안전관리에 관한 특별법」제8조, 제9조, 제9조의2, 제10조, 제10조의2 및 제11조부터 제13조까지의 규정에 따른 안전관리에 관한 사항

12. 「위험물안전관리법」제5조, 제6조, 제14조, 제15조 및 제18조에 따른 안전관리에 관한 사항

13. 「초고층 및 지하연계 복합건축물 재난관리에 관한 특별법」제9조, 제11조, 제12조, 제14조, 제16조 및 제22조에 따른 초고층 및 지하연계 복합건축물의 안전관리에 관한 사항

14. 그 밖에 화재의 발생 위험 등 소방청장, 소방본부장 또는 소방서장(이하 "소방관서장"이라 한다)이 화재안전조사의 목적을 달성하기 위하여 필요하다고 인정하는 사항

제8조(화재안전조사의 방법·절차 등)

① 소방관서장은 화재안전조사를 조사의 목적에 따라 제7조 제2항에 따른 화재안전조사의 항목 전체에 대하여 종합적으로 실시하거나 특정 항목에 한정하여 실시할 수 있다.

② 소방관서장은 화재안전조사를 실시하려는 경우 사전에 관계인에게 조사대상, 조사기간 및 조사사유 등을 우편, 전화, 전자메일 또는 문자전송 등을 통하여 통지하고 이를 대통령령으로 정하는 바에 따라 인터넷 홈페이지나 제16조 제3항의 전산시스템 등을 통하여 공개하여야 한다. 다만, 다음 각 호의 어느 하나에 해당하는 경우에는 그러하지 아니하다.

1. 화재가 발생할 우려가 뚜렷하여 긴급하게 조사할 필요가 있는 경우

2. 제1호 외에 화재안전조사의 실시를 사전에 통지하거나 공개하면 조사목적을 달성할 수 없다고 인정되는 경우

③ 화재안전조사는 관계인의 승낙 없이 소방대상물의 공개시간 또는 근무시간 이외에는 할 수 없다. 다만, 제2항 제1호에 해당하는 경우에는 그러하지 아니하다.

④ 제2항에 따른 통지를 받은 관계인은 천재지변이나 그 밖에 대통령령으로 정하는 사유로 화재안전조사를 받기 곤란한 경우에는 화재안전조사를 통지한 소방관서장에게 대통령령으로 정하는 바에 따라 화재안전조사를 연기하여 줄 것을 신청할 수 있다. 이 경우 소방관서장은 연기신청 승인 여부를 결정하고 그 결과를 조사 시작 전까지 관계인에게 알려 주어야 한다.

⑤ 제1항부터 제4항까지에서 규정한 사항 외에 화재안전조사의 방법 및 절차 등에 필요한 사항은 대통령령으로 정한다.

📖 용어사전

❶ 피난시설: 복도·계단 및 옥상광장 등을 말한다.

❷ 방화구획: 화재 발생 시 화재가 건축물 전체에 번지지 않도록 내화구조의 바닥·벽 및 방화문 또는 방화셔터 등으로 만들어지는 구획을 말한다.

❸ 방염: 불에 타지 않게 막는 것을 말한다.

📖 조문 플러스

화재예방과 진압대책을 마련하기 위하여 관계인에게 자료제출을 명령 또는 질문하거나 소방대상물의 위치·구조 또는 관리 상황을 조사하는 것은 국민의 권리를 제한하거나 명령의 수인 의무를 부과하는 것이 되므로 그 요건·절차 및 방법 등에 대하여 법률적 근거를 두는 것이다.

 찐 tip

화재안전조사

1. 조사자: 소방관서장(소방청장, 소방본부장, 소방서장)

2. 화재안전조사 항목: 대통령령

3. 조사대상: 불성실·불완전(자체점검), 화재예방강화지구 등, 화재예방안전진단, 국가적 행사 등, 화재가 자주 발생, 재난예측정보·기상예보 등을 분석한 결과 화재 발생 위험이 큰 곳

즉시강제

직접 국민의 신체 또는 재산에 실력을 가하여 행정상 필요한 상태를 실현하는 작용이다.

1. 목전에 급박한 장해를 제거할 필요가 있는 경우에 미리 의무를 명할 시간적 여유가 없는 경우

2. 사안의 성질상 의무를 명하는 것에 의해서는 그 목적을 달성하기 어려운 경우

쩐 tip

화재안전조사의 방법·절차

1. 조사 분류: 종합조사, 부분조사
2. 절차: 관계인에게 통지 → 7일 이상 공개
   (인터넷 홈페이지, 전산시스템) → 조사실시
3. 조사시기: 공개시간, 근무시간
4. 조사연기: 재난발생, 감염병 발생, 경매
   등, 질병, 사고, 장기출장, 장부 및 서류 압
   수 영치

시행령 제8조(화재안전조사의 방법·절차 등) ① 소방관서장은 화재안전조사의 목적에 따라 다음 각 호의 방법으로 화재안전조사를 실시할 수 있다.

1. 종합조사: 제7조의 조사 항목 전체에 대해 실시하는 조사
2. 부분조사: 소방대상물의 층·용도·시설 등 특정 부분을 선택하여 제7조의 조사 항목 중 특정 항목 또는 특정 항목의 일부분에 한정하여 실시하는 조사

② 소방관서장은 법 제8조 제2항 본문에 따라 화재안전조사를 실시하고자 하는 경우 조사대상, 조사기간 및 조사사유 등 조사계획을 인터넷 홈페이지나 법 제16조 제3항에 따른 전산시스템 등을 통해 사전에 공개하여야 한다. 이 경우 공개기간은 7일 이상으로 한다.

③ 소방관서장은 법 제8조 제2항 단서에 따라 화재안전조사를 실시하는 경우에는 관계인에게 조사사유 및 조사 범위 등을 현장에서 설명하여야 한다.

④ 소방관서장은 법 제8조 제5항에 따라 화재안전조사를 다음 각 호의 방법으로 할 수 있다.

1. 관계인에게 필요한 보고를 하도록 하거나 자료의 제시·제출 요청
2. 소방대상물의 위치·구조·설비 또는 관리 상황에 대한 현장 조사 및 관계인에 대한 질문 등

제9조(화재안전조사의 연기) ① 법 제8조 제4항에서 "대통령령으로 정하는 사유"란 다음 각 호의 어느 하나에 해당하는 사유를 말한다.

1. 「재난 및 안전관리 기본법」 제3조 제1호에 해당하는 재난이 발생하여 소방대상물의 관리 또는 화재안전조사의 실시가 어려운 경우
2. 「감염병의 예방 및 관리에 관한 법률」 제2조 제1호에 해당하는 감염병이 발생하여 소방대상물의 관리 또는 화재안전조사의 실시가 어려운 경우
3. 경매 등의 사유로 소유권이 변동 중이거나 변동되어서 화재안전조사 실시가 어려운 경우
4. 관계인이 질병, 사고, 장기출장 등으로 화재안전조사에 참여할 수 없는 경우
5. 권한 있는 기관에 자체점검기록부, 교육·훈련일지 등 화재안전조사에 필요한 장부·서류 등이 압수되거나 영치(領置)되어 있는 경우
6. 제1호부터 제5호까지의 규정에 준하는 사항으로 소방관서장이 화재안전조사의 연기가 필요하다고 인정하는 경우

② 법 제8조 제4항에 따라 화재안전조사의 연기를 신청하려는 관계인은 행정안전부령으로 정하는 바에 따라 연기신청서에 연기의 사유 및 기간 등을 기재하여 소방관서장에게 제출하여야 한다.

③ 소방관서장은 법 제8조 제4항에 따라 화재안전조사의 연기를 승인한 경우라도 연기기간이 끝나기 전에 연기사유가 없어졌거나 긴급히 조사를 하여야 할 사유가 발생하였을 때에는 관계인에게 통보하고 화재안전조사를 할 수 있다.

시행규칙 제4조(화재안전조사의 연기신청 등) ① 「화재의 예방 및 안전관리에 관한 법률 시행령」(이하 "영"이라 한다) 제9조 제2항에 따라 화재안전조사의 연기를 신청하려는 관계인은 화재안전조사 시작 3일 전까지 별지 제1호 서식의 화재안전조사 연기신청서(전자문서로 된 신청서를 포함한다)에 화재안전조사를 받기가 곤란함을 증명할 수 있는 서류(전자문서로 된 서류를 포함한다)를 첨부하여 소방청장, 소방본부장 또는 소방서장(이하 "소방관서장"이라 한다)에게 제출하여야 한다.

② 제1항에 따른 신청서를 제출받은 소방관서장은 연기신청의 승인 여부를 결정한 때에는 별지 제2호 서식의 화재안전조사 연기신청 결과 통지서를 연기신청을 한 자에게 통지하여야 하고, 연기기간이 종료하면 지체 없이 화재안전조사를 시작하여야 한다.

🗂 핵심정리 화재안전조사

1. **조사자**: 소방관서장(소방청장, 소방본부장, 소방서장)
2. **화재안전조사 대상**
   ① 자체점검이 불성실·불완전하다고 인정되는 경우
   ② 화재예방강화지구
   ③ 주요 행사가 개최되는 장소 및 그 주변의 관계지역
   ④ 화재가 자주 발생하였거나 발생할 우려가 뚜렷한 곳
   ⑤ 화재, 재난·재해의 발생 위험이 높다고 판단되는 경우
   ⑥ 화재, 재난·재해, 그 밖의 긴급한 상황이 발생할 경우 인명 또는 재산 피해의 우려가 현저하다고 판단되는 경우
3. **조사시간**: 공개시간, 근무시간(개인 주거: 관계인 승낙)
4. **조사공개**: 조사 7일 전까지
5. **연기신청**: 조사 시작 3일 전까지
6. **금지사항**: 정당한 업무 방해, 비밀누설

🗂 기출 체크

01 「화재의 예방 및 안전관리에 관한 법률」 및 같은 법 시행령, 시행규칙상 화재안전조사의 방법·절차 등에 대한 설명으로 옳지 않은 것은? 22. 공채 통합

   ① 소방관서장은 화재안전조사를 마친 때에는 그 조사결과를 관계인에게 서면❶ 또는 구두❷로 통지할 수 있다.
   ② 소방관서장은 화재안전조사를 실시하고자 하는 경우 조사대상, 조사기간 및 조사사유 등 조사계획을 인터넷 홈페이지 등을 통해 사전에 공개하여야 한다. 이 경우 공개기간은 7일 이상으로 한다.
   ③ 화재안전조사의 연기를 승인한 경우라도 연기기간이 끝나기 전에 연기사유가 없어졌거나 긴급히 조사를 하여야 할 사유가 발생하였을 때에는 관계인에게 통보하고 화재안전조사를 할 수 있다.
   ④ 화재안전조사의 연기를 신청하려는 관계인은 화재안전조사 시작 3일 전까지 화재안전조사 연기신청서를 첨부하여 소방관서장에게 제출하여야 한다.

🗂 **용어사전**

❶ 서면: 일정한 내용을 적은 문서를 말한다.
❷ 구두: 마주 대하여 입으로 하는 말을 말한다.

02 「화재의 예방 및 안전관리에 관한 법률」 및 같은 법 시행령상 화재안전조사에 관한 설명으로 옳지 않은 것은?　　　　　　　　　　19. 학과

① 소방청장, 소방본부장 또는 소방서장은 관할구역에 있는 소방대상물, 관계 지역 또는 관계인에 대하여 소방시설 등이 이 법 또는 소방 관계 법령에 적합하게 설치·유지·관리되고 있는지, 소방대상물에 화재, 재난·재해 등의 발생 위험이 있는지 등을 확인하기 위하여 관계 공무원으로 하여금 화재안전조사를 하게 할 수 있다.

② 개인의 주거에 대하여는 관계인의 승낙이 있거나 화재발생의 우려가 뚜렷하여 긴급한 필요가 있는 때에 한정하여 화재안전조사를 실시할 수 있다.

③ 국가적 행사 등 주요 행사가 개최되는 장소 및 그 주변의 관계 지역에 대하여 소방안전관리 실태를 점검할 필요가 있는 경우 화재안전조사를 실시할 수 있다.

④ 화재안전조사위원회는 위원장 1명 제외한 7명 이내의 위원을 성별 고려하여 구성한다.

03 화재안전조사에 대한 설명으로 옳지 않은 것은?　　　　　　　　17. 공채 통합

① 관계인이 질병, 장기출장 등으로 화재안전조사를 참여할 수 없는 경우 소방청장, 소방본부장, 소방서장에게 연기신청을 할 수 있다.

② 화재안전조사의 연기를 신청하려는 자는 화재안전조사 시작 5일 전까지 소방청장, 소방본부장, 소방서장에게 연기신청할 수 있다.

③ 소방청장, 소방본부장, 소방서장은 화재안전조사를 실시하고자 하는 경우 조사대상, 조사기간 및 조사사유 등 조사계획을 인터넷 홈페이지 등을 통해 사전에 공개하여야 한다. 이 경우 공개기간은 7일 이상으로 한다.

④ 소방기술사, 소방시설관리사, 화재안전분야에 전문지식을 갖춘 사람을 화재안전조사에 참여하게 할 수 있다.

04 관할구역에 있는 소방대상물, 관계 지역 또는 관계인에 대하여 소방시설등이 적합하게 설치·유지·관리되고 있는지, 소방대상물에 화재, 재난·재해 등의 발생 위험이 있는지 등을 확인하기 위하여 관계 공무원으로 하여금 화재안전조사를 하게 할 수 있다. 화재안전조사에 대한 설명으로 옳지 않은 것은?　　　　　14. 공채 통합

① 화재안전조사 실시권자는 소방청장, 소방본부장 또는 소방서장이다.

② 개인의 주거에 대하여는 관계인의 승낙이 있거나 화재발생의 우려가 뚜렷하여 긴급한 필요가 있는 때에 한정한다.

③ 관계인이 소방시설등, 방화시설, 피난시설 등에 대한 자체점검 등이 불성실하거나 불완전하다고 인정되는 경우 화재안전조사를 연 1회 이상 실시한다.

④ 소방관서장은 화재안전조사의 대상을 객관적이고 공정하게 선정하기 위하여 필요하면 화재안전조사위원회를 구성하여 화재안전조사의 대상을 선정할 수 있다.

정답 　01 ①　02 ④　03 ②　04 ③

찐 tip

중앙화재안전조사단
1. 설치: 소방청
2. 구성: 단장 포함 50명 이내 단원
3. 합동조사단 편성

지방화재안전조사단
1. 설치: 소방본부, 소방서
2. 구성: 단장 포함 50명 이내 단원
3. 합동조사단 편성

제9조(화재안전조사단 편성·운영)

① 소방관서장은 화재안전조사를 효율적으로 수행하기 위하여 대통령령으로 정하는 바에 따라 소방청에는 중앙화재안전조사단을, 소방본부 및 소방서에는 지방화재안전조사단을 편성하여 운영할 수 있다.

② 소방관서장은 제1항에 따른 중앙화재안전조사단 및 지방화재안전조사단의 업무 수행을 위하여 필요한 경우에는 관계 기관의 장에게 그 소속 공무원 또는 직원의 파견을 요청할 수 있다. 이 경우 공무원 또는 직원의 파견 요청을 받은 관계 기관의 장은 특별한 사유가 없으면 이에 협조하여야 한다.

시행령 제10조(화재안전조사단 편성·운영) ① 법 제9조 제1항에 따른 중앙화재안전조사단 및 지방화재안전조사단(이하 "조사단"이라 한다)은 단장을 포함하여 50명 이내의 단원으로 성별을 고려하여 구성한다.

② 조사단의 단원은 다음 각 호의 어느 하나에 해당하는 사람 중에서 소방관서장이 임명 또는 위촉하고, 단장은 단원 중에서 소방관서장이 임명 또는 위촉한다.

1. 소방공무원
2. 소방업무와 관련된 단체 또는 연구기관 등의 임직원
3. 대학 또는 공인된 연구기관에서 소방 관련 분야 등을 5년 이상 연구한 사람
4. 소방 관련 분야에서 전문적인 지식이나 경험이 풍부한 사람으로서 소방관서장이 인정하는 사람

③ 소방관서장은 화재안전조사를 효율적으로 실시하기 위하여 필요한 경우 다음 각 호의 기관의 장과 합동으로 조사단(이하 "합동조사단"이라 한다)을 편성할 수 있다.

1. 관계 중앙행정기관 또는 지방자치단체
2. 「소방기본법」 제40조에 따른 한국소방안전원(이하 "안전원"이라 한다)
3. 「소방산업의 진흥에 관한 법률」 제14조에 따른 한국소방산업기술원(이하 "기술원"이라 한다)
4. 「화재로 인한 재해보상과 보험가입에 관한 법률」 제11조에 따른 한국화재보험협회(이하 "화재보험협회"라 한다)
5. 「고압가스 안전관리법」 제28조에 따른 한국가스안전공사(이하 "가스안전공사"라 한다)
6. 「전기안전관리법」 제30조에 따른 한국전기안전공사(이하 "전기안전공사"라 한다)
7. 그 밖에 소방청장이 필요하다고 인정하는 소방 관련 법인 또는 단체

 찐 tip

단원의 자격
1. 소방공무원
2. 관련 단체, 연구기관 등의 임직원
3. 소방 관련 분야 등을 5년 이상 연구한 사람
4. 소방관서장이 인정하는 사람

📋 **기출체크**

「화재의 예방 및 안전관리에 관한 법률」 및 같은 법 시행령상 중앙화재안전조사단의 편성·운영 등에 관한 설명으로 옳지 않은 것은?　　　　22. 경채

① 중앙화재안전조사단은 단장을 포함하여 21명 이내의 단원으로 성별을 고려하여 구성한다.
② 소방청장은 소방안전조사를 위하여 중앙소방특별조사단을 편성하여 운영하여야 한다.
③ 중앙화재안전조사단의 단장은 단원 중에서 소방청장이 임명 또는 위촉한다.
④ 소방공무원은 중앙화재안전조사단의 단원으로 임명 또는 위촉될 수 있다.

정답 ①

화재안전조사위원회

1. 구성: 위원장 1명을 포함한 7명 이내의 위원(성별 고려)
2. 위원장: 소방관서장
3. 설치: 소방관서
4. 위원: 소방기술사, 소방시설관리사, 석사 이상, 소방공무원(과장 이상), 경력 5년 이상
5. 임기: 2년(한차례 연임)

용어사전

❶ 객관적: 자기와의 관계에서 벗어나 제3자의 입장에서 사물을 보거나 생각하는 것을 말한다.
❷ 선정: 여럿 가운데서 어떤 것을 뽑아 정하는 것을 말한다.
❸ 위원회: 특수한 행정분야에서 일반행정청의 권한에 소속시키는 것이 적당하지 않은 행정사무를 맡아보기 위하여 등장한 제도를 말한다.
❹ 위촉: 어떤 일을 남에게 부탁하여 맡게 하는 것을 말한다.
❺ 제척: 특수한 관계가 있을 때에 법률 상 위원의 업무를 행할 수 없게 하는 것을 말한다.
❻ 기피: 제척원인(除斥原因)이 있는 위원이 제척되지 않고 심의하는 경우 해당 위원을 직무집행으로부터 배제하도록 하는 신청을 말한다.
❼ 회피: 제척(除斥) 또는 기피의 원인이 있다고 생각하여 스스로 피하는 일을 말한다.

제10조(화재안전조사위원회 구성·운영)

① 소방관서장은 화재안전조사의 대상을 객관적❶이고 공정하게 선정❷하기 위하여 필요한 경우 화재안전조사위원회❸를 구성하여 화재안전조사의 대상을 선정할 수 있다.
② 화재안전조사위원회의 구성·운영 등에 필요한 사항은 대통령령으로 정한다.

시행령 제11조(화재안전조사위원회의 구성·운영 등) ① 법 제10조에 따른 화재안전조사위원회(이하 "위원회"라 한다)는 위원장 1명을 포함한 7명 이내의 위원으로 성별을 고려하여 구성하고, 위원장은 소방관서장이 된다.
② 위원회의 위원은 다음 각 호의 어느 하나에 해당하는 사람 중에서 소방관서장이 임명하거나 위촉❹한다.
1. 과장급 직위 이상의 소방공무원
2. 소방기술사
3. 소방시설관리사
4. 소방 관련 분야의 석사학위 이상을 취득한 사람
5. 소방 관련 법인 또는 단체에서 소방 관련 업무에 5년 이상 종사한 사람
6. 「소방공무원 교육훈련규정」 제3조 제2항에 따른 소방공무원 교육훈련기관, 「고등교육법」 제2조의 학교 또는 연구소에서 소방과 관련한 교육 또는 연구에 5년 이상 종사한 사람
③ 위촉위원의 임기는 2년으로 하고, 한 차례만 연임할 수 있다.
④ 위원회에 출석한 위원에게는 예산의 범위에서 수당, 여비, 그 밖에 필요한 경비를 지급할 수 있다. 다만, 공무원인 위원이 그 소관 업무와 관련하여 위원회에 출석하는 경우는 그러하지 아니하다.

제12조(위원의 제척❺·기피❻·회피❼) ① 위원회의 위원이 다음 각 호의 어느 하나에 해당하는 경우에는 위원회의 심의·의결에서 제척(除斥)된다.
1. 위원, 그 배우자나 배우자였던 사람 또는 위원의 친족이거나 친족이었던 사람이 다음 각 목의 어느 하나에 해당하는 경우
   가. 해당 소방대상물의 관계인이거나 그 관계인과 공동권리자 또는 공동의무자인 경우
   나. 해당 소방대상물의 설계, 공사, 감리 등을 수행한 경우
   다. 해당 소방대상물에 대하여 제7조 각 호의 업무를 수행한 경우 등 소방대상물 등과 직접적인 이해관계가 있는 경우
2. 위원이 해당 소방대상물에 관하여 자문, 연구, 용역(하도급을 포함한다), 감정 또는 조사를 한 경우
3. 위원이 임원 또는 직원으로 재직하고 있거나 최근 3년 내에 재직하였던 기업 등이 해당 소방대상물에 관하여 자문, 연구, 용역(하도급을 포함한다), 감정 또는 조사를 한 경우
② 해당 소방대상물의 관계인은 위원에게 공정한 심의·의결을 기대하기 어려운 사정이 있는 경우에는 위원회에 기피(忌避) 신청을 할 수 있고, 위원회는 의결로 이를 결정한다. 이 경우 기피 신청의 대상인 위원은 그 의결에 참여하지 못한다.
③ 위원이 제1항 각 호에 따른 제척 사유에 해당하는 경우에는 스스로 해당 안건의 심의·의결에서 회피(回避)하여야 한다.

제11조(화재안전조사 전문가 참여)

① 소방관서장은 필요한 경우에는 소방기술사, 소방시설관리사, 그 밖에 화재안전 분야에 전문지식을 갖춘 사람을 화재안전조사에 참여하게 할 수 있다.

② 제1항에 따라 조사에 참여하는 외부 전문가에게는 예산의 범위에서 수당, 여비, 그 밖에 필요한 경비를 지급할 수 있다.

찐 tip

화재안전조사 전문가 참여
1. 소방기술사
2. 소방시설관리사
3. 화재안전 분야에 전문지식을 갖춘 사람

제12조(증표의 제시 및 비밀유지 의무 등)

① 화재안전조사 업무를 수행하는 관계 공무원 및 관계 전문가는 그 권한 또는 자격을 표시하는 증표를 지니고 이를 관계인에게 내보여야 한다.

② 화재안전조사 업무를 수행하는 관계 공무원 및 관계 전문가는 관계인의 정당한 업무를 방해하여서는 아니 되며, 조사업무를 수행하면서 취득한 자료나 알게 된 비밀을 다른 사람 또는 기관에 제공 또는 누설하거나 목적 외의 용도로 사용하여서는 아니 된다.

찐 tip

화재안전조사 시 의무사항
1. 증표제시
2. 정당한 업무 방해금지
3. 알게 된 비밀을 다른 사람 또는 기관에 제공 또는 누설금지

제13조(화재안전조사 결과 통보)

소방관서장은 화재안전조사를 마친 때에는 그 조사 결과를 관계인에게 서면으로 통지❶하여야 한다. 다만, 화재안전조사의 현장에서 관계인에게 조사의 결과를 설명하고 화재안전조사 결과서의 부본을 교부❷한 경우에는 그러하지 아니하다.

📖 용어사전

❶ **통지**: 특정인에게 특정 사실을 알리는 행위를 말한다.
❷ **교부**: 내어 주는 것을 말한다.
❸ **개수**: 고치어 바로 잡는 것을 말한다.

제14조(화재안전조사 결과에 따른 조치명령)

① 소방관서장은 화재안전조사 결과에 따른 소방대상물의 위치·구조·설비 또는 관리의 상황이 화재예방을 위하여 보완될 필요가 있거나 화재가 발생하면 인명 또는 재산의 피해가 클 것으로 예상되는 때에는 행정안전부령으로 정하는 바에 따라 관계인에게 그 소방대상물의 개수❸(改修)·이전·제거, 사용의 금지 또는 제한, 사용폐쇄, 공사의 정지 또는 중지, 그 밖에 필요한 조치를 명할 수 있다.

📄 조문 플러스

예방행정의 목적을 달성하기 위하여 조치명령의 권한을 부여함으로써 소방대상물에 내재하는 구체적인 화재위험과 인명피해 발생위험을 배제하여 공익목적을 실현한다.

② 소방관서장은 화재안전조사 결과 소방대상물이 법령을 위반하여 건축 또는 설비되었거나 소방시설등, 피난시설·방화구획, 방화시설 등이 법령에 적합하게 설치 또는 관리되고 있지 아니한 경우에는 관계인에게 제1항에 따른 조치를 명하거나 관계 행정기관의 장에게 필요한 조치를 하여 줄 것을 요청할 수 있다.

> **시행규칙 제5조(화재안전조사에 따른 조치명령 등의 절차)** ① 소방관서장은 법 제14조 제1항에 따른 소방대상물의 개수(改修)·이전·제거, 사용의 금지 또는 제한, 사용폐쇄, 공사의 정지 또는 중지, 그 밖의 필요한 조치를 명할 때에는 별지 제3호 서식의 화재안전조사 조치명령서를 해당 소방대상물의 관계인에게 발급하고, 별지 제4호 서식의 화재안전조사 조치명령대장에 이를 기록하여 관리하여야 한다.
> ② 소방관서장은 법 제14조에 따른 명령으로 인하여 손실을 입은 자가 있는 경우에는 별지 제5호 서식의 화재안전조사 조치명령 손실확인서를 작성하여 관련 사진 및 그 밖의 증빙자료와 함께 보관하여야 한다.
>
> **제6조(손실보상❶ 청구자가 제출하여야 하는 서류 등)** ① 법 제14조 제1항에 따른 명령으로 손실을 받은 자가 손실보상을 청구하고자 하는 때에는 별지 제6호 서식의 손실보상청구서(전자문서로 된 청구서를 포함한다)에 다음 각 호의 서류(전자문서로 된 서류를 포함한다)를 첨부하여 소방청장, 특별시장·광역시장·특별자치시장·도지사 또는 특별자치도지사(이하 "시·도지사"라 한다)에게 제출하여야 한다. 이 경우 담당 공무원은 「전자정부법」 제36조 제1항에 따른 행정정보의 공동이용을 통하여 건축물대장(소방대상물의 관계인임을 증명할 수 있는 서류가 건축물대장인 경우만 해당한다)을 확인하여야 한다.
> 1. 소방대상물의 관계인임을 증명할 수 있는 서류(건축물대장은 제외한다)
> 2. 손실을 증명할 수 있는 사진 그 밖의 증빙자료
> ② 소방청장 또는 시·도지사는 영 제13조 제2항에 따른 손실보상에 관하여 협의가 이루어진 때에는 손실보상을 청구한 자와 연명으로 별지 제7호 서식의 손실보상합의서를 작성하고 이를 보관하여야 한다.

제15조(손실보상)

소방청장 또는 시·도지사는 제14조 제1항에 따른 명령으로 인하여 손실을 입은 자가 있는 경우에는 대통령령으로 정하는 바에 따라 보상하여야 한다.

> **시행령 제13조(손실보상)** ① 법 제15조에 따라 소방청장 또는 시·도지사가 손실을 보상하는 경우에는 시가(時價)로 보상하여야 한다.
> ② 제1항에 따른 손실보상에 관하여는 소방청장, 시·도지사와 손실을 입은 자가 협의하여야 한다.
> ③ 제2항에 따른 보상금액에 관한 협의가 성립되지 아니한 경우에는 소방청장 또는 시·도지사는 그 보상금액을 지급하거나 공탁하고 이를 상대방에게 알려야 한다.
> ④ 제3항에 따른 보상금의 지급 또는 공탁의 통지에 불복하는 자는 지급 또는 공탁의 통지를 받은 날부터 30일 이내에 「공익사업을 위한 토지 등의 취득 및 보상에 관한 법률」 제49조에 따라 설치된 중앙토지수용위원회 또는 관할 지방토지수용위원회에 재결(裁決)을 신청할 수 있다.

▤ 용어사전

❶ 손실보상: 법적 위반은 아니지만 손실이 발생했을 때 이를 갚아주는 일을 말한다.

▤ 조문 플러스

일반적으로 손실보상은 사유재산권을 보장하는 법질서 측면에서 적법한 공권력의 행사로 사유재산에 가하여진 특별한 희생에 대하여 전체의 부담으로 전보하는 것이 정의와 공평의 원칙에도 합당하고 국민의 법률생활의 안정에도 기여할 수 있다는 데에 이론적 근거를 두고 있다.

찐 tip

손실보상
1. 보상자: 소방청장, 시·도지사
2. 보상: 시가보상
3. 보상관련 필요사항: 대통령령

처분으로 인한 손실
명령 이행에 따라 상당한 인과관계 범위 안에 있는 손실로서 소방대상물의 개수비, 이전비, 철거비, 사용금지 또는 사용정지 기간 중의 임대료 등이 있다.

⑤ 제1항부터 제4항까지의 규정 외에 법 제15조에 따른 손실보상에 관하여는 「공익사업을 위한 토지 등의 취득 및 보상에 관한 법률」에 따른다.

제16조(화재안전조사 결과 공개)

① 소방관서장은 화재안전조사를 실시한 경우 다음 각 호의 전부 또는 일부를 인터넷 홈페이지나 제3항의 전산시스템 등을 통하여 공개할 수 있다.

1. 소방대상물의 위치, 연면적❶, 용도 등 현황
2. 소방시설등의 설치 및 관리 현황
3. 피난시설, 방화구획 및 방화시설의 설치 및 관리 현황
4. 그 밖에 대통령령으로 정하는 사항

② 제1항에 따라 화재안전조사 결과를 공개하는 경우 공개 절차, 공개 기간 및 공개 방법 등에 필요한 사항은 대통령령으로 정한다.

③ 소방청장은 제1항에 따른 화재안전조사 결과를 체계적으로 관리하고 활용하기 위하여 전산시스템을 구축·운영하여야 한다.

④ 소방청장은 건축, 전기 및 가스 등 화재안전과 관련된 정보를 소방활동 등에 활용하기 위하여 제3항에 따른 전산시스템과 관계 중앙행정기관❷, 지방자치단체❸ 및 공공기관❹ 등에서 구축·운용하고 있는 전산시스템을 연계하여 구축할 수 있다.

> **시행령 제14조(화재안전조사 결과 공개)** ① 법 제16조 제1항 제4호에서 "그 밖에 대통령령으로 정하는 사항"이란 다음 각 호의 어느 하나에 해당하는 사항을 말한다.
> 1. 「위험물안전관리법」 제2조 제6호의 제조소등 설치 현황
> 2. 소방안전관리자 선임 현황
> 3. 화재예방안전진단 실시에 관한 사항(화재예방안전진단 대상에 해당하는 경우에 한한다)
>
> ② 소방관서장은 법 제16조 제2항에 따라 화재안전조사 결과를 공개하려는 경우 공개내용과 공개방법 등을 공개대상 소방대상물의 관계인에게 미리 알려야 한다. 다만, 법 제13조에 따라 화재안전조사의 결과를 통보하면서 화재안전조사의 결과가 공개될 수 있음을 미리 알린 경우에는 그러하지 아니하다.
>
> ③ 소방대상물의 관계인은 화재안전조사 결과 공개에 대한 공개내용을 통보받은 날부터 10일 이내에 관할 소방관서장에게 이의신청을 할 수 있다.
>
> ④ 소방관서장은 제3항에 따른 이의신청을 받은 경우 화재안전조사 결과 공개 절차를 정지하고 이의신청을 받은 날부터 10일 이내에 심사·결정하여 그 결과를 지체없이 신청인에게 알려야 하며, 그 요구가 정당하다고 결정되면 그에 따라 화재안전조사 결과 공개 내용을 수정하여야 한다.
>
> ⑤ 소방관서장은 화재안전조사 실시 10일 이후부터 화재안전조사의 결과를 공개할 수 있다. 이 경우 30일 이상 화재안전조사 결과를 공개하여야 한다.

> **제15조(운영 세칙)** 제7조부터 제14조까지 규정한 사항 외에 화재안전조사에 필요한 사항은 소방청장이 정한다.

용어사전

❶ 연면적: 하나의 건축물의 각 층 바닥면적의 합계를 말한다.

❷ 중앙행정기관: 국가 행정 사무를 담당하기 위하여 설치된 행정기관을 말한다.

❸ 지방자치단체: 하나의 국가로부터 자치권을 부여받아 일정한 지역의 지방 사무를 처리하는 지방자치를 추구하는 단체를 말한다.

❹ 공공기관: 국가 공기업, 준정부기관, 지방공단, 지방공사 등을 말한다.

조문플러스

1. 소방행정의 목적을 달성하기 위하여 화재 예방상 위험한 행위 또는 소화활동에 지장을 초래하는 것을 없애기 위하여 의무를 명하는 것이다.
2. 화재 발생의 위험성이 있는 불을 사용하는 설비에서 발생하는 화재를 미연에 방지하고, 화재발생 시 연소속도가 빠른 특수가연물의 법적 근거를 마련하였다.

 찐 tip

화재예방강화지구 행위 금지
1. 화기의 취급
2. 소형열기구 날리기
3. 용접·용단 등
4. 화재 발생 위험 행위: 위험물제조소등, 고압가스 저장소, 액화석유가스, 수소연료, 화약류

제17조(화재의 예방조치 등)

① 누구든지 화재예방강화지구 및 이에 준하는 대통령령으로 정하는 장소에서는 다음 각 호의 어느 하나에 해당하는 행위를 하여서는 아니 된다. 다만, 행정안전부령으로 정하는 바에 따라 안전조치를 한 경우에는 그러하지 아니한다.
  1. 모닥불, 흡연 등 화기의 취급
  2. 풍등 등 소형열기구 날리기
  3. 용접·용단 등 불꽃을 발생시키는 행위
  4. 그 밖에 대통령령으로 정하는 화재 발생 위험이 있는 행위

② 소방관서장은 화재 발생 위험이 크거나 소화 활동에 지장을 줄 수 있다고 인정되는 행위나 물건에 대하여 행위 당사자나 그 물건의 소유자, 관리자 또는 점유자에게 다음 각 호의 명령을 할 수 있다. 다만, 제2호 및 제3호에 해당하는 물건의 소유자, 관리자 또는 점유자를 알 수 없는 경우 소속 공무원으로 하여금 그 물건을 옮기거나 보관하는 등 필요한 조치를 하게 할 수 있다.
  1. 제1항 각 호의 어느 하나에 해당하는 행위의 금지 또는 제한
  2. 목재, 플라스틱 등 가연성이 큰 물건의 제거, 이격, 적재 금지 등
  3. 소방차량의 통행이나 소화 활동에 지장을 줄 수 있는 물건의 이동

③ 제2항 단서에 따라 옮긴 물건 등에 대한 보관기간 및 보관기간 경과 후 처리 등에 필요한 사항은 대통령령으로 정한다.

④ 보일러, 난로, 건조설비, 가스·전기시설, 그 밖에 화재 발생 우려가 있는 대통령령으로 정하는 설비 또는 기구 등의 위치·구조 및 관리와 화재 예방을 위하여 불을 사용할 때 지켜야 하는 사항은 대통령령으로 정한다.

⑤ 화재가 발생하는 경우 불길이 빠르게 번지는 고무류·플라스틱류·석탄 및 목탄 등 대통령령으로 정하는 특수가연물(特殊可燃物)의 저장 및 취급 기준은 대통령령으로 정한다.

> **시행령 제16조(화재의 예방조치 등)** ① 법 제17조 제1항에 따른 "화재예방강화지구에 준하는 대통령령으로 정하는 장소"란 다음 각 호의 어느 하나의 장소를 말한다.
>   1. 「위험물안전관리법」 제2조 제6호에 따른 제조소등이 있는 장소
>   2. 「고압가스 안전관리법」 제3조 제1호에 따른 저장소가 있는 장소
>   3. 「액화석유가스의 안전관리 및 사업법」 제2조 제1호에 따른 액화석유가스의 제조소·저장소·판매소가 있는 장소
>   4. 「수소경제 육성 및 수소 안전관리에 관한 법률」 제2조 제7호·제9호에 따른 수소연료공급시설 및 수소연료사용시설이 있는 장소
>   5. 「총포·도검·화약류 등의 안전관리에 관한 법률」 제2조 제3항 제1호·제2호 제3호에 따른 화약류를 저장하는 장소

② 법 제17조 제1항 제4호에서 "그 밖에 대통령령으로 정하는 화재발생 위험이 있는 행위"란 화재발생 위험이 있는 가연성·폭발성 물질을 안전조치 없이 방치하는 행위를 말한다.

제17조(옮긴 물건의 보관기간 및 보관기간 경과 후 처리 등) ① 소방관서장은 법 제17조 제2항에 따라 옮긴 물건(이하 "옮긴 물건"이라 한다)을 보관하는 경우에는 그 날부터 14일 동안 소방청, 소방본부 또는 소방서(이하 "소방관서"라 한다)의 인터넷 홈페이지 또는 게시판에 그 사실을 공고하여야 한다.

② 법 제17조 제3항에 따라 옮긴 물건 등에 대한 보관기간은 제1항에 따라 소방관서 홈페이지 또는 게시판에 공고하는 기간의 종료일 다음 날부터 7일로 한다.

③ 소방관서장은 제2항에 따른 보관기간이 종료되는 때에는 보관하고 있는 옮긴 물건을 매각해야 한다. 다만, 보관하고 있는 옮긴 물건이 부패·파손 또는 이와 유사한 사유로 정해진 용도에 계속 사용할 수 없는 경우에는 제2항의 보관기간 종료 이전에 매각 또는 폐기할 수 있다.

④ 소방관서장은 보관하던 옮긴 물건을 제3항에 따라 매각한 경우에는 지체 없이 「국가재정법」에 따라 세입조치를 하여야 한다.

⑤ 소방관서장은 제3항에 따라 매각되거나 폐기된 옮긴 물건의 소유자가 보상을 요구하는 경우에는 보상금액에 대하여 소유자와 협의를 거쳐 이를 보상하여야 한다.

⑥ 제5항의 손실보상의 방법 및 절차 등에 관하여는 제13조를 준용한다.

제18조(불을 사용하는 설비의 관리기준 등) ① 법 제17조 제4항에 따른 보일러, 난로, 건조설비, 가스·전기시설, 그 밖에 화재발생의 우려가 있는 설비 또는 기구 등의 위치·구조 및 관리와 화재예방을 위하여 불을 사용할 때 지켜야 하는 사항은 별표 1과 같다.

② 제1항에 규정된 것 외에 불을 사용하는 설비의 종류와 세부관리기준은 시·도의 조례로 정한다.

제19조(화재의 확대가 빠른 특수가연물) 법 제17조 제5항에서 "대통령령으로 정하는 특수가연물"(特殊可燃物)이란 별표 2에 규정된 품명별 수량 이상의 가연물을 말한다.

제20조(특수가연물의 저장 및 취급의 기준) 법 제17조 제5항에 따른 특수가연물의 저장 및 취급의 기준은 별표 3과 같다.

시행규칙 제7조(화재예방 안전조치) ① 법 제17조 제1항 단서에 따른 "행정안전부령으로 정하는 안전조치를 한 경우"란 다음 각 호의 어느 하나에 해당하는 경우를 말한다.

1. 지정된 장소에서 화기 등을 취급하는 경우
2. 소화기 등 안전시설을 비치 또는 설치하여 안전조치를 한 장소에서 화기 등을 취급하는 경우
3. 화재감시자 등 안전요원이 배치된 장소에서 화기 등을 취급하는 경우
4. 그 밖에 소방관서장과 사전 협의하여 안전조치한 경우

② 소방관서장은 제1항 제4호에 따라 화재의 발생 위험이 있는 행위를 하려는 자와 사전 협의한 경우 별지 제8호 서식의 화재예방 안전조치 협의서를 작성하고 그 부본을 화재발생위험이 있는 행위를 하려는 자에게 교부하여야 한다.

찐 tip

물건 등 보관기간·보관기간 경과 후 처리

대상	· 목재, 플라스틱 등 · 소방차량의 통행이나 소화활동 지장
절차	· 옮김 · 14일간 공고(소방관서의 인터넷 홈페이지, 게시판) · 보관기간: 공고하는 기간의 종료일 다음 날부터 7일 · 매각, 폐기

📍 [별표 1] p.159

📍 [별표 2] p.161

📍 [별표 3] p.162

📖 용어사전

❶ 공고: 국가기관 또는 공공단체에서 일정한 사항을 일반 대중에게 광고·게시 또는 다른 공개적 방법으로 널리 알리는 것을 말한다.
❷ 매각: 물건을 팔아 버리는 것을 말한다.
❸ 협의: 어떤 일에 대하여 서로 논의하는 것을 말한다.
   * 합의: 논의를 거쳐 서로 의견을 일치 시키는 것을 말한다.
❹ 특수가연물: 화재 시 그 확대가 빠른 물품을 말한다.

1. **조치권자:** 소방관서장

2. **화재예방강화지구 행위 금지**
   ① 모닥불, 흡연 등 화기의 취급
   ② 풍등 등 소형열기구 날리기
   ③ 용접·용단 등 불꽃을 발생시키는 행위
   ④ 위험물제조소등이 있는 장소
   ⑤ 고압가스 저장소가 있는 장소
   ⑥ 액화석유가스의 제조소·저장소·판매소가 있는 장소
   ⑦ 수소연료공급시설 및 수소연료사용시설이 있는 장소
   ⑧ 화약류를 저장하는 장소

3. **관계인을 알 수 없는 경우**
   ① 대상
      · 목재, 플라스틱 등 가연성이 큰 물건의 제거, 이격, 적재 금지 등
      · 소방차량의 통행이나 소화 활동에 지장을 줄 수 있는 물건의 이동
   ② 절차

소속 공무원이 옮겨서 보관 → 소방서·소방본부 게시판 공고 (14일) → 보관 (7일) → 폐기 / 매각 → 세입조치 → 협의 보상

📑 **기출체크**

01 「화재의 예방 및 안전관리에 관한 법률」 및 같은 법 시행령상 화재의 예방조치 등으로 옳지 않은 것은? 21. 학과
   ① 소방관서장은 보관기간이 종료되는 때에는 보관하고 있는 위험물 또는 물건을 매각하여야 한다.
   ② 물건의 보관기간은 소방관서의 인터넷 홈페이지 및 게시판에 공고하는 기간의 종료일 다음 날부터 7일로 한다.
   ③ 물건을 보관하는 경우에는 그날부터 14일 동안 소방관서의 인터넷 홈페이지 및 게시판에 그 사실을 공고하여야 한다.
   ④ 시·도지사는 매각되거나 폐기된 물건의 소유자가 보상을 요구하는 경우에는 보상금액에 대하여 소유자와 협의를 거쳐 이를 보상하여야 한다.

02 화재예방조치에 대한 내용으로 옳지 않은 것은? 17. 공채 통합
   ① 관계인이 없는 물건 등을 보관할 때 7일간 소방관서 게시판에 공고한다.
   ② 물건의 보관기간 및 보관기간 경과 후 처리 등은 대통령령으로 정한다.
   ③ 소방관서장은 매각되거나 폐기된 위험물 또는 물건의 소유자가 보상을 요구하는 경우에는 보상금액에 대하여 소유자와 협의를 거쳐 이를 보상한다.
   ④ 불장난·모닥불·흡연·화기 취급 등을 금지 및 제한한다.

정답 01 ④ 02 ①

📖 핵심정리 불을 사용하는 설비의 관리(대통령령)

1. 보일러
   ① 경유·등유 등 액체연료 사용
      - 보일러 본체로부터 1m 이상의 간격
      - 연료를 차단할 수 있는 개폐밸브를 연료탱크로부터 0.5m 이내에 설치
   ② 기체연료 사용
      - 긴급시 연료를 차단할 수 있는 개폐밸브를 연료용기로부터 0.5m 이내에 설치
      - 보일러와 벽 천장 사이의 거리는 0.6m 이상
   ③ 고체연료 사용
      - 고체연료는 별도의 실 또는 보일러와 수평거리 2m 이상 이격
      - 연통은 천장으로부터 0.6m 이상, 건물 밖으로 0.6m 이상 나오도록 설치
      - 연통은 보일러보다 2m 이상 높게 연장 설치
      - 연통재질은 불연재료로 사용하고 연결부에 청소구를 설치

2. 불꽃 사용 용접❶·용단
   ① 소화기 비치: 유효반경 5m 이내
   ② 가연물 금지: 유효반경 10m 이내

3. 안전거리(보일러, 난로, 조리): 0.6m 이상(단, 건조설비는 0.5m 이상)

4. 시간당 열량 30만kcal 이상의 노❷ 설치 시
   ① 주요 구조부: 불연재료
   ② 창문·출입구: 60+방화문 또는 60분 방화문
   ③ 공간확보: 1m 이상

5. 소화기 1개(능력단위❸ 3단위 이상) 이상 비치 장소: 보일러, 난로, 건조설비, 용접·용단기구, 노·화덕설비

📖 핵심정리 특수가연물의 저장·취급(대통령령)

1. 특수가연물: 연소속도가 빠른 액체, 고체물질로서 품명별 수량 이상의 것
   ① 면화류❹: 200kg
   ② 나무껍질 및 대팻밥❺: 400kg
   ③ 볏짚류, 사류❻, 넝마 및 종이 부스러기, 재생자원연료(볏사마재): 1,000kg
   ④ 가연성 고체류, 비발포 합성수지류: 3,000kg
   ⑤ 석탄, 목탄류: 10,000kg
   ⑥ 가연성 액체류: 2m³
   ⑦ 목재가공품 및 나무 부스러기: 10m³
   ⑧ 합성수지류: ┌ 발포시킨 것* 20m³
              └ 그 밖의 것   3,000kg
      *2m³(가연성 액체류)×10m³(목재가공품 및 나무 부스러기) = 20m³(발포 합성수지류❼)

2. 특수가연물의 저장·취급의 기준[석탄·목탄류 발전(發電)용 제외]
   ① 표지(품명, 최대수량, 관리책임자, 화기 취급의 금지)를 설치
   ② 품명별로 구분하여 쌓음
   ③ 저장

높이	10m 이하
바닥면적	50m²(석탄, 목탄류는 200m²) 이하
최대체적	150m³ 이하
살수설비 및 대형 소화기 설치 시	• 높이는 15m 이하 • 바닥면적은 200m²(석탄, 목탄류는 300m²) 이하 • 최대체적: 900m³ 이하

📖 용어사전

❶ 용접: 두 개의 같은 금속 또는 다른 금속 사이에 높은 열을 가해 붙이는 기술을 말한다.

❷ 노: 가공할 원료를 넣고 열을 가하여 녹이거나 굽거나 하는 시설로 용광로·원자로·전기로 등을 말한다.

❸ 능력단위: 소요단위에 대응하는 소화기의 소화능력 기준단위를 말한다.

❹ 면화류: 털 모양의 흰 섬유질 물질을 말한다.

❺ 대팻밥: 대패질할 때 깎여 나오는 얇은 나뭇조각을 말한다.

❻ 사류: 실의 종류를 말한다.

❼ 발포 합성수지류: 합성수지의 종류인 PS(폴리스티렌), PP(폴리프로필렌), PE(폴리에틸렌) 등을 발포제로 부풀린 것으로 주로 포장재 및 단열재로 사용하는 것을 말한다. 일명 스티로폼이라 한다.

④ 쌓는 부분의 바닥면적 사이
- 실내의 경우 1.2m 또는 쌓는 높이의 1/2 중 큰 값 이상
- 실외의 경우 3m 또는 쌓는 높이 중 큰 값 이상

📒 기출체크

01 특수가연물의 종류로 옳지 않은 것은?　　　　18. 공채 통합

① 200kg의 면화류　　　　　② 1,200kg의 볏짚류
③ 350kg의 나무껍질　　　　　④ 1,000kg의 넝마

02 다음 중 특수가연물의 저장 및 취급의 기준으로 옳지 않은 것은?　　　　15. 공채 통합

① 특수가연물을 저장 또는 취급하는 장소에는 품명·최대수량 및 안전관리자 성명을 기재하여 설치한다.
② 특수가연물을 품명별로 구분하여 쌓는다.
③ 방사능력 범위 내에 당해 특수가연물이 포함되도록 대형 소화기를 설치하는 경우에는 쌓는 높이를 15m 이하로 한다.
④ 쌓는 부분의 바닥면적 사이는 실내의 경우 1.2m 이상이 되도록 한다.

03 「화재의 예방 및 안전관리에 관한 법령」상 불을 사용하는 설비의 관리기준 등에 대한 설명이다. (　) 안에 들어갈 숫자로 옳은 것은?　　　　19. 공채 통합

- 보일러: 보일러와 벽·천장 사이의 거리는 (　가　)m 이상 되도록 하여야 한다.
- 난로: 연통은 천장으로부터 (　나　)m 이상 떨어지고, 건물 밖으로 0.6m 이상 나오게 설치하여야 한다.
- 건조설비: 건조설비와 벽·천장 사이의 거리는 (　다　)m 이상 되도록 하여야 한다.
- 음식조리를 위하여 설치하는 설비: 열을 발생하는 조리기구는 반자 또는 선반으로부터 (　라　)m 이상 떨어지게 해야 한다.

	가	나	다	라		가	나	다	라
①	0.5	0.6	0.6	0.6	②	0.6	0.6	0.5	0.6
③	0.6	0.5	0.6	0.6	④	0.6	0.6	0.5	0.5

04 「화재의 예방 및 안전관리에 관한 법령」상 보일러 등의 위치·구조 및 관리와 화재예방을 위하여 불의 사용에 있어서 지켜야 하는 사항으로 옳지 않은 것은?　　　　19. 학과

① 보일러와 벽·천장 사이의 거리는 0.6m 이상 되도록 하여야 한다.
② 난로 연통은 천장으로부터 0.6m 이상 떨어지고, 건물 밖으로 0.6m 이상 나오게 설치하여야 한다.
③ 건조설비와 벽·천장 사이의 거리는 0.5m 이상 되도록 하여야 한다.
④ 불꽃을 사용하는 용접·용단기구 작업장에서는 용접 또는 용단 작업자로부터 반경 10m 이내에 소화기를 갖추어야 한다.

05 다음 중 불을 사용하는 설비에 대한 설명으로 옳지 않은 것은?　　　　18. 경채

① 보일러와 벽·천장 사이 거리는 0.6m 이상으로 한다.
② 이동식 난로는 학원, 독서실, 박물관 및 미술관의 장소에는 사용하여서는 안 된다.
③ 열 발생 조리기구는 반자 또는 선반으로부터 0.6m 이상으로 한다.
④ 액체연료를 사용하는 보일러를 설치하는 장소에는 환기구를 설치한다.

정답 01 ③　02 ①　03 ②　04 ④　05 ④

제18조(화재예방강화지구의 지정 등)

① 시·도지사는 다음 각 호의 어느 하나에 해당하는 지역을 화재예방강화지구로 지정하여 관리할 수 있다.

　1. 시장지역

　2. 공장·창고가 밀집한 지역

　3. 목조건물이 밀집한 지역

　4. 노후·불량건축물이 밀집한 지역

　5. 위험물의 저장 및 처리 시설이 밀집한 지역

　6. 석유화학제품을 생산하는 공장이 있는 지역

　7. 「산업입지 및 개발에 관한 법률」 제2조 제8호에 따른 산업단지

　8. 소방시설·소방용수시설 또는 소방출동로가 없는 지역

　9. 그 밖에 제1호부터 제8호까지에 준하는 지역으로서 소방관서장이 화재예방강화지구로 지정할 필요가 있다고 인정하는 지역

② 제1항에도 불구하고 시·도지사가 화재예방강화지구로 지정할 필요가 있는 지역을 화재예방강화지구로 지정하지 아니하는 경우 소방청장은 해당 시·도지사에게 해당 지역의 화재예방강화지구 지정을 요청할 수 있다.

③ 소방관서장은 대통령령으로 정하는 바에 따라 제1항에 따른 화재예방강화지구❶ 안의 소방대상물의 위치·구조 및 설비 등에 대하여 화재안전조사를 하여야 한다.

④ 소방관서장은 제3항에 따른 화재안전조사를 한 결과 화재의 예방강화를 위하여 필요하다고 인정할 때에는 관계인에게 소화기구, 소방용수시설 또는 그 밖에 소방에 필요한 설비(이하 "소방설비등"이라 한다)의 설치(보수, 보강을 포함한다. 이하 같다)를 명할 수 있다.

⑤ 소방관서장은 화재예방강화지구 안의 관계인에 대하여 대통령령으로 정하는 바에 따라 소방에 필요한 훈련 및 교육을 실시할 수 있다.

⑥ 시·도지사는 대통령령으로 정하는 바에 따라 제1항에 따른 화재예방강화지구의 지정 현황, 제3항에 따른 화재안전조사의 결과, 제4항에 따른 소방설비등의 설치 명령 현황, 제5항에 따른 소방훈련 및 교육 현황 등이 포함된 화재예방강화지구에서의 화재예방에 필요한 자료를 매년 작성·관리하여야 한다.

　시행령 제21조(화재예방강화지구의 관리) ① 소방관서장❷은 법 제18조 제3항에 따라 화재예방강화지구 안의 소방대상물의 위치·구조 및 설비 등에 대한 화재안전조사를 연 1회 이상 실시하여야 한다.

　② 소방관서장은 법 제18조 제5항에 따라 화재예방강화지구 안의 관계인에 대하여 소방에 필요한 훈련 및 교육을 연 1회 이상 실시할 수 있다.

　③ 소방관서장은 제2항에 따른 소방에 필요한 훈련 및 교육을 실시하려는 경우에는 화재예방강화지구 안의 관계인에게 훈련 또는 교육 10일 전까지 그 사실을 통보하여야 한다.

　④ 시·도지사는 법 제18조 제6항에 따라 다음 각 호의 사항을 행정안전부령으로 정하는 화재예방강화지구 관리대장에 작성하고 관리하여야 한다.

찐 tip

화재예방강화지구

1. 화재예방강화지구 지정자: 시·도지사
2. 화재예방강화지구 관리대장 작성·관리자: 시·도지사
3. 화재예방강화지구 지정 요청자: 소방청장

화재예방강화지구 지정 대상

1. 시장
2. 공장·창고
3. 목조건물
4. 노후·불량건축물
5. 위험물의 저장 및 처리 시설
6. 석유화학제품을 생산하는 공장
7. 산업단지
8. 없는 지역(소방시설, 소방용수시설, 소방출동로)
9. 소방관서장 지정 필요 인정 지역

용어사전

❶ 화재예방강화지구: 화재발생 우려가 높거나 화재가 발생하는 경우 그 피해가 클 것으로 우려되는 지역에 화재를 미연에 방지하기 위하여 특별히 관리하는 지역을 말한다.

❷ 소방관서장: 소방청장·소방본부장·소방서장을 말한다.

찐 tip

화재예방강화지구의 관리

1. 화재안전조사: 소방관서장, 연 1회 이상
2. 소방 훈련 및 교육: 소방관서장, 연 1회 이상
3. 소방 훈련 및 교육 통보: 소방관서장, 10일 전까지

화재예방강화지구

소방청장이 화재예방강화지구 지정을 요청할 수 있도록 하며, 시·도지사가 화재예방강화지구에서의 화재예방상 필요한 자료를 매년 작성·관리하도록 한다.

1. 화재예방강화지구의 지정 현황
2. 화재안전조사의 결과
3. 소방설비등의 설치 명령 현황
4. 소방훈련의 실시 현황
5. 소방교육의 실시 현황
6. 그 밖에 화재예방 강화를 위하여 필요한 사항

시행규칙 제8조(화재예방강화지구 관리대장) 영 제21조 제4항에 따른 화재예방강화지구 관리대장은 별지 제9호 서식에 따른다.

📖 핵심정리 화재예방강화지구의 지정

1. **지정권자:** 시·도지사
2. **지정 요청자:** 소방청장
3. **지정 대상**
   ① 목조건물 밀집
   ② 시장지역
   ③ 공장·창고 밀집
   ④ 위험물의 저장 및 처리시설 밀집
   ⑤ 석유화학제품을 생산하는 공장
   ⑥ 소방시설·소방용수시설 또는 소방출동로가 없는 지역
   ⑦ 산업단지
   ⑧ 노후·불량건물 밀집
   ⑨ 소방관서장이 지정 필요 인정 지역
4. **소방안전조사 및 교육훈련:** 연 1회 이상 실시
5. **교육, 훈련 통보:** 10일 전 통보

📋 기출체크

01 「화재의 예방 및 안전관리에 관한 법령」상 화재예방강화지구의 관리에 대한 설명이다. ( ) 안에 들어갈 내용으로 옳은 것은?　　　　　22. 공채 통합

> • 소방관서장은 화재예방강화지구 안의 소방대상물의 위치·구조 및 설비 등에 대한 소방안전조사를 연 (ㄱ)회 이상 실시하여야 한다.
> • 소방관서장은 화재예방강화지구 안의 관계인에 대하여 소방상 필요한 훈련 및 교육을 연 (ㄴ)회 이상 실시할 수 있다.
> • 소방관서장은 소방상 필요한 훈련 및 교육을 실시하고자 하는 때에는 화재예방강화지구 안의 관계인에게 훈련 또는 교육 (ㄷ)일 전까지 그 사실을 통보하여야 한다.

	ㄱ	ㄴ	ㄷ
①	1	1	5
②	1	1	10
③	2	2	5
④	2	2	10

02 「화재의 예방 및 안전관리에 관한 법령」상 화재예방강화지구에 관한 설명으로 옳은 것은?
19. 경채

① 시·도지사는 화재예방강화지구 안의 소방대상물의 위치·구조 및 설비 등에 대한 화재안전조사를 연 1회 이상 실시하여야 한다.
② 소방관서장은 화재예방강화지구 안의 관계인에 대하여 소방상 필요한 훈련 및 교육을 연 1회 이상 실시할 수 있다.
③ 소방관서장은 소방상 필요한 훈련 및 교육을 실시하고자 하는 때에 화재예방강화지구 안의 관계인에게 훈련 또는 교육 30일 전까지 그 사실을 통보하여야 한다.
④ 소방청장은 화재예방강화지구의 지정 현황 등을 화재경계지구 관리대장에 작성하고 관리하여야 한다.

03 「화재의 예방 및 안전관리에 관한 법령」상 시·도지사가 화재예방강화지구로 지정할 필요가 있는 지역을 화재예방강화지구로 지정하지 아니하는 경우, 해당 시·도지사에게 해당 지역의 화재예방강화지구 지정을 요청할 수 있는 사람은 누구인가?
18. 공채 통합

① 행정안전부장관
② 소방본부장
③ 소방서장
④ 소방청장

04 시·도지사는 화재가 발생할 우려가 높거나 화재가 발생하는 경우 그로 인하여 피해가 클 것으로 예상되는 지역을 화재예방강화지구로 지정할 수 있다. 다음 중 화재예방강화지구로 지정하지 않아도 되는 곳은?
17. 공채 통합

① 석유화학제품을 생산하는 공장이 있는 지역
② 소방시설·소방용수시설 또는 소방출동로가 없는 지역
③ 상가지역
④ 공장·창고가 밀집한 지역

05 「화재의 예방 및 안전관리에 관한 법령」에서 정하고 있는 화재예방강화지구에 대한 설명으로 옳지 않은 것은?
16. 공채 통합

① 화재예방강화지구 안의 관계인에 대하여 대통령령으로 정하는 바에 따라 소방에 필요한 훈련 및 교육을 실시할 수 있다.
② 화재예방강화지구 안의 소방대상물의 위치·구조 및 설비 등에 대한 소방안전조사를 연 1회 이상 실시하여야 한다.
③ 시·도지사는 소방상 필요한 훈련 및 교육을 실시하고자 하는 때에는 화재예방강화지구 안의 관계인에게 훈련 또는 교육 10일 전까지 그 사실을 통보하여야 한다.
④ 화재예방강화지구 안의 관계인에 대하여 소방상 필요한 훈련 및 교육을 연 1회 이상 실시할 수 있다.

정답 01 ② 02 ② 03 ④ 04 ③ 05 ③

제19조(화재의 예방 등에 대한 지원)

① 소방청장은 제18조 제4항에 따라 소방설비등의 설치를 명하는 경우 해당 관계인에게 소방설비등의 설치에 필요한 지원[1]을 할 수 있다.

② 소방청장은 관계 중앙행정기관의 장 및 시·도지사에게 제1항에 따른 지원에 필요한 협조[2]를 요청할 수 있다.

③ 시·도지사는 제2항에 따라 소방청장의 요청이 있거나 화재예방강화지구 안의 소방대상물의 화재안전성능 향상을 위하여 필요한 경우 특별시·광역시·특별자치시·도 또는 특별자치도(이하 "시·도"라 한다)의 조례[3]로 정하는 바에 따라 소방설비등의 설치에 필요한 비용을 지원할 수 있다.

제20조(화재 위험경보)

소방관서장은 「기상법」 제13조에 따른 기상현상 및 기상영향에 대한 예보[4]·특보[5]에 따라 화재의 발생 위험이 높다고 분석·판단되는 경우에는 행정안전부령으로 정하는 바에 따라 화재에 관한 위험경보를 발령하고 그에 따른 필요한 조치를 할 수 있다.

> **시행규칙 제9조(화재 위험경보)** ① 소방관서장은 법 제20조에 따라 기상청에서 한파·건조·폭염·강풍 등에 대한 예보 또는 특보가 있는 경우 화재에 관한 위험경보를 발령하고 그 발령 사실을 언론 등을 통해 국민에게 알려야 한다.
> ② 제1항에 따른 화재 위험경보 발령 절차 및 조치사항 등에 필요한 사항은 소방청장이 정한다.

📖 기출 체크

「화재의 예방 및 안전관리에 관한 법령」상 화재 위험경보에서 (   )에 들어갈 사항으로 옳은 것은?

13. 경채

> (   )은/는 「기상법」 제13조에 따른 기상현상 및 기상영향에 대한 예보·특보에 따라 화재의 발생 위험이 높다고 분석·판단되는 경우에는 행정안전부령으로 정하는 바에 따라 화재에 관한 위험경보를 발령하고 그에 따른 필요한 조치를 할 수 있다.

① 소방청장   ② 기상청장
③ 소방대장   ④ 소방관서장

정답 ④

📘 용어사전

❶ 지원: 지지하여 돕는 것을 말한다.
❷ 협조: 힘을 합하여 서로 조화를 이루는 것을 말한다.
❸ 조례: 지방자치단체의 의회에서 제정되는 자치법규를 말한다.
❹ 예보: 기상청에서 관측된 결과를 기초로 한 예상을 발표하는 것을 말한다.
❺ 특보: 재해의 발생 우려를 예상하여 주의를 환기하거나 경고를 하는 예보를 말한다.

📗 조문 플러스

이상기상으로 인한 화재를 미연에 방지하고 피해를 최소화하기 위하여 위험경보 시 화재 발생의 위험한 행위 또는 불의 사용을 제한할 수 있다.

찐 tip

화재 위험경보
1. 화재 위험경보 발령자: 소방관서장
2. 발령 대상: 기상청에서 한파·건조·폭염·강풍 등에 대한 예보 또는 특보가 있는 경우

제21조(화재안전영향평가)

① 소방청장은 화재발생 원인 및 연소과정을 조사·분석하는 등의 과정에서 법령이나 정책의 개선이 필요하다고 인정되는 경우 그 법령이나 정책에 대한 화재 위험성의 유발요인 및 완화 방안에 대한 평가(이하 "화재안전영향평가"라 한다)를 실시할 수 있다.

② 소방청장은 제1항에 따라 화재안전영향평가를 실시한 경우 그 결과를 해당 법령이나 정책의 소관 기관의 장에게 통보하여야 한다.

③ 제2항에 따라 결과를 통보받은 소관 기관의 장은 특별한 사정이 없는 한 이를 해당 법령이나 정책에 반영하도록 노력하여야 한다.

④ 화재안전영향평가의 방법·절차·기준 등에 필요한 사항은 대통령령으로 정한다.

> **시행령 제22조(화재안전영향평가의 방법·절차·기준 등)** ① 소방청장은 법 제21조 제1항에 따른 화재안전영향평가(이하 "화재안전영향평가"라 한다)를 하는 경우 화재현장 및 자료 조사 등을 기초로 화재·피난 시뮬레이션(모의실험을 포함한다) 등 과학적인 예측·분석 방법으로 실시할 수 있다.
> ② 소방청장은 제1항에 따른 화재안전영향평가를 위하여 필요한 경우 소관 기관의 장에게 관련 자료의 제출을 요청할 수 있다. 이 경우 자료 제출을 요청받은 소관 기관의 장은 특별한 사정이 없으면 그 요청에 따라야 한다.
> ③ 화재안전영향평가의 내용 등 기준에는 다음 각 호의 사항이 포함되어야 한다.
> 1. 화재 원인 등 화재위험 유발요인❷
> 2. 소방대상물의 재료, 공간, 이용자 특성 분석 및 화재 확산 경로
> 3. 인명피해 발생현황 등 사회경제적 파급 효과
> 4. 제1호에 따른 화재위험 유발요인을 제어 또는 관리할 수 있는 법령이나 정책의 개선 방안
> 5. 그 밖에 화재안전영향평가를 위해 소방청장이 필요하다고 인정하는 사항
> ④ 화재안전영향평가의 기준과 결과는 법 제22조에 따른 화재안전영향평가심의회(이하 "심의회"라 한다)의 심의를 거쳐 확정한다.

제22조(화재안전영향평가심의회)

① 소방청장은 화재안전영향평가에 관한 업무를 수행하기 위하여 화재안전영향평가심의회(이하 "심의회"라 한다)를 구성·운영할 수 있다.

② 심의회는 위원장 1명을 포함한 12명 이내의 위원으로 구성한다.

③ 위원장은 위원 중에서 호선하고, 위원은 다음 각 호의 사람으로 한다.
  1. 화재안전과 관련되는 법령이나 정책을 담당하는 관계 기관의 소속 직원으로서 대통령령으로 정하는 사람
  2. 소방기술사 등 대통령령으로 정하는 화재안전과 관련된 분야의 학식과 경험이 풍부한 전문가로서 소방청장이 위촉한 사람

④ 제2항 및 제3항에서 규정한 사항 외에 심의회의 구성·운영 등에 필요한 사항은 대통령령으로 정한다.

시행령 제23조(심의회의 구성 등) ① 법 제22조 제3항 제1호에서 "대통령령으로 정하는 사람"이란 다음 각 호의 사람을 말한다.

1. 다음 각 목의 중앙행정기관에서 화재안전 관련 법령이나 정책을 담당하는 고위공무원단에 속하는 일반직공무원(이에 상당하는 특정직·별정직 공무원을 포함한다) 중에서 해당 중앙행정기관의 장이 지정하는 사람 각 1명
   가. 행정안전부·국토교통부·보건복지부·고용노동부·산업통상자원부·문화체육관광부·농림식품자원부
   나. 그 밖에 심의회에 부치는 안건과 관련된 관계 중앙행정기관
2. 소방청에서 화재안전 관련 업무를 수행하는 소방준감 이상의 소방공무원

② 법 제22조 제3항 제2호에서 "대통령령으로 정하는 화재안전과 관련된 분야의 학식과 경험이 풍부한 전문가"란 다음 각 호의 어느 하나에 해당하는 사람을 말한다.

1. 다음 각 목의 기관이나 단체에서 화재안전 관련 업무를 수행한 사람으로서 해당 기관이나 단체의 장이 추천하는 사람
   가. 안전원
   나. 기술원
   다. 화재보험협회
   라. 가스안전공사
   마. 전기안전공사
   바. 그 밖에 「민법」 제32조에 따라 설립된 비영리 법인으로서 화재안전과 밀접한 관련이 있다고 소방청장이 인정한 소방 단체 또는 기관
2. 「고등교육법」 제2조에 따른 학교 또는 이에 준하는 학교나 공인된 연구기관에서 부교수 이상의 직 또는 이에 상당하는 직에 있거나 있었던 사람으로 화재안전 또는 관련 법령이나 정책에 전문성이 있는 사람

③ 화재안전영향평가 업무를 수행하기 위하여 소방청에 화재안전영향평가지원단을 둘 수 있다.

④ 제3항에 따른 화재안전영향평가지원단의 구성 및 운영 등에 필요한 사항은 소방청장이 정한다.

제24조(심의회의 운영) ① 법 제22조 제3항 제2호에 따른 위원 중 위촉위원의 임기는 2년으로 하되, 1회에 한하여 연임할 수 있다.

② 심의회의 위원장은 심의회 업무를 총괄하고 심의회를 대표한다.

③ 위원장이 부득이한 사유로 직무를 수행할 수 없을 때에는 위원장이 지정한 위원이 그 직무를 대행한다.

④ 소방청장은 위원이 다음 각 호의 어느 하나에 해당하는 경우에는 해당 위원을 해임❶하거나 해촉❷(解囑)할 수 있다.

1. 심신장애로 인하여 직무를 수행할 수 없게 된 경우
2. 직무와 관련된 비위사실이 있는 경우
3. 직무태만, 품위손상이나 그 밖의 사유로 인하여 위원으로 적합하지 아니하다고 인정되는 경우
4. 위원 스스로 직무를 수행하는 것이 곤란하다고 의사를 밝히는 경우

⑤ 심의회에 그 업무를 효율적으로 수행하기 위하여 분야별로 전문위원회를 둘 수 있다.

찐 tip

위원의 해임, 해촉 사유
1. 심신장애
2. 직무와 관련 비위사실
3. 직무태만, 품위손상
4. 위원 스스로 의사를 밝히는 경우

용어사전

❶ 해임: 어떤 지위나 맡은 임무를 그만두게 하는 것을 말한다.

❷ 해촉: 위촉했던 직책이나 자리에서 물러나게 하는 것을 말한다.

⑥ 심의회에 출석한 위원 및 전문위원에 대해서는 예산의 범위 안에서 수당, 여비, 그 밖에 필요한 경비❶를 지급할 수 있다. 다만, 공무원인 위원이 그 소관 업무와 관련하여 심의회에 출석하는 경우는 그러하지 아니하다.

⑦ 제1항부터 제6항까지에서 정한 것 외에 심의회의 운영 등에 필요한 사항은 소방청장이 정한다.

제23조(화재안전취약자에 대한 지원)

① 소방관서장은 어린이, 노인, 장애인 등 화재의 예방 및 안전관리에 취약한 자(이하 "화재안전취약자"라 한다)의 안전한 생활환경을 조성하기 위하여 소방용품의 제공 및 소방시설의 개선 등 필요한 사항을 지원하기 위하여 노력하여야 한다.

② 제1항에 따른 화재안전취약자에 대한 지원의 대상·범위·방법 및 절차 등에 필요한 사항은 대통령령으로 정한다.

③ 소방관서장은 관계 행정기관의 장에게 제1항에 따른 지원이 원활히 수행되는 데 필요한 협력을 요청할 수 있다. 이 경우 요청받은 관계 행정기관의 장은 특별한 사정이 없으면 요청에 따라야 한다.

시행령 제25조(화재안전취약자 지원 대상 및 방법 등) ① 법 제23조 제2항에 따른 화재안전취약자에 대한 지원 대상은 다음 각 호의 어느 하나에 해당하는 사람으로 한다.
1. 「국민기초생활보장법」에 따른 수급자
2. 「장애인복지법」에 따른 중증장애인
3. 「한부모가족지원법」에 따른 지원 대상자
4. 「노인복지법」에 따른 홀로 사는 노인
5. 「다문화가족지원법」에 따른 다문화가족
6. 그 밖에 화재안전에 취약하다고 소방관서장이 인정하는 사람
② 소방관서장은 제1항에 따른 화재안전취약자에게 다음 각 호의 사항을 지원할 수 있다.
1. 화재안전관리를 위하여 필요한 소방시설 등의 안전점검
2. 화재안전취약자의 화재안전 확보를 위한 소방시설의 설치 및 개선
3. 화재예방 및 안전을 위하여 필요한 소방용품의 제공
4. 전기·가스 등 화재안전용품의 제공 및 안전시설의 개선
5. 그 밖에 화재안전취약자의 화재안전을 위하여 필요하다고 인정되는 사항
③ 제1항 및 제2항에서 규정한 사항 외에 지원의 방법 등 필요한 사항은 소방관서장이 정한다.

📖 용어사전

❶ 경비: 어떤 일을 하는데 드는 비용을 말한다.

📖 조문플러스

소방관서장은 화재안전취약자의 안전한 생활환경을 조성하기 위하여 소방용품의 제공 및 소방시설의 개선 등 필요한 사항을 지원하기 위하여 노력하도록 한다.

 찐 tip

화재안전취약자
1. 대상: 어린이, 노인, 장애인 등
2. 지원: 소방용품 제공, 소방시설 개선

📖 조문플러스

1. 소방행정 수요의 급증, 철저한 예방과 긴급조치를 요구하는 화재의 특수성 그리고 관설 소방력의 한계성 등을 감안하여 일정규모 이상의 소방대상물에 대하여 자격이 있는 소방안전관리자를 선임하도록 하고 그 소방안전관리자에게 자체 소방안전관리 업무에 필요한 의무를 부과하여 이행하게 함으로써 능동적이고 효율적인 관리능력을 배양시키고, 관·민 합동의 소방안전대책이 구축될 수 있도록 하는 효과를 얻기 위함이다.

2. 다른 안전관리자는 소방안전관리업무의 전담이 필요한 대통령령으로 정하는 소방안전관리대상물의 소방안전관리자를 겸할 수 없도록 한다.

찐tip

특정소방대상물의 소방안전관리
1. 소방안전관리대상물: 특급, 1급, 2급, 3급
2. 선임 대상별 자격 및 인원기준: 대통령령
3. 선임 절차 등 필요한 사항: 행정안전부령
4. 자위소방대, 초기대응체계의 구성, 운영 및 교육: 행정안전부령

소방안전관리자의 업무
1. 피난계획, 소방계획서
2. 자위소방대 및 초기대응체계
3. 피난시설·방화구획 및 방화시설
4. 소방시설
5. 소방훈련·교육
6. 화기취급 감독
7. 소방안전관리에 관한 업무수행에 관한 기록·유지
8. 초기대응

제24조(특정소방대상물의 소방안전관리)

① 특정소방대상물 중 전문적인 안전관리가 요구되는 대통령령으로 정하는 특정소방대상물(이하 "소방안전관리대상물"이라 한다)의 관계인은 소방안전관리업무를 수행하기 위하여 제30조 제1항에 따른 소방안전관리자 자격증을 발급받은 사람을 소방안전관리자로 선임하여야 한다. 이 경우 소방안전관리자의 업무에 대하여 보조가 필요한 대통령령으로 정하는 소방안전관리대상물의 경우에는 소방안전관리자 외에 소방안전관리보조자를 추가로 선임하여야 한다.

② 다른 안전관리자(다른 법령에 따라 전기·가스·위험물 등의 안전관리 업무에 종사하는 자를 말한다. 이하 같다)는 소방안전관리대상물 중 소방안전관리업무의 전담이 필요한 대통령령으로 정하는 소방안전관리대상물의 소방안전관리자를 겸할 수 없다. 다만, 다른 법령에 특별한 규정이 있는 경우에는 그러하지 아니하다.

③ 제1항에도 불구하고 제25조 제1항에 따른 소방안전관리대상물의 관계인은 소방안전관리업무를 대행하는 관리업자(「소방시설 설치 및 관리에 관한 법률」 제29조 제1항에 따른 소방시설관리업의 등록을 한 자를 말한다. 이하 "관리업자"라 한다)를 감독할 수 있는 사람을 지정하여 소방안전관리자로 선임할 수 있다. 이 경우 소방안전관리자로 선임된 자는 선임된 날부터 3개월 이내에 제34조에 따른 교육을 받아야 한다.

④ 소방안전관리자 및 소방안전관리보조자의 선임 대상별 자격 및 인원기준은 대통령령으로 정하고, 선임 절차 등 그 밖에 필요한 사항은 행정안전부령으로 정한다.

⑤ 특정소방대상물(소방안전관리대상물은 제외한다)의 관계인과 소방안전관리대상물의 소방안전관리자는 다음 각 호의 업무를 수행한다. 다만, 제1호·제2호·제5호 및 제7호의 업무는 소방안전관리대상물의 경우에만 해당한다.

1. 제36조에 따른 피난계획에 관한 사항과 대통령령으로 정하는 사항이 포함된 소방계획서의 작성 및 시행
2. 자위소방대(自衛消防隊) 및 초기대응체계의 구성, 운영 및 교육
3. 「소방시설 설치 및 관리에 관한 법률」 제16조에 따른 피난시설, 방화구획 및 방화시설의 관리
4. 소방시설이나 그 밖의 소방 관련 시설의 관리
5. 제37조에 따른 소방훈련 및 교육
6. 화기(火氣) 취급의 감독
7. 행정안전부령으로 정하는 바에 따른 소방안전관리에 관한 업무수행에 관한 기록·유지(제3호·제4호 및 제6호의 업무를 말한다)
8. 화재발생 시 초기대응
9. 그 밖에 소방안전관리에 필요한 업무

⑥ 제5항 제2호에 따른 자위소방대와 초기대응체계의 구성, 운영 및 교육 등에 필요한 사항은 행정안전부령으로 정한다.

시행령 제26조(소방안전관리자 및 소방안전관리보조자를 두어야 하는 특정소방대상물) ① 법 제24조 제1항 전단 및 같은 조 제4항에 따라 소방안전관리자를 선임하여야 하는 특정소방대상물(이하 "소방안전관리대상물"이라 한다)별 선임대상물, 선임자격 및 선임인원은 별표 4와 같다.

② 법 제24조 제1항 후단 및 같은 조 제4항에 따라 소방안전관리보조자를 선임하여야 하는 소방안전관리대상물별 선임대상물, 선임자격 및 선임인원은 별표 5와 같다.

③ 제1항에도 불구하고 건축물대장의 건축물현황도에 표시된 대지경계선 안의 지역 또는 인접한 2개 이상의 대지에 제1항에 따라 소방안전관리자를 두어야 하는 특정소방대상물이 둘 이상 있고, 그 관리에 관한 권원(權原)을 가진 자가 동일인인 경우에는 이를 하나의 특정소방대상물로 본다. 이 경우 해당 특정소방대상물이 별표 4에 따른 등급 중 둘 이상에 해당하면 그 중에서 등급이 높은 특정소방대상물로 본다.

제27조(소방안전관리업무 전담 대상물) 법 제24조 제2항에 따라 소방안전관리업무의 전담이 필요한 소방안전관리대상물은 다음 각 호와 같다.
1. 별표 4 제1호에 따른 특급 소방안전관리대상물
2. 별표 4 제2호에 따른 1급 소방안전관리대상물

제28조(소방안전관리대상물의 소방계획서 작성 등) ① 법 제24조 제5항 제1호에 따른 소방계획서에는 다음 각 호의 사항이 포함되어야 한다.
1. 소방안전관리대상물의 위치·구조·연면적·용도 및 수용인원 등 일반 현황
2. 소방안전관리대상물에 설치한 소방시설·방화시설(防火施設), 전기시설·가스시설 및 위험물시설의 현황
3. 화재 예방을 위한 자체점검계획 및 진압대책
4. 소방시설·피난시설 및 방화시설의 점검·정비계획
5. 피난층 및 피난시설의 위치와 피난경로의 설정, 화재안전취약자의 피난계획 등을 포함한 피난계획
6. 방화구획, 제연구획, 건축물의 내부 마감재료(불연재료·준불연재료 또는 난연재료로 사용된 것을 말한다) 및 방염물품의 사용현황과 그 밖의 방화구조 및 설비의 유지·관리계획
7. 법 제37조에 따른 소방훈련 및 교육에 관한 계획
8. 법 제37조를 적용받는 특정소방대상물의 근무자 및 거주자의 자위소방대 조직과 대원의 임무(화재안전취약자의 피난 보조 임무를 포함한다)에 관한 사항
9. 화기 취급 작업에 대한 사전 안전조치 및 감독 등 공사 중 소방안전관리에 관한 사항
10. 법 제35조 제1항에 따라 관리의 권원이 분리된 특정소방대상물의 소방안전관리에 관한 사항
11. 소화와 연소 방지에 관한 사항
12. 위험물의 저장·취급에 관한 사항(「위험물안전관리법」 제17조에 따라 예방규정을 정하는 제조소등은 제외한다)
13. 소방안전관리에 대한 업무수행에 관한 기록 및 유지에 관한 사항
14. 화재발생 시 화재경보, 초기소화 및 피난유도 등 초기대응에 관한 사항

♀ [별표 4] p.163

♀ [별표 5] p.165

 찐 tip

특급 소방안전관리대상물
1. 연면적 10만m² 이상(아파트 제외)
2. 지하층 포함 층수가 30층 이상(아파트 제외)
3. 건축물의 높이가 120m 이상(아파트 제외)
4. 아파트로서 지하층 제외 50층 이상 또는 높이 200m 이상

특급 소방안전관리자 선임자격
1. 소방기술사, 소방시설관리사
2. 소방설비기사 + 5년 이상 실무경력(1급)
3. 소방설비산업기사 + 7년 이상 실무경력(1급)
4. 소방공무원 + 20년 이상 근무경력
5. 시험합격(특급)

1급 소방안전관리대상물
1. 연면적 1만5천m² 이상(아파트 제외)
2. 층수가 11층 이상(아파트 제외)
3. 아파트로서 지하층 제외 30층 이상 또는 높이 120m 이상
4. 가연성 가스를 1천톤 이상 저장·취급하는 시설

1급 소방안전관리자 선임자격
1. 특급 소방안전관리자 자격 인정
2. 소방자격증(기사, 산업기사)
3. 소방공무원 + 7년 근무경력
4. 시험합격(1급)

소방안전관리업무 전담 대상물
1. 특급 소방안전관리대상물
2. 1급 소방안전관리대상물

15. 그 밖에 소방안전관리를 위하여 소방본부장 또는 소방서장이 소방안전관리대상물의 위치·구조·설비 또는 관리 상황 등을 고려하여 소방안전관리에 필요하여 요청하는 사항

② 특정소방대상물의 관계인과 소방안전관리대상물의 소방안전관리자는 제1항의 내용이 포함된 소방계획서를 매년 12월 31일까지 작성하고 시행하여야 한다.

③ 소방본부장 또는 소방서장은 제2항에 따른 특정소방대상물의 소방계획의 작성 및 실시에 관하여 지도·감독한다.

시행규칙 제10조(소방안전관리 업무수행 기록·유지) ① 영 제26조 제1항의 소방안전관리대상물(이하 "소방안전관리대상물"이라 한다)의 소방안전관리자는 법 제24조 제5항 제7호에 따른 소방안전관리 업무수행에 관한 기록을 별지 제10호 서식에 따라 작성하여야 한다.

② 제1항에 따른 업무수행에 관한 기록의 작성 주기는 다음 각 호와 같다. 다만, 질병으로 인한 장기간 입원 등 특별한 사정이 있는 경우에는 작성 주기를 다르게 할 수 있다.

1. 영 별표 4에 따른 특급 및 1급 소방안전관리대상물: 소방안전관리 업무를 수행한 날을 포함하여 주 3회 이상

2. 영 별표 4에 따른 2급 및 3급 소방안전관리대상물: 소방안전관리 업무를 수행한 날을 포함하여 주 1회 이상

③ 소방안전관리자는 제1항에 따른 업무수행 내용 중 유지보수 또는 시정이 필요한 경우, 지체 없이 이를 관계인에게 통보하여야 한다.

④ 소방안전관리자는 제1항에 따른 업무수행에 관한 기록을 작성한 날부터 2년간 보관하여야 한다.

제11조(자위소방대 및 초기대응체계의 구성, 운영 및 교육 등) ① 소방안전관리대상물의 소방안전관리자는 법 제24조 제6항에 따른 자위소방대❶를 다음 각 호의 기능을 효율적으로 수행할 수 있도록 편성·운영하되, 소방안전관리대상물의 규모·용도 등의 특성을 고려하여 응급구조 및 방호안전기능 등을 추가하여 수행할 수 있도록 편성할 수 있다.

1. 화재 발생 시 비상연락, 초기소화 및 피난유도

2. 화재 발생 시 인명·재산피해 최소화를 위한 조치

② 소방안전관리대상물의 소방안전관리자는 법 제24조 제5항 제2호에 따른 초기대응체계를 제1항에 따른 자위소방대에 포함하여 편성하되, 화재 발생 시 초기에 신속하게 대처할 수 있도록 해당 소방안전관리대상물에 근무하는 사람의 근무위치, 근무인원 등을 고려하여 편성하여야 한다.

③ 소방안전관리대상물의 소방안전관리자는 해당 특정소방대상물이 이용되고 있는 동안 제2항에 따른 초기대응체계를 상시적으로 운영하여야 한다.

④ 소방안전관리대상물의 소방안전관리자는 연 1회 이상 자위소방대(초기대응체계를 포함한다)를 소집하여 그 편성 상태를 점검하고, 소방교육을 실시하여야 한다. 이 경우 초기대응체계에 편성된 근무자 등에 대하여는 화재 발생 초기대응에 필요한 기본 요령을 숙지할 수 있도록 소방교육을 실시하여야 한다.

⑤ 소방안전관리대상물의 소방안전관리자는 제4항에 따른 소방교육을 제37조 제1항에 따른 소방훈련과 병행하여 실시할 수 있다.

찐 tip

업무수행에 관한 기록의 작성 주기

1. 특급, 1급: 소방안전관리 업무를 수행한 날을 포함하여 주 3회 이상

2. 2급, 3급: 소방안전관리 업무를 수행한 날을 포함하여 주 1회 이상

용어사전

❶ 자위소방대: 화재가 발생하는 경우 즉시 출동할 수 있도록 조직된 민간조직의 소방대를 말한다.

찐 tip

자위소방대 교육

1. 실시자: 소방안전관리자

2. 주기: 연 1회 이상(편성상태 점검, 교육)

3. 기록 보관: 2년

⑥ 소방안전관리대상물의 소방안전관리자는 제4항에 따른 소방교육을 실시하였을 때에는 그 실시 결과를 별지 제11호 서식의 자위소방대 및 초기대응체계 교육·훈련 실시결과기록부에 기록하고, 교육을 실시한 날부터 2년간 보관하여야 한다.

⑦ 소방청장은 자위소방대의 구성, 운영 및 교육, 초기대응체계의 편성·운영 등에 필요한 지침을 작성하여 배포할 수 있으며, 소방본부장 또는 소방서장은 소방안전관리대상물의 소방안전관리자가 해당 지침을 준수하도록 지도할 수 있다.

📖 **핵심정리** **소방대상물의 안전관리**

- -

1. 소방안전관리

2. 소방안전관리자의 업무
① 피난계획, 소방계획서의 작성·시행
② 자위소방대, 초기대응체계 구성·운영·교육
③ 피난시설 및 방화시설의 유지·관리
④ 소방훈련 및 교육
⑤ 소방시설, 그 밖의 소방관련시설의 유지·관리
⑥ 화기취급의 감독
⑦ 소방안전관리에 관한 업무수행에 관한 기록·유지
⑧ 화재발생 시 초기대응

3. 소방안전관리자를 두어야 하는 특정소방대상물
① 특급 소방안전관리대상물
  - 연면적 10만m² 이상(아파트 제외)
  - 지하층 포함 층수가 30층 이상(아파트 제외)
  - 건축물의 높이가 120m 이상(아파트 제외)
  - 아파트로서 지하층 제외 50층 이상 또는 높이 200m 이상
② 1급 소방안전관리대상물
  - 연면적 1만5천m² 이상(아파트 제외)
  - 층수가 11층 이상(아파트 제외)
  - 아파트로서 지하층 제외 30층 이상 또는 높이 120m 이상
  - 가연성 가스를 1천톤 이상 저장·취급하는 시설
③ 2급 소방안전관리대상물
  - 스프링클러설비, 간이스프링클러설비, 물분무등소화설비(호스릴 제외)를 설치한 특정소방대상물
  - 옥내소화전설비를 설치한 특정소방대상물
  - 가연성 가스를 100톤 이상 1천톤 미만 저장·취급하는 시설
  - 지하구
  - 공동주택
  - 문화재(목조건축물)
④ 3급 소방안전관리대상물: 자동화재탐지설비를 설치한 특정소방대상물

4. 소방안전관리자 선임자격
  ① 특급 소방안전관리자
    · 소방기술사, 소방시설관리사
    · 소방설비기사 + 5년 이상 실무경력(1급)
    · 소방설비산업기사 + 7년 이상 실무경력(1급)
    · 소방공무원 + 20년 이상 근무경력
    · 시험합격(특급)
  ② 1급 소방안전관리자
    · 특급 소방안전관리자 자격 인정
    · 소방자격증(기사, 산업기사)
    · 소방공무원 + 7년 근무경력
    · 시험합격(1급)
5. 소방안전관리자의 선임·신고 등: 30일 이내 소방안전관리자를 선임한 후 14일 이내 신고
  ① 신규선임: 완공일
  ② 증축 또는 용도변경한 경우: 증축공사의 완공일 또는 용도변경 사실을 건축물관리대장에 기재한 날
  ③ 관계인의 권리를 취득한 경우: 해당 권리를 취득한 날
  ④ 공동소방안전관리 대상: 관리권원 분리·조정한 날
  ⑤ 소방안전관리자를 해임한 경우: 소방안전관리자를 해임한 날

📋 **기출 체크**

「화재의 예방 및 안전관리에 관한 법률 시행령」상 특급 소방안전관리대상물의 소방안전관리자로 선임할 수 없는 사람은?   22. 경채

① 소방기술사 또는 소방시설관리사의 자격이 있는 사람
② 소방공무원으로 10년 이상 근무한 경력이 있는 사람
③ 소방설비기사의 자격을 취득한 후 5년 이상 1급 소방안전관리대상물의 소방안전관리자로 근무한 실무경력이 있는 사람
④ 소방설비산업기사의 자격을 취득한 후 7년 이상 1급 소방안전관리대상물의 소방안전관리자로 근무한 실무경력이 있는 사람

정답 ②

제25조(소방안전관리업무의 대행)

① 소방안전관리대상물 중 연면적 등이 일정규모 미만인 대통령령으로 정하는 소방안전관리대상물의 관계인은 제24조 제1항에도 불구하고 관리업자로 하여금 같은 조 제5항에 따른 소방안전관리업무 중 대통령령으로 정하는 **업무를 대행**^❶하게 할 수 있다. 이 경우 제24조 제3항에 따라 선임된 소방안전관리자는 관리업자의 대행업무 수행을 감독하고 대행업무 외의 소방안전관리업무는 직접 수행하여야 한다.
② 제1항 전단에 따라 소방안전관리업무를 대행하는 자는 대행인력의 배치기준·자격·방법 등 행정안전부령으로 정하는 준수사항을 지켜야 한다.
③ 제1항에 따라 소방안전관리업무를 관리업자에게 대행하게 하는 경우의 대가(代價)는 「엔지니어링산업 진흥법」 제31조에 따른 엔지니어링사업의 대가 기준 가운데 행정안전부령으로 정하는 방식에 따라 산정한다.

📖 **용어사전**
❶ 대행: 남을 대신하여 어떤 권한이나 직무를 행하는 것을 말한다.

시행령 제29조(소방안전관리 업무의 대행 대상 및 업무) ① 법 제25조 제1항에서 "대통령령으로 정하는 소방안전관리대상물"이란 다음 각 호에 해당하는 특정소방대상물을 말한다.

　1. 별표 4 제2호 가목 3)에 따른 층수가 11층 이상인 1급 소방안전관리대상물(연면적 1만5천제곱미터 이상인 특정소방대상물과 아파트는 제외한다)

　2. 별표 4 제3호에 따른 2급 소방안전관리대상물

　3. 별표 4 제4호에 따른 3급 소방안전관리대상물

② 법 제25조 제1항에서 "소방안전관리 업무 중 대통령령으로 정하는 업무"란 다음 각 호에 해당하는 업무를 말한다.

　1. 법 제24조 제5항 제3호에 따른 피난시설, 방화구획 및 방화시설의 관리

　2. 법 제24조 제5항 제4호에 따른 소방시설이나 그 밖의 소방 관련 시설의 관리

시행규칙 제12조(소방안전관리 업무대행 기준) 법 제25조 제2항에 따른 소방안전관리 업무 대행인력의 배치기준 · 자격 · 방법 등 준수사항은 별표 1과 같다.

제13조(소방안전관리 업무대행 등의 대가) 법 제25조 제3항에서 "행정안전부령으로 정하는 방식"이란 「엔지니어링산업 진흥법」 제31조에 따라 산업통상자원부장관이 고시한 엔지니어링사업대가의 기준 중 실비정액가산방식❶을 말한다.

📍 [별표 4] p.163

진 tip

소방안전관리 업무의 대행 대상

1. 층수가 11층 이상인 1급 소방안전관리대상물(연면적 1만5천m² 이상, 아파트 제외)
2. 2급 소방안전관리대상물
3. 3급 소방안전관리대상물

📍 [별표 1] p.173

📖 용어사전

❶ 실비정액가산방식: 직접인건비 · 직접경비 · 제경비 · 기술료와 부가가치세를 합산하여 대가를 산출하는 방식을 말한다.

제26조(소방안전관리자 선임신고 등)

① 소방안전관리대상물의 관계인이 제24조에 따라 소방안전관리자 또는 소방안전관리보조자를 선임한 경우에는 행정안전부령으로 정하는 바에 따라 선임한 날부터 14일 이내에 소방본부장 또는 소방서장에게 신고하고, 소방안전관리대상물의 출입자가 쉽게 알 수 있도록 소방안전관리자의 성명과 그 밖에 행정안전부령으로 정하는 사항을 게시하여야 한다.

② 소방안전관리대상물의 관계인이 소방안전관리자 또는 소방안전관리보조자를 해임한 경우에는 그 관계인 또는 해임된 소방안전관리자 또는 소방안전관리보조자는 소방본부장이나 소방서장에게 그 사실을 알려 해임한 사실의 확인을 받을 수 있다.

시행규칙 제14조(소방안전관리자의 선임신고 등) ① 특정소방대상물의 관계인은 법 제26조 제1항 및 법 제35조에 따라 소방안전관리자를 다음 각 호의 어느 하나에 해당하는 날부터 30일 이내에 선임하여야 한다.

　1. 신축 · 증축 · 개축 · 재축 · 대수선 또는 용도변경으로 해당 특정소방대상물의 소방안전관리자를 신규로 선임하여야 하는 경우: 해당 특정소방대상물의 완공일(건축물의 경우에는 「건축법」 제22조에 따라 건축물을 사용할 수 있게 된 날을 말한다. 이하 이 조 및 제16조에서 같다)

　2. 증축 또는 용도변경으로 인하여 특정소방대상물이 영 제26조 제1항에 따른 소방안전관리대상물로 된 경우: 증축공사의 완공일 또는 용도변경 사실을 건축물관리대장에 기재한 날

진 tip

소방안전관리자 선임신고 등

1. 선임 및 신고자: 관계인
2. 선임: 30일 이내
3. 신고: 14일 이내
4. 신고처: 소방본부장, 소방서장

소방안전관리자의 선임신고 기준

1. 신규선임: 완공일
2. 증축 또는 용도변경한 경우: 완공일, 용도변경 사실을 건축물관리대장에 기재한 날
3. 관계인의 권리를 취득한 경우: 해당 권리를 취득한 날
4. 공동소방안전관리 대상: 관리권원 분리, 조정한 날
5. 소방안전관리자를 해임, 퇴직한 경우: 소방안전관리자를 해임, 퇴직한 날

❶ 양수: 타인의 권리, 재산 및 법률상의 지위
　따위를 넘겨받는 일을 말한다.

❷ 환가: 금전 외의 재산을 매각 등의 방법에
　따라 상당한 가액의 금전으로 바꾸는 것
　을 말한다.

❸ 관계인: 소유자·점유자 및 관리자를 말한다.

❹ 선임: 여러 사람 가운데서 어떤 직무나 임
　무를 맡을 사람을 골라내는 것을 말한다.

3. 특정소방대상물을 양수❶하거나 「민사집행법」에 따른 경매, 「채무자 회생 및 파산에 관한 법률」에 따른 환가❷, 「국세징수법」·「관세법」 또는 「지방세기본법」에 따른 압류재산의 매각 그 밖에 이에 준하는 절차에 의하여 관계인❸의 권리를 취득한 경우: 해당 권리를 취득한 날 또는 관할 소방서장으로부터 소방안전관리자 선임❹ 안내를 받은 날. 다만, 새로 권리를 취득한 관계인이 종전의 특정소방대상물의 관계인이 선임신고한 소방안전관리자를 해임하지 아니하는 경우를 제외한다.

4. 법 제35조에 따른 특정소방대상물의 경우: 관리의 권원이 분리되거나 소방본부장 또는 소방서장이 관리의 권원을 조정한 날

5. 소방안전관리자를 해임하거나 소방안전관리자가 퇴직한 경우: 소방안전관리자를 해임하거나 소방안전관리자가 퇴직한 날

6. 법 제24조 제3항에 따라 소방안전관리업무를 대행하는 자를 감독할 수 있는 사람을 소방안전관리자로 선임한 경우로서 그 업무대행 계약이 해지 또는 종료된 경우: 소방안전관리업무 대행이 끝난 날

② 영 별표 4 제3호 및 제4호에 따른 2급 또는 3급 소방안전관리대상물의 관계인은 제25조에 따른 소방안전관리자에 대한 강습교육이나 제20조에 따른 소방안전관리대상물의 소방안전관리에 관한 시험이 제1항에 따른 소방안전관리자 선임기간 내에 있지 아니하여 소방안전관리자를 선임할 수 없는 경우에는 소방안전관리자 선임의 연기를 신청할 수 있다.

③ 제2항에 따라 소방안전관리자 선임의 연기를 신청하려는 2급 또는 3급 소방안전관리대상물의 관계인은 별지 제12호 서식의 선임 연기신청서에 소방안전관리 강습교육접수증 사본 또는 소방안전관리자 시험응시표 사본을 첨부하여 안전원의 장(이하 "안전원장"이라 한다)에게 제출하여야 한다. 이 경우 2급 또는 3급 소방안전관리대상물의 관계인은 소방안전관리자가 선임될 때까지 법 제24조 제5항의 소방안전관리업무를 수행하여야 한다.

④ 안전원장은 제3항에 따른 신청을 받은 때에는 소방안전관리자 선임기간을 정하여 2급 또는 3급 소방안전관리대상물의 관계인에게 통보하여야 한다.

⑤ 소방안전관리대상물의 관계인은 법 제24조 제1항에 따른 소방안전관리자 및 법 제35조에 따른 권원별 소방안전관리자(「기업활동 규제완화에 관한 특별조치법」 제29조 제3항·제30조 제2항 또는 제32조 제2항에 따라 소방안전관리자를 겸임하는 자를 포함한다)를 선임한 때에는 법 제26조 제1항에 따라 별지 제13호 서식의 소방안전관리자 선임신고서(전자문서로 된 신고서를 포함한다)에 다음 각 호의 어느 하나에 해당하는 서류(전자문서로 된 서류를 포함한다)를 첨부하여 안전원장에게 제출하여야 한다. 이 경우 특정소방대상물의 관계인은 법 제33조에 따른 종합정보망(이하 "종합정보망"이라 한다)을 이용하여 선임신고를 할 수 있다.

1. 제18조에 따른 소방안전관리자 자격증

2. 소방안전관리대상물의 소방안전관리에 관한 업무를 감독할 수 있는 직위에 있는 자임을 증명하는 서류 및 소방안전관리 업무의 대행 계약서 사본(법 제24조 제3항에 따라 소방안전관리대상물의 관계인이 소방안전관리 업무를 대행하게 하는 경우만 해당한다) 1부

3. 「기업활동 규제완화에 관한 특별조치법」 제29조 제2항·제3항, 제30조 제2항 또는 제32조 제2항에 따라 해당 소방안전관리대상물의 소방안전관리자를 겸임할 수 있는 서류 또는 선임사항이 기록된 자격수첩

⑥ 안전원장은 특정소방대상물의 관계인이 법 제26조 제1항에 따른 소방안전관리자를 선임하여 신고하는 경우에는 신고인에게 별지 제14호 서식의 소방안전관리자 선임증을 발급하여야 한다. 이 경우 안전원장은 신고인이 종전의 선임이력에 관한 확인을 요청하는 경우, 별지 제15호 서식의 소방안전관리자 선임 이력 확인서를 발급하여야 한다.

⑦ 안전원장은 소방안전관리자를 선임하거나 해임 사실을 확인한 경우에는 관련 사실을 소방본부장 또는 소방서장에게 알리거나 종합정보망을 통해 실시간으로 해당 정보를 연계하여야 한다.

⑧ 소방본부장 또는 소방서장은 선임신고의 효율적 처리를 위해 소방안전관리대상물이 완공된 경우 소방안전관리대상물의 등록정보를 안전원장에게 통보하거나 종합정보망을 통해 실시간으로 해당 정보를 연계하여야 한다.

제15조(소방안전관리자 정보의 게시) ① 법 제26조 제1항에 따라 게시하여야 하는 "행정안전부령으로 정하는 사항" 이란 다음 각 호를 말한다.

1. 소방안전관리대상물의 명칭
2. 소방안전관리자의 성명 및 선임일자
3. 소방안전관리대상물의 등급
4. 소방안전관리자의 연락처
5. 화재 수신반 또는 종합방재실(일반 건축물의 방재실 등을 포함한다)의 위치

② 제1항에 따른 소방안전관리자 성명 등의 게시는 별지 제16호 서식의 소방안전관리자 현황표에 따른다. 이 경우 「소방시설 설치 및 관리에 관한 법률 시행규칙」 별표 6에 따른 소방시설 점검기록표를 함께 게시할 수 있다.

제16조(소방안전관리보조자의 선임신고 등) ① 특정소방대상물의 관계인은 법 제26조 제1항에 따라 소방안전관리자보조자를 다음 각 호의 어느 하나에 해당하는 날부터 30일 이내에 선임하여야 한다.

1. 신축❶·증축❷·개축❸·재축·대수선❹ 또는 용도변경❺으로 해당 특정소방대상물의 소방안전관리보조자를 신규로 선임하여야 하는 경우: 해당 특정소방대상물의 완공일
2. 특정소방대상물을 양수하거나 「민사집행법」에 따른 경매, 「채무자 회생 및 파산에 관한 법률」에 따른 환가, 「국세징수법」·「관세법」 또는 「지방세기본법」에 따른 압류재산의 매각 그 밖에 이에 준하는 절차에 의하여 관계인의 권리를 취득한 경우: 해당 권리를 취득한 날 또는 관할 소방서장으로부터 소방안전관리보조자 선임 안내를 받은 날. 다만, 새로 권리를 취득한 관계인이 종전의 특정소방대상물의 관계인이 선임신고한 소방안전관리보조자를 해임하지 아니하는 경우를 제외한다.
3. 소방안전관리보조자를 해임하거나 소방안전관리보조자가 퇴직한 경우: 소방안전관리보조자를 해임하거나 소방안전관리보조자가 퇴직한 날

② 영 제26조 제2항에 따른 소방안전관리보조자를 선임하여야 하는 특정소방대상물(이하 "보조자선임대상 특정소방대상물"이라 한다)의 관계인은 제25조의 강습교육이 제1항에 따른 소방안전관리보조자 선임기간 내에 있지 아니하여 소방안전관리보조자를 선임할 수 없는 경우에는 소방안전관리보조자 선임의 연기를 신청할 수 있다.

③ 제2항에 따라 소방안전관리보조자 선임의 연기를 신청하려는 보조자선임대상 특정소방대상물의 관계인은 별지 제12호 서식의 선임 연기신청서에 소방안전관리 강습교육접수증 사본을 첨부하여 안전원장에게 제출하여야 한다.

찐 tip

소방안전관리자 정보 게시
대상물 명칭, 선임일자, 등급, 관리자 연락처, 수신반·방재실 위치

📖 용어사전

❶ 신축: 건축물이 없는 대지에 새로 건축물을 축조하는 것을 말한다.

❷ 증축: 기존 건축물이 있는 대지에서 건축물의 건축면적, 연면적, 층수 또는 높이를 늘리는 것을 말한다.

❸ 개축: 기존 건축물의 전부 또는 일부를 철거하고 그 대지 안에 종전과 동일한 규모의 범위 안에서 건축물을 다시 짓는 것을 말한다.

❹ 대수선: 건축물의 기둥, 보, 내력벽, 주계단 등의 구조나 외부 형태를 수선·변경하거나 증설하는 것을 말한다.

❺ 용도변경: 사용 승인을 받은 건축물의 기존용도를 포기하고 사용 목적을 달리하고자 하는 것을 말한다.

④ 안전원장은 제3항에 따라 선임 연기신청서를 제출받은 경우에는 소방안전관리보조자 선임기간을 정하여 보조자선임대상 특정소방대상물의 관계인에게 통보하여야 한다.

⑤ 특정소방대상물의 관계인은 법 제24조 제1항에 따른 소방안전관리보조자를 선임한 때에는 법 제26조 제1항에 따라 별지 제17호 서식의 소방안전관리보조자 선임신고서(전자문서로 된 신고서를 포함한다)에 다음 각 호의 어느 하나에 해당하는 서류(전자문서를 포함하며, 영 별표 5 제2호의 자격요건 중 해당 자격을 증명할 수 있는 서류를 말한다)를 첨부하여 안전원장에게 제출하여야 한다. 이 경우 특정소방대상물의 관계인은 종합정보망을 이용하여 선임신고를 할 수 있다.

1. 제18조에 따른 소방안전관리자 자격증

2. 특급, 1급, 2급 또는 3급 소방안전관리에 관한 강습교육수료증 1부

3. 해당 소방안전관리대상물에 소방안전 관련 업무에 근무한 경력이 있는 사람임을 증명할 수 있는 서류 1부

⑥ 안전원장은 제5항에 따라 특정소방대상물의 관계인이 선임신고를 하는 경우 「전자정부법」 제36조 제1항에 따른 행정정보의 공동이용을 통하여 선임된 소방안전관리보조자의 국가기술자격증(영 별표 5 제2호 가목에 해당하는 사람 중 영 별표 4 제1호 나목 2)·3), 제2호 나목 1), 제3호 나목 1)에 해당하는 사람만 해당한다)을 확인하여야 하며, 신고인이 확인에 동의하지 아니하는 경우에는 국가기술자격증의 사본을 제출하도록 하여야 한다.

⑦ 안전원장은 특정소방대상물의 관계인이 법 제26조 제1항에 따른 소방안전관리보조자를 선임하여 신고하는 경우에는 신고인에게 별지 제14호 서식의 소방안전관리보조자 선임증을 발급하여야 한다.

⑧ 안전원장은 소방안전관리보조자를 선임하거나 해임 사실을 확인한 경우에는 관련 사실을 소방본부장 또는 소방서장에게 지체 없이 알리거나 종합정보망을 통해 실시간으로 해당 정보를 연계하여야 한다.

📖 **핵심정리** **소방안전관리보조자**

1. **선임 및 신고기한**
   ① **선임:** 30일 이내
   ② **신고:** 14일 이내

2. **선임대상**
   ① 아파트(300세대 이상)
   ② 연면적 1만5천m² 이상 특정소방대상물(아파트 제외)
   ③ 기숙사, 노유자시설, 수련시설, 의료시설, 숙박시설(1500m² 미만으로 24시 근무 제외)

3. **추가선임**
   ① **아파트:** 300세대 초과 시 300세대마다 1명 이상
   ② **아파트 제외:** 1만5천m² 초과 시 1만5천m² 마다 1명 이상(단, 자위소방대가 소방펌프차 등을 운용 시 3만m² 마다)

📑 기출체크

01 「화재의 예방 및 안전관리에 관한 법률 시행령」상 1급 소방안전관리대상물로 옳은 것은?

19. 공채 통합

① 지하구
② 동·식물원
③ 가연성 가스를 1천톤 이상 저장·취급하는 시설
④ 철강 등 불연성 물품을 저장·취급하는 창고

02 1급 소방안전관리자를 두어야 하는 특정소방대상물로서 옳은 것은?

17. 공채 통합

① 연면적 1만5천m²의 위락시설 ② 공공건물
③ 지하구 ④ 위험물 제조소등

03 특정소방대상물 중 특급 소방안전관리대상물의 기준으로 옳은 것은? (단, 아파트를 제외한다)

12. 공채 통합

① 지하층 포함 층수가 30층 이상 ② 지하층 제외 층수가 30층 이상
③ 지하층 포함 층수가 50층 이상 ④ 지하층 제외 층수가 50층 이상

04 1급 소방안전관리대상물의 소방안전관리에 관한 시험에 응시할 수 없는 사람은?

14. 공채 통합

① 특급 소방안전관리대상물의 소방안전관리에 관한 강습교육을 수료한 후 2년이 경과하지 아니한 사람
② 1급 소방안전관리대상물의 소방안전관리에 관한 강습교육을 수료한 후 2년이 경과하지 아니한 사람
③ 소방행정학(소방학, 소방방재학을 포함) 분야에서 학사학위 이상을 취득한 사람
④ 소방안전공학(소방방재공학, 안전공학을 포함) 분야에서 석사학위 이상을 취득한 사람

정답 01 ③ 02 ① 03 ① 04 ③

제27조(관계인 등의 의무[1])

① 특정소방대상물의 관계인은 그 특정소방대상물에 대하여 제24조 제5항에 따른 소방안전관리업무를 수행하여야 한다.
② 소방안전관리대상물의 관계인은 소방안전관리자가 소방안전관리업무를 성실하게 수행할 수 있도록 지도·감독하여야 한다.
③ 소방안전관리자는 인명과 재산을 보호하기 위하여 소방시설·피난시설·방화시설 및 방화구획 등이 법령에 위반된 것을 발견한 때에는 지체 없이 소방안전관리대상물의 관계인에게 소방대상물의 개수·이전·제거·수리 등 필요한 조치를 할 것을 요구하여야 하며, 관계인이 시정하지 아니하는 경우 소방본부장 또는 소방서장에게 그 사실을 알려야 한다. 이 경우 소방안전관리자는 공정하고 객관적으로 그 업무를 수행하여야 한다.

찐 tip

관계인 등의 의무
1. 안전관리 업무 수행
2. 소방안전관리자 감독
3. 안전관리자는 위반사항 발견 시 지체 없이 관계인에게 시정 요구
4. 시정하지 않는 경우 소방본부장, 소방서장에게 그 사실을 알림

📖 용어사전

❶ 의무: 사회적 질서를 유지하고 조정하기 위한 강제 및 구속을 말한다.

④ 소방안전관리자로부터 제3항에 따른 조치요구 등을 받은 소방안전관리대상물의 관계인은 지체 없이❶ 이에 따라야 하며, 이를 이유로 소방안전관리자를 해임하거나 보수(報酬)의 지급을 거부하는 등 불이익한 처우를 하여서는 아니 된다.

제28조(소방안전관리자 선임명령 등)

① 소방본부장 또는 소방서장은 제24조 제1항에 따른 소방안전관리자 또는 소방안전관리보조자를 선임하지 아니한 소방안전관리대상물의 관계인에게 소방안전관리자 또는 소방안전관리보조자를 선임하도록 명할 수 있다.
② 소방본부장 또는 소방서장은 제24조 제5항에 따른 업무를 다하지 아니하는 특정소방대상물의 관계인 또는 소방안전관리자에게 그 업무의 이행을 명할 수 있다.

제29조(건설현장 소방안전관리)

① 「소방시설 설치 및 관리에 관한 법률」 제15조 제1항에 따른 공사시공자❷가 화재발생 및 화재피해의 우려가 큰 대통령령으로 정하는 특정소방대상물(이하 "건설현장 소방안전관리대상물"이라 한다)을 신축·증축·개축·재축·이전·용도변경 또는 대수선 하는 경우에는 제24조 제1항에 따른 소방안전관리자로서 제34조에 따른 교육을 받은 사람을 소방시설공사 착공❸ 신고일부터 건축물 사용승인❹일(「건축법」 제22조에 따라 건축물을 사용할 수 있게 된 날을 말한다)까지 소방안전관리자로 선임하고 행정안전부령으로 정하는 바에 따라 소방본부장 또는 소방서장에게 신고❺하여야 한다.
② 제1항에 따른 건설현장 소방안전관리대상물의 소방안전관리자의 업무는 다음 각호와 같다.
  1. 건설현장의 소방계획서의 작성
  2. 「소방시설 설치 및 관리에 관한 법률」 제15조 제1항에 따른 임시소방시설의 설치 및 관리에 대한 감독
  3. 공사진행 단계별 피난안전구역, 피난로 등의 확보와 관리
  4. 건설현장의 작업자에 대한 소방안전 교육 및 훈련
  5. 초기대응체계의 구성·운영 및 교육
  6. 화기취급의 감독, 화재위험작업의 허가 및 관리
  7. 그 밖에 건설현장의 소방안전관리와 관련하여 소방청장이 고시하는 업무
③ 그 밖에 건설현장 소방안전관리대상물의 소방안전관리에 관하여는 제26조부터 제28조까지의 규정을 준용한다. 이 경우 "소방안전관리대상물의 관계인" 또는 "특정소방대상물의 관계인"은 "공사시공자"로 본다.

시행령 제30조(건설현장 소방안전관리대상물) 법 제29조 제1항에 따른 "화재발생 및 화재피해의 우려가 큰 대통령령으로 정하는 특정소방대상물"이란 다음 각 호의 어느 하나에 해당하는 특정소방대상물을 말한다.

1. 연면적 1만5천제곱미터 이상인 것
2. 지하 2층 이하이거나 지상 11층 이상인 특정소방대상물로서 연면적 5천제곱미터 이상인 것
3. 냉동 또는 냉장 창고로서 연면적 5천제곱미터 이상인 것

시행규칙 제17조(건설현장 소방안전관리자의 선임신고) ① 법 제29조 제1항에 따라 화재발생 및 화재피해의 우려가 큰 건설현장에 소방안전관리자를 선임해야 하는 특정소방대상물(이하 "건설현장 소방안전관리대상물"이라 한다)의 공사시공자는 건설현장에 소방안전관리자를 선임한 때에는 「소방시설공사업법」 제13조에 따른 소방시설공사 착공 신고일까지 선임 신고를 하여야 한다.

② 제1항에 따라 건설현장 소방안전관리대상물의 공사시공자가 소방안전관리자를 선임한 때에는 별지 제18호 서식의 건설현장 소방안전관리자 선임신고서(전자문서로 된 신고서를 포함한다)에 다음 각 호의 어느 하나에 해당하는 서류(전자문서로 된 서류를 포함한다)를 첨부하여 안전원장에게 제출하여야 한다. 이 경우 건설현장 소방안전관리대상물의 공사시공자는 종합정보망을 이용하여 선임 신고를 할 수 있다.
1. 제18조에 따른 소방안전관리자 자격증
2. 건설현장 소방안전관리자 강습교육 수료증 1부

③ 안전원장은 제2항에 따라 건설현장 소방안전관리대상물의 공사시공자가 소방안전관리자를 선임하여 신고하는 경우에는 신고인에게 별지 제14호 서식의 건설현장 소방안전관리자 선임증을 발급하여야 한다.

④ 안전원장은 건설현장 소방안전관리자를 선임하거나 해임 사실을 확인한 경우에는 관련 사실을 소방본부장 또는 소방서장에게 지체 없이 알리거나 종합정보망을 통해 실시간으로 해당 정보를 연계하여야 한다.

⑤ 소방본부장 또는 소방서장은 건설현장 소방안전관리대상물의 효율적 선임신고를 위해 소방안전관리대상물의 건축허가 동의시 건축허가 동의 대상물에 대한 정보를 안전원장에게 지체 없이 알리거나 종합정보망을 통해 실시간으로 해당 정보를 연계하여야 한다.

제30조(소방안전관리자 자격 및 자격증의 발급 등)

① 제24조 제1항에 따른 소방안전관리자의 자격은 다음 각 호의 어느 하나에 해당하는 사람으로서 소방청장으로부터 소방안전관리자 자격증을 발급받은 사람으로 한다.

1. 소방청장이 실시하는 소방안전관리자 자격시험에 합격한 사람
2. 다음 각 목에 해당하는 사람으로서 대통령령으로 정하는 사람
   가. 소방안전과 관련한 국가기술자격증을 소지한 사람
   나. 가목에 해당하는 국가기술자격증 중 일정 자격증을 소지한 사람으로서 소방안전관리자로 근무한 실무경력이 있는 사람

찐 tip

건설현장 소방안전관리대상물
1. 연면적 1만5천m² 이상
2. 지하 2층 이하이거나 지상 11층 이상인 특정소방대상물로서 연면적 5천m² 이상
3. 냉동 또는 냉장 창고로서 연면적 5천m² 이상인 것

조문 플러스

소방안전관리자의 역량을 제고하고 체계적인 관리를 위해 소방안전관리자 자격 및 시험 제도를 도입하였다.

전 tip

자격증의 발급
소방안전관리자 자격증 발급자는 소방청장
이다.

♀ [별표 4] p.163

다. 소방공무원 경력자

라. 「기업활동 규제완화에 관한 특별조치법」에 따라 소방안전관리자로 선임된 사람(소방안전관리자로 선임된 기간에 한정한다)

② 소방청장은 제1항 각 호에 따른 자격을 갖춘 사람이 소방안전관리자 자격증 발급을 신청하는 경우 행정안전부령으로 정하는 바에 따라 자격증을 발급하여야 한다.

③ 제2항에 따라 소방안전관리자 자격증을 발급받은 사람이 소방안전관리자 자격증을 잃어버렸거나 못 쓰게 된 경우에는 행정안전부령으로 정하는 바에 따라 소방안전관리자 자격증을 재발급 받을 수 있다.

④ 제2항 또는 제3항에 따라 발급 또는 재발급 받은 소방안전관리자 자격증을 다른 사람에게 빌려 주거나 빌려서는 아니 되며, 이를 알선하여서도 아니 된다.

시행령 제31조(소방안전관리자 자격증의 발급 등) 법 제30조 제1항 제2호에서 "대통령령으로 정하는 사람"이란 별표 4의 각 호에 따른 선임자격자(법 제30조 제1항 제1호에 따른 선임자격자를 제외한다)를 말한다.

시행규칙 제18조(소방안전관리자 자격증의 발급 및 재발급 등) ① 법 제30조 제2항에 따라 소방안전관리자 자격증을 발급받고자 하는 사람은 다음 각 호의 서류를 첨부하여 안전원장에게 자격증 발급을 신청하여야 한다. 이 경우 안전원장은 「전자정부법」 제36조 제1항에 따른 행정정보의 공동이용을 통하여 소방안전관리자 자격증의 발급대상인 국가기술자격증(해당자에 한한다)을 확인할 수 있으며, 신고인이 확인에 동의하지 아니하는 경우에는 그 서류(국가기술자격증의 경우에는 그 사본을 말한다)를 제출하도록 하여야 한다.

1. 별지 제19호 서식의 소방안전관리자 자격증 발급 신청서(전자문서로 된 발급신청서를 포함한다)
2. 해당 증빙서류(학력, 자격, 경력 등을 증빙하는 자료를 포함한다)
3. 신분증(본인 여부 확인용도에 한한다)
4. 사진(가로 3.5센티미터×세로 4.5센티미터) 1매

② 안전원장은 제1항에 따라 소방안전관리자 자격증의 발급을 신청받은 때에는 신청인에게 특급, 1급, 2급 또는 3급 소방안전관리대상물 소방안전관리자 자격증 중 해당하는 자격증을 발급하여야 한다. 이 경우 안전원장은 각각 자격등급에 따라 별지 제20호 서식의 소방안전관리자 자격증을 발급하고, 별지 제21호 서식의 소방안전관리자 자격증 발급대장에 등급별로 기재하여 관리하여야 한다.

③ 제2항에 따라 소방안전관리자 자격증을 발급받은 사람이 그 자격증을 잃어버리거나 자격증이 헐어 못쓰게 된 경우에는 별지 제19호 서식의 자격증 재발급신청서(전자문서로 된 신청서를 포함한다)를 작성하여 안전원장에게 자격증의 재발급을 신청할 수 있다. 이 경우, 안전원장은 자격증의 재발급신청을 받은 경우에는 재발급 신청자에게 자격증을 발급하고 별지 제21호 서식에 재발급사항을 기재하고 관리하여야 한다.

④ 안전원장은 제2항 및 제3항에 따라 소방안전관리자 자격증 발급 및 재발급 신청서를 제출받은 때에 신청 서류가 적합한 경우에는 3일 이내에 소방안전관리자 자격증을 발급하여야 한다.

⑤ 안전원장은 제2항 및 제3항의 발급대장에 대하여 종합정보망에서 전자적 처리가 가능한 방법으로 작성·관리하여야 한다.

제31조(소방안전관리자 자격의 정지 및 취소)

① 소방청장은 제30조 제2항에 따라 소방안전관리자 자격증을 발급받은 사람이 다음 각 호의 어느 하나에 해당하는 경우에는 행정안전부령으로 정하는 바에 따라 그 자격을 취소하거나 1년 이하의 기간을 정하여 그 자격을 정지시킬 수 있다. 다만, 제1호 또는 제3호에 해당하는 경우에는 그 자격을 취소하여야 한다.

1. 거짓이나 그 밖의 부정한 방법으로 소방안전관리자 자격증을 발급받은 경우
2. 제24조 제5항에 따른 소방안전관리업무를 게을리한 경우
3. 제30조 제4항을 위반하여 소방안전관리자 자격증을 다른 사람에게 빌려준 경우
4. 제34조에 따른 실무교육을 받지 아니한 경우
5. 이 법 또는 이 법에 따른 명령을 위반한 경우

② 제1항에 따라 소방안전관리자 자격이 취소된 사람은 취소된 날부터 2년간 소방안전관리자 자격증을 발급받을 수 없다.

> **시행규칙 제19조(소방안전관리자 자격의 정지 및 취소 기준)** 법 제31조 제1항에 따른 소방안전관리자 자격의 정지 및 취소 기준은 별표 2와 같다.

> **제20조(자격시험의 방법)** ① 소방청장은 소방안전관리자 자격시험을 다음 각 호와 같이 실시하는 것을 원칙으로 한다.
> 1. 특급 소방안전관리자 자격시험: 연 2회 이상
> 2. 1급·2급·3급 소방안전관리자 자격시험: 월 1회 이상
> ② 소방안전관리자시험에 응시하고자 하는 사람은 별지 제22호 서식의 특급, 1급, 2급 또는 3급 소방안전관리자 시험응시원서에 다음 각 호의 서류를 첨부(전자문서를 포함한다)하여 안전원장에게 제출하여야 한다.
> 1. 사진(가로 3.5센티미터×세로 4.5센티미터) 2매
> 2. 학력·경력증명서류(해당하는 사람만 제출하되, 특급·1급·2급 또는 3급 소방안전관리에 대한 강습교육 수료증을 포함한다)
> ③ 안전원장은 제2항에 따른 특급, 1급, 2급 또는 3급 소방안전관리자 시험응시원서를 접수한 때에는 응시표를 발급하여야 한다.

> **제21조(자격시험의 공고)** 안전원장은 특급, 1급, 2급 또는 3급 소방안전관리자시험을 실시하고자 하는 때에는 응시자격·시험과목·일시·장소 및 응시절차 등에 관하여 필요한 사항을 모든 응시 희망자가 알 수 있도록 시험 시행일 30일 전에 일간신문 또는 인터넷 홈페이지에 공고하여야 한다.

> **제22조(자격시험의 합격자 결정 등)** ① 특급, 1급, 2급 및 3급 소방안전관리자 시험의 합격자 결정은 매과목을 100점 만점으로 하여 매과목 40점이상, 전과목 평균 70점 이상 득점한 자를 합격자로 한다.
> ② 특급 소방안전관리자 시험은 제1차시험과 제2차시험을 분리하여 채점하되 제2차시험의 채점은 제1차시험 합격자에 한하여 실시한다. 이 경우 제1차시험에 합격한 사람은 제1차시험에 합격한 날부터 2년간 제1차시험을 면제한다.
> ③ 소방안전관리자 시험을 채점하는 경우에 선택형 문제는 답안지 기재사항을 전산으로 판독하여 채점하며, 주관식 서술형은 제24조 제1항의 규정에 따른 채점위원이 채점한다. 이 경우 3명 이상의 채점자가 문항별 배점과 채점 기준표에 따라 별도로 채점하여 그 평균 점수로 합격자를 결정한다.

쌤 tip

소방안전관리자 자격 취소 사유
1. 거짓이나 그 밖의 부정한 방법으로 발급받은 경우
2. 자격증을 다른 사람에게 빌려준 경우

📍 [별표 2] p.176

쌤 tip

소방안전관리자 자격시험 방법
1. 특급: 연 2회 이상
2. 1급·2급·3급: 월 1회 이상

④ 안전원장은 소방안전관리자 시험을 종료한 날로부터 30일(특급 소방안전관리에 관한 시험의 경우 60일) 이내에 안전원 인터넷 홈페이지, 본부 및 시·도지부 게시판 또는 휴대전화 문자(희망자에 한함) 등을 통해 합격자를 발표하여야 한다.

제23조(자격시험 문제의 출제 및 자격시험위원의 위촉 등) ① 소방안전관리자 시험에 관한 시험과목 및 시험방법은 별표 3과 같다.

② 안전원장은 제1항에 따른 시험문제를 문제은행 방식으로 출제·관리하여야 한다.

③ 안전원장은 소방안전관리자 시험에 관한 시험문제 출제, 검토 및 채점을 위하여 다음 각 호의 어느 하나에 해당하는 사람 중에서 시험위원을 위촉하여야 한다.

1. 소방관련 학사·석사·박사학위를 가진 사람
2. 고등교육법 제2조 제1호부터 제6호까지에 해당하는 학교에서 소방안전관련학과 조교수 이상으로 2년 이상 재직한 사람
3. 소방위 이상의 소방공무원
4. 소방기술사
5. 소방시설관리사

④ 제3항에 따른 시험위원은 인력풀(Pool) 방식으로 운영하며 위촉된 시험위원은 공정한 시험업무의 수행을 위해 서약서를 작성하고 이를 성실히 이행하여야 한다.

⑤ 제3항에 따라 위촉된 시험위원과 시험감독관 또는 시험 운영인력에 대하여는 예산의 범위 안에서 수당, 여비 및 그 밖에 필요한 경비를 지급할 수 있다.

제24조(부정행위 기준 등) ① 소방안전관리자 자격시험에 따른 부정행위는 다음 각 호와 같다.

1. 대리시험을 의뢰하거나 대리로 시험에 응시한 행위
2. 다른 수험자의 답안지 또는 문제지를 엿보거나, 다른 수험자에게 알려주는 행위
3. 다른 수험자와 답안지 또는 문제지를 교환하는 행위
4. 시험 중 다른 수험자와 시험과 관련된 대화를 하는 행위
5. 시험 중 시험문제 내용과 관련된 물건을 휴대하여 사용하거나 이를 주고받는 행위
6. 시험장 내·외의 자로부터 도움을 받아 답안지를 작성하는 행위
7. 다른 수험자와 성명 또는 수험번호를 바꾸어 제출하는 행위
8. 수험자가 시험시간에 통신기기 및 전자기기 등을 사용하여 답안지를 작성하거나 다른 수험자를 위하여 답안을 송신하는 행위
9. 감독관의 본인 확인 및 소지품 검색 요구에 따르지 않는 행위
10. 시험 종료 후에도 계속해서 답안을 작성하거나 수정하는 행위
11. 그 밖에 부정 또는 불공정한 방법으로 시험을 치르는 행위

② 제1항에 따른 부정행위를 하는 응시자를 적발한 때에는 당해 시험을 무효로 하고 2년간 시험의 응시자격을 정지한다. 다만, 제9호 및 제10호의 경우에는 당해 시험만 무효로 처리한다.

제32조(소방안전관리자 자격시험)

① 제30조 제1항 제1호에 따른 소방안전관리자 자격시험에 응시할 수 있는 사람의 자격은 대통령령으로 정한다.

② 제1항에 따른 소방안전관리자 자격의 시험방법, 시험의 공고 및 합격자 결정 등 소방안전관리자의 자격시험에 필요한 사항은 행정안전부령으로 정한다.

> 시행령 제32조(소방안전관리자 자격시험 응시자격) 법 제32조 제1항에 따라 소방안전관리자 자격시험에 응시할 수 있는 사람의 자격은 별표 6과 같다.

제33조(소방안전관리자 등 종합정보망의 구축·운영)

① 소방청장은 소방안전관리자 및 소방안전관리보조자에 대한 다음 각 호의 정보를 효율적으로 관리하기 위하여 종합정보망을 구축·운영할 수 있다.

  1. 제26조 제1항에 따른 소방안전관리자 및 소방안전관리보조자의 선임신고 현황
  2. 제26조 제2항에 따른 소방안전관리자 및 소방안전관리보조자의 해임 사실의 확인 현황
  3. 제29조 제1항에 따른 건설현장 소방안전관리자 선임신고 현황
  4. 제30조 제1항 및 제2항에 따른 소방안전관리자 자격시험 합격자 및 자격증의 발급 현황
  5. 제31조 제1항에 따른 소방안전관리자 자격증의 정지·취소 처분 현황
  6. 제34조에 따른 소방안전관리자 및 소방안전관리보조자의 교육 실시현황

② 제1항에 따른 종합정보망의 구축·운영 등에 필요한 사항은 대통령령으로 정한다.

> 시행령 제33조(종합정보망의 구축·운영 기준 등) ① 소방청장은 법 제33조 제1항에 따른 종합정보망의 효율적인 구축과 운영을 촉진하기 위하여 다음 각 호의 업무를 수행할 수 있다.
>   1. 종합정보망의 구축·운영을 위한 정보화 사업의 시행
>   2. 종합정보망의 구축·운영을 위한 각종 신기술 조사·연구
>   3. 소방관서 종합정보망 열람 시스템 운영
>   4. 소방 관련 분야 자격자 정보관리
>   5. 종합정보망 및 유관 정보시스템과의 정보 연계
>   6. 소방안전관리자 선임자 업무 및 이력관리, 시험 및 자격증 발급, 교육실시 현황 등에 대한 통계 및 데이터 관리 등에 관한 사항
>   7. 그 밖에 종합정보망의 구축·운영을 위하여 필요한 사항
> ② 소방청장은 제1항에 따라 종합정보망의 구축·운영을 위탁받은 기관에 대하여 예산의 범위에서 필요한 비용의 전부 또는 일부를 지원할 수 있다.

찐 tip

소방안전관리자 자격시험
자격의 시험방법, 시험의 공고 및 합격자 결정 등 소방안전관리자의 자격시험에 필요한 사항은 행정안전부령으로 정한다.

📍 [별표 6] p.166

찐 tip

소방안전관리자 자격시험 응시자격(특급)
1. 1급 소방안전관리자로 5년(소방설비기사의 경우 2년, 소방설비산업기사의 경우 3년) 이상 근무
2. 1급 소방안전관리자 선임자격을 갖춘 후 특급 또는 1급 소방안전관리대상물의 소방안전관리보조자로 7년 이상 근무
3. 소방공무원으로 10년 이상 근무
4. 대학에서 소방안전관리학과를 전공하고 졸업한 사람으로 2년 이상 1급 소방안전관리자로 근무
5. 다음에 해당하는 사람으로 3년 이상 1급 소방안전관리대상물의 소방안전관리자로 근무
   · 대학에서 소방안전 관련 교과목을 12학점 이상 이수하고 졸업(동등 이상 학력 포함)
   · 대학에서 소방안전 관련 학과를 전공하고 졸업(동등 이상 학력 포함)
6. 소방행정학(소방학 및 소방방재학을 포함) 또는 소방안전공학(소방방재공학 및 안전공학을 포함) 분야에서 석사학위 이상을 취득한 후 2년 이상 1급 소방안전관리자로 근무
7. 특급의 소방안전관리보조자로 10년 이상 근무
8. 특급 강습교육을 수료한 사람
9. 총괄재난관리자로 지정되어 1년 이상 근무

제34조(소방안전관리자 등에 대한 교육)

① 소방안전관리자가 되려고 하는 사람 또는 소방안전관리자(소방안전관리보조자를 포함한다)로 선임된 사람은 소방안전관리업무에 관한 능력의 습득 또는 향상을 위하여 행정안전부령으로 정하는 바에 따라 소방청장이 실시하는 다음 각 호의 강습교육❶ 또는 실무교육❷을 받아야 한다.

1. 강습교육

　가. 소방안전관리자의 자격을 인정받으려는 사람으로서 대통령령으로 정하는 사람

　나. 제24조 제3항에 따른 소방안전관리자로 선임되고자 하는 사람

　다. 제29조에 따른 소방안전관리자로 선임되고자 하는 사람

2. 실무교육

　가. 제24조 제1항에 따라 선임된 소방안전관리자 및 소방안전관리보조자

　나. 제24조 제3항에 따라 선임된 소방안전관리자

② 제1항에 따른 교육실시방법은 다음 각 호와 같다. 다만, 「감염병의 예방 및 관리에 관한 법률」 제2조에 따른 감염병 등 불가피한 사유가 있는 경우에는 행정안전부령으로 정하는 바에 따라 제1호 또는 제3호의 교육을 제2호의 교육으로 실시할 수 있다.

1. 집합교육

2. 정보통신매체를 이용한 원격교육

3. 제1호 및 제2호를 혼용한 교육

시행령 제34조(소방안전관리자의 자격을 인정받으려는 사람) 법 제34조 제1항 제1호 가목에서 "대통령령으로 정하는 사람"이란 특급 소방안전관리대상물, 1급 소방안전관리대상물, 2급 소방안전관리대상물, 3급 소방안전관리대상물 또는 「공공기관의 소방안전관리에 관한 규정」 제2조에 따른 공공기관의 소방안전관리자가 되려는 사람을 말한다.

시행규칙 제25조(소방안전관리자에 대한 강습교육의 실시) ① 법 제34조 제1항 제1호에 따른 소방안전관리자의 강습교육의 일정·횟수 등에 관하여 필요한 사항은 안전원장이 연간계획을 수립하여 실시하여야 한다.
② 안전원장은 제1항에 따른 강습교육을 실시하고자 하는 때에는 강습교육 실시 20일 전까지 일시·장소 그 밖의 강습교육 실시에 필요한 사항을 안전원의 인터넷 홈페이지 및 게시판에 공고하여야 한다.
③ 안전원장은 강습교육을 실시한 때에는 수료자에게 별지 제23호 서식의 수료증을 교부하고 별지 제24호 서식의 강습교육수료자 명부대장을 강습교육의 과정별로 작성·보관하여야 한다.

제26조(강습교육 수강신청 등) ① 법 제34조 제1항 제1호에 따른 강습교육을 받고자 하는 자는 강습교육의 과정별로 별지 제25호 서식의 강습교육원서(전자문서로 된 원서를 포함한다)에 다음 각 호의 서류(전자문서를 포함한다)를 첨부하여 안전원장에게 제출하여야 한다.

1. 사진(가로 3.5센티미터×세로 4.5센티미터) 1매

2. 재직증명서(공공기관에 재직하는 자에 한한다)

② 안전원장은 강습교육원서를 접수한 때에는 수강증을 교부하여야 한다.

제27조(강습교육의 강사) 강습교육을 담당할 강사는 과목별로 소방에 관한 학식과 경험이 풍부한 자 중에서 안전원장이 위촉한다.

제28조(강습교육의 과목, 시간 및 운영방법 등) 특급, 1급, 2급 및 3급 소방안전관리대상물의 소방안전관리에 관한 강습교육과 「공공기관의 소방안전관리에 관한 규정」 제5조 제1항 제2호 나목에 따른 공공기관 소방안전관리자에 대한 강습교육의 과목, 시간 및 운영방법 등은 별표 4와 같다.

📍 [별표 4] p.180

제29조(소방안전관리자 및 소방안전관리보조자의 실무교육 등) ① 안전원장은 법 제34조 제1항 제2호에 따른 소방안전관리자 및 소방안전관리보조자에 대한 실무교육의 교육대상, 교육일정 등 실무교육에 필요한 계획을 수립하여 매년 소방청장의 승인을 받아 교육실시 30일 전까지 교육대상자에게 통보하여야 한다.

② 소방안전관리자는 그 선임된 날부터 6개월 이내에 법 제34조 제1항 제2호에 따른 실무교육을 받아야 하며, 그 후에는 2년마다(최초 실무교육을 받은 날을 기준일로 하여 매 2년이 되는 해의 기준일과 같은 날 전까지를 말한다) 1회 이상 실무교육을 받아야 한다. 다만, 소방안전관리 강습교육 또는 실무교육을 받은 후 1년 이내에 소방안전관리자로 선임된 사람은 해당 강습교육 또는 실무교육을 받은 날에 실무교육을 받은 것으로 본다.

③ 소방안전관리보조자는 그 선임된 날부터 6개월(영 별표 5 제2호 마목에 따라 소방안전관리보조자로 지정된 사람의 경우 3개월을 말한다) 이내에 법 제34조 제1항 제2호에 따른 실무교육을 받아야 하며, 그 후에는 2년마다(최초 실무교육을 받은 날을 기준일로 하여 매 2년이 되는 해의 기준일과 같은 날 전까지를 말한다) 1회 이상 실무교육을 받아야 한다. 다만, 소방안전관리자 강습교육 또는 실무교육이나 소방안전관리보조자 실무교육을 받은 후 1년 이내에 소방안전관리보조자로 선임된 사람은 해당 강습교육 또는 실무교육을 받은 날에 실무교육을 받은 것으로 본다.

제30조(실무교육의 강사) 실무교육을 담당하는 강사는 과목별로 소방 또는 안전관리에 관한 학식과 경험이 풍부한 자 중에서 안전원장이 위촉한다.

제31조(실무교육의 과목, 시간 및 운영방법 등) 제29조 제1항에 따른 소방안전관리자 및 소방안전관리보조자에 대한 실무교육의 과목, 시간 및 운영방법 등은 별표 5와 같다.

📍 [별표 5] p.185

제32조(실무교육 수료 사항의 기재 및 실무교육 결과의 통보 등) ① 안전원장은 제29조 제2항에 따른 실무교육을 수료한 사람의 소방안전관리자 자격증에 실무교육 수료 사항을 기록하여 발급하고, 별지 제26호 서식의 실무교육 수료자명부를 작성하여 관리하여야 한다.

② 안전원장은 해당 연도의 실무교육이 끝난 날부터 30일 이내에 그 결과를 제29조 제1항에 따른 통보를 한 소방본부장 또는 소방서장에게 알려야 한다.

③ 안전원장은 해당 연도의 실무교육 결과를 다음 연도 1월 31일까지 소방청장에게 보고하여야 한다.

제33조(원격교육 실시방법) ① 법 제34조 제2항 제2호에 따른 원격교육은 다음 각 호의 방법으로 할 수 있다.

1. 실시간 쌍방향 교육

2. 콘텐츠 활용 교육

🔑 진 tip

실무교육 방법

1. 소방안전관리자: 선임부터 6개월 이내, 그 후 2년마다 1회 이상

2. 소방안전관리보조자: 선임부터 6개월 이내, 그 후 2년마다 1회 이상

단, 강습교육, 실무교육을 받은 후 1년 이내에 소방안전관리자·보조자로 선임된 사람은 실무교육을 받은 것으로 본다.

3. 인터넷 등 영상강의

4. 그 밖에 원격교육으로 적합하다고 인정되는 방법

② 안전원장은 제1항에 따른 원격교육을 실시하는 경우에는 원격교육에 필요한 학습교재 등 교육훈련자료를 제공하여야 한다.

③ 원격교육의 과정 평가는 원격에 의하여 하되, 출석에 의한 실습 등 현장평가를 병행할 수 있다.

④ 안전원장은 제1항에 따른 원격교육을 위한 서버, 통신장비 및 매체제작장비 등 원격교육에 필요한 시설 및 장비를 확보하여야 한다.

기출체크

01 1급 소방안전관리자 강습과목으로 옳지 않은 것은? 16. 공채 통합

① 소방관계 법령
② 재난관리 일반 및 관련법령
③ 화기취급감독 및 화재위험작업 허가·관리
④ 구조 및 응급처치 이론·실습·평가

02 소방안전관리자의 실무교육 등에 대한 설명으로 옳지 않은 것은? 06·07. 대구, 08. 충남, 12. 중앙

① 교육일정 등 교육에 필요한 계획을 수립하여 소방청장의 승인을 얻어 교육·실시 30일 전까지 실무교육 대상자에게 통보하여야 한다.
② 안전원장은 소방안전관리자에 대한 선임된 날부터 6개월 이내에 실무교육을 받아야 하며, 그 후에는 2년마다 1회 이상 받아야 한다.
③ 소방본부장 또는 소방서장은 소방안전관리자 또는 소방안전관리 업무대행자가 실무교육을 받지 아니한 때에는 자격을 취소하여야 한다.
④ 안전원장은 해당 연도의 실무교육이 끝난 날부터 30일 이내에 그 결과를 통보를 한 소방본부장 또는 소방서장에게 알려야 한다.

정답 01 ② 02 ③

제35조(관리의 권원이 분리된 특정소방대상물의 소방안전관리)

① 다음 각 호의 어느 하나에 해당하는 특정소방대상물로서 그 관리의 권원(權原)이 분리되어 있는 특정소방대상물의 경우 그 관리의 권원별 관계인은 대통령령으로 정하는 바에 따라 제24조 제1항에 따른 소방안전관리자를 선임하여야 한다. 다만, 소방본부장 또는 소방서장은 관리의 권원이 많아 효율적인 소방안전관리가 이루어지지 아니한다고 판단되는 경우 대통령령으로 정하는 바에 따라 관리의 권원을 조정하여 소방안전관리자를 선임하도록 할 수 있다.

1. 복합건축물(지하층을 제외한 층수가 11층 이상 또는 연면적 3만제곱미터 이상인 건축물)

2. 지하가(지하의 인공구조물 안에 설치된 상점 및 사무실, 그 밖에 이와 비슷한 시설이 연속하여 지하도에 접하여 설치된 것과 그 지하도를 합한 것을 말한다)

📖 조문 플러스

관리의 권원(權原)이 분리되어 있는 특정소방대상물의 경우 그 관리의 권원별로 소방안전관리자를 선임하도록 하되, 특정소방대상물의 전체에 걸쳐 소방안전관리상 필요한 업무를 총괄하는 총괄소방안전관리자를 별도로 두도록 한다.

찐 tip

관리의 권원이 분리된 특정소방대상물
1. 복합건축물(층수 11층 이상, 연면적 3만m² 이상)
2. 지하가
3. 판매시설 중 도매시장, 소매시장 및 전통시장(대통령령)

3. 그 밖에 대통령령으로 정하는 특정소방대상물

② 제1항에 따른 관리의 권원별 관계인은 상호 협의하여 특정소방대상물의 전체에 걸쳐 소방안전관리상 필요한 업무를 총괄하는 소방안전관리자(이하 "총괄소방안전관리자"라 한다)를 제1항에 따라 선임된 소방안전관리자 중에서 선임하거나 별도로 선임하여야 한다. 이 경우 총괄소방안전관리자의 자격은 대통령령으로 정하고 업무수행 등에 필요한 사항은 행정안전부령으로 정한다.

③ 제2항에 따른 총괄소방안전관리자에 대하여는 제24조, 제26조부터 제28조까지 및 제30조부터 제34조까지에서 규정한 사항 중 소방안전관리자에 관한 사항을 준용한다.

④ 제1항 및 제2항에 따라 선임된 소방안전관리자 및 총괄소방안전관리자는 해당 특정소방대상물의 소방안전관리를 효율적으로 수행하기 위하여 공동소방안전관리협의회를 구성하고, 해당 특정소방대상물에 대한 소방안전관리를 공동으로 수행하여야 한다. 이 경우 공동소방안전관리협의회의 구성·운영 및 공동소방안전관리의 수행 등에 필요한 사항은 대통령령으로 정한다.

시행령 제35조(관리권원별 선임 및 조정 기준) ① 법 제35조 제1항 본문의 기준에 따라 관리의 권원이 분리되어 있는 특정소방대상물의 관계인은 소유권, 관리권 및 점유권에 따라 각각 소방안전관리자를 선임하여야 한다.

② 소방본부장 또는 소방서장은 법 제35조 제1항 단서에 따라 다음 각 호의 어느 하나에 해당하는 경우에는 관리권원별 선임기준을 조정할 수 있다.

1. 법령 또는 계약 등에 따라 공동으로 관리하는 경우: 하나의 관리권원으로 보고 소방안전관리자 1명 선임

2. 화재수신반 또는 소방펌프 등이 별도로 설치되어 있는 경우: 각각 소방안전관리자 선임

3. 건축물대장의 건축물현황도에 표시된 대지경계선 안의 지역에 관리의 권원이 분리되어 있으나 하나의 화재 수신반 또는 소방펌프 등을 공동으로 사용하는 경우: 소방안전관리자 1명 선임

4. 기타 소방본부장 또는 소방서장이 필요하다고 인정하는 경우

제36조(관리의 권원이 분리된 특정소방대상물) 법 제35조 제1항 제3호에서 "대통령령으로 정하는 특정소방대상물"이란 판매시설 중 도매시장, 소매시장 및 전통시장을 말한다.

제37조(총괄소방안전관리자의 선임 자격) 법 제35조 제2항에 따른 총괄소방안전관리자의 자격은 총괄 소방안전관리자를 선임하여야 하는 소방안전관리대상물 전체에 대한 소방안전관리자 선임 등급 이상으로 하여야 한다.

제38조(공동소방안전관리 협의회의 구성·운영 및 수행 기준) ① 법 제35조 제4항에 따른 공동소방안전관리협의회(이하 "협의회"라 한다)는 소방안전관리대상물의 관계인, 총괄소방안전관리자 및 권원별 소방안전관리자로 구성한다.

② 제1항에 따른 협의회는 다음 각 호의 사항에 대한 업무를 협의하여 결정한다.

1. 총괄 소방안전관리자의 업무 권한에 대한 사항

2. 특정소방대상물 전체의 소방계획 수립 및 시행에 관한 사항

3. 특정소방대상물 전체의 소방훈련 및 교육의 실시에 관한 사항

찐 tip

총괄소방안전관리자

1. 의미: 특정소방대상물의 전체에 걸쳐 소방안전관리상 필요한 업무를 총괄하는 소방안전관리자

2. 선임: 선임된 소방안전관리자 중에서 선임 또는 별도 선임

3. 선임자격: 총괄소방안전관리자를 선임하여야 하는 소방안전관리대상물 전체에 대한 소방안전관리자 선임 등급 이상

찐 tip

관리권원별 소방안전관리자 선임기준

1. 공동 관리: 하나의 관리권원으로 보고 1명 선임

2. 화재수신반, 소방펌프 등 별도 설치: 각각 선임

3. 대지경계선 안 지역에 하나의 화재 수신반 또는 소방펌프 등 공동 사용: 1명 선임

4. 공용 부분의 소방시설 및 피난·방화 시설의 유지·관리에 관한 사항

5. 그 밖에 공동 소방안전관리에 필요한 사항

③ 제1항에 따른 협의회는 공동소방안전관리의 수행에 필요한 기준을 정하여 운영할 수 있다.

시행규칙 제34조(총괄소방안전관리자의 업무) 법 제35조 제2항에 따른 총괄소방안전관리자의 업무는 다음 각 호와 같다.

1. 특정소방대상물 전체에 대한 소방계획의 작성 및 시행

2. 공용 부분의 소방시설 및 피난·방화 시설 등의 관리

3. 권원별 소방안전관리 업무 지도·감독

4. 특정소방대상물 전체에 대한 소방훈련 및 교육의 실시

5. 공동소방안전관리협의회의 운영

6. 그 밖에 총괄 소방안전관리에 관한 사항

📖 **용어사전**

❶ **권원:** 어떤 행위를 정당화하는 법률적인 원인을 말한다.

❷ **복합건축물:** 하나의 건축물에 둘 이상의 특정소방대상물이 있는 것을 말한다.

🏠 **핵심정리** 관리의 권원❶이 분리되어 있는 특정소방대상물

1. 복합건축물❷(지하층을 제외한 층수가 11층 이상 또는 연면적 3만m² 이상인 건축물)

2. 지하가(지하의 인공구조물 안에 설치된 상점 및 사무실, 그 밖에 이와 비슷한 시설이 연속하여 지하도에 접하여 설치된 것과 그 지하도를 합한 것을 말한다)

3. 판매시설 중 도매시장, 소매시장 및 전통시장

📋 **기출 체크**

01 「화재의 예방 및 안전관리에 관한 법률」 및 같은 법 시행령상 관리의 권원이 분리된 특정소방대상물로 옳지 않은 것은? 21. 학과

① 판매시설 중 도매시장 및 소매시장

② 복합건축물로서 지하층을 제외한 층수가 11층 이상인 것

③ 복합건축물로서 연면적 5천m² 이상인 것

④ 지하가(지하의 인공구조물 안에 설치된 상점 및 사무실, 그 밖에 이와 비슷한 시설이 연속하여 지하도에 접하여 설치된 것과 그 지하도를 합한 것을 말한다)

02 「화재의 예방 및 안전관리에 관한 법률」상 관리의 권원이 분리된 특정소방대상물로 옳지 않은 것은? 18. 공채 통합

① 복합건축물로서 지하층을 제외한 층수가 13층인 것

② 지하가(지하의 인공구조물 안에 설치된 상점 및 사무실 그 밖의 비슷한 시설이 연속하여 지하도에 접하여 설치된 것)

③ 복합건축물로서 연면적이 5천m²인 것

④ 판매시설 중 도매시장 및 소매시장

정답 01 ③ 02 ③

제36조(피난계획의 수립 및 시행)

① 소방안전관리대상물의 관계인은 그 장소에 근무하거나 거주 또는 출입하는 사람들이 화재가 발생한 경우에 안전하게 피난할 수 있도록 피난계획을 수립·시행하여야 한다.

② 제1항의 피난계획에는 그 소방안전관리대상물의 구조, 피난시설 등을 고려하여 설정한 피난경로가 포함되어야 한다.

③ 소방안전관리대상물의 관계인은 피난시설의 위치, 피난경로 또는 대피요령이 포함된 피난유도 안내정보를 근무자 또는 거주자에게 정기적으로 제공하여야 한다.

④ 제1항에 따른 피난계획의 수립·시행, 제3항에 따른 피난유도 안내정보 제공에 필요한 사항은 행정안전부령으로 정한다.

> **시행규칙 제35조(피난계획의 수립·시행)** ① 법 제36조 제4항에 따른 피난계획에는 다음 각 호의 사항이 포함되어야 한다.
> 1. 화재경보의 수단 및 방식
> 2. 층별, 구역별 피난대상 인원의 현황
> 3. 어린이, 노인, 장애인 등 화재의 예방 및 안전관리에 취약한 자(이하 "화재안전취약자"라 한다)의 현황
> 4. 각 거실에서 옥외(옥상 또는 피난안전구역을 포함한다)로 이르는 피난경로
> 5. 화재안전취약자 및 화재안전취약자를 동반한 사람의 피난동선과 피난방법
> 6. 피난시설, 방화구획, 그 밖에 피난에 영향을 줄 수 있는 제반 사항
> ② 소방안전관리대상물의 관계인은 해당 소방안전관리대상물의 구조·위치, 소방시설 등을 고려하여 피난계획을 수립하여야 한다.
> ③ 소방안전관리대상물의 관계인은 해당 소방안전관리대상물의 피난시설이 변경된 경우에는 그 변경사항을 반영하여 피난계획을 정비하여야 한다.
> ④ 제1항부터 제3항까지에서 규정한 사항 외에 피난계획의 수립·시행에 필요한 세부사항은 소방청장이 정한다.

> **제36조(피난유도 안내정보의 제공)** ① 법 제36조 제4항에 따른 피난유도 안내정보 제공은 다음 각 호의 어느 하나에 해당하는 방법으로 하여야 한다.
> 1. 연 2회 피난안내 교육을 실시하는 방법
> 2. 분기별 1회 이상 피난안내방송을 실시하는 방법
> 3. 피난안내도를 층마다 보기 쉬운 위치에 게시하는 방법
> 4. 엘리베이터, 출입구 등 시청이 용이한 지역에 피난안내영상을 제공하는 방법
> ② 제1항에서 규정한 사항 외에 피난유도 안내정보의 제공에 필요한 세부사항은 소방청장이 정한다.

📖 **핵심정리 피난계획**

1. **수립, 시행자:** 관계인
2. **피난안내교육:** 연 2회
3. **피난안내방송:** 분기별 1회 이상
4. **피난안내도:** 층마다 설치
5. **피난안내영상 제공:** 엘리베이터, 출입구 등

찐 tip

피난계획
1. 수립·시행자: 관계인
2. 정기제공: 피난유도 안내정보(피난시설의 위치, 피난경로, 대피요령 등)
3. 피난유도 안내정보 제공에 필요한 사항: 행정안전부령

찐 tip

피난유도 안내정보의 제공
1. 연 2회 피난안내 교육 실시
2. 분기별 1회 이상 피난안내방송
3. 피난안내도 층마다 게시
4. 시청이 용이한 지역에 피난안내영상 제공

📓 조문플러스

1. 화재 발생시 건축물에서의 인명 및 재산피
   해를 방지하기 위하여 특정소방대상물의
   관계인은 상시근무자 또는 거주자를 대상
   으로 화재 시에 불을 끄는 요령, 화재 발생
   사실을 통보하는 방법, 피난을 위한 훈련
   등을 정기적으로 실시하도록 관계인에게
   직접 책임을 부여하였으며 소방본부장과
   소방서장은 이를 지도·감독한다.

2. 소방본부장 또는 소방서장은 소방안전관
   리대상물 중 불특정 다수인이 이용하는 대
   통령령으로 정하는 특정소방대상물의 근
   무자등에게 불시에 소방훈련과 교육을 실
   시할 수 있도록 하되, 이 경우 소방훈련과
   교육은 그 특정소방대상물 근무자등의 불
   편을 최소화하고 안전 등을 확보하는 대
   책을 마련하여야 하며, 소방훈련과 교육의
   내용, 방법 및 절차 등은 행정안전부령으
   로 정하는 바에 따라 관계인에게 사전에
   통지하도록 한다.

찐 tip

근무자등의 소방훈련 등
1. 소방훈련: 소화·통보·피난 등의 훈련
2. 지도 및 감독: 소방본부장, 소방서장
3. 결과 제출: 30일 이내에 부령이 정하는 바
   에 따라 소방본부장, 소방서장에게 제출
4. 제출대상: 특급, 1급 소방안전관리대상물

📖 용어사전

❶ 소화: 연소 중인 물질에 대해 인위적인 수
   단으로 연소를 종식시키는 일을 말한다.
❷ 통보: 통지하여 보고하는 것을 말한다.
❸ 피난: 화재·재난 및 재난을 피하여 안전
   한 곳으로 옮겨 가는 것을 말한다.

제37조(소방안전관리대상물 근무자 및 거주자 등에 대한 소방훈련 등)

① 소방안전관리대상물의 관계인은 그 장소에 근무하거나 거주하는 사람 등(이하 이
조에서 "근무자등"이라 한다)에게 소화❶·통보❷·피난❸ 등의 훈련(이하 "소방훈련"
이라 한다)과 소방안전관리에 필요한 교육을 하여야 하고, 피난훈련은 그 소방대
상물에 출입하는 사람을 안전한 장소로 대피시키고 유도하는 훈련을 포함하여야
한다. 이 경우 소방훈련과 교육의 횟수 및 방법 등에 관하여 필요한 사항은 행정안
전부령으로 정한다.

② 소방안전관리대상물 중 소방안전관리업무의 전담이 필요한 대통령령으로 정하는
소방안전관리대상물의 관계인은 제1항에 따른 소방훈련 및 교육을 한 날부터 30일
이내에 소방훈련 및 교육 결과를 행정안전부령으로 정하는 바에 따라 소방본부장 또
는 소방서장에게 제출하여야 한다.

③ 소방본부장 또는 소방서장은 제1항에 따라 소방안전관리대상물의 관계인이 실시
하는 소방훈련과 교육을 지도·감독할 수 있다.

④ 소방본부장 또는 소방서장은 소방안전관리대상물 중 불특정 다수인이 이용하는 대
통령령으로 정하는 특정소방대상물의 근무자등에게 불시에 소방훈련과 교육을 실시
할 수 있다. 이 경우 소방본부장 또는 소방서장은 그 특정소방대상물 근무자등의
불편을 최소화하고 안전 등을 확보하는 대책을 마련하여야 하며, 소방훈련과 교육
의 내용, 방법 및 절차 등은 행정안전부령으로 정하는 바에 따라 관계인에게 사전
에 통지하여야 한다.

⑤ 소방본부장 또는 소방서장은 제4항에 따라 소방훈련과 교육을 실시한 경우에는
그 결과를 평가할 수 있다. 이 경우 소방훈련과 교육의 평가방법 및 절차 등에 필
요한 사항은 행정안전부령으로 정한다.

시행령 제39조(소방훈련 및 교육 결과 제출) 법 제37조 제2항에서 "대통령령으로 정하는 소방안전관리대상물"이란 다음 각 호의 어느 하나에 해당하는 소방안전관리대상물을 말한다.

1. 별표 4 제1호에 따른 특급 소방안전관리대상물
2. 별표 4 제2호에 따른 1급 소방안전관리대상물

제40조(불시 소방훈련 및 교육) 법 제37조 제4항에서 "대통령령으로 정하는 특정소방대상물"이란 다음 각 호의 어느 하나에 해당하는 특정소방대상물을 말한다.

1. 「소방시설 설치 및 관리에 관한 법률 시행령」 별표 2 제7호에 따른 의료시설
2. 「소방시설 설치 및 관리에 관한 법률 시행령」 별표 2 제8호에 따른 교육연구시설
3. 「소방시설 설치 및 관리에 관한 법률 시행령」 별표 2 제9호에 따른 노유자시설
4. 그 밖에 화재 시 많은 인명피해의 발생이 예상되어 소방본부장 또는 소방서장이 지정하는 것

찐 tip

불시 소방훈련 및 교육 대상
1. 의료시설
2. 교육연구시설
3. 노유자시설
4. 소방본부장, 소방서장이 지정하는 것

시행규칙 제37조(근무자 및 거주자에 대한 소방훈련과 교육) ① 소방안전관리대상물의 관계인은 법 제37조 제1항에 따른 소방훈련과 교육을 연 1회 이상 실시하여야 한다. 다만, 소방본부장 또는 소방서장이 화재예방을 위하여 필요하다고 인정하여 2회의 범위에서 추가로 실시할 것을 요청하는 경우에는 소방훈련과 교육을 실시하여야 한다.

② 소방본부장 또는 소방서장은 특급 및 1급 소방안전관리대상물의 관계인으로 하여금 제1항에 따른 소방훈련을 소방기관과 합동으로 실시하게 할 수 있다.

③ 소방안전관리대상물의 관계인은 법 제37조 제1항에 따른 소방훈련을 실시하는 경우 소방훈련에 필요한 장비 및 교재 등을 갖추어야 한다.

④ 소방안전관리대상물의 관계인은 제1항에 따른 소방훈련과 교육을 실시하였을 때에는 그 실시 결과를 별지 제27호 서식의 소방훈련·교육 실시 결과 기록부에 기록하고, 이를 소방훈련과 교육을 실시한 날로부터 2년간 보관하여야 한다.

찐 tip

근무자 및 거주자에 대한 소방훈련과 교육
1. 추가실시: 소방본부장, 소방서장이 화재예방을 위하여 필요하다고 인정 시 2회 범위
2. 합동훈련 대상: 특급 및 1급 소방안전관리대상물의 관계인
3. 기록 보관: 2년간

제38조(소방훈련 및 교육결과의 제출) 영 제39조에 따른 소방안전관리대상물의 관계인은 법 제37조 제2항에 따라 소방훈련과 교육을 실시하였을 때에는 별지 제28호 서식의 소방훈련·교육실시 결과를 소방본부장 또는 소방서장에게 서면(전자문서를 포함한다)으로 제출하여야 한다.

제39조(소방훈련 및 교육 사전통지) ① 소방본부장 또는 소방서장은 법 제37조 제4항에 따라 불시 소방훈련을 실시하고자 하는 때에는 소방안전관리대상물의 관계인에게 소방훈련과 교육의 내용, 방법 및 절차 등을 불시 소방훈련 실시 10일 전까지 서면으로 통지하여야 한다. 이 경우 소방안전관리대상물의 관계인은 특별한 사유가 없으면 소방훈련 요청에 따라야 한다.

② 소방본부장 또는 소방서장은 제1항의 사전통지 시 소방훈련 및 교육에 대한 안전대책 및 준수사항 등을 포함하여야 한다.

찐 tip

소방훈련 및 교육 사전통지
1. 통지자: 소방본부장, 소방서장
2. 통지: 10일 전까지 서면으로 통지

제40조(소방훈련 및 교육의 평가방법·절차) ① 소방본부장 또는 소방서장은 법 제37조 제5항에 따라 소방훈련 및 교육에 대한 평가를 실시하고자 하는 때에는 평가 계획을 사전에 수립하여야 한다.

② 제1항에 따른 평가 계획의 내용은 다음 각 호와 같다.

1. 소방훈련·교육 계획 및 내용의 적절성
2. 소방훈련·교육 유형 및 방법의 적합성

3. 소방훈련·교육 참여인력, 시설 및 장비 등의 적정성

4. 소방훈련·교육 여건 및 참여도

5. 그 밖에 소방훈련·교육 평가에 필요한 사항

③ 제1항에 따른 소방훈련·교육에 대한 평가는 현장평가를 원칙으로 하되, 필요에 따라 서면평가 등을 병행할 수 있다. 이 경우 소방훈련·교육 참가자에 대한 설문조사 또는 면접조사 등을 함께 실시할 수 있다.

④ 소방본부장 또는 소방서장은 제1항에 따른 소방훈련 및 교육 평가 결과가 우수한 경우에는 다음 연도 소방훈련 및 교육을 면제할 수 있고 미흡한 경우에는 소방훈련 및 교육을 다시 실시하도록 할 수 있다.

📖 **핵심정리 특정소방대상물의 근무자 및 거주자에 대한 소방훈련 등**

1. **근무자등의 소방훈련 등**
   ① **소방훈련:** 소화·통보·피난 등의 훈련
   ② **지도 및 감독:** 소방본부장, 소방서장
   ③ **결과 제출:** 소방훈련 및 교육을 한 날부터 30일 이내에 행정안전부령으로 정하는 바에 따라 소방본부장, 소방서장에게 제출
   ④ **제출 대상:** 특급, 1급 소방안전관리대상물

2. **불시 소방훈련 및 교육 대상**
   ① 의료시설
   ② 교육연구시설
   ③ 노유자시설
   ④ 소방본부장, 소방서장이 지정하는 것

3. **근무자 및 거주자에 대한 소방훈련과 교육**
   ① **추가실시:** 소방본부장, 소방서장이 화재예방을 위하여 필요하다고 인정 시 2회 범위
   ② **합동훈련 대상:** 특급 및 1급 소방안전관리대상물의 관계인
   ③ **기록 보관:** 2년간

4. **소방훈련 및 교육 사전통지**
   ① **통지자:** 소방본부장, 소방서장
   ② **통지:** 10일 전까지 서면으로

📔 **기출 체크**

특정소방대상물의 관계인은 소방교육 및 소방훈련 등을 실시하여야 한다. 다음 중 소방교육 및 훈련에 대한 내용으로 옳은 것은?   14. 공채 통합

① 아파트로서 지하층을 제외한 층수가 11층 이상에 해당하는 경우에는 소방기관과 합동으로 소방훈련을 하게 할 수 있다.

② 소방안전관리대상물의 관계인은 근무자등에게 소방훈련과 소방안전관리에 필요한 교육을 하여야 한다.

③ 소방관서장은 특정소방대상물의 관계인이 실시하는 소방훈련을 지도·감독할 수 있다.

④ 소방훈련과 교육의 횟수 및 방법 등에 관하여 필요한 사항은 소방청장이 정한다.

정답 ②

제38조(특정소방대상물의 관계인에 대한 소방안전교육)

① 소방본부장이나 소방서장은 제37조를 적용받지 아니하는 특정소방대상물의 관계인에 대하여 특정소방대상물의 화재예방과 소방안전을 위하여 행정안전부령으로 정하는 바에 따라 소방안전교육을 할 수 있다.

② 제1항에 따른 교육대상자 및 특정소방대상물의 범위 등에 필요한 사항은 행정안전부령으로 정한다.

> 시행규칙 제41조(특정소방대상물의 관계인에 대한 소방안전교육 대상자 등) ① 소방본부장 또는 소방서장은 법 제38조 제1항에 따라 소방안전교육을 실시하고자 하는 때에는 교육일시·장소 등 교육에 필요한 사항을 명시하여 교육일 10일 전까지 교육대상자에게 통보하여야 한다.
> ② 법 제38조 제2항에 따른 교육대상자는 다음 각 호의 어느 하나에 해당하는 특정소방대상물의 관계인으로서 관할 소방서장이 교육이 필요하다고 인정하는 사람으로 한다.
> 1. 소화기 및 비상경보설비가 설치된 공장·창고 등 소규모 특정소방대상물
> 2. 그 밖에 화재에 대하여 취약성이 높다고 관할 소방본부장 또는 소방서장이 인정하는 특정소방대상물

제39조(공공기관의 소방안전관리)

① 국가, 지방자치단체, 국공립학교 등 대통령령으로 정하는 공공기관의 장은 소관기관의 근무자 등의 생명·신체와 건축물·인공구조물 및 물품 등을 화재로부터 보호하기 위하여 화재예방, 자위소방대의 조직 및 편성, 소방시설등의 자체점검과 소방훈련 등의 소방안전관리를 하여야 한다.

② 제1항에 따른 공공기관에 대한 다음 각 호의 사항에 관하여는 제24조부터 제38조까지의 규정에도 불구하고 대통령령으로 정하는 바에 따른다.

1. 소방안전관리자의 자격·책임 및 선임 등
2. 소방안전관리의 업무대행
3. 자위소방대의 구성·운영 및 교육
4. 근무자 등에 대한 소방훈련 및 교육
5. 그 밖에 소방안전관리에 필요한 사항

 찐 tip

소방안전관리대상물이 아닌 관계인에 대한 소방안전교육 대상
1. 소화기 및 비상경보설비가 설치된 공장·창고 등 소규모 특정소방대상물
2. 화재에 대하여 취약성이 높다고 관할 소방본부장 또는 소방서장이 인정하는 특정소방대상물

 찐 tip

공공기관의 소방안전관리
1. 공공기관: 국가, 지방자치단체, 국공립학교 등(국가공기업, 준정부기관, 지방공단, 지방공사)
2. 안전관리주체: 공공기관의 장

찐 tip

소방안전 특별관리시설물의 안전관리
1. 특별관리자: 소방청장
2. 기본계획 수립, 시행자: 소방청장(시·도지사와 협의)
3. 세부시행계획 수립, 시행자: 시·도지사

소방안전 특별관리시설물
1. 운수관련(공항, 항만, 철도, 도시철도)시설
2. 산업관련(산업단지, 산업기술단지)시설
3. 에너지관련(석유비축, 천연가스 인수기지 및 공급망, 도시가스공급시설, 발전소)시설
4. 건축물관련(초고층 건축물 및 지하연계 복합건축물, 영화상영관 중 수용인원 1천명 이상, 지정문화재, 전력용 및 통신용 지하구, 물류창고로서 연면적 10만m² 이상, 점포가 500개 이상인 전통시장)

용어사전

❶ 산업기술단지: 기업·대학·연구소·지방자치단체 등이 공동으로 법으로 정하는 사업을 수행하는 지역혁신 거점을 말한다.
❷ 산업단지: 공업용으로 토지가 개발되어 산업시설이 들어선 일정 지역을 말한다.
❸ 전통시장: 오랜기간에 걸쳐 일정한 지역에서 자연발생적으로 형성된 상설시장이나 정기시장을 말한다.

제40조(소방안전 특별관리시설물의 안전관리)

① 소방청장은 화재 등 재난이 발생할 경우 사회·경제적으로 피해가 큰 다음 각 호의 시설(이하 "소방안전 특별관리시설물"이라 한다)에 대하여 소방안전 특별관리를 하여야 한다.
   1. 「공항시설법」 제2조 제7호의 공항시설
   2. 「철도산업발전기본법」 제3조 제2호의 철도시설
   3. 「도시철도법」 제2조 제3호의 도시철도시설
   4. 「항만법」 제2조 제5호의 항만시설
   5. 「문화재보호법」 제2조 제3항의 지정문화재인 시설(시설이 아닌 지정문화재를 보호하거나 소장하고 있는 시설을 포함한다)
   6. 「산업기술단지 지원에 관한 특례법」 제2조 제1호의 산업기술단지❶
   7. 「산업입지 및 개발에 관한 법률」 제2조 제8호의 산업단지❷
   8. 「초고층 및 지하연계 복합건축물 재난관리에 관한 특별법」 제2조 제1호·제2호의 초고층 건축물 및 지하연계 복합건축물
   9. 「영화 및 비디오물의 진흥에 관한 법률」 제2조 제10호의 영화상영관 중 수용인원 1천명 이상인 영화상영관
   10. 전력용 및 통신용 지하구
   11. 「한국석유공사법」 제10조 제1항 제3호의 석유비축시설
   12. 「한국가스공사법」 제11조 제1항 제2호의 천연가스 인수기지 및 공급망
   13. 「전통시장 및 상점가 육성을 위한 특별법」 제2조 제1호의 전통시장으로서 대통령령으로 정하는 전통시장❸
   14. 그 밖에 대통령령으로 정하는 시설물
② 소방청장은 제1항에 따른 특별관리를 체계적이고 효율적으로 하기 위하여 시·도지사와 협의하여 소방안전 특별관리기본계획을 제4조 제1항에 따른 기본계획에 포함하여 수립 및 시행하여야 한다.
③ 시·도지사는 제2항에 따른 소방안전 특별관리기본계획에 저촉되지 아니하는 범위에서 관할 구역에 있는 소방안전 특별관리시설물의 안전관리에 적합한 소방안전 특별관리시행계획을 제4조 제6항에 따른 세부시행계획에 포함하여 수립 및 시행하여야 한다.
④ 그 밖에 제2항 및 제3항에 따른 소방안전 특별관리기본계획 및 소방안전 특별관리시행계획의 수립·시행에 필요한 사항은 대통령령으로 정한다.

시행령 제41조(소방안전 특별관리시설물) ① 법 제40조 제1항 제13호에서 "대통령령으로 정하는 전통시장"이란 점포가 500개 이상인 전통시장을 말한다.

② 법 제40조 제1항 제14호에서 "대통령령으로 정하는 시설물"이란 다음 각 호의 시설물을 말한다.

1. 「전기사업법」 제2조 제4호에 따른 발전사업자가 가동 중인 발전소(발전원의 종류별로 「발전소주변지역 지원에 관한 법률 시행령」 제2조 제2항에 따른 발전소는 제외한다)
2. 「물류시설의 개발 및 운영에 관한 법률」 제2조 제5의2에 따른 물류창고로서 연면적 10만제곱미터 이상인 것
3. 「도시가스사업법」 제2조 제5호에 따른 가스공급시설

제42조(소방안전 특별관리기본계획·시행계획의 수립·시행) ① 소방청장은 법 제40조 제2항에 따른 소방안전 특별관리기본계획(이하 "특별관리기본계획"이라 한다)을 5년마다 수립하여 시·도에 통보하여야 한다.

② 특별관리기본계획에는 다음 각 호의 사항이 포함되어야 한다.
1. 화재예방을 위한 중기·장기 안전관리정책
2. 화재예방을 위한 교육·홍보 및 점검·진단
3. 화재대응을 위한 훈련
4. 화재대응과 사후 조치에 관한 역할 및 공조체계
5. 그 밖에 화재 등의 안전관리를 위하여 필요한 사항

③ 시·도지사는 특별관리기본계획을 시행하기 위하여 매년 법 제40조 제3항에 따른 소방안전 특별관리시행계획(이하 "특별관리시행계획"이라 한다)을 수립·시행하고, 그 시행 결과를 계획 시행 다음 연도 1월 31일까지 소방청장에게 통보하여야 한다.

④ 특별관리시행계획에는 다음 각 호의 사항이 포함되어야 한다.
1. 특별관리기본계획의 집행을 위하여 필요한 사항
2. 시·도에서 화재 등의 안전관리를 위하여 필요한 사항

⑤ 소방청장 및 시·도지사는 특별관리기본계획 및 특별관리시행계획을 수립하는 경우 성별, 연령별, 화재안전취약자별 화재 피해현황 및 실태 등에 관한 사항을 고려하여야 한다.

 찐 tip

특별관리기본계획 포함 사항
1. 화재예방(중기·장기 안전관리정책, 교육·홍보 및 점검·진단)
2. 화재대응 훈련
3. 화재대응과 사후 조치에 관한 역할 및 공조체계

📖 **핵심정리 소방안전 특별관리시설물**

1. **기본계획 수립·시행권자:** 소방청장(5년마다)

2. **시행계획 수립·시행권자:** 시·도지사(매년)

3. **대상**
   ① 운수시설 중 철도, 도시철도, 공항, 항만시설
   ② 초고층 건축물, 지하연계 복합건축물, 연면적 10만㎡이상 물류창고
   ③ 산업단지, 산업기술단지
   ④ 수용인원 1천명 이상인 영화상영관
   ⑤ 문화재, 전력·통신용 지하구, 점포 500개 이상 전통시장
   ⑥ 석유비축시설, 천연가스 인수기지 및 공급망, 도시가스 공급시설, 발전소

조문 플러스

소방안전 특별관리시설물의 관계인은 화재의
예방 및 안전관리를 체계적·효율적으로 수행
하기 위하여 화재예방안전진단기관으로부터
정기적으로 화재예방안전진단을 받도록 한다.

찐 tip

화재예방안전진단
1. 진단 대상: 소방안전 특별관리시설물(대
   통령령)
2. 진단자: 안전원, 소방청장이 지정하는 화
   재예방안전진단기관

제41조(화재예방안전진단)

① 대통령령으로 정하는 소방안전 특별관리시설물의 관계인은 화재의 예방 및 안전
관리를 체계적·효율적으로 수행하기 위하여 대통령령으로 정하는 바에 따라 「소
방기본법」 제40조에 따른 한국소방안전원(이하 "안전원"이라 한다) 또는 소방청장
이 지정하는 화재예방안전진단기관(이하 "진단기관"이라 한다)으로부터 정기적으
로 화재예방안전진단을 받아야 한다.

② 제1항에 따른 화재예방안전진단의 범위는 다음 각 호와 같다.

1. 화재위험요인의 조사에 관한 사항
2. 소방계획 및 피난계획 수립에 관한 사항
3. 소방시설등의 유지·관리에 관한 사항
4. 비상대응조직 및 교육훈련에 관한 사항
5. 화재 위험성 평가에 관한 사항
6. 그 밖에 화재예방진단을 위하여 대통령령으로 정하는 사항

③ 제1항에 따라 안전원 또는 진단기관의 화재예방안전진단을 받은 연도에는 제37조
에 따른 소방훈련과 교육 및 「소방시설 설치 및 관리에 관한 법률」 제22조에 따른
자체점검을 받은 것으로 본다.

④ 안전원 또는 진단기관은 제1항에 따른 화재예방안전진단 결과를 행정안전부령으
로 정하는 바에 따라 소방본부장 또는 소방서장, 관계인에게 제출하여야 한다.

⑤ 소방본부장 또는 소방서장은 제4항에 따라 제출받은 화재예방안전진단 결과에 따
라 보수·보강 등의 조치가 필요하다고 인정하는 경우에는 해당 소방안전 특별관
리시설물의 관계인에게 보수❶·보강❷ 등의 조치를 취할 것을 명할 수 있다.

⑥ 화재예방안전진단 업무에 종사하고 있거나 종사하였던 사람은 업무를 수행하면
서 알게 된 비밀을 이 법에서 정한 목적 외의 용도로 사용하거나 다른 사람 또는
기관에 제공하거나 누설하여서는 아니 된다.

📖 용어사전

❶ 보수: 낡거나 부서진 것을 손보아 고치는
  것을 말한다.
❷ 보강: 보태거나 채워서 본디보다 더 튼튼
  하게 하는 것을 말한다.

시행령 제43조(화재예방안전진단 대상) ① 법 제41조 제1항에서 "대통령령으로 정하는 소방안전 특별관리시설물"은 다음 각 호를 말한다.

1. 법 제40조 제1항 제1호에 따른 공항시설 중 여객터미널이 있는 공항시설
2. 법 제40조 제1항 제2호에 따른 철도시설 중 역 시설
3. 법 제40조 제1항 제3호에 따른 도시철도시설 중 역사 및 역 시설
4. 법 제40조 제1항 제4호에 따른 항만시설 중 여객이용시설 및 지원시설
5. 법 제40조 제1항 제10호에 따른 전력용 및 통신용 지하구 중 「국토의 계획 및 이용에 관한 법률」 제2조 제9호에 따른 공동구
6. 법 제40조 제1항 제11호에 따른 석유비축시설 중 「위험물안전관리법」에 따른 제조소등으로 허가 받은 시설
7. 법 제40조 제1항 제12호에 따른 천연가스의 인수기지 및 공급망 중 「소방시설 설치 및 관리에 관한 법률 시행령」 별표 2 제17호 나목에 따른 가스시설
8. 제41조 제2항 제1호에 따른 발전소
9. 제41조 제2항 제3호에 따른 가스공급시설

② 제1항에도 불구하고 소방청장이 정하여 고시하는 기관 또는 단체로부터 안전에 관한 인증을 받은 소방안전 특별관리시설물은 인증을 받은 그 기간 동안에는 화재예방안전진단을 받은 것으로 본다. 이 경우 안전에 관한 인증범위는 법 제41조 제2항의 화재예방안전진단의 범위가 포함되어야 한다.

제44조(화재예방안전진단의 실시방법) ① 제43조 제1항에 해당하는 소방안전 특별관리시설물의 관계인은 다음 각 호의 어느 하나에 해당하는 등급에 따라 법 제41조 제1항에 따른 화재예방안전진단을 받아야 한다.

1. A등급: 6년에 1회 이상
2. B, C 등급: 5년에 1회 이상
3. D, E 등급: 4년에 1회 이상

② 제1항에 따른 화재예방안전진단의 안전등급 기준은 별표 7과 같다.
③ 그 밖에 화재예방안전진단 절차 및 방법 등 필요한 사항은 행정안전부령으로 정한다.

제45조(화재예방안전진단의 범위) 법 제41조 제2항 제6호에서 "대통령령으로 정하는 사항"은 다음 각 호의 사항을 말한다.

1. 화재위험요인의 파악, 시정 및 개선조치에 대한 사항
2. 화재 등 비상 시 대응 계획의 수립(매뉴얼 등을 포함한다) 및 이행 등에 관한 사항
3. 소방안전 특별관리시설물 관계인의 책임 · 역할 및 예산투자 등 안전관리에 관한 사항
4. 산불, 지진 등 외부 환경 위험요인에 대한 예방 · 대비 · 대응 태세
5. 그 밖에 화재위험요인(건축, 전기, 가스, 화공 및 위험물 분야 등을 말한다)에 대한 안전관리에 관한 사항

시행규칙 제42조(화재예방안전진단의 절차 및 방법) ① 법 제41조 제1항에 따른 화재예방안전진단의 절차는 다음 각 호와 같다.

1. 위험요인 조사
2. 위험성 평가
3. 위험성 감소대책의 수립

찐 tip

화재예방안전진단 대상
1. 여객터미널이 있는 공항시설
2. 철도시설 중 역 시설
3. 도시철도시설 중 역사 및 역 시설
4. 항만시설 중 여객이용시설 및 지원시설
5. 전력용 및 통신용 지하구 중 「국토의 계획 및 이용에 관한 법률」에 따른 공동구
6. 석유비축시설 중 「위험물안전관리법」에 따른 제조소등으로 허가 받은 시설
7. 천연가스 인수기지 및 공급망 중 「소방시설 설치 및 관리에 관한 법률 시행령」에 따른 가스시설
8. 발전소
9. 도시가스공급시설

📍 [별표 7] p.168

찐 tip

안전등급
1. A등급: 우수, 문제점 발견되지 않음
2. B등급: 양호, 문제점 일부 발견, 일부 시정 보완조치, 권고
3. C등급: 보통, 문제점 다수 발견, 다수 시정 보완조치, 권고
4. D등급: 미흡, 광범위 문제점 발견, 사용 제한
5. E등급: 불량, 중대한 문제점 발견, 사용 중단

찐 tip

화재예방안전진단의 절차

위험요인 조사 → 위험성 평가 → 위험성 감소대책의 수립

② 제1항에 따른 화재예방안전진단의 조사 및 평가 방법은 다음 각 호와 같다.

1. 자료수집 및 분석: 준공도면, 시설현황, 소방계획서, 기존 점검실시 결과, 보수이력 및 성적서 등의 확인

2. 현장조사 및 점검: 화재위험요인조사 및 소방시설등의 성능점검 등

3. 화재위험성평가: 정성적, 정량적 방법을 통한 위험성 평가 및 등급 산정

4. 비상대응훈련평가: 불시 · 무각본에 의한 화재대응훈련

5. 위험성 감소 대책 수립: 시정 · 보완 및 권고사항을 포함한 위험성 감소대책 수립

③ 영 제43조 제1항에 해당하는 소방안전 특별관리시설물의 관계인은 화재예방안전진단에 필요한 자료의 열람 및 진단에 적극 협조하여야 한다.

④ 그 밖에 화재예방안전진단의 실시내용 및 세부기준 등에 필요한 사항은 소방청장이 정하여 고시한다.

제43조(화재예방안전진단 결과 제출) ① 법 제41조 제4항에 따라 안전원 또는 화재예방안전진단기관(이하 "진단기관"이라 한다)은 화재예방안전진단 결과를 화재예방안전진단실시 후 30일 이내에 소방본부장 또는 소방서장에게 진단결과를 서면(전자문서를 포함한다)으로 제출하여야 한다. 이 경우 화재예방안전진단 결과를 소방안전 특별관리시설물의 관계인에게도 알려야 한다.

② 제1항에 따른 화재예방안전진단 결과에 포함될 내용은 다음 각 호와 같다.

1. 진단 개요, 범위 및 과업내용에 관한 사항

2. 위험요인의 조사 · 분석 및 평가결과에 관한 사항

3. 평가결과에 따른 개선조치(시정 · 보완 및 권고사항을 포함한다)에 관한 사항

4. 평가등급 및 위험성감소 대책에 관한 사항

5. 그 밖에 화재예방안전진단 결과에 관한 것으로서 소방청장이 정하는 사항

③ 소방청장은 법 제41조 제4항에 따라 화재예방진단결과 보고서를 받은 때에는 화재예방진단의 기술 수준을 향상시키고 부실 진단을 방지하기 위하여 화재예방진단의 실시 결과를 평가할 수 있다. 이 경우, 소방청장은 부적정한 화재예방진단 결과에 대해 수정 · 보완하도록 할 수 있다.

제42조(진단기관의 지정 및 취소)

① 제41조 제1항에 따라 소방청장으로부터 진단기관으로 지정을 받으려는 자는 대통령령으로 정하는 시설과 전문인력 등 지정기준을 갖추어 소방청장에게 지정을 신청하여야 한다.

② 소방청장은 진단기관으로 지정받은 자가 다음 각 호의 어느 하나에 해당하는 경우에는 그 지정을 취소하거나 6개월 이내의 기간을 정하여 업무의 전부 또는 일부의 정지를 명할 수 있다. 다만, 제1호 또는 제4호에 해당하는 경우에는 그 지정❶을 취소하여야 한다.

1. 거짓이나 그 밖의 부정한 방법으로 지정을 받은 경우

2. 제41조 제4항에 따른 화재예방안전진단 결과를 소방본부장 또는 소방서장, 관계인에게 제출하지 아니한 경우

3. 제1항에 따른 지정기준에 미달하게 된 경우

4. 업무정지기간에 화재예방안전진단 업무를 한 경우

찐 tip

진단기관 지정 및 취소
1. 거짓이나 그 밖의 부정한 방법으로 지정을 받은 경우
2. 업무정지기간에 화재예방안전진단 업무를 한 경우

용어사전

❶ 지정: 어떤 것에 특정한 자격을 주는 것을 말한다.

③ 진단기관의 지정절차, 지정취소 또는 업무정지의 처분 등에 필요한 사항은 행정안전부령으로 정한다.

시행령 제46조(안전진단기관의 지정) ① 법 제42조 제1항에 따라 소방청장으로부터 화재예방안전진단기관(이하 "진단기관"이라 한다)으로 지정을 받으려는 자는「민법」제32조에 따라 설립된 비영리법인 중 소방청장의 허가를 받아 설립된 단체 또는 기관이어야 한다.
② 제1항에 따른 진단기관이 갖추어야 하는 시설, 전문인력 및 장비 등은 별표 8과 같다.

📍 [별표 8] p.169

찐 tip

진단기관이 갖추어야 하는 시설
1. 사무실, 창고
2. 자본금: 4억원 이상

진단기관이 갖추어야 하는 전문인력
1. 다음에 해당하는 사람 각 1명 이상
  · 소방기술사
  · 소방시설관리사
  · 전기안전기술사, 화공안전기술사, 가스기술사, 위험물기능장 또는 건축사
2. 분야별로 해당 자격 요건을 충족하는 사람 각 1명 이상(소방, 전기, 화공, 가스, 위험물, 건축, 교육훈련)

시행규칙 제44조(진단기관의 지정신청) ① 법 제42조 제3항에 따라 진단기관으로 지정받으려는 자는 별지 제29호 서식의 진단기관 지정신청서에 다음 각 호의 서류를 첨부하여 소방청장에게 제출하여야 한다.
1. 정관 사본 1부
2. 사업수행계획서(사업목표, 수행실적, 자본금, 진단방법·절차 및 관리·운영 계획 등을 포함한다) 1부
3. 보유시설(사무소) 및 장비명세서 각 1부
4. 전문인력보유현황(자격증 사본, 경력증명서, 재직증명서를 포함한다) 각 1부
② 제1항에 따른 신청을 받은 소방청장은「전자정부법」제36조 제1항에 따른 행정정보의 공동이용을 통하여 법인 등기사항증명서(법인인 경우만 해당한다)를 확인하여야 한다.

제45조(진단기관의 지정절차) ① 소방청장은 제44조 제1항에 따른 진단기관 지정신청서를 받았을 때에는 지정기준 등에 적합한지 여부를 종합적으로 심사하여 지정 여부를 결정하여야 한다.
② 제1항의 지정심사를 위한 검토 사항은 다음 각 호와 같다. 이 경우 소방청장은 필요하다고 판단되는 경우 현장 실사를 할 수 있다.
1. 화재예방안전진단을 위한 시설, 전문인력 및 장비 확보 여부
2. 사업수행계획의 실현 가능 여부
3. 진단기관 운영을 위한 재정적 능력
4. 진단조직의 구성 및 관리·운영 계획의 적합성 여부
5. 그 밖에 진단기관의 지정 심사와 관련하여 소방청장이 정하는 사항

제46조(진단기관의 지정 및 취소 등) ① 소방청장은 법 제42조 제1항에 따라 진단기관을 지정한 경우 별지 제30호 서식의 진단기관 지정서를 내주고, 그 내용을 공고하여야 한다.
② 소방청장은 법 제42조 제2항에 따라 진단기관의 지정을 취소한 경우에는 그 사실을 소방청 인터넷 홈페이지에 게시하여야 한다.
③ 법 제42조 제3항에 따른 진단기관의 지정취소 또는 업무정지의 처분 등에 필요한 기준은 별표 6과 같다.

📍 [별표 6] p.186

1. 진단대상: 소방안전 특별관리시설물(대통령령)

2. 진단자: 안전원, 소방청장이 지정하는 화재예방안전진단기관

3. 화재예방안전진단 대상
① 여객터미널이 있는 공항시설
② 철도시설 중 역 시설
③ 도시철도시설 중 역사 및 역 시설
④ 항만시설 중 여객이용시설 및 지원시설
⑤ 전력용 및 통신용 지하구 중 「국토의 계획 및 이용에 관한 법률」에 따른 공동구
⑥ 석유비축시설 중 「위험물안전관리법」에 따른 제조소등으로 허가 받은 시설
⑦ 천연가스 인수기지 및 공급망 중 「소방시설 설치 및 관리에 관한 법률 시행령」에 따른 가스시설
⑧ 발전소
⑨ 도시가스공급시설

4. 진단기관이 갖추어야 하는 시설, 전문인력 및 장비 등
① 시설(사무소) 및 자본금
  · 전문인력이 근무할 수 있는 사무실과 장비 등을 보관할 수 있는 창고를 갖출 것
  · 자본금 4억원 이상
② 전문인력: 다음의 인력을 모두 갖출 것(전문인력은 해당 진단기관의 상근 직원으로 하며 다음의 어느 하나에 해당하는 사람은 다른 기술인력을 대체할 수 없다)
  · 다음에 해당하는 사람 각 1명 이상
    – 소방기술사
    – 소방시설관리사
    – 전기안전기술사, 화공안전기술사, 가스기술사, 위험물기능장 또는 건축사
  · 다음의 분야별로 해당 자격 요건을 충족하는 사람 각 1명 이상

분야	자격 요건(다음의 어느 하나에 해당하는 사람)
소방	· 소방기술사 · 소방시설관리사 · 소방설비기사(산업기사를 포함한다) 자격 취득 후 소방 관련 업무경력이 3년(소방설비산업기사의 경우 5년) 이상인 사람
전기	· 전기안전기술사 · 전기기사(산업기사를 포함한다) 자격 취득 후 소방 관련 업무 경력이 3년(산업기사의 경우 5년) 이상인 사람
화공	· 화공안전기술사 · 화공기사(산업기사를 포함한다) 자격 취득 후 소방 관련 업무 경력이 3년(산업기사의 경우 5년) 이상인 사람
가스	· 가스기술사 · 가스기사(산업기사를 포함한다) 자격 취득 후 소방 관련 업무 경력이 3년(산업기사의 경우 5년) 이상인 사람
위험물	· 위험물기능장 · 위험물산업기사 자격 취득 후 소방 관련 업무 경력이 5년 이상인 사람
건축	· 건축사 · 건축기사(산업기사를 포함한다) 자격 취득 후 소방 관련 업무 경력이 3년(산업기사의 경우 5년) 이상인 사람
교육훈련	소방안전교육사

제43조(화재의 예방과 안전문화 진흥을 위한 시책의 추진)

① 소방관서장은 국민의 화재 예방과 안전에 관한 의식을 높이고 화재의 예방과 안전문화를 진흥시키기 위한 다음 각 호의 활동을 적극 추진하여야 한다.

1. 화재의 예방 및 안전관리에 관한 의식을 높이기 위한 활동 및 홍보
2. 소방대상물 특성별 화재의 예방과 안전관리에 필요한 행동요령의 개발·보급
3. 화재의 예방과 안전문화 우수사례의 발굴 및 확산
4. 화재 관련 통계 현황의 관리·활용 및 공개
5. 화재의 예방과 안전관리 취약계층에 대한 화재의 예방 및 안전관리 강화
6. 그 밖에 화재의 예방과 안전문화를 진흥하기 위한 활동

② 소방관서장은 화재의 예방과 안전문화 활동에 국민 또는 주민이 참여할 수 있는 제도를 마련하여 시행할 수 있다.

③ 소방청장은 국민이 화재의 예방과 안전문화를 실천하고 체험할 수 있는 체험시설을 설치·운영할 수 있다.

④ 국가와 지방자치단체는 지방자치단체 또는 그 밖의 기관·단체에서 추진하는 화재의 예방과 안전문화활동을 위하여 필요한 예산을 지원할 수 있다.

제44조(우수 소방대상물 관계인에 대한 포상 등)

① 소방청장은 소방대상물의 자율적인 안전관리를 유도하기 위하여 안전관리 상태가 우수한 소방대상물을 선정하여 우수 소방대상물 표지를 발급하고, 소방대상물의 관계인을 포상할 수 있다.

② 제1항에 따른 우수 소방대상물의 선정 방법, 평가 대상물의 범위 및 평가 절차 등에 필요한 사항은 행정안전부령으로 정한다.

> 시행규칙 제47조(우수 소방대상물의 선정 등) ① 소방청장은 법 제44조 제1항에 따른 우수 소방대상물의 선정 및 관계인에 대한 포상을 위하여 우수 소방대상물의 선정 방법, 평가 대상물의 범위 및 평가 절차 등에 관한 내용이 포함된 시행계획(이하"시행계획"이라 한다)을 매년 수립·시행하여야 한다.
>
> ② 소방청장은 우수소방대상물 선정을 위하여 필요한 경우에는 소방대상물을 직접 방문하여 필요한 사항을 확인할 수 있다.
>
> ③ 소방청장은 우수 소방대상물 선정 등 업무의 객관성 및 전문성을 확보하기 위하여 필요한 경우에는 다음 각 호의 어느 하나에 해당하는 사람이 2명 이상 포함된 평가위원회(이하 이 조에서 "평가위원회"라 한다)를 구성하여 운영할 수 있다. 이 경우 평가위원회의 위원에게는 예산의 범위에서 수당, 여비 등 필요한 경비를 지급할 수 있다.

1. 소방기술사(소방안전관리자로 선임된 사람은 제외한다)
2. 소방 관련 석사 학위 이상을 취득한 사람
3. 소방 관련 법인 또는 단체에서 소방 관련 업무에 5년 이상 종사한 사람
4. 소방공무원 교육기관, 대학 또는 연구소에서 소방과 관련한 교육 또는 연구에 5년 이상 종사한 사람

④ 제1항부터 제3항까지 규정한 사항 외에 우수 소방대상물의 평가, 평가위원회 구성·운영, 포상의 종류·명칭 및 우수 소방대상물 인증표지 등에 관한 사항은 소방청장이 정하여 고시한다.

제45조(조치명령 등의 기간연장)

① 다음 각 호에 따른 조치명령·선임명령 또는 이행명령(이하 "조치명령등"이라 한다)을 받은 관계인 등은 천재지변이나 그 밖에 대통령령으로 정하는 사유로 조치명령등을 그 기간 내에 이행할 수 없는 경우에는 조치명령등을 명령한 소방관서장에게 대통령령으로 정하는 바에 따라 조치명령등의 이행시기를 연장하여 줄 것을 신청할 수 있다.

1. 제14조에 따른 소방대상물의 개수·이전·제거, 사용의 금지 또는 제한, 사용폐쇄, 공사의 정지 또는 중지, 그 밖의 필요한 조치명령
2. 제28조 제1항에 따른 소방안전관리자 또는 소방안전관리보조자 선임명령
3. 제28조 제2항에 따른 소방안전관리업무 이행명령

② 제1항에 따라 연장신청을 받은 소방관서장은 연장신청 승인 여부를 결정하고 그 결과를 조치명령등의 이행 기간 내에 관계인 등에게 알려 주어야 한다.

시행령 제47조(조치명령등의 연기) ① 법 제45조 제1항 각 호 외의 부분에서 "그 밖에 대통령령으로 정하는 사유"란 다음 각 호의 어느 하나의 경우에 해당하는 사유를 말한다.

1. 「재난 및 안전관리 기본법」 제3조 제1호에 해당하는 재난이 발생하여 법 제45조 제1항 각 호에 따른 조치명령·선임명령 또는 이행명령(이하 "조치명령등"이라 한다)을 이행할 수 없는 경우
2. 「감염병의 예방 및 관리에 관한 법률」 제2조 제1호에 해당하는 감염병이 발생하여 조치명령등을 이행할 수 없는 경우
3. 관계인이 질병, 장기출장 등으로 조치명령등을 이행할 수 없는 경우
4. 경매 또는 양도·양수 등의 사유로 소유권이 변동되어 조치명령기간에 시정이 불가능한 경우
5. 시장·상가·복합건축물 등 다수의 관계인으로 구성되어 조치명령기간 내에 의견 조정과 시정이 불가능하다고 인정할 만한 상당한 이유가 있는 경우

② 법 제45조 제1항에 따라 조치명령등의 연기를 신청하려는 관계인 등은 행정안전부령으로 정하는 연기신청서에 연기의 사유 및 기간 등을 기재하여 소방관서장에게 제출하여야 한다.

③ 제2항에 따른 연기신청 및 연기신청서의 처리절차에 관하여 필요한 사항은 행정안전부령으로 정한다.

찐 tip

조치명령 등 기간연장
1. **조치명령 등:** 조치명령, 선임명령, 이행명령
2. **명령자:** 소방관서장
3. **기간연장 대상:** 재난 발생, 감염병 발생, 관계인(질병, 장기출장), 소유권 변동으로 시정 불가능, 다수의 관계인으로 의견조정 및 시정 불가능

시행규칙 제48조(조치명령등의 연기 신청 등) ① 법 제45조 제1항에 따른 조치명령·선임명령 또는 이행명령(이하 "조치명령등"이라 한다)의 연기를 신청하려는 관계인 등은 영 제47조 제2항 및 제3항에 따라 별지 제31호 서식에 따른 조치명령등의 연기신청서에 조치명령등을 이행할 수 없음을 증명할 수 있는 서류를 첨부하여 소방관서장에게 제출하여야 한다.

② 제1항에 따른 신청서를 제출받은 소방관서장은 신청받은 날부터 3일 이내에 조치명령등의 연기 여부를 결정하여 별지 제32호 서식의 조치명령등의 연기통지서를 관계인 등에게 통지하여야 한다.

제46조(청문[1])

소방청장 또는 시·도지사는 다음 각 호의 어느 하나에 해당하는 처분을 하려면 청문을 하여야 한다.

1. 제31조 제1항에 따른 소방안전관리자의 자격 취소
2. 제42조 제2항에 따른 진단기관의 지정 취소

제47조(수수료 등)

다음 각 호의 어느 하나에 해당하는 자는 **행정안전부령으로 정하는 수수료 또는 교육비**를 내야 한다.

1. 제30조 제1항에 따른 소방안전관리자 자격시험에 응시하려는 사람
2. 제30조 제2항 및 제3항에 따른 소방안전관리자 자격증을 발급 또는 재발급 받으려는 사람
3. 제34조에 따른 강습교육 또는 실무교육을 받으려는 사람
4. 제41조 제1항에 따라 화재예방안전진단을 받으려는 관계인

시행규칙 제49조(수수료 및 교육비) ① 법 제47조에 따른 수수료 및 교육비는 별표 7과 같다.

② 별표 7에 따른 수수료 또는 교육비를 반환하는 경우에는 다음 각 호의 구분에 따라 반환하여야 한다.

1. 수수료 또는 교육비를 과오납한 경우: 그 과오납한 금액의 전부
2. 시험시행기관 또는 교육실시기관의 귀책사유로 시험에 응시하지 못하거나 교육을 받지 못한 경우: 납입한 수수료 또는 교육비의 전부
3. 직계가족의 사망, 본인의 사고 또는 질병, 격리가 필요한 감염병이나 예견할 수 없는 기후상황 등으로 인해 시험에 응시하지 못한 경우: 시험응시수수료의 전부
4. 원서접수기간 또는 교육신청기간 내에 접수를 철회한 경우: 납입한 수수료 또는 교육비의 전부
5. 시험시행일 또는 교육실시일 20일 전까지 접수를 취소하는 경우: 납입한 수수료 또는 교육비의 전부

 쌤 tip

청문
1. 청문실시자: 소방청장, 시·도지사
2. 대상: 취소(소방안전관리자 자격, 진단기관 지정)

📖 용어사전

❶ 청문: 행정명령의 제정, 행정에 관한 정책이나 구체적인 조치의 결정 등에 의하여 영향을 받거나 불이익을 입게 될 당사자 또는 이해관계인에게 자신의 의견을 표명하거나 유리한 증거를 제출할 기회를 제공하는 것을 말한다.

📍 [별표 7] p.187

6. 시험시행일 또는 교육실시일 10일 전까지 접수를 취소하는 경우: 납입한 수수료 또는 교육비의 100분의 50

③ 법 제47조에 따라 수수료 또는 교육비를 납부하는 경우에는 정보통신망을 이용하여 전자화폐·전자결제 등의 방법으로 할 수 있다.

제48조(권한의 위임❶·위탁❷ 등)

① 이 법에 따른 소방청장 또는 시·도지사의 권한은 그 일부를 대통령령으로 정하는 바에 따라 시·도지사, 소방본부장 또는 소방서장에게 위임할 수 있다.

② 소방관서장은 다음 각 호에 해당하는 업무를 안전원에 위탁할 수 있다.

1. 제26조 제1항에 따른 소방안전관리자 또는 소방안전관리보조자 선임신고의 접수
2. 제26조 제2항에 따른 소방안전관리자 또는 소방안전관리보조자 해임 사실의 확인
3. 제29조 제1항에 따른 건설현장 소방안전관리자 선임신고의 접수
4. 제30조 제1항 제1호에 따른 소방안전관리자 자격시험
5. 제30조 제2항 및 제3항에 따른 소방안전관리자 자격증의 발급 및 재발급
6. 제33조에 따른 소방안전관리 등에 관한 종합정보망의 구축·운영
7. 제34조에 따른 강습교육 및 실무교육

③ 제2항에 따라 위탁받은 업무에 종사하고 있거나 종사하였던 사람은 업무를 수행하면서 알게 된 비밀을 이 법에서 정한 목적 외의 용도로 사용하거나 다른 사람 또는 기관에 제공하거나 누설하여서는 아니 된다.

> **시행령 제48조(권한의 위임·위탁 등)** ① 소방청장은 법 제48조 제1항에 따라 법 제31조에 따른 소방안전관리자 자격의 정지 및 취소에 관한 업무를 소방본부장 또는 소방서장에게 위임한다.
>
> ② 소방관서장은 법 제48조 제2항에 따라 다음 각 호의 업무를 안전원에 위탁한다.
>
> 1. 법 제26조 제1항에 따른 소방안전관리자 또는 소방안전관리보조자 선임신고의 접수
> 2. 법 제26조 제2항에 따른 소방안전관리자 또는 소방안전관리보조자 해임 사실의 확인
> 3. 법 제29조 제1항에 따른 건설현장 소방안전관리자 선임신고의 접수
> 4. 법 제30조 제1항 제1호에 따른 소방안전관리자 자격시험
> 5. 법 제30조 제2항 및 제3항에 따른 소방안전관리자 자격증의 발급 및 재발급
> 6. 법 제33조에 따른 소방안전관리 등에 관한 종합정보망의 구축·운영
> 7. 법 제34조에 따른 강습교육 및 실무교육
>
> **제49조(고유식별정보의 처리)** 소방관서장(제48조에 따라 소방청장의 권한을 위임·위탁받은 자를 포함한다) 또는 시·도지사는 다음 각 호의 사무를 수행하기 위하여 불가피한 경우 「개인정보 보호법 시행령」 제19조 제1호 또는 제4호에 따른 주민등록번호 또는 외국인등록번호가 포함된 자료를 처리할 수 있다.

1. 법 제7조 및 제8조에 따른 화재안전조사에 관한 사무

2. 법 제14조에 따른 화재안전조사 결과에 따른 조치명령에 관한 사무

3. 법 제15조에 따른 손실보상에 관한 사무

4. 법 제24조, 제26조 및 제29조에 따른 소방안전관리자, 소방안전관리보조자 및 건설현장 소방안전관리자의 선임신고 등에 관한 사무

5. 법 제30조 및 제31조에 따른 소방안전관리자 자격증의 발급 및 자격증의 정지 · 취소에 관한 사무

6. 법 제32조에 따른 소방안전관리자 자격시험에 관한 사무

7. 법 제34조에 따른 소방안전관리자 등에 대한 교육에 관한 사무

8. 법 제42조에 따른 진단기관의 지정 및 취소

9. 법 제44조에 따른 우수 소방대상물 관계인에 대한 포상 등에 관한 사무

10. 법 제46조에 따른 청문에 관한 사무

11. 법 제47조에 따른 수수료 징수에 관한 사무

제50조(규제의 재검토) 소방청장은 다음 각 호의 사항에 대하여 다음 각 호의 기준일을 기준으로 3년마다(매 3년이 되는 해의 기준일과 같은 날 전까지를 말한다) 그 타당성을 검토하여 개선 등의 조치를 해야 한다.

1. 제27조에 따른 소방안전관리자를 두어야 하는 특정소방대상물 등: 2025년 12월 1일

2. 제27조에 따른 소방안전관리보조자를 두어야 하는 특정소방대상물 등: 2025년 12월 1일

3. 제27조에 따른 소방안전관리자 및 소방안전관리보조자의 선임대상자: 2025년 12월 1일

4. 제30조에 따른 소방안전관리 업무의 대행: 2025년 12월 1일

시행규칙 제50조(안전원이 갖추어야 하는 시설 기준 등) 법 제48조 제2항 제7호에 따라 위탁받은 업무를 수행하는 안전원이 갖추어야 하는 시설기준은 별표 8과 같다.

📍 [별표 8] p.190

제49조(벌칙 적용에서 공무원 의제[❶])

다음 각 호의 어느 하나에 해당하는 자 중 공무원이 아닌 사람은 「형법」 제129조부터 제132조까지의 규정을 적용할 때에는 공무원으로 본다.

1. 제9조에 따른 화재안전조사단의 구성원

2. 제10조에 따른 화재안전조사위원회의 위원

3. 제11조에 따라 화재안전조사에 참여하는 자

4. 제22조에 따른 화재안전영향평가심의회 위원

5. 제41조 제1항에 따른 화재예방안전진단업무 수행 기관의 임원 및 직원

6. 제48조 제2항에 따라 위탁받은 업무에 종사하는 안전원의 담당 임원 및 직원

📖 **용어사전**

❶ 의제: 본질은 같지 않지만 법률에서 다룰 때는 동일한 것으로 처리하여 동일한 효과를 주는 일을 말한다.

제8장 벌칙

제50조(벌칙)

① 다음 각 호의 어느 하나에 해당하는 자는 3년 이하의 징역 또는 3천만원 이하의 벌금에 처한다.

1. 제14조 제1항 및 제2항에 따른 조치명령을 정당한 사유 없이 위반한 자
2. 제28조 제1항 및 제2항에 따른 명령을 정당한 사유 없이 위반한 자
3. 제41조 제5항에 따른 보수·보강 등의 조치명령을 정당한 사유 없이 위반한 자
4. 거짓이나 그 밖의 부정한 방법으로 제42조 제1항에 따른 진단기관으로 지정을 받은 자

② 다음 각 호의 어느 하나에 해당하는 자는 1년 이하의 징역 또는 1천만원 이하의 벌금에 처한다.

1. 제12조 제2항을 위반하여 관계인의 정당한 업무를 방해하거나, 조사업무를 수행하면서 취득한 자료나 알게 된 비밀을 다른 사람 또는 기관에게 제공 또는 누설하거나 목적 외의 용도로 사용한 자
2. 제30조 제4항을 위반하여 자격증을 다른 사람에게 빌려 주거나 빌리거나 이를 알선한 자
3. 제41조 제1항을 위반하여 진단기관으로부터 화재예방안전진단을 받지 아니한 자

③ 다음 각 호의 어느 하나에 해당하는 자는 300만원 이하의 벌금에 처한다.

1. 제7조 제1항에 따른 화재안전조사를 정당한 사유 없이 거부·방해 또는 기피한 자
2. 제17조 제2항 각 호의 어느 하나에 따른 명령을 정당한 사유 없이 따르지 아니하거나 방해한 자
3. 제24조 제1항·제3항, 제29조 제1항 및 제35조 제1항·제2항을 위반하여 소방안전관리자, 총괄소방안전관리자 또는 소방안전관리보조자를 선임하지 아니한 자
4. 제27조 제3항을 위반하여 소방시설·피난시설·방화시설 및 방화구획 등이 법령에 위반된 것을 발견하였음에도 필요한 조치를 할 것을 요구하지 아니한 소방안전관리자
5. 제27조 제4항을 위반하여 소방안전관리자에게 불이익한 처우를 한 관계인
6. 제41조 제6항 및 제48조 제3항을 위반하여 업무를 수행하면서 알게 된 비밀을 이 법에서 정한 목적 외의 용도로 사용하거나 다른 사람 또는 기관에 제공하거나 누설한 자

제51조(양벌규정[1])

법인의 대표자나 법인 또는 개인의 대리인, 사용인, 그 밖의 종업원이 그 법인 또는 개인의 업무에 관하여 제50조에 해당하는 위반행위를 하면 그 행위자를 벌하는 외에 그 법인 또는 개인에게도 해당 조문의 벌금형을 과(科)한다. 다만, 법인 또는 개인이 그 위반행위를 방지하기 위하여 해당 업무에 관하여 상당한 주의와 감독을 게을리하지 아니한 경우에는 그러하지 아니하다.

제52조(과태료)

① 다음 각 호의 어느 하나에 해당하는 자에게는 300만원 이하의 과태료를 부과한다.

  1. 정당한 사유 없이 제17조 제1항 각 호의 어느 하나에 해당하는 행위를 한 자
  2. 제24조 제2항을 위반하여 소방안전관리자를 겸한 자
  3. 제24조 제5항에 따른 소방안전관리업무를 하지 아니한 특정소방대상물의 관계인 또는 소방안전관리대상물의 소방안전관리자
  4. 제27조 제2항을 위반하여 소방안전관리업무의 지도·감독을 하지 아니한 자
  5. 제29조 제2항에 따른 건설현장 소방안전관리대상물의 소방안전관리자의 업무를 하지 아니한 소방안전관리자
  6. 제36조 제3항을 위반하여 피난유도 안내정보를 제공하지 아니한 자
  7. 제37조 제1항을 위반하여 소방훈련 및 교육을 하지 아니한 자
  8. 제41조 제4항을 위반하여 화재예방안전진단 결과를 제출하지 아니한 자

② 다음 각 호의 어느 하나에 해당하는 자에게는 200만원 이하의 과태료를 부과한다.

  1. 제17조 제4항에 따른 불을 사용할 때 지켜야 하는 사항 및 같은 조 제5항에 따른 특수가연물의 저장 및 취급 기준을 위반한 자
  2. 제18조 제4항에 따른 소방설비등의 설치 명령을 정당한 사유 없이 따르지 아니한 자
  3. 제26조 제1항을 위반하여 기간 내에 선임신고를 하지 아니하거나 소방안전관리자의 성명 등을 게시하지 아니한 자
  4. 제29조 제1항을 위반하여 기간 내에 선임신고를 하지 아니한 자
  5. 제37조 제2항을 위반하여 기간 내에 소방훈련 및 교육 결과를 제출하지 아니한 자

③ 제34조 제1항 제2호를 위반하여 실무교육을 받지 아니한 소방안전관리자 및 소방안전관리보조자에게는 100만원 이하의 과태료를 부과한다.

④ 제1항부터 제3항까지에 따른 과태료는 대통령령으로 정하는 바에 따라 소방청장, 시·도지사, 소방본부장 또는 소방서장이 부과·징수한다.

📍 [별표 9] p.171

시행령 제51조(과태료의 부과기준) 법 제52조 제1항부터 제3항까지의 규정에 따른 과태료의 부과기준은 별표 9와 같다.

📋 **기출체크**

「화재의 예방 및 안전관리에 관한 법령」 별표 9의 과태료 부과 개별기준에 대한 내용 중 위반행위의 과태료 부과처분의 금액으로 옳은 것은?

22. 공채 통합

위반행위	과태료 금액(만원)
특수가연물의 저장 및 취급의 기준을 위반한 경우	( )

① 20
② 100
③ 200
④ 300

정답 ③

📍 [별표 1] 보일러 등의 위치·구조 및 관리와 화재예방을 위하여 불의 사용에 있어서 지켜야 하는 사항 (제18조 제1항 관련)

종류	내용
보일러	1. 가연성 벽·바닥 또는 천장과 접촉하는 증기기관 또는 연통의 부분은 규조토 등 난연성 단열재로 덮어씌워야 한다. 2. 경유·등유 등 액체연료를 사용하는 경우에는 다음 각목의 사항을 지켜야 한다. 　가. 연료탱크는 보일러본체로부터 수평거리 1미터 이상의 간격을 두어 설치할 것 　나. 연료탱크에는 화재 등 긴급상황이 발생하는 경우 연료를 차단 할 수 있는 개폐밸브를 연료탱크로부터 0.5미터 이내에 설치할 것 　다. 연료탱크 또는 연료를 공급하는 배관에는 여과장치를 설치할 것 　라. 사용이 허용된 연료 외의 것을 사용하지 아니할 것 　마. 연료탱크에는 불연재료(「건축법 시행령」 제2조 제10호의 규정에 의한 것을 말한다. 이하 이 표에서 같다)로 된 받침대를 설치하여 연료탱크가 넘어지지 아니하도록 할 것 3. 기체연료를 사용하는 경우에는 다음 각목에 의한다. 　가. 보일러를 설치하는 장소에는 환기구를 설치하는 등 가연성가스 가 머무르지 아니하도록 할 것 　나. 연료를 공급하는 배관은 금속관으로 할 것 　다. 화재 등 긴급시 연료를 차단할 수 있는 개폐밸브를 연료용기 등으로부터 0.5미터 이내에 설치할 것 　라. 보일러가 설치된 장소에는 가스누설경보기를 설치할 것 4. 화목 등 고체연료를 사용하는 경우에는 다음 각목에 의한다. 　가. 고체연료는 별도의 실 또는 보일러와 수평거리 2미터 이상 이격하여 보관할 것 　나. 연통은 천장으로부터 0.6미터 이상, 건물 밖으로 0.6미터 이상 나오도록 설치할 것 　다. 연통은 보일러보다 2미터 이상 높게 연장하여 설치할 것 　라. 연통이 관통하는 벽면, 지붕 등은 불연재료로 처리할 것 　마. 연통재질은 불연재료로 사용하고 연결부에 청소구를 설치할 것 5. 보일러와 벽·천장 사이의 거리는 0.6미터 이상 되도록 하여야 한다. 6. 보일러를 실내에 설치하는 경우에는 콘크리트바닥 또는 금속 외의 불연재료로 된 바닥 위에 설치하여야 한다.
난로	1. 연통은 천장으로부터 0.6미터 이상 떨어지고, 건물 밖으로 0.6미터 이상 나오게 설치하여야 한다. 2. 가연성 벽·바닥 또는 천장과 접촉하는 연통의 부분은 규조토 등 난연성 단열재로 덮어씌워야 한다. 3. 이동식난로는 다음 각목의 장소에서 사용하여서는 아니된다. 다만, 난로가 쓰러지지 아니하도록 받침대를 두어 고정시키거나 쓰러지는 경우 즉시 소화되고 연료의 누출을 차단할 수 있는 장치가 부착된 경우에는 그러하지 아니하다. 　가. 「다중이용업소의 안전관리에 관한 특별법」 제2조 제1항 제1호에 따른 다중이용업의 영업소 　나. 「학원의 설립·운영 및 과외교습에 관한 법률」 제2조 제1호의 규정에 의한 학원 　다. 「학원의 설립·운영 및 과외교습에 관한 법률 시행령」 제2조 제1항 제4호의 규정에 의한 독서실 　라. 「공중위생관리법」 제2조 제1항 제2호·제3호 및 제6호의 규정에 의한 숙박업·목욕장업·세탁업의 영업장

	마. 「의료법」 제3조 제2항의 규정에 따른 종합병원·병원·정신병원·치과병원·한방병원·요양병원·의원·치과의원·한의원 및 조산원 바. 「식품위생법 시행령」 제21조 제8호에 따른 휴게음식점영업, 일반음식점영업, 단란주점영업, 유흥주점영업 및 제과점영업의 영업장 사. 「영화 및 비디오물의 진흥에 관한 법률」 제2조 제10호에 따른 영화상영관 아. 「공연법」 제2조 제4호의 규정에 의한 공연장 자. 「박물관 및 미술관 진흥법」 제2조 제1호 및 제2호의 규정에 의한 박물관 및 미술관 차. 「유통산업발전법」 제2조 제7호의 규정에 의한 상점가 카. 「건축법」 제20조에 따른 가설건축물 타. 역·터미널
건조설비	1. 건조설비와 벽·천장 사이의 거리는 0.5미터 이상 되도록 하여야 한다. 2. 건조물품이 열원과 직접 접촉하지 아니하도록 하여야 한다. 3. 실내에 설치하는 경우에 벽·천장 또는 바닥은 불연재료로 하여야 한다.
불꽃을 사용하는 용접·용단기구	용접 또는 용단 작업장에서는 다음 각 호의 사항을 지켜야 한다. 다만, 「산업안전보건법」 제38조의 적용을 받는 사업장의 경우에는 적용하지 아니한다. 1. 용접 또는 용단 작업자로부터 반경 5미터 이내에 소화기를 갖추어 둘 것 2. 용접 또는 용단 작업장 주변 반경 10미터 이내에는 가연물을 쌓아두거나 놓아두지 말 것. 다만, 가연물의 제거가 곤란하여 방화포 등으로 방호조치를 한 경우는 제외한다.
노·화덕설비	1. 실내에 설치하는 경우에는 흙바닥 또는 금속 외의 불연재료로 된 바닥이나 흙바닥에 설치하여야 한다. 2. 노 또는 화덕을 설치하는 장소의 벽·천장은 불연재료로 된 것이어야 한다. 3. 노 또는 화덕의 주위에는 녹는 물질이 확산되지 아니하도록 높이 0.1미터 이상의 턱을 설치하여야 한다. 4. 시간당 열량이 30만킬로칼로리 이상인 노를 설치하는 경우에는 다음 각목의 사항을 지켜야 한다. 　가. 주요구조부(「건축법」 제2조 제1항 제7호에 따른 것을 말한다. 이하 이 표에서 같다)는 불연재료로 할 것 　나. 창문과 출입구는 「건축법 시행령」 제64조의 규정에 의한 60+방화문 또는 60분 방화문으로 설치할 것 　다. 노 주위에는 1미터 이상 공간을 확보할 것
음식조리를 위하여 설치하는 설비	일반음식점 주방에서 조리를 위하여 불을 사용하는 설비를 설치하는 경우에는 다음 각목의 사항을 지켜야 한다. 1. 주방설비에 부속된 배출덕트(공기 배출통로)는 0.5밀리미터 이상의 아연도금강판 또는 이와 동등 이상의 내식성 불연재료로 설치할 것 2. 주방시설에는 동물 또는 식물의 기름을 제거할 수 있는 필터 등을 설치할 것 3. 열을 발생하는 조리기구는 반자 또는 선반으로부터 0.6미터 이상 떨어지게 할 것 4. 열을 발생하는 조리기구로부터 0.15미터 이내의 거리에 있는 가연성 주요구조부는 단열성이 있는 불연재료로 덮어 씌울 것

비고
1. "보일러"라 함은 사업장 또는 영업장 등에서 사용하는 것을 말하며 공동주택 등 세대 내에 설치된 "가정용 보일러"는 제외한다.
2. "건조설비"라 함은 산업용 건조설비를 말하며, 「산업안전보건기준에 관한 규칙」 제280조에서 정하고 있는 산업용 건조설비를 말한다.
3. "불꽃을 사용하는 용접·용단기구"의 내용은 사업장(작업장)의 공사감독 또는 소방안전관리자가 조치한다.
4. "노·화덕설비"라 함은 제조업, 가공업에서 사용되는 것을 말하며, 조리용으로 사용되는 화덕은 제외한다.
5. 보일러, 난로, 건조설비, 불꽃을 사용하는 용접·용단기구 및 노·화덕설비가 설치된 장소에는 소화기 1개(능력단위 3단위 이상) 이상을 비치하여야 한다.

📍 [별표 2] 특수가연물(제19조 관련)

품명		수량
면화류		200킬로그램 이상
나무껍질 및 대팻밥		400킬로그램 이상
넝마 및 종이부스러기		1,000킬로그램 이상
사류(絲類)		1,000킬로그램 이상
볏짚류		1,000킬로그램 이상
재생자원연료		1,000킬로그램 이상
가연성고체류		3,000킬로그램 이상
석탄·목탄류		10,000킬로그램 이상
가연성액체류		2세제곱미터 이상
목재가공품 및 나무부스러기		10세제곱미터 이상
플라스틱류 (합성수지류 포함)	발포시킨 것	20세제곱미터 이상
	그 밖의 것	3,000킬로그램 이상

비고

1. "면화류"라 함은 불연성 또는 난연성이 아닌 면상 또는 팽이모양의 섬유와 마사(麻絲) 원료를 말한다.

2. 넝마 및 종이부스러기는 불연성 또는 난연성이 아닌 것(동식물유가 깊이 스며들어 있는 옷감·종이 및 이들의 제품을 포함한다)에 한한다.

3. "사류"라 함은 불연성 또는 난연성이 아닌 실(실부스러기와 솜털을 포함한다)과 누에고치를 말한다.

4. "볏짚류"라 함은 마른 볏짚·북더기와 이들의 제품 및 건초를 말한다. 다만, 축산용도로 사용하는 것은 제외한다.

5. "재생자원연료"는 고형폐기물원료와 같이 재생자원을 원재료로 하는 원료를 말한다.

6. "가연성고체류"라 함은 고체로서 다음 각목의 것을 말한다.

   가. 인화점이 섭씨 40도 이상 100도 미만인 것

   나. 인화점이 섭씨 100도 이상 200도 미만이고, 연소열량이 1그램당 8킬로칼로리 이상인 것

   다. 인화점이 섭씨 200도 이상이고 연소열량이 1그램당 8킬로칼로리 이상인 것으로서 융점이 100도 미만인 것

   라. 1기압과 섭씨 20도 초과 40도 이하에서 액상인 것으로서 인화점이 섭씨 70도 이상 섭씨 200도 미만이거나 나목 또는 다목에 해당하는 것

7. 석탄·목탄류에는 코크스, 석탄가루를 물에 갠 것, 마세크탄, 연탄, 석유코크스, 활성탄 및 이와 유사한 것을 포함한다.

8. "가연성액체류"라 함은 다음 각목의 것을 말한다.

   가. 1기압과 섭씨 20도 이하에서 액상인 것으로서 가연성 액체량이 40중량퍼센트 이하이면서 인화점이 섭씨 40도 이상 섭씨 70도 미만이고 연소점이 섭씨 60도 이상인 물품

   나. 1기압과 섭씨 20도에서 액상인 것으로서 가연성 액체량이 40중량퍼센트 이하이고 인화점이 섭씨 70도 이상 섭씨 250도 미만인 물품

   다. 동물의 기름기와 살코기 또는 식물의 씨나 과일의 살로부터 추출한 것으로서 다음의 1에 해당하는 것

      1) 1기압과 섭씨 20도에서 액상이고 인화점이 250도 미만인 것으로서 「위험물안전관리법」 제20조 제1항의 규정에 의한 용기기준과 수납·저장기준에 적합하고 용기외부에 물품명·수량 및 "화기엄금" 등의 표시를 한 것

      2) 1기압과 섭씨 20도에서 액상이고 인화점이 섭씨 250도 이상인 것

9. "플라스틱류(합성수지류 포함)"라 함은 불연성 또는 난연성이 아닌 고체의 합성수지제품, 합성수지반제품, 원료합성수지 및 합성수지 부스러기(불연성 또는 난연성이 아닌 고무제품, 고무반제품, 원료고무 및 고무 부스러기를 포함한다)를 말한다. 다만, 합성수지의 섬유·옷감·종이 및 실과 이들의 넝마와 부스러기를 제외한다.

📍 [별표 3] 특수가연물의 저장 및 취급기준(제20조 관련)

1. 특수가연물의 저장ㆍ취급 기준

가. 특수가연물을 저장 또는 취급하는 장소에는 품명ㆍ최대수량ㆍ단위체적당 질량(또는 단위질량당 체적)ㆍ관리책임자 성명ㆍ직책, 연락처 및 화기취급의 금지표시가 포함된 특수가연물 표지를 설치할 것

나. 다음 각 목의 기준에 따라 쌓아 저장할 것. 다만, 석탄ㆍ목탄류를 발전(發電)용으로 저장하는 경우에는 그러하지 아니하다.

1) 품명별로 구분하여 쌓을 것

2) 쌓는 높이는 10미터 이하가 되도록 하고, 쌓는 부분의 바닥면적은 50 제곱미터(석탄ㆍ목탄류의 경우에는 200제곱미터) 이하가 되도록 하되, 쌓는 최대 체적은 150세제곱미터 이하가 되도록 할 것. 다만, 살수설비를 설치하거나, 방사 능력 범위에 해당 특수가연물이 포함되도록 대형수동식소화기를 설치하는 경우에는 쌓는 높이를 15미터 이하, 쌓는 부분의 바닥면적을 200제곱미터(석탄ㆍ목탄류의 경우에는 300제곱미터) 이하, 쌓는 최대 체적 900세제곱미터 이하로 할 수 있다.

3) 실외에 쌓아 저장하는 경우 쌓는 부분과 대지경계선 또는 도로, 인접 건축물과 최소 6미터 이상 이격하되, 쌓은 높이보다 0.9미터 이상 높은 내화구조 벽체 설치 시 그러지 아니할 수 있다.

4) 실내에 쌓아 저장하는 경우 주요구조부는 내화구조의 건축물이면서 불연재료이어야 한다. 또한, 인접 건축물과는 최소 3미터이상 이격되어야 하며, 다른 종류의 특수가연물과 동일 공간 내에서의 보관은 불가하다. 다만, 내화구조의 벽으로 분리하는 경우 그러하지 아니하다.

5) 쌓는 부분의 바닥면적 사이는 실내의 경우 1.2미터 또는 쌓는 높이의 1/2 중 큰 값 이상으로 이격해야 하며, 실외의 경우 3미터 또는 쌓는 높이 중 큰 값 이상으로 이격해야 한다.

2. 특수가연물의 표지

특수가연물	
화기엄금	
품명	합성수지류
최대수량(배수)	000톤(00배)
단위체적당 질량	000kg/m^3
관리책임자	홍길동 팀장
연락처	02-000-0000

비고
1. 특수가연물을 저장 또는 취급하는 장소에는 다음 각목의 기준에 따라 "특수가연물"이라는 표시를 한 표지를 설치하여야 한다.

가. 표지는 한변의 길이가 0.3미터 이상, 다른 한변의 길이가 0.6미터 이상인 직사각형으로 할 것

나. 표지에는 "화기엄금", 저장 또는 취급하는 특수가연물의 품명, 최대수량(배수), 단위체적당 질량, 관리책임자 성명 및 직책, 관리책임자의 연락처를 기재할 것

다. 나목의 표지의 바탕은 백색으로, 문자는 흑색으로 할 것(단, "화기엄금" 표시부분은 제외한다)

라. 나목의 표지 중 화기엄금 표시부분의 바탕은 붉은색으로, 문자는 백색으로 할 것

2. 제1호의 표지는 특수가연물을 저장 또는 취급하는 장소 중 보기 쉬운 곳에 설치하여야 한다.

📍 [별표 4] 소방안전관리자를 두어야 하는 선임대상물, 선임자격 및 선임인원(제26조 제1항 관련)

1. 특급 소방안전관리대상물

구분	특급
가. 선임 대상물	「소방시설 설치 및 관리에 관한 법률 시행령」 별표 2의 특정소방대상물 중 다음의 어느 하나에 해당하는 것 1) 50층 이상(지하층은 제외한다)이거나 지상으로부터 높이가 200미터 이상인 아파트 2) 30층 이상(지하층을 포함한다)이거나 지상으로부터 높이가 120미터 이상인 특정소방대상물(아파트는 제외한다) 3) 2)에 해당하지 아니하는 특정소방대상물로서 연면적이 10만제곱미터 이상인 특정소방대상물(아파트는 제외한다)
나. 선임자격	다음 각 호의 어느 하나에 해당하는 사람으로서 특급 소방안전관리자 자격증을 받은 사람 1) 소방기술사 또는 소방시설관리사의 자격이 있는 사람 2) 소방설비기사의 자격을 취득한 후 5년 이상 1급 소방안전관리대상물의 소방안전관리자로 근무한 실무경력(법 제24조 제3항에 따라 소방안전관리자로 선임되어 근무한 경력은 제외한다. 이하 이 표에서 같다)이 있는 사람 3) 소방설비산업기사의 자격을 취득한 후 7년 이상 1급 소방안전관리대상물의 소방안전관리자로 근무한 실무경력이 있는 사람 4) 소방공무원으로 20년 이상 근무한 경력이 있는 사람 5) 소방청장이 실시하는 특급 소방안전관리대상물의 소방안전관리에 관한 시험에 합격한 사람
다. 선임인원	1명 이상

비고
동·식물원, 철강 등 불연성 물품을 저장·취급하는 창고, 위험물 저장 및 처리시설 중 위험물 제조소등과 지하구는 특급 소방안전관리대상물에서 제외한다.

2. 1급 소방안전관리대상물

구분	1급
가. 선임 대상물	「소방시설 설치 및 관리에 관한 법률 시행령」 별표 2의 특정소방대상물 중 제1호의 특급 소방안전관리대상물을 제외하고 다음의 어느 하나에 해당하는 것 1) 30층 이상(지하층은 제외한다)이거나 지상으로부터 높이가 120미터 이상인 아파트 2) 연면적 1만5천제곱미터 이상인 특정소방대상물(아파트는 제외한다) 3) 2)에 해당하지 아니하는 특정소방대상물로서 층수가 11층 이상인 특정소방대상물(아파트는 제외한다) 4) 가연성 가스를 1천톤 이상 저장·취급하는 시설
나. 선임자격	다음 각 호의 어느 하나에 해당하는 사람으로서 1급 소방안전관리자 자격증을 받은 사람 1) 소방설비기사 또는 소방설비산업기사의 자격이 있는 사람 2) 소방공무원으로 7년 이상 근무한 경력이 있는 사람 3) 소방청장이 실시하는 1급 소방안전관리대상물의 소방안전관리에 관한 시험에 합격한 사람 4) 제1호에 따라 특급 소방안전관리대상물의 소방안전관리자 자격이 인정되는 사람
다. 선임인원	1명 이상

비고
동·식물원, 철강 등 불연성 물품을 저장·취급하는 창고, 위험물 저장 및 처리 시설 중 위험물 제조소등, 지하구를 제외한다.

3. 2급 소방안전관리대상물

구분	2급
가. 선임 대상물	「소방시설 설치 및 관리에 관한 법률 시행령」별표 2의 특정소방대상물 중 제1호의 특급 소방안전관리대상물 및 제2호의 1급 소방안전관리대상물을 제외한 다음의 어느 하나에 해당하는 것 1) 「소방시설 설치 및 관리에 관한 법률 시행령」별표 5 제1호 다목부터 바목까지의 규정에 해당하는 특정소방대상물[호스릴(Hose Reel) 방식의 물분무등소화설비만을 설치한 경우는 제외한다] 2) 가스 제조설비를 갖추고 도시가스사업의 허가를 받아야 하는 시설 또는 가연성 가스를 100톤 이상 1천톤 미만 저장·취급하는 시설 3) 지하구 4) 「공동주택관리법」제2조 제1항 제2호의 어느 하나에 해당하는 공동주택 5) 「문화재보호법」제23조에 따라 보물 또는 국보로 지정된 목조건축물
나. 선임자격	다음 각 호의 어느 하나에 해당하는 사람으로서 2급 소방안전관리자 자격증을 받은 사람 1) 위험물기능장·위험물산업기사 또는 위험물기능사 자격을 가진 사람 2) 소방공무원으로 3년 이상 근무한 경력이 있는 사람 3) 소방청장이 실시하는 2급 소방안전관리대상물의 소방안전관리에 관한 시험에 합격한 사람 4) 제1호 및 제2호에 따라 특급 또는 1급 소방안전관리대상물의 소방안전관리자 자격이 인정되는 사람
다. 선임인원	1명 이상

4. 3급 소방안전관리대상물

구분	3급
가. 선임 대상물	제1호에 따른 특급 소방안전관리대상물부터 제3호에 따른 2급 소방안전관리대상물까지에 해당하지 아니하는 특정소방대상물로서 「소방시설 설치 및 관리에 관한 법률 시행령」별표 5 제1호 마목에 따라 간이스프링클러설비 또는 별표 5 제2호 라목에 따른 자동화재탐지설비를 설치하여야 하는 특정소방대상물
나. 선임자격	다음 각 호의 어느 하나에 해당하는 사람으로서 3급 소방안전관리자 자격증을 받은 사람 1) 소방공무원으로 1년 이상 근무한 경력이 있는 사람 2) 소방청장이 실시하는 3급 소방안전관리대상물의 소방안전관리에 관한 시험에 합격한 사람 3) 제1호부터 제3호까지의 규정에 따라 특급 소방안전관리대상물, 1급 소방안전관리대상물 또는 2급 소방안전관리대상물의 소방안전관리자 자격이 인정되는 사람
다. 선임인원	1명 이상

📍 [별표 5] 소방안전관리보조자를 두어야 하는 선임대상물, 선임자격 및 선임인원(제26조 제2항 관련)

1. 선임대상물

가. 「건축법 시행령」 별표 1 제2호 가목에 따른 아파트(300세대 이상인 아파트만 해당한다)

나. 가목에 따른 아파트를 제외한 연면적이 1만5천제곱미터 이상인 특정소방대상물

다. 가목 및 나목에 따른 특정소방대상물을 제외한 특정소방대상물 중 다음의 어느 하나에 해당하는 특정소방대상물

    1) 공동주택 중 기숙사

    2) 의료시설

    3) 노유자시설

    4) 수련시설

    5) 숙박시설(숙박시설로 사용되는 바닥면적의 합계가 1천500제곱미터 미만이고 관계인이 24시간 상시 근무하고 있는 숙박시설은 제외한다)

2. 선임자격

가. 별표 4의 규정에 따라 특급 소방안전관리대상물, 1급 소방안전관리대상물, 2급 소방안전관리대상물 또는 3급 소방안전관리대상물의 소방안전관리자 자격이 있는 사람

나. 「국가기술자격법 시행규칙」 별표 2의 중직무분야에서 건축, 기계제작, 기계장비설비·설치, 화공, 위험물, 전기, 안전관리에 해당하는 국가기술자격이 있는 사람

다. 「공공기관의 소방안전관리에 관한 규정」 제5조 제1항 제2호 나목에 따른 강습교육을 수료한 사람

라. 법 제34조 제1항 제1호 및 이 영 제35조에 따라 특급 소방안전관리대상물, 1급 소방안전관리대상물, 2급 소방안전관리대상물 또는 3급 소방안전관리대상물의 소방안전관리에 대한 강습교육을 수료한 사람

마. 소방안전관리대상물에서 소방안전 관련 업무에 2년 이상 근무한 경력이 있는 사람

3. 선임인원

선임대상물별 1명을 기본으로 하되 다음 각 목에 따라 추가하여야 한다.

가. 제1호 가목의 경우에는 초과되는 300세대마다 1명 이상을 추가로 선임

나. 제1호 나목의 경우에는 초과되는 연면적 1만5천제곱미터(특정소방대상물의 종합방재실에 자위소방대가 24시간 상시 근무하고 「소방장비관리법 시행령」 별표 1 제1호 가목에 따른 소방자동차 중 소방펌프차, 소방물탱크차, 소방화학차 또는 무인방수차를 운용하는 경우에는 3만제곱미터로 한다)마다 1명 이상을 추가로 선임

다. 제1호 다목의 경우에는 해당 특정소방대상물이 소재하는 지역을 관할하는 소방서장이 야간이나 휴일에 해당 특정소방대상물이 이용되지 아니한다는 것을 확인한 경우에는 소방안전관리보조자를 선임하지 아니할 수 있음

📍 **[별표 6] 소방안전관리자 자격시험 응시 자격자(제32조 관련)**

등급	응시자격
1. 특급 소방안전 관리자	가. 1급 소방안전관리대상물의 소방안전관리자로 5년(소방설비기사의 경우 자격 취득 후 2년, 소방설비산업기사의 경우 자격 취득 후 3년) 이상 근무한 실무경력(법 제24조 제3항에 따라 소방안전관리자로 선임되어 근무한 경력은 제외한다. 이하 이 표에서 같다)이 있는 사람 나. 1급 소방안전관리대상물의 소방안전관리자로 선임될 수 있는 자격을 갖춘 후 특급 또는 1급 소방안전관리대상물의 소방안전관리보조자로 7년 이상 근무한 실무경력이 있는 사람 다. 소방공무원으로 10년 이상 근무한 경력이 있는 사람 라. 「고등교육법」 제2조 제1호부터 제6호까지의 어느 하나에 해당하는 학교(이하 "대학"이라 한다)에서 소방안전관리학과(소방청장이 정하여 고시하는 학과를 말한다. 이하 같다)를 전공하고 졸업한 사람(법령에 따라 이와 같은 수준의 학력이 있다고 인정되는 사람을 포함한다)으로서 해당 학과를 졸업한 후 2년 이상 1급 소방안전관리대상물의 소방안전관리자로 근무한 실무경력이 있는 사람 마. 다음 1)부터 3)까지의 어느 하나에 해당하는 사람으로서 해당 요건을 갖춘 후 3년 이상 1급 소방안전관리대상물의 소방안전관리자로 근무한 실무경력이 있는 사람 　　1) 대학에서 소방안전 관련 교과목(소방청장이 정하여 고시하는 교과목을 말한다. 이하 같다)을 12학점 이상 이수하고 졸업한 사람 　　2) 법령에 따라 가목에 해당하는 사람과 같은 수준의 학력이 있다고 인정되는 사람으로서 해당 학력 취득 과정에서 소방안전 관련 교과목을 12학점 이상 이수한 사람 　　3) 대학에서 소방안전 관련 학과(소방청장이 정하여 고시하는 학과를 말한다. 이하 같다)를 전공하고 졸업한 사람(법령에 따라 이와 같은 수준의 학력이 있다고 인정되는 사람을 포함한다) 바. 소방행정학(소방학 및 소방방재학을 포함한다) 또는 소방안전공학(소방방재공학 및 안전공학을 포함한다) 분야에서 석사학위 이상을 취득한 후 2년 이상 1급 소방안전관리대상물의 소방안전관리자로 근무한 실무경력이 있는 사람 사. 특급 소방안전관리대상물의 소방안전관리보조자로 10년 이상 근무한 실무경력이 있는 사람 아. 법 제34조 제1항 제1호 및 이 영 제34조에 따라 특급 소방안전관리대상물의 소방안전관리에 대한 강습교육을 수료한 사람 자. 「초고층 및 지하연계 복합건축물 재난관리에 관한 특별법」 제12조 제1항 본문에 따라 총괄재난관리자로 지정되어 1년 이상 근무한 경력이 있는 사람
2. 1급 소방안전 관리자	가. 대학에서 소방안전관리학과를 전공하고 졸업한 사람(법령에 따라 이와 같은 수준의 학력이 있다고 인정되는 사람을 포함한다)으로서 해당 학과를 졸업한 후 2년 이상 2급 소방안전관리대상물 또는 3급 소방안전관리대상물의 소방안전관리자로 근무한 실무경력이 있는 사람 나. 다음 1)부터 3)까지의 어느 하나에 해당하는 사람으로서 해당 요건을 갖춘 후 3년 이상 2급 소방안전관리대상물 또는 3급 소방안전관리대상물의 소방안전관리자로 근무한 실무경력이 있는 사람 　　1) 대학에서 소방안전 관련 교과목을 12학점 이상 이수하고 졸업한 사람 　　2) 법령에 따라 1)에 해당하는 사람과 같은 수준의 학력이 있다고 인정되는 사람으로서 해당 학력 취득 과정에서 소방안전 관련 교과목을 12학점 이상 이수한 사람 　　3) 대학에서 소방안전 관련 학과를 전공하고 졸업한 사람(법령에 따라 이와 같은 수준의 학력이 있다고 인정되는 사람을 포함한다)

다. 소방행정학(소방학, 소방방재학을 포함한다) 또는 소방안전공학(소방방재공학, 안전공학을 포함한다) 분야에서 석사학위 이상을 취득한 사람

라. 가목 및 나목에 해당하는 경우 외에 5년 이상 2급 소방안전관리대상물의 소방안전관리자로 근무한 실무경력이 있는 사람

마. 법 제34조 제1항 제1호 및 이 영 제34조에 따라 특급 소방안전관리대상물 또는 1급 소방안전관리대상물의 소방안전관리에 대한 강습교육을 수료한 사람

바. 「공공기관의 소방안전관리에 관한 규정」 제5조 제1항 제2호 나목에 따른 강습교육을 수료한 사람

사. 2급 소방안전관리대상물의 소방안전관리자로 선임될 수 있는 자격을 갖춘 후 특급 또는 1급 소방안전관리대상물의 소방안전관리보조자로 5년 이상 근무한 실무경력이 있는 사람

아. 2급 소방안전관리대상물의 소방안전관리자로 선임될 수 있는 자격을 갖춘 후 2급 소방안전관리대상물의 소방안전관리보조자로 7년 이상 근무한 실무경력(특급 또는 1급 소방안전관리대상물의 소방안전관리보조자로 근무한 5년 미만의 실무경력이 있는 경우에는 이를 포함하여 합산한다)이 있는 사람

자. 산업안전기사 또는 산업안전산업기사의 자격을 취득한 후 2년 이상 2급 소방안전관리대상물 또는 3급 소방안전관리대상물의 소방안전관리자로 근무한 실무경력이 있는 사람

차. 제1호에 따라 특급 소방안전관리대상물의 소방안전관리자 시험응시 자격이 인정되는 사람

3. 2급 소방안전 관리자	가. 대학에서 소방안전관리학과를 전공하고 졸업한 사람(법령에 따라 이와 같은 수준의 학력이 있다고 인정되는 사람을 포함한다) 나. 다음 1)부터 3)까지의 어느 하나에 해당하는 사람 　1) 대학에서 소방안전 관련 교과목을 6학점 이상 이수하고 졸업한 사람 　2) 법령에 따라 가목에 해당하는 사람과 같은 수준의 학력이 있다고 인정되는 사람으로서 해당 학력 취득과정에서 소방안전 관련 교과목을 6학점 이상 이수한 사람 　3) 대학에서 소방안전 관련 학과를 전공하고 졸업한 사람(법령에 따라 이와 같은 수준의 학력이 있다고 인정되는 사람을 포함한다) 다. 소방본부 또는 소방서에서 1년 이상 화재진압 또는 그 보조 업무에 종사한 경력이 있는 사람 라. 의용소방대원으로 3년 이상 근무한 경력이 있는 사람 마. 군부대(주한 외국군부대를 포함한다) 및 의무소방대의 소방대원으로 1년 이상 근무한 경력이 있는 사람 바. 「위험물안전관리법」 제19조에 따른 자체소방대의 소방대원으로 3년 이상 근무한 경력이 있는 사람 사. 「대통령 등의 경호에 관한 법률」에 따른 경호공무원 또는 별정직공무원으로서 2년 이상 안전검측 업무에 종사한 경력이 있는 사람 아. 경찰공무원으로 3년 이상 근무한 경력이 있는 사람 자. 법 제34조 제1항 제1호 및 이 영 제34조에 따라 특급 소방안전관리대상물, 1급 소방안전관리대상물 또는 2급 소방안전관리대상물의 소방안전관리에 대한 강습교육을 수료한 사람 차. 「공공기관의 소방안전관리에 관한 규정」 제5조 제1항 제2호 나목에 따른 강습교육을 수료한 사람 카. 소방안전관리보조자로 선임될 수 있는 자격을 갖춘 후 특급 소방안전관리대상물, 1급 소방안전관리대상물, 2급 소방안전관리대상물 또는 3급 소방안전관리대상물의 소방안전관리보조자로 3년 이상 근무한 실무경력이 있는 사람 타. 3급 소방안전관리대상물의 소방안전관리자로 2년 이상 근무한 실무경력이 있는 사람 하. 건축사·산업안전기사·산업안전산업기사·건축기사·건축산업기사·일반기계기사·전기기능장·전기기사·전기산업기사·전기공사기사 또는 전기공사산업기사 자격을 가진 사람 거. 제1호 및 제2호에 따라 특급 또는 1급 소방안전관리대상물의 소방안전관리자 시험응시 자격이 인정되는 사람

4. 3급 소방안전 관리자	가. 의용소방대원으로 2년 이상 근무한 경력이 있는 사람
	나. 「위험물안전관리법」 제19조에 따른 자체소방대의 소방대원으로 1년 이상 근무한 경력이 있는 사람
	다. 「대통령 등의 경호에 관한 법률」에 따른 경호공무원 또는 별정직공무원으로 1년 이상 안전검측 업무에 종사한 경력이 있는 사람
	라. 경찰공무원으로 2년 이상 근무한 경력이 있는 사람
	마. 법 제34조 제1항 제1호 및 이 영 제34조에 따라 특급 소방안전관리대상물, 1급 소방안전관리대상물, 2급 소방안전관리대상물 또는 3급 소방안전관리대상물의 소방안전관리에 대한 강습교육을 수료한 사람
	바. 「공공기관의 소방안전관리에 관한 규정」 제5조 제1항 제2호 나목에 따른 강습교육을 수료한 사람
	사. 소방안전관리보조자로 선임될 수 있는 자격을 갖춘 후 특급 소방안전관리대상물, 1급 소방안전관리대상물, 2급 소방안전관리대상물 또는 3급 소방안전관리대상물의 소방안전관리보조자로 2년 이상 근무한 실무경력이 있는 사람
	아. 제1호부터 제3호까지의 규정에 따라 특급 소방안전관리대상물, 1급 소방안전관리대상물 또는 2급 소방안전관리대상물의 소방안전관리자 시험응시 자격이 인정되는 사람

📍 [별표 7] 화재예방안전진단의 안전등급 기준(제44조 제2항 관련)

안전등급	화재안전예방진단 대상물의 상태
1. A(우수)	화재위험요인의 조사 및 평가 결과 문제점이 발견되지 않은 상태
2. B(양호)	화재위험요인의 조사 및 평가 결과 문제점이 일부 발견되었으나 대상물의 화재안전에는 이상이 없으며 일부 시정·보완조치 또는 권고사항 등의 이행이 필요한 상태
3. C(보통)	화재위험요인의 조사 및 평가 결과 문제점이 다수 발견되었으나 대상물의 전반적인 화재안전에는 이상이 없으며 다수의 시정·보완조치 또는 권고사항 등의 이행이 필요한 상태
4. D(미흡)	화재위험요인의 조사 및 평가 결과 광범위한 문제점이 발견되어 대상물의 화재안전을 위해 해당 시설물의 사용을 제한하거나 시정·보완 조치 또는 권고사항 등의 즉각적인 이행이 필요한 상태
5. E(불량)	화재위험요인의 조사 및 평가 결과 중대한 문제점이 발견되어 대상물의 화재안전을 위해 해당 시설물의 사용을 중단하거나 시정·보완조치 또는 권고사항에 대한 즉각적인 이행이 필요한 상태

📍 [별표 8] 화재예방안전진단 지정기관의 시설, 전문인력 및 장비기준 등(제46조 제2항)

1. 시설(사무소) 및 자본금

가. 제2호에 따른 전문인력이 근무할 수 있는 사무실과 제3호에 따른 장비 등을 보관할 수 있는 창고를 갖출 것

나. 자본금 4억원 이상

2. 전문인력

다음 각 목의 인력을 모두 갖출 것. 이 경우 전문인력은 해당 진단기관의 상근 직원으로 하며 각 목의 어느 하나에 해당하는 사람은 다른 목의 기술인력을 대체할 수 없다.

가. 다음에 해당하는 사람 각 1명 이상

1) 소방기술사

2) 소방시설관리사

3) 전기안전기술사, 화공안전기술사, 가스기술사, 위험물기능장 또는 건축사

나. 다음의 분야별로 해당 자격 요건을 충족하는 사람 각 1명 이상

분야	자격 요건(다음의 어느 하나에 해당하는 사람)
소방	1) 소방기술사 2) 소방시설관리사 3) 소방설비기사(산업기사를 포함한다) 자격 취득 후 소방 관련 업무경력이 3년(소방설비산업기사의 경우 5년) 이상인 사람
전기	1) 전기안전기술사 2) 전기기사(산업기사를 포함한다) 자격 취득 후 소방 관련 업무 경력이 3년(산업기사의 경우 5년) 이상인 사람
화공	1) 화공안전기술사 2) 화공기사(산업기사를 포함한다) 자격 취득 후 소방 관련 업무 경력이 3년(산업기사의 경우 5년) 이상인 사람
가스	1) 가스기술사 2) 가스기사(산업기사를 포함한다) 자격 취득 후 소방 관련 업무 경력이 3년(산업기사의 경우 5년) 이상인 사람
위험물	1) 위험물기능장 2) 위험물산업기사 자격 취득 후 소방 관련 업무 경력이 5년 이상인 사람
건축	1) 건축사 2) 건축기사(산업기사를 포함한다) 자격 취득 후 소방 관련 업무 경력이 3년(산업기사의 경우 5년) 이상인 사람
교육훈련	소방안전교육사

비고

1. 소방관련 업무 경력이란 소방실무경력 인정범위에 관한 기준 고시에 따른다.

2. 한 사람이 2개 분야 이상의 자격을 취득한 경우에는 한 분야만 전문인력을 갖춘 것으로 본다.

3. 장비

다음의 분야별 장비를 사무소별로 모두 갖출 것. 다만, 해당 장비의 기능을 2개 이상 갖춘 복합기능 장비를 갖춘 경우에는 개별 장비를 갖춘 것으로 본다.

분야	장비
소방	1) 소방시설법 시행규칙 별표 2의2에서 정하는 장비 　가) 방수압력측정계, 절연저항계, 전류전압측정계 　나) 저울 　다) 소화전밸브압력계 　라) 헤드결합렌치 　마) 검량계, 기동관누설시험기, 그 밖에 소화약제의 저장량을측정할 수 있는 점검기구 　바) 열감지기시험기, 연(煙)감지기시험기, 공기주입시험기, 감지기시험기연결폴대, 음량계 　사) 누전계(누전전류 측정용) 　아) 무선기(통화시험용) 　자) 풍속풍압계, 폐쇄력측정기, 차압계(압력차 측정기) 　차) 조도계(최소눈금이 0.1럭스 이하인 것) 2) 화재 및 피난 모의시험이 가능한 컴퓨터 3) 화재 모의시험을 위한 프로그램 4) 피난 모의시험을 위한 프로그램 5) 교육·훈련 평가 기자재 　가) 연기발생기 　나) 초시계
전기	1) 정전기 전하량 측정기　　2) 적외선 열화상 카메라 3) 검전기　　　　　　　　4) 클램프미터 5) 절연안전모　　　　　　6) 고압절연장갑 7) 절연장화
가스	1) 가스누출검출기　　　　2) 가스농도측정기 3) 일산화탄소농도측정기　4) 가스누출 검지액
위험물	1) 접지저항측정기(최소눈금 0.1Ω 이하) 2) 가스농도측정기(탄화수소계 가스의 농도측정 가능할 것) 3) 정전기 전위측정기 4) 토크렌치(Torque Wrench: 볼트와 너트를 규정된 회전력에 맞춰 조이는데 사용하는 도구) 5) 진동시험기 6) 표면온도계($-10℃\sim300℃$) 7) 두께측정기 8) 소화전밸브압력계 9) 방수압력측정계 10) 포콜렉터 11) 헤드렌치 12) 포콘테이너
건축	1) 거리측정기 2) 건축 관계 도면 검토가 가능한 프로그램(AUTO CAD 등) 3) 도막(도료, 도포막) 두께측정장비(측정범위가 0.1mm 이하일 것)

📍 [별표 9] 과태료의 부과기준(제51조 관련)

1. 일반기준

가. 과태료 부과권자는 다음의 어느 하나에 해당하는 경우에는 제2호의 개별기준에 따른 과태료 금액의 2분의 1까지 그 금액을 줄여 부과할 수 있다. 다만, 과태료를 체납하고 있는 위반행위자에 대해서는 그러하지 아니하다.

  1) 위반행위자가 「질서위반행위규제법 시행령」 제2조의2 제1항 각 호의 어느 하나에 해당하는 경우

  2) 위반행위자가 처음 위반행위를 하는 경우로서 3년 이상 해당 업종을 모범적으로 영위한 사실이 인정되는 경우

  3) 위반행위자가 화재 등 재난으로 재산에 현저한 손실을 입거나 사업 여건의 악화로 그 사업이 중대한 위기에 처하는 등 사정이 있는 경우

  4) 위반행위가 사소한 부주의나 오류 등 과실로 인한 것으로 인정되는 경우

  5) 위반행위자가 같은 위반행위로 다른 법률에 따라 과태료·벌금·영업정지 등의 처분을 받은 경우

  6) 위반행위자가 위법행위로 인한 결과를 시정하거나 해소한 경우

  7) 그 밖에 위반행위의 정도, 위반행위의 동기와 그 결과 등을 고려하여 과태료를 줄일 필요가 있다고 인정되는 경우

나. 위반행위의 횟수에 따른 과태료의 가중된 부과기준은 최근 1년간 같은 위반행위로 과태료 부과처분을 받은 경우에 적용한다. 이 경우 기간의 계산은 위반행위에 대하여 과태료 부과처분을 받은 날과 그 처분 후 다시 같은 위반행위를 하여 적발된 날을 기준으로 한다.

다. 나목에 따라 가중된 부과처분을 하는 경우 가중처분의 적용 차수는 그 위반행위 전 부과처분 차수(나목에 따른 기간 내에 과태료 부과처분이 둘 이상 있었던 경우에는 높은 차수를 말한다)의 다음 차수로 한다.

2. 개별기준

위반행위	근거 법조문	과태료 금액(단위: 만원)		
		1차 위반	2차 위반	3차 이상 위반
가. 법 제17조 제1항을 위반하여 화기취급 등을 한 경우	법 제52조 제1항 제1호			
1) 모닥불, 흡연 등 화기취급을 한 경우			300	
2) 풍등 등 소형열기구 날리기를 한 경우			300	
3) 용접·용단 등 불꽃을 발생시키는 행위를 한 경우			300	
나. 법 제24조 제2항을 위반하여 소방안전관리자를 겸한 경우	법 제52조 제1항 제2호		300	
다. 법 제24조 제5항에 따른 소방안전관리업무를 하지 아니한 경우	법 제52조 제1항 제3호	100	200	300
라. 법 제27조 제2항을 위반하여 소방안전관리업무의 지도·감독을 하지 아니한 경우	법 제52조 제1항 제4호		300	
마. 법 제29조 제2항을 위반하여 건설현장 소방안전관리대상물의 소방안전관리자의 업무를 하지 아니한 경우	법 제52조 제1항 제5호	100	200	300
바. 법 제36조 제3항을 위반하여 피난유도 안내정보를 제공하지 아니한 경우	법 제52조 제1항 제6호	100	200	300

위반행위	근거 법조문			
사. 법 제37조 제1항을 위반하여 소방훈련 및 교육을 하지 아니한 경우	법 제52조 제1항 제7호	100	200	300
아. 법 제41조 제4항을 위반하여 화재예방진단 결과를 제출하지 아니한 경우	법 제52조 제1항 제8호			
1) 지연제출기간이 1개월 미만인 경우			100	
2) 지연제출기간이 1개월 이상 3개월 미만인 경우			200	
3) 지연제출기간이 3개월 이상 또는 제출하지 않은 경우			300	
자. 법 제17조 제4항에 따른 불을 사용할 때 지켜야 하는 사항 및 같은 조 제5항에 따른 특수가연물의 저장 및 취급 기준을 위반한 경우	법 제52조 제2항 제1호		200	
차. 법 제18조 제4항에 따른 소방설비등의 설치 명령을 정당한 사유 없이 따르지 아니한 경우	법 제52조 제2항 제2호		200	
카. 법 제26조 제1항을 위반하여 기간 내에 선임신고를 하지 아니하거나 소방안전관리자의 성명 등을 게시하지 아니한 경우	법 제52조 제2항 제3호			
1) 지연신고기간이 1개월 미만인 경우			50	
2) 지연신고기간이 1개월 이상 3개월 미만인 경우			100	
3) 지연신고기간이 3개월 이상이거나 신고하지 않은 경우			200	
4) 소방안전관리자의 성명 등을 게시 하지 않은 경우		50	100	200
타. 법 제29조 제1항을 위반하여 기간 내에 선임신고를 하지 아니한 자	법 제52조 제2항 제4호			
1) 지연신고기간이 1개월 미만인 경우			50	
2) 지연신고기간이 1개월 이상 3개월 미만인 경우			100	
3) 지연신고기간이 3개월 이상이거나 신고하지 않은 경우			200	
파. 법 제37조 제2항을 위반하여 기간 내에 소방훈련 및 교육 결과를 제출하지 아니한 경우	법 제52조 제2항 제5호			
1) 지연제출기간이 1개월 미만인 경우			50	
2) 지연제출기간이 1개월 이상 3개월 미만인 경우			100	
3) 지연제출기간이 3개월 이상이거나 제출을 하지 않은 경우			200	
하. 법 제34조 제1항 제2호를 위반하여 실무교육을 받지 아니한 경우	법 제52조 제3항		50	

[별표 1] 소방안전관리 업무 대행인력의 배치기준·자격 및 방법(제12조 관련)

1. 업무대행 인력의 배치기준

「소방시설 설치 및 관리에 관한 법률」제29조에 따라 소방시설관리업을 등록한 소방시설관리업자가 소방안전관리 업무를 대행하는 경우에는 [표 1], [표 2] 및 [표3]에 따른 기술인력을 배치하여야 한다.

가. 소방안전관리등급 및 소방시설별 업무대행 기술자 배치기준

[표 1] 소방안전관리등급 및 소방시설별 기술자 배치등급

소방안전관리 등급	소방시설의 종류	점검자 등급
1, 2급	스프링클러설비, 제연설비, 물분무등소화설비	중급점검자 이상
	옥내소화전설비, 옥내소화전설비	초급점검자 이상
3급	자동화재탐지설비, 간이스프링클러설비	초급점검자 이상

비고
연면적 5천제곱미터 이상으로서 스프링클러설비가 설치된 특정소방대상물의 경우 중급점검자 이상의 기술자를 배치하여야 한다.

나. [표 2, 3]에 따라 소방안전관리 등급별 1인의 기술자가 하루 동안 소방안전관리 업무대행할 수 있는 대상물의 수는 가중치의 합계 한도점수(이하"1일 한도점수"라 한다)는 8점을 초과할 수 없다.

[표 2] 하나의 특정소방대상물의 면적별 배점기준표 (아파트 제외)

소방안전관리등급	연면적	기술자 등급별 배점		
		초급	중급	고급 이상
3급	전체	0.7		
1급, 2급	1,500m² 미만	0.8	0.7	0.6
	1,500m² 이상 3,000m² 미만	1.0	0.8	0.7
	3,000m² 이상 5,000m² 미만	1.2	1.0	0.8
	5,000m² 이상 10,000m² 이하	1.9	1.3	1.1
	10,000m² 초과 15,000m² 이하	–	1.6	1.4

비고
주상복합아파트의 경우 세대부를 제외한 연면적과 세대수에 44.5를 곱하여 계산된 값을 더하여 연면적을 산정한다. 다만 환산한 연면적이 1만5천제곱미터를 초과한 경우에는 1만5천제곱미터로 본다.

[표 3] 하나의 특정소방대상물 중 아파트 배점기준표

소방안전관리등급	세대 구분	기술자 등급별 배점		
		초급 이하	중급	고급 이상
3급	전체	0.7		
1급, 2급	30세대 미만	0.8	0.7	0.6
	30세대 이상 50세대 미만	1.0	0.8	0.7
	50세대 이상 150세대 미만	1.2	1.0	0.8
	150세대 이상 300세대 미만	1.9	1.3	1.1
	300세대 이상 500세대 미만	-	1.6	1.4
	500세대 이상 1,000세대 미만	-	2.0	1.8
	1,000세대 초과	-	2.3	2.1

다. 업무대행이 가능한 지역은 소방시설관리업을 등록한 시·도 또는 영업소재지로부터 반경 50킬로미터 이내에 한한다.

라. 하루에 2개 이상의 대행 업무를 수행하는 경우에는 소방안전관리대상물 상호간의 좌표거리 5km마다 1일 한도점수에 0.01를 곱하여 계산된 값을 1일 한도점수에서 뺀다.

마. 하나의 특정소방대상물에 2인 이상의 기술자가 함께 대행 업무를 수행하는 경우에는 주된 기술자와 참여기술자로 구성하여 대행 업무를 수행할 수 있으며 참여기술자는 주된 기술자와 같은 배점을 적용한다.

바. 2인 이상의 기술자가 함께 대행 업무를 수행하는 경우 [표 2, 3]의 배점을 인원수로 나누어 적용하되 소수점 둘째자리에서 절사한다.

사. 「화재의 예방 및 안전에 관한 법률 시행령」 별표 4 제2호 가목 3)에 해당하는 1급 소방안전관리대상물은 [표 2]의 기준에 10%를 할증하여 적용한다.

2. 업무대행 인력의 자격기준 및 점검표

가. 소방시설관리업에 선임된 주 또는 보조인력으로서 기술자의 등급기준은 「소방시설공사업법 시행규칙」 별표 4의2 제3호 다목에 따른다.

나. 업무대행 점검표는 [표 4]에 따른다.

[표 4] 소방안전관리 업무대행 점검표

건물명	0000빌딩	점검일	년 월 일(요일)
주 소	00시 00구 00동 00-00		
점검업체명		건물등급	급

설비명	점검결과 세부내용
소화설비	
경보설비	
피난구조설비	
소화용수설비	
소화활동설비	
기타	

확 인	관 계 자: (서명)
점 검 담당자	기 술 등 급: 담 당 자: (서명)

비고: 소방안전관리 업무대행 점검표 작성사항

1. 소방시설 점검 시 공용부 점검을 원칙으로 한다. 다만, 감지기 등이 동작(오동작)한 경우에는 감지기 등이 동작한 장소도 점검을 실시한다.
2. 방문 시 리모델링 또는 내부 구획변경 등이 있는 경우에는 해당 부분을 점검하여 점검표에 그 결과를 기재한다.
3. 계단, 통로 등 피난통로 상에 피난에 장애가 되는 물건 등이 적치되어 있는 경우에는 즉시 이동조치 하도록 관계인에게 설명한다.
4. 방화문은 항시 닫힘 상태를 유지하거나 정상작동될 수 있도록 관계인에게 교육한다.
5. 소방시설 외 소방계획서 작성 및 소방교육·훈련 등을 조언, 지도한다.
6. 점검 완료 시 해당 소방안전관리자(또는 관계인)에게 점검결과를 설명하고 점검표에 기재한다.

📍 [별표 2] 소방안전관리자 자격의 정지 및 취소에 관한 기준(제19조 관련)

1. 일반기준

가. 위반행위의 횟수에 따른 행정처분기준은 최근 3년 동안 같은 위반행위를 한 경우에 적용한다. 이 경우 기간의 계산은 위반행위에 대하여 행정처분을 받은 날과 그 처분 후 다시 같은 위반행위를 하여 적발된 날을 기준으로 한다.

나. 가목에 따라 가중된 행정처분을 하는 경우 가중처분의 적용 차수는 그 위반행위 전 부과처분 차수(가목에 따른 기간 내에 행정처분이 둘 이상 있었던 경우에는 높은 차수를 말한다)의 다음 차수로 한다.

다. 위반행위가 둘 이상인 경우로서 그에 해당하는 각각의 처분기준이 다른 경우에는 그 중 무거운 처분기준에 따른다.

라. 처분권자는 다음의 사유를 고려하여 행정처분기준을 2분의 1의 범위에서 줄일 수 있다.

　1) 위반행위가 사소한 부주의나 오류 등으로 인한 것으로 인정되는 경우

　2) 위반행위를 바로 정정하거나 시정하여 해소한 경우

　3) 그 밖에 위반행위의 정도, 위반행위의 동기와 그 결과 등을 고려하여 처분을 줄일 필요가 있다고 인정되는 경우

2. 개별기준

위반사항	근거법령	행정처분기준		
		1차	2차	3차
가. 거짓이나 그 밖의 부정한 방법으로 소방안전관리자 자격증을 발급받은 경우	법 제31조 제1항	자격취소		
나. 법 제24조 제5항에 따른 소방안전관리업무를 게을리 한 경우	법 제31조 제1항	경고 (시정명령)	자격정지 (3개월)	자격정지 (6개월)
다. 법 제30조 제4항을 위반하여 소방안전관리자 자격 증을 다른 사람에게 빌려준 경우	법 제31조 제1항	자격취소		
라. 제34조에 따른 실무교육을 받지 아니한 경우	법 제31조 제1항	경고 (시정명령)	자격정지 (실무교육을 받을 때까지)	

📍 [별표 3] 소방안전관리자 시험과목 및 시험방법(제23조 관련)

1. 특급 소방안전관리자

구분	과목	시험 내용	문항수	시험방법
제1차 시험	1과목	소방안전관리자 제도	50문항	선택형
		화재통계 및 피해분석		
		위험물안전관리법령 및 안전관리		
		직업윤리 및 리더십		
		소방관계법령		
		건축·전기·가스 관계 법령 및 안전관리		
		재난관리 일반 및 관련법령		
		초고층재난관리법령		
		화재예방 사례 및 홍보		
	2과목	소방기초이론	50문항	
		연소·방화·방폭공학		
		고층건축물 소방시설 적용기준		
		공사장 안전관리 계획 및 감독		
		화기취급감독 및 화재위험작업 허가·관리		
		종합방재실 운용		
		고층건축물 화재 등 재난사례 및 대응방법		
		화재원인 조사실무		
		소방시설의 종류 및 기준		
		피난안전구역 운영		
		위험성 평가기법 및 성능위주 설계		
		화재피해 복구		
제2차 시험	1과목	소방시설(소화·경보·피난구조·소화용수·소화활동설비)의 구조 점검·실습·평가	10문항	서술형 (단답형, 기입형 또는 계산형 문제를 포함할 수 있다)
	2과목	피난시설, 방화구획 및 방화시설의 관리	10문항	
		통합안전점검 실시(가스, 전기, 승강기 등)		
		소방계획 수립 이론·실습·평가		
		방재계획 수립 이론·실습·평가		
		자체점검서식의 작성 실습·평가		
		구조 및 응급처치 이론·실습·평가		
		소방안전 교육 및 훈련 이론·실습·평가		
		화재 시 초기대응 및 피난 실습·평가		
		재난예방 및 피해경감계획 수립 이론·실습·평가		
		자위소방대 및 초기대응체계 구성 등 이론·실습·평가		
		업무수행기록의 작성·유지 및 실습·평가		

2. 1급 소방안전관리자

구분	시험 내용	문항수	시험방법
제1과목	소방안전관리자 제도	25문항	선택형 (기입형을 포함할 수 있다)
	소방관계법령		
	건축관계법령		
	소방학개론		
	화기취급감독 및 화재위험작업 허가·관리		
	공사장 안전관리 계획 및 감독		
	위험물·전기·가스 안전관리		
	종합방재실 운영		
	피난시설, 방화구획 및 방화시설의 관리		
	소방시설의 종류 및 기준		
	소방시설(소화·경보·피난구조·소화용수·소화활동설비)의 구조·원리		
제2과목	소방시설(소화·경보·피난구조·소화용수·소화활동설비)의 구조 점검·실습·평가	25문항	
	소방계획 수립 이론·실습·평가		
	자위소방대 및 초기대응체계 구성 등 이론·실습·평가		
	작동기능점검표 작성 실습·평가		
	업무수행기록의 작성·유지 및 실습·평가		
	구조 및 응급처치 이론·실습·평가		
	소방안전 교육 및 훈련 이론·실습·평가		
	화재 시 초기대응 및 피난 실습·평가		

3. 2급 소방안전관리자

구분	시험 내용	문항수	시험방법
제1과목	소방안전관리자 제도	25문항	선택형 (기입형을 포함할 수 있다)
	소방관계법령(건축관계법령 포함)		
	소방학개론		
	화기취급감독 및 화재위험작업 허가·관리		
	위험물·전기·가스 안전관리 등		
	피난시설, 방화구획 및 방화시설의 관리		
	소방시설의 종류 및 기준		
	소방시설(소화설비, 경보설비, 피난구조설비)의 구조·원리		
제2과목	소방시설(소화설비, 경보설비, 피난구조설비)의 점검·실습·평가	25문항	
	소방계획 수립 이론·실습·평가		
	자위소방대 및 초기대응체계 구성 등 이론·실습·평가		
	작동기능점검표 작성 실습·평가		
	응급처치 이론·실습·평가		
	소방안전 교육 및 훈련 이론·실습·평가		
	화재 시 초기대응 및 피난 실습·평가		
	업무수행기록의 작성·유지 실습·평가		

4. 3급 소방안전관리자

구분	시험 내용	문항수	시험방법
제1과목	소방관계법령	25문항	선택형 (기입형을 포함할 수 있다)
	화재일반		
	화기취급감독 및 화재위험작업 허가·관리		
	위험물·전기·가스 안전관리 등		
	소방시설(소화기, 경보설비, 피난구조설비)의 구조·원리		
제2과목	소방시설(소화기, 경보설비, 피난구조설비)의 점검·실습·평가	25문항	
	소방계획 수립 이론·실습·평가(업무수행기록의 작성·유지 포함)		
	작동기능점검표 작성 실습·평가		
	응급처치 이론·실습·평가		
	소방안전 교육 및 훈련 이론·실습·평가		
	화재 시 초기대응 및 피난 실습·평가		
	업무수행기록의 작성·유지 실습·평가		

📍 [별표 4] 강습교육 과목, 시간 및 운영방법 등(제28조 관련)

1. 교육과정별 과목 및 시간

구분	교육과목	교육시간
가. 특급 소방안전 관리자	소방안전관리자 제도	160시간
	화재통계 및 피해분석	
	직업윤리 및 리더십	
	소방관계법령	
	건축·전기·가스 관계법령 및 안전관리	
	위험물안전관리법령 및 안전관리	
	재난관리 일반 및 관련법령	
	초고층재난관리법	
	소방기초이론	
	연소·방화·방폭공학	
	화재예방 사례 및 홍보	
	고층건축물 소방시설 적용기준	
	소방시설의 종류 및 기준	
	소방시설(소화설비, 경보설비, 피난구조설비, 소화용수설비, 소화활동설비)의 구조·점검·실습·평가	
	공사장 안전관리 계획 및 감독	
	화기취급감독 및 화재위험작업 허가·관리	
	종합방재실 운용	
	피난안전구역 운영	
	고층건축물 화재 등 재난사례 및 대응방법	
	화재원인 조사실무	
	위험성 평가기법 및 성능위주 설계	
	소방계획 수립 이론·실습·평가	
	자위소방대 및 초기대응체계 구성 등 이론·실습·평가	
	방재계획 수립 이론·실습·평가	
	재난예방 및 피해경감계획 수립 이론·실습·평가	
	자체점검 서식의 작성 실습·평가	
	통합안전점검 실시(가스, 전기, 승강기 등)	
	피난시설, 방화구획 및 방화시설의 관리	

	구조 및 응급처치 이론·실습·평가	
	소방안전 교육 및 훈련 이론·실습·평가	
	화재 시 초기대응 및 피난 실습·평가	
	업무수행기록의 작성·유지 실습·평가	
	화재피해 복구	
	초고층 건축물 안전관리 우수사례 토의	
	소방신기술 동향	
	시청각 교육	
나. 1급 소방안전 관리자	소방안전관리자 제도	80시간
	소방관계법령	
	건축관계법령	
	소방학개론	
	화기취급감독 및 화재위험작업 허가·관리	
	공사장 안전관리 계획 및 감독	
	위험물·전기·가스 안전관리	
	종합방재실 운영	
	소방시설의 종류 및 기준	
	소방시설(소화설비, 경보설비, 피난구조설비, 소화용수설비, 소화활동설비)의 구조·점검·실습·평가	
	소방계획 수립 이론·실습·평가	
	자위소방대 및 초기대응체계 구성 등 이론·실습·평가	
	작동기능점검표 작성 실습·평가	
	피난시설, 방화구획 및 방화시설의 관리	
	구조 및 응급처치 이론·실습·평가	
	소방안전 교육 및 훈련 이론·실습·평가	
	화재 시 초기대응 및 피난 실습·평가	
	업무수행기록의 작성·유지 실습·평가	
	형성평가(시험)	
다. 공공기관 소방안전 관리자	소방안전관리자 제도	
	직업윤리 및 리더쉽	
	소방관계법령	
	건축관계법령	
	공공기관 소방안전규정의 이해	

	소방학개론	
	소방시설의 종류 및 기준	
	소방시설(소화설비, 경보설비, 피난구조설비, 소화용수설비, 소화활동설비)의 구조·점검·실습·평가	
	종합방재실 운영	
	소방안전관리 업무대행 감독	
	공사장 안전관리 계획 및 감독	
	화기취급감독	
	위험물·전기·가스 안전관리	
	소방계획 수립 이론·실습·평가	40시간
	자위소방대 및 초기대응체계 구성 등 이론·실습·평가	
	작동기능점검표 및 외관점검표 작성 실습·평가	
	피난시설, 방화구획 및 방화시설의 관리	
	응급처치 이론·실습·평가	
	소방안전 교육 및 훈련 이론·실습·평가	
	화재 시 초기대응 및 피난 실습·평가	
	업무수행기록의 작성·유지 실습·평가	
	공공기관 소방안전관리 우수사례 토의	
라. 2급 소방안전 관리자	소방안전관리자 제도	
	소방관계법령(건축관계법령 포함)	
	소방학개론	
	화기취급감독 및 화재위험작업 허가·관리	
	위험물·전기·가스 안전관리	
	소방시설의 종류 및 기준	
	소방시설(소화설비, 경보설비, 피난구조설비)의 구조·원리·점검·실습·평가	
	소방계획 수립 이론·실습·평가	40시간
	자위소방대 및 초기대응체계 구성 등 이론·실습·평가	
	작동기능점검표 작성 실습·평가	
	피난시설, 방화구획 및 방화시설의 관리	
	응급처치 이론·실습·평가	
	소방안전 교육 및 훈련 이론·실습·평가	
	화재 시 초기대응 및 피난 실습·평가	
	업무수행기록의 작성·유지 실습·평가	
	형성평가(시험)	

마. 3급 소방안전 관리자	소방관계법령	24시간
	화재일반	
	화기취급감독 및 화재위험작업 허가 · 관리	
	위험물 · 전기 · 가스 안전관리	
	소방시설(소화기, 경보설비, 피난구조설비)의 구조 · 점검 · 실습 · 평가	
	소방계획 수립 이론 · 실습 · 평가 (업무수행기록의 작성 · 유지 실습 · 평가 포함)	
	작동기능점검표 작성 실습 · 평가	
	응급처치 이론 · 실습 · 평가	
	소방안전 교육 및 훈련 이론 · 실습 · 평가	
	화재 시 초기대응 및 피난 실습 · 평가	
	형성평가(시험)	
바. 업무대행 감독자	소방관계법령	16시간
	소방안전관리 업무대행 감독	
	소방시설 유지 · 관리	
	화기취급감독 및 위험물 · 전기 · 가스 안전관리	
	소방계획 수립 이론 · 실습 · 평가 (업무수행기록의 작성 · 유지 포함)	
	자위소방대 구성운영 등 이론 · 실습 · 평가	
	응급처치 이론 · 실습 · 평가	
	소방안전 교육 및 훈련 이론 · 실습 · 평가	
	화재 시 초기대응 및 피난 실습 · 평가	
	형성평가(수료)	
사. 건설현장 소방안전 관리자	소방관계법령	24시간
	건설현장 관련 법령	
	화재일반	
	위험물 · 전기 · 가스 안전관리	
	임시소방시설의 구조 · 점검 · 실습 · 평가	
	화기취급감독 및 화재위험작업 허가 · 관리	
	건설현장 소방계획 이론 · 실습 · 평가	
	초기대응체계 구성 · 운영 이론 · 실습 · 평가	
	건설현장 피난계획 수립	
	건설현장 작업자 교육훈련 이론 · 실습 · 평가	
	응급처치 이론 · 실습 · 평가	
	형성평가(수료)	

2. 교육운영방법 등

가. 교육과정별 교육시간 운영 편성기준

구분	시간 합계	이론 (30%)	실무(70%)	
			일반 (30%)	실습 및 평가 (40%)
특급 소방안전관리자	160시간	48시간	48시간	64시간
1급 소방안전관리자	80시간	24시간	24시간	32시간
2급 및 공공기관 소방안전관리자	40시간	12시간	12시간	16시간
3급 소방안전관리자	24시간	7시간	7시간	10시간
업무대행감독자	16시간	5시간	5시간	6시간
건설현장 소방안전관리자	24시간	7시간	7시간	10시간

나. 가목에 따른 평가는 서식작성, 설비운용(소방시설에 대한 점검능력을 포함한다) 및 비상대응 등 실습내용에 대한 평가를 말한다.

다. 교육과정을 수료하고자 하는 사람은 가목에 따른 교육시간의 90퍼센트 이상을 출석하고, 나목에 따른 실습내용 평가에 합격하여야 한다. 다만, 결강시간은 1일 최대 3시간을 초과할 수 없다.

라. 공공기관 소방안전관리 업무에 관한 강습과목 중 일부 과목은 16시간 범위에서 원격교육으로 실시할 수 있다.

마. 구조 및 응급처치요령에는 「응급의료에 관한 법률 시행규칙」 제6조 제1항에 따른 구조 및 응급처치에 관한 교육의 내용과 시간이 포함되어야 한다.

[별표 5] 소방안전관리자 및 소방안전관리보조자에 대한 실무교육의 과목, 시간 및 운영 방법 등 (제31조 관련)

1. 소방안전관리자에 대한 실무교육의 과목 및 시간

교육과목	시간
가. 소방 관계 법규 및 화재 사례 나. 소방시설의 구조원리 및 현장실습 다. 소방시설의 유지 · 관리요령 라. 소방계획서의 작성 및 운영 마. 업무수행 기록 · 유지에 관한 사항 바. 자위소방대의 조직과 소방 훈련 및 교육 사. 피난시설 및 방화시설의 유지 · 관리 아. 화재 시 초기대응 및 인명 대피 요령 자. 소방 관련 질의회신 등	8시간 이내

비고
교육과목 중 이론 과목(가목의 소방 관계 법규, 자목의 소방 관련 질의회신 등)은 4시간 이내에서 원격교육으로 실시할 수 있다.

2. 소방안전관리보조자에 대한 실무교육의 과목 및 시간

교육과목	시간
가. 소방 관계 법규 및 화재사례 나. 화재의 예방 · 대비 다. 소방시설 유지관리 실습 라. 초기대응체계 교육 및 훈련 실습 마. 화재발생 시 대응 실습 등	4시간

3. 교육운영 방법 등

가. 소방안전관리자 실무교육 중 서식작성, 설비운용(소방시설에 대한 점검능력을 포함한다) 및 초기대응 등은 소방안전관리자의 실무능력 향상을 위한 실습 · 인증을 실시할 수 있다.

나. 소방안전관리자 실무교육을 이수하고자 하는 사람은 가목에 따른 실습 · 인증에 합격하여야 한다. 이 경우 불합격한 사람은 3개월 이내에 재평가를 받을 수 있다.

다. 소방안전관리자 실무교육 실습 · 인증에 대한 대상, 방법 및 기타 교육운영에 관한 사항은 소방청장의 승인을 받아야 한다.

라. 소방안전관리자 및 소방안전관리보조자 실무교육의 출석기준은 제1호 및 제2호에 따른 교육시간의 90 퍼센트 이상으로 한다.

📍 [별표 6] 화재예방안전진단기관의 지정 취소 및 업무 정지의 기준(제46조 제3항 관련)

1. 일반기준

가. 위반행위가 둘 이상인 경우에는 각 위반행위에 따라 각각 처분한다.

나. 위반행위의 횟수에 따른 행정처분기준은 최근 3년간 같은 위반행위로 행정처분을 받은 경우에 적용한다. 이 경우 기준 적용일은 최초의 행정처분 일부터 같은 위반행위로 다시 적발된 날을 기준으로 한다.

다. 나목에 따라 가중된 처분을 하는 경우 가중처분의 적용 차수는 그 위반행위 전 부과처분 차수(나에 따른 기간 내에 부과 처분이 둘 이상 있었던 경우에는 높은 차수를 말한다)의 다음 차수로 한다.

라. 처분권자는 다음의 어느 하나에 해당하는 경우에는 그 처분기준의 2분의 1의 범위에서 감경할 수 있다.

1) 위반행위가 사소한 부주의나 오류로 인한 것으로 인정되는 경우

2) 위반의 내용 및 정도가 경미하여 화재예방안전진단등의 업무를 수행하는데 문제가 발생하지 않는 경우

3) 그 밖에 위반행위의 정도, 위반행위의 동기와 그 결과 등을 고려하여 감경할 필요가 있다고 인정되는 경우

2. 개별기준

위반 내용	근거 법조문	처분기준		
		1차 위반	2차 위반	3차 위반
가. 거짓이나 그 밖의 부정한 방법으로 안전진단기관으로 지정을 받은 경우	법 제42조 제2항	지정취소		
나. 법 제41조 제4항에 따른 화재예방안전진단 결과를 소방본부장 또는 소방서장, 관계인에게 제출하지 아니한 경우	법 제42조 제2항	업무정지 6개월	업무정지 12개월	지정취소
다. 법 제41조 제1항에 따른 지정기준에 미달하게 된 경우	법 제42조 제2항	업무 정지 6개월	업무정지 12개월	지정취소
라. 업무정지기간에 화재예방안전진단 업무를 한 경우	법 제42조 제2항	지정 취소		

📍 [별표 7] 수수료 및 교육비(제49조 제1항 관련)

1. 자격증 발급 및 시험응시 수수료

납부대상자	납부금액
가. 법 제30조 제2항 및 제3항에 따라 소방안전관리자 자격증을 발급 또는 재발급받으려는 자	1만원
나. 법 제32조 제1항에 따라 소방안전관리자 자격시험에 응시하려는 자	특급 1차시험: 1만8천원 특급 2차시험: 2만4천원 1·2·3급 시험: 1만2천원

납부방법
1. 가목부터 나목까지의 수수료는 계좌입금의 방식 또는 현금으로 납부하거나 신용카드로 결제하여야 한다. 다만, 정보통신망을 이용하여 전자화폐·전자결제 등의 방법으로 결제할 수 있다.
2. 나목에도 불구하고 강습교육 수료자가 강습교육 마지막일에 소방안전관리자 자격시험에 응시하는 경우에는 수수료를 납부한 것으로 본다.

2. 화재예방안전진단 수수료

가. 법 제41조 제1항에 따라 화재예방안전진단을 받으려는 자의 수수료는 다음의 계산식에 의하여 산출한다(천원 미만은 절사한다).

구분	계산식
수수료	직접인건비 + 직접경비 + 제경비 + 기술료

나. 가목의 계산식에서 직접인건비, 직접경비, 제경비 및 기술료는 다음의 값으로 한다.

구분	내용
직접인건비	1) 직접인건비는 진단단계별 총공량에 진단단계별 투입인력의 노임단가를 곱하여 산출한 금액의 합계 금액으로 한다. 2) 1)에서 진단단계별 총공량은 현장시설진단의 용도별 공량의 합계에 보정계수1을 곱하고 사전조사의 공량, 비상대응훈련의 공량 및 보고서작성의 공량의 합에 보정계수2를 곱하여 더한 값으로 한다. 3) 1)에서 노임단가는 「엔지니어링산업 진흥법」 제31조에 따른 엔지니어링사업대가의 기준 중 기타부분의 노임단가로 한다. 4) 노임단가 산정 시 투입인력의 등급은 「엔지니어링산업 진흥법 시행령」 제4조에 따른다.
직접경비	직접인건비에 0.1를 곱하여 산출한 금액으로 한다.
제경비	직접인건비에 1.1를 곱하여 산출한 금액으로 한다.
기술료	직접인건비와 제경비의 합에 0.2을 곱하여 산출한 금액으로 한다.

다. 나목에서 진단단계별 분야별 공량은 다음과 같다.

구분		공량									
진단단계	용도별	합계	소방기술사	소방시설관리사	기타기술사 등	소방	전기	건축	가스	화공	위험물
사전조사	전체	1.0									
현장시설진단	공항	4.5	0.5	0.5	0.5	0.5	0.5	0.5	0.5	0.5	0.5
	철도, 도시철도, 항만	3	0.5	0.3	0.2	0.3	0.5	0.5	0.2	0.2	0.3
	공동구	3	0.5	0.3	0.4	0.3	0.5	0.4	0.3	0.2	0.1
	천연가스인수기지, 가스공급시설	5	0.5	0.5	0.5	0.5	0.5	0.5	1.0	0.5	0.5
	발전소	5	0.7	0.5	0.5	0.5	0.7	0.5	0.5	0.6	0.5
	석유비축시설	2.4	0.3	0.3	0.2	0.3	0.2	0.2	0.2	0.2	0.5
비상대응훈련		4.0(소방안전교육사 1명 포함)									
보고서 작성 (시뮬레이션 포함)		4.0									

라. 나목에서 보정계수 값은 다음과 같이 한다.

1) 특별관리시설물 중 공항, 철도, 도시철도, 항만, 공동구, 천연가스인수기지, 가스공급시설, 발전소는 다음 보정계수를 적용한다.

면적(m²)	보정계수1 (현장진단)	보정계수2 (사전조사, 비상대응훈련 및 보고서 작성)
10,000 이하	1.0	0.25
10,000 초과 ~ 15,000 이하	1.5	0.50
15,000 초과 ~ 20,000 이하	2.0	0.50
20,000 초과 ~ 25,000 이하	2.5	1.00
25,000 초과 ~ 30,000 이하	3.0	1.00
30,000 초과 ~ 35,000 이하	3.5	1.50
35,000 초과 ~ 40,000 이하	4.0	1.50
40,000 초과 ~ 45,000 이하	4.5	1.50
45,000 초과 ~ 50,000 이하	5.0	1.50
50,000 초과 ~ 60,000 이하	6.0	2.00
60,000 초과 ~ 70,000 이하	7.0	2.00
70,000 초과 ~ 80,000 이하	8.0	2.00

80,000 초과 ~ 90,000 이하	9.0	2.00
90,000 초과 ~ 100,000 이하	10.0	2.00
100,000 초과	11.0으로 하되 10,000 초과 시 마다 1.0을 더한 수치	2.10으로 하되 100,000 초과 시 마다 0.1를 더한 수치

2) 특별관리시설물 중 석유비축시설은 다음의 보정계수를 적용한다.

구분	보정계수1 (현장진단)	보정계수2 (사전조사, 비상대응훈련 및 보고서 작성)
제조소·취급소	1.0×허가수량	0.25×허가수량 단, 보정계수 최대값은 2 으로 한다.
옥외저장탱크·기타 저장소	1/1.5×허가수량	
암반저장탱크저장소	1/0.6×허가수량	

비고
하나의 석유비축시설에 제조소·취급소, 옥외저장탱크·기타 저장소, 암반저장탱크저장소가 같이 있는 경우에 각각의 보정계수1을 합하여 적용한다.

3. 교육비

납부 대상자	납부 금액
가. 특급 소방안전관리대상물에 대한 소방안전관리 업무 강습교육을 받으려는 자	96만원
나. 1급 소방안전관리대상물에 대한 소방안전관리 업무 강습교육을 받을려는 자	48만원
다. 2급 소방안전관리대상물에 대한 소방안전관리 업무 강습교육 및 공공기관 소방안전관리 강습교육을 받으려는 자	24만원
라. 3급 소방안전관리대상물에 대한 소방안전관리 업무 강습교육을 받으려는 자	14만4천원
마. 업무대행감독자 소방안전관리자에 대한 소방안전관리 업무 강습교육을 받으려는 자	9만6천원
바. 건설현장 소방안전관리자에 대한 소방안전관리 업무 강습교육을 받으려는 자	14만4천원
사. 소방안전관리자에 대한 실무교육을 받으려는 사람	5만5천원
아. 소방안전관리보조자에 대한 실무교육을 받으려는 사람	3만원

납부방법
교육비는 계좌입금의 방식 또는 현금으로 납부하거나 신용카드로 결제하여야 한다. 다만, 정보통신망을 이용하여 납부하거나 결제하는 경우 전자화폐·전자결제 등의 방법으로 납부하거나 결제할 수 있다.

📍 [별표 8] 한국소방안전원이 갖추어야 하는 시설기준(제50조 관련)

1. 사무실

바닥면적 60제곱미터 이상일 것

2. 강의실

바닥면적 100제곱미터 이상이고 책상 · 의자, 음향시설, 컴퓨터 및 빔프로젝터 등 교육에 필요한 비품을 갖출 것

3. 실습실

바닥면적 100제곱미터 이상이고, 교육과정별 실습 · 평가를 위한 교육기자재 등을 갖출 것

4. 교육용기자재 등

교육 대상	교육용기자재 등	수량
공통 (특급 · 1급 · 2급 · 3급 소방안전관리자, 소방안전관리보조자, 업무대행감독자, 건설현장 소방안전관리자)	1. 소화기(분말, 이산화탄소, 할로겐화합물 및 불활성기체)	각 1개
	2. 소화기 실습 · 평가설비	1식
	3. 자동화재탐지설비(P형) 실습 · 평가설비	3식
	4. 응급처치 실습 · 평가장비(마네킹, 심장충격기)	각 1개
	5. 피난구조설비(유도등, 완강기)	각 1식
	6. 「소방시설 설치 및 관리에 관한 법률 시행규칙」 별표 3에 따른 소방시설 별 점검 장비	각 1개
	7. 원격교육을 위한 스튜디오, 영상장비 및 콘텐츠	각 1식
	8. AR, VR 등 가상체험 장비 및 기기	각 1식
특급 소방안전관리자	1. 옥내소화전설비 실습 · 평가설비	1식
	2. 스프링클러설비 실습 · 평가설비	1식
	3. 가스계소화설비 실습 · 평가설비	1식
	4. 자동화재탐지설비(R형) 실습 · 평가설비	1식
	5. 제연설비 실습 · 평가설비	1식
1급 소방안전관리자	1. 옥내소화전설비 실습 · 평가설비	1식
	2. 스프링클러설비 실습 · 평가설비	1식
	3. 자동화재탐지설비(R형) 실습 · 평가설비	1식
2급 소방안전관리자, 「공공기관의 소방안전관리에 관한 규정」 제2조에 따른 공공기관의 소방안전관리자	1. 옥내소화전설비 실습 · 평가설비	1식
	2. 스프링클러설비 실습 · 평가설비	1식
건설현장 소방안전관리자	1. 임시소방시설 실습 · 평가설비	1식
	2. 화기취급작업 안전장비	1식

MEMO

제2-2편

소방시설 설치 및 관리에 관한 법률

해커스소방 학원 · 인강 fire.Hackers.com

제1장 총칙

제1조(목적)

이 법은 특정소방대상물 등에 설치하여야 하는 소방시설등의 설치·관리와 소방용품 성능관리에 필요한 사항을 규정함으로써 국민의 생명·신체 및 재산을 보호하고 공공의 안전과 복리 증진에 이바지함을 목적으로 한다.

> **시행령 제1조(목적)** 이 영은 「소방시설 설치 및 관리에 관한 법률」에서 위임된 사항과 그 시행에 필요한 사항을 규정함을 목적으로 한다.

> **시행규칙 제1조(목적)** 이 규칙은 「소방시설 설치 및 관리에 관한 법률」 및 같은 법 시행령에서 위임된 사항과 그 시행에 필요한 사항을 규정함을 목적으로 한다.

제2조(정의)

① 이 법에서 사용하는 용어의 뜻은 다음과 같다.
1. "소방시설"이란 소화설비, 경보설비, 피난구조설비, 소화용수설비, 그 밖에 소화활동설비로서 대통령령으로 정하는 것을 말한다.
2. "소방시설등[1]"이란 소방시설과 비상구(非常口), 그 밖에 소방 관련 시설로서 대통령령으로 정하는 것[2]을 말한다.
3. "특정소방대상물"이란 건축물 등의 규모·용도 및 수용인원 등을 고려하여 소방시설을 설치하여야 하는 소방대상물로서 대통령령으로 정하는 것을 말한다.
4. "화재안전성능[3]"이란 화재를 예방하고 화재발생 시 피해를 최소화하기 위하여 소방대상물의 재료, 공간 및 설비 등에 요구되는 안전성능을 말한다.
5. "성능위주설계[4]"란 건축물 등의 재료, 공간, 이용자, 화재 특성 등을 종합적으로 고려하여 공학적 방법으로 화재 위험성을 평가하고 그 결과에 따라 화재안전성능이 확보될 수 있도록 특정소방대상물을 설계하는 것을 말한다.
6. "화재안전기준[5]"이란 소방시설 설치 및 관리를 위한 다음 각 목의 기준을 말한다.
   가. 성능기준: 화재안전 확보를 위하여 재료, 공간 및 설비 등에 요구되는 안전성능으로서 소방청장이 고시로 정하는 기준
   나. 기술기준: 가목에 따른 성능기준을 충족하는 상세한 규격, 특정한 수치 및 시험방법 등에 관한 기준으로서 행정안전부령으로 정하는 절차에 따라 소방청장의 승인을 받은 기준
7. "소방용품"이란 소방시설등을 구성하거나 소방용으로 사용되는 제품 또는 기기로서 대통령령으로 정하는 것을 말한다.

📖 용어사전

[1] 소방시설등: 소방시설과 비상구(非常口), 그 밖에 소방 관련 시설로서 대통령령으로 정하는 것을 말한다.
[2] 대통령령으로 정하는 것: 방화문 및 자동방화셔터, 방염대상물품을 말한다.
[3] 화재안전성능: 화재를 예방하고 피해를 최소화하기 위해 요구되는 안전성능을 말한다.
[4] 성능위주설계: 공학적 방법으로 화재 위험성을 평가하고 그 결과에 따라 화재안전성능이 확보될 수 있도록 설계하는 것을 말한다.
[5] 화재안전기준: 소방시설을 설치·관리하기 위한 성능기준 및 기술기준을 말한다.

② 이 법에서 사용하는 용어의 뜻은 제1항에서 규정하는 것을 제외하고는 「소방기본법」, 「화재의 예방 및 안전관리에 관한 법률」, 「소방시설공사업법」, 「위험물안전관리법」 및 「건축법」에서 정하는 바에 따른다.

> **시행령 제2조(정의)** 이 영에서 사용하는 용어의 뜻은 다음과 같다.
>   1. "무창층"(無窓層)이란 지상층 중 다음 각 목의 요건을 모두 갖춘 개구부(건축물에서 채광·환기·통풍 또는 출입 등을 위하여 만든 창·출입구, 그 밖에 이와 비슷한 것을 말한다)의 면적의 합계가 해당 층의 바닥면적(「건축법 시행령」 제119조 제1항 제3호에 따라 산정된 면적을 말한다. 이하 같다)의 30분의 1 이하가 되는 층을 말한다.
>   가. 크기는 지름 50센티미터 이상의 원이 내접(內接)할 수 있는 크기일 것
>   나. 해당 층의 바닥면으로부터 개구부 밑부분까지의 높이가 1.2미터 이내일 것
>   다. 도로 또는 차량이 진입할 수 있는 빈터를 향할 것
>   라. 화재 시 건축물로부터 쉽게 피난할 수 있도록 창살이나 그 밖의 장애물이 설치되지 아니할 것
>   마. 내부 또는 외부에서 쉽게 부수거나 열 수 있을 것
>   2. "피난층"이란 곧바로 지상으로 갈 수 있는 출입구가 있는 층을 말한다.

제3조(소방시설) 「소방시설 설치 및 관리에 관한 법률」(이하 "법"이라 한다) 제2조 제1항 제1호에서 "대통령령으로 정하는 것"이란 별표 1의 설비를 말한다.

제4조(소방시설등) 법 제2조 제1항 제2호에서 "그 밖에 소방 관련 시설로서 대통령령으로 정하는 것"이란 다음 각 호에 해당하는 것을 말한다.
  1. 방화문 및 자동방화셔터
  2. 별표 9에 따른 방염대상물품

제5조(특정소방대상물) 법 제2조 제1항 제3호에서 "대통령령으로 정하는 것"이란 별표 2의 소방대상물을 말한다.

제6조(소방용품) 법 제2조 제1항 제4호에서 "대통령령으로 정하는 것"이란 별표 3의 제품 또는 기기를 말한다.

> **시행규칙 제2조(화재안전기술기준)** ① 「소방시설 설치 및 관리에 관한 법률」(이하 "법"이라 한다) 제2조 제1항 제6호 나목의 기술기준은 국립소방연구원장이 화재안전 관련 전문가로 구성된 화재안전기술기준위원회(이하 "기준위원회"라 한다)의 심의를 거쳐 소방청장의 승인을 받아야 한다.
> ② 제1항에 따른 기준위원회의 심의 사항은 다음 각 호와 같다.
> 1. 기술기준의 제·개정 및 폐지에 관한 사항
> 2. 기술기준의 적용 및 운영에 관한 사항
> 3. 기술기준에 관한 국내외 기준 및 신기술·신제품 등의 채택에 관한 사항
> 4. 기준위원회의 관리·운영에 관한 사항
> 5. 그 밖에 기술기준과 관련된 사항으로서 소방청장이 의뢰하는 사항
> ③ 그 밖에 기준위원회의 구성 및 운영 등에 필요한 사항은 국립소방연구원장이 정한다.

 찐 tip

무창층
1. 지상층 가운데
2. 개구부의 면적의 합계가 해당 층의 바닥면적의 30분의 1 이하가 되는 층

개구부의 조건
1. 지름 50cm 이상 원 내접
2. 개구부 밑부분까지의 높이가 1.2m 이내
3. 내부 또는 외부에서 쉽게 파손, 개방

📍 [별표 1] p.275

📍 [별표 2] p.277

📍 [별표 3] p.285

제3조(기술기준의 제·개정 절차) ① 기술기준의 제정 또는 개정을 신청하려는 자는 다음 각 호의 서류를 국립소방연구원장에게 제출하여야 한다.

1. 기술기준의 제정 또는 개정안

2. 기술기준의 제정 또는 개정이 필요한 사유와 그 근거자료

② 국립소방연구원장은 제1항에 따른 기술기준의 제정 또는 개정 신청을 받은 경우 15일 이내에 기준위원회에 회부 여부를 검토하고 그 결과를 신청인에게 알려야 한다.

③ 국립소방연구원장은 제2항에 따라 해당 안건을 기준위원회에 회부하기로 한 때에는 그 기술기준의 명칭, 번호(개정하는 경우만 해당한다), 주요 내용, 사유 및 의견 제출 기간 등을 인터넷 홈페이지 등을 이용하여 20일 이상 국민에게 알리고 의견을 수렴하여야 한다.

④ 제2항에 따라 기준위원회에 회부하지 아니하기로 통보를 받은 신청인은 그 사유를 통보받은 날로부터 10일 이내에 이의를 신청할 수 있다.

⑤ 그 밖에 기술기준의 제정 또는 개정 등에 필요한 사항은 국립소방연구원장이 정한다.

제4조(기술기준의 승인 절차) ① 국립소방연구원장은 기준위원회가 기술기준을 심의·의결한 때에는 그 심의·의결한 날부터 10일 이내에 다음 각 호의 사항이 포함된 승인신청서를 소방청장에게 제출하여야 한다.

1. 기술기준의 제·개정 또는 폐지 이유

2. 기술기준의 심의 경과 및 결과

3. 기술기준의 심의 회의록

② 소방청장은 제1항에 따라 제출 받은 기술기준이 법 제2조 제1항 제6호 가목에 따른 성능기준을 충족하는지 여부를 확인하고 충족하는 경우에는 즉시 승인하여야 한다. 이 경우 승인 받은 기술기준은 해당하는 성능기준을 충족하는 것으로 본다.

③ 국립소방연구원장은 제1항에 따라 소방청장의 승인을 받은 경우 그 기술기준의 내용을 지체 없이 홈페이지 등을 이용하여 국민에게 알려야 하고 소방청장은 그 승인 사실을 관보에 게재하여야 한다.

📖 **핵심정리 정의**

- -

1. **소방시설:** 소화설비, 경보설비, 피난구조설비, 소화용수설비, 소화활동설비

2. **소방시설등:** 소방시설과 비상구 등

3. **특정소방대상물:** 소방시설을 설치하여야 하는 소방대상물

4. **화재안전성능:** 소방대상물의 재료, 공간 및 설비 등에 요구되는 안전성능

5. **성능위주설계:** 공학적 방법으로 화재 위험성을 평가하고 그 결과에 따라 화재안전성능이 확보될 수 있도록 특정소방대상물을 설계하는 것

6. **화재안전기준:** 소방시설 설치 및 관리를 위한 성능기준 및 기술기준

7. **소방용품:** 소방시설등을 구성하거나 소방용으로 사용되는 제품 또는 기기

01 「소방시설 설치 및 관리에 관한 법률 및 시행령」상 특정소방대상물에 설치하는 소방 시설 중 단독경보형 감지기에 관한 설치기준으로 옳지 않은 것은?　　22. 경채

① 연면적 600m² 미만의 숙박시설
② 연면적 400m² 미만의 어린이회관
③ 연면적 1,000m² 미만의 아파트등
④ 교육연구시설 또는 수련시설 내에 있는 합숙소 또는 기숙사로서 연면적 2,000m² 미만인 것

02 「소방시설 설치 및 관리에 관한 법률 및 시행령」상 소방시설 중 제연설비를 설치해야 하는 특정소방대상물에 대한 내용이다. (　) 안에 들어갈 숫자로 옳은 것은?　　22. 경채

> • 지하가(터널은 제외한다)로서 연면적 (　ㄱ　)㎡ 이상인 것
> • 문화 및 집회시설, 종교시설, 운동시설로서 무대부의 바닥면적이 (　ㄴ　)㎡ 이상 또는 문화 및 집회시설 중 영화상영관으로서 수용인원 (　ㄷ　)명 이상인 것

	ㄱ	ㄴ	ㄷ
①	1,000	200	100
②	1,000	400	100
③	2,000	200	50
④	2,000	400	50

03 「소방시설 설치 및 관리에 관한 법률 및 시행령」상 소방시설 중 소화활동설비로 옳지 않은 것은?　　22. 공채 통합

① 제연설비, 연결송수관설비
② 비상콘센트설비, 연결살수설비
③ 무선통신보조설비, 연소방지설비
④ 연결송수관설비, 비상조명등설비

04 「소방시설 설치 및 관리에 관한 법률 및 시행령」상 특정소방대상물의 관계인이 특정소 방대상물의 규모·용도 및 수용인원 등을 고려하여 갖추어야 하는 소방시설의 기준에 대한 내용으로 옳은 것은?　　22. 공채 통합

① 지하가 중 터널로서 길이가 500m인 터널에는 옥내소화전설비를 설치하여야 한다.
② 아파트등 및 30층 이상 오피스텔의 모든 층에는 주거용주방자동소화장치를 설치하여 야 한다.
③ 물류터미널을 제외한 창고시설로 바닥면적 합계가 3천㎡인 경우에는 모든 층에 스프 링클러설비를 설치하여야 한다.
④ 근린생활시설 중 조산원 및 산후조리원으로서 연면적 500㎡ 이상인 시설은 간이스프 링클러설비를 설치하여야한다.

05 「소방시설 설치 및 관리에 관한 법률 및 시행령」상 소방용품 중 경보설비를 구성하는 제품 또는 기기로 옳지 않은 것은?　　21. 학과

① 수신기　　　　　　　　② 감지기
③ 누전차단기　　　　　　④ 가스누설경보기

06 「소방시설 설치 및 관리에 관한 법률 및 시행령」상 무창층이 되기 위한 개구부의 요건 중 일부를 나타낸 것이다. ( ) 안의 내용으로 옳은 것은? 19. 학과

> • 크기는 지름 (가)cm 이상의 원이 (나)할 수 있는 크기일 것
> • 해당 층의 바닥면으로부터 개구부 (다)까지의 높이가 (라)m 이내일 것

	가	나	다	라
①	50	내접	윗부분	1.2
②	50	내접	밑부분	1.2
③	50	외접	밑부분	1.5
④	60	내접	밑부분	1.2

07 「소방시설 설치 및 관리에 관한 법률 및 시행령」상 특정소방대상물 중 지하구에 관한 설명이다. ( ) 안의 내용으로 옳은 것은? 19. 학과

> 전력·통신용의 전선이나 가스·냉난방용의 배관 또는 이와 비슷한 것을 집합수용하기 위하여 설치한 지하 인공구조물로서 사람이 점검 또는 보수를 하기 위하여 출입이 가능한 것 중
> • 전력 또는 통신사업용 외의 지하 인공구조물로서 폭 (가) 이상이고 높이가 (나) 이 상이며 길이가 (다) 이상인 것
> • 「국토의 계획 및 이용에 관한 법률」 제2조 제9호에 따른 (라)

	가	나	다	라
①	1.5m	2m	50m	공동구
②	1.5m	1.8m	30m	지하가
③	1.8m	2m	50m	공동구
④	1.8m	1.8m	50m	지하가

08 「소방시설 설치 및 관리에 관한 법률 및 시행령」상 간이스프링클러설비를 설치하여야 하는 특정소방대상물로 옳지 않은 것은? 21. 학과

① 교육연구시설 내에 합숙소로서 연면적 100m² 이상인 것
② 근린생활시설 중 의원, 치과의원 및 한의원으로서 입원실이 있는 시설
③ 근린생활시설 중 근린생활시설로 사용하는 부분의 바닥면적 합계가 1천m² 이상인 것은 모든 층
④ 숙박시설 중 생활형 숙박시설로서 해당 용도로 사용되는 바닥면적의 합계가 500m² 이상인 것

09 「소방시설 설치 및 관리에 관한 법률 및 시행령」상 용어의 정의로 옳은 것은? 15. 공채 통합

① 소방시설이란 소화설비, 경보설비, 피난구조설비, 소화용수설비, 그 밖에 소화활동설비로서 행정안전부령으로 정하는 것을 말한다.
② 소방시설등이란 소방시설과 비상구, 그 밖에 소방 관련 시설로서 행정안전부령으로 정하는 것을 말한다.
③ 특정소방대상물이란 소방시설을 설치하여야 하는 소방대상물로서 행정안전부령으로 정하는 것을 말한다.
④ 소방용품이란 소방시설등을 구성하거나 소방용으로 사용되는 제품 또는 기기로서 대통령령으로 정하는 것을 말한다.

정답 01 ② 02 ① 03 ④ 04 ② 05 ③ 06 ② 07 ③ 08 ④ 09 ④

제3조(국가 및 지방자치단체의 책무)

① 국가와 지방자치단체는 소방시설등의 설치·관리와 소방용품의 품질 향상 등을 위하여 필요한 정책을 수립하고 시행하여야 한다.

② 국가와 지방자치단체는 새로운 소방 기술·기준의 개발 및 조사·연구, 전문인력 양성 등 필요한 노력을 하여야 한다.

③ 국가와 지방자치단체는 제1항 및 제2항에 따른 정책을 수립·시행하는 데 있어 필요한 행정적·재정적 지원을 하여야 한다.

제4조(관계인의 의무)

① 관계인(「소방기본법」 제2조 제3호에 따른 관계인을 말한다. 이하 같다)은 소방시설등의 기능과 성능을 보전·향상시키고 이용자의 편의와 안전성을 높이기 위하여 노력하여야 한다.

② 관계인은 매년 소방시설등의 관리에 필요한 재원을 확보하도록 노력하여야 한다.

③ 관계인은 국가 및 지방자치단체의 소방시설등의 설치 및 관리 활동에 적극 협조하여야 한다.

④ 관계인 중 점유자는 소유자 및 관리자의 소방시설등 관리 업무에 적극 협조하여야 한다.

제5조(다른 법률과의 관계)

특정소방대상물 가운데 「위험물안전관리법」에 따른 위험물 제조소등의 안전관리와 위험물 제조소등에 설치하는 소방시설등의 설치기준에 관하여는 「위험물안전관리법」에서 정하는 바에 따른다.

제2장 소방시설등의 설치·관리 및 방염

제6조(건축허가등의 동의 등)

① 건축물 등의 신축·증축·개축·재축(再築)·이전·용도변경 또는 대수선(大修繕)의 허가·협의 및 사용승인(「주택법」 제15조에 따른 승인 및 같은 법 제49조에 따른 사용검사, 「학교시설사업 촉진법」 제4조에 따른 승인 및 같은 법 제13조에 따른 사용승인을 포함하며, 이하 "건축허가등"이라 한다)의 권한이 있는 행정기관은 건축허가등을 할 때 미리 그 건축물 등의 시공지(施工地) 또는 소재지를 관할하는 소방본부장이나 소방서장의 동의를 받아야 한다.

② 건축물 등의 증축·개축·재축·용도변경 또는 대수선의 신고를 수리(受理)할 권한이 있는 행정기관은 그 신고를 수리하면 그 건축물 등의 시공지 또는 소재지를 관할하는 소방본부장이나 소방서장에게 지체 없이 그 사실을 알려야 한다.

③ 제1항에 따른 건축허가등의 권한이 있는 행정기관과 제2항에 따른 신고를 수리할 권한이 있는 행정기관은 제1항에 따라 건축허가등의 동의를 받거나 제2항에 따른 신고를 수리한 사실을 알릴 때 관할 소방본부장이나 소방서장에게 건축허가등을 하거나 신고를 수리할 때 건축허가등을 받으려는 자 또는 신고를 한 자가 제출한 설계도서 중 건축물의 내부구조를 알 수 있는 설계도면을 제출하여야 한다. 다만, 국가안보상 중요하거나 국가기밀에 속하는 건축물을 건축하는 경우로서 관계 법령에 따라 행정기관이 설계도면을 확보할 수 없는 경우에는 그러하지 아니하다.

④ 소방본부장 또는 소방서장은 제1항에 따른 동의를 요구받은 경우 해당 건축물 등이 다음 각 호의 사항을 따르고 있는지를 검토하여 행정안전부령으로 정하는 기간 내에 해당 행정기관에 동의 여부를 알려야 한다.
   1. 이 법 또는 이 법에 따른 명령
   2. 「소방기본법」 제21조의2에 따른 소방자동차 전용구역의 설치

⑤ 소방본부장 또는 소방서장은 제4항에 따른 건축허가등의 동의 여부를 알릴 경우에는 원활한 소방활동 및 건축물 등의 화재안전성능을 확보하기 위하여 필요한 다음 각 호의 사항에 대한 검토 자료 또는 의견서를 첨부할 수 있다.
   1. 「건축법」 제49조 제1항 및 제2항에 따른 피난시설, 방화구획(防火區劃)
   2. 「건축법」 제49조 제3항에 따른 소방관 진입창
   3. 「건축법」 제50조, 제50조의2, 제51조, 제52조, 제52조의2 및 제53조에 따른 방화벽, 마감재료 등(이하 "방화시설"이라 한다)
   4. 그 밖에 소방자동차의 접근이 가능한 통로의 설치 등 대통령령으로 정하는 사항

⑥ 제1항에 따라 사용승인에 대한 동의를 할 때에는 「소방시설공사업법」 제14조 제3항에 따른 소방시설공사의 완공검사증명서를 발급하는 것으로 동의를 갈음할 수 있다. 이 경우 제1항에 따른 건축허가등의 권한이 있는 행정기관은 소방시설공사의 완공검사증명서를 확인하여야 한다.

⑦ 제1항에 따른 건축허가등을 할 때 소방본부장이나 소방서장의 동의를 받아야 하는 건축물 등의 범위는 대통령령으로 정한다.

⑧ 다른 법령에 따른 인가·허가 또는 신고 등(건축허가등과 제2항에 따른 신고는 제외하며, 이하 이 항에서 "인허가등"이라 한다)의 시설기준에 소방시설등의 설치·관리 등에 관한 사항이 포함되어 있는 경우 해당 인허가등의 권한이 있는 행정기관은 인허가등을 할 때 미리 그 시설의 소재지를 관할하는 소방본부장이나 소방서장에게 그 시설이 이 법 또는 이 법에 따른 명령을 따르고 있는지를 확인하여 줄 것을 요청할 수 있다. 이 경우 요청을 받은 소방본부장 또는 소방서장은 행정안전부령으로 정하는 기간 내에 확인 결과를 알려야 한다.

시행령 제7조(건축허가등의 동의대상물의 범위 등) ① 법 제6조 제1항에 따라 건축물 등의 신축·증축·개축·재축(再築)·이전·용도변경 또는 대수선(大修繕)의 허가·협의 및 사용승인(이하 "건축허가등"이라 한다)을 할 때 미리 소방본부장 또는 소방서장의 동의를 받아야 하는 건축물 등의 범위는 다음 각 호와 같다.

1. 연면적(「건축법 시행령」 제119조 제1항 제4호에 따라 산정된 면적을 말한다. 이하 같다)이 400제곱미터 이상인 건축물이나 시설. 다만, 다음 각 목의 어느 하나에 해당하는 경우에는 해당 목에서 정한 기준 이상인 건축물이나 시설로 한다.
   가. 「학교시설사업 촉진법」 제5조의2 제1항에 따라 건축등을 하려는 학교시설: 100제곱미터
   나. 지하층 또는 무창층이 있는 건축물로서 바닥면적이 150제곱미터(공연장의 경우에는 100제곱미터) 이상인 층이 있는 것
2. 차고·주차장 또는 주차 용도로 사용되는 시설로서 다음 각 목의 어느 하나에 해당하는 것
   가. 차고·주차장으로 사용되는 바닥면적이 200제곱미터 이상인 층이 있는 건축물이나 주차시설
   나. 승강기 등 기계장치에 의한 주차시설로서 자동차 20대 이상을 주차할 수 있는 시설
3. 「정신건강증진 및 정신질환자 복지서비스 지원에 관한 법률」 제3조 제5호에 따른 정신의료기관(입원실이 없는 정신건강의학과 의원은 제외하며, 이하 "정신의료기관"이라 한다): 300제곱미터 이상
4. 「장애인복지법」 제58조 제1항 제4호에 따른 장애인 의료재활시설(이하 이 조에서 "장애인 의료재활시설"이라 한다): 300제곱미터 이상
5. 층수(「건축법 시행령」 제119조 제1항 제9호에 따라 산정된 층수를 말한다. 이하 같다)가 6층 이상인 건축물
6. 항공기격납고, 관망탑, 항공관제탑, 방송용 송수신탑
7. 위험물 저장 및 처리 시설, 지하구
8. 발전시설 중 전기저장시설, 풍력발전소
9. 별표 2의 특정소방대상물 중 조산원, 산후조리원, 의원(입원실이 있는 것에 한한다), 판매시설 중 전통시장

찐 tip

건축허가등의 권한 행정기관
1. 「건축법」의 규정에 의한 허가의 권한을 가진 자: 시장·군수·구청장
2. 「주택법」의 규정에 의한 허가의 권한을 가진 자: 국토교통부장관
3. 「학교시설사업 촉진법」의 규정에 의한 권한을 가진 자: 교육부장관 및 교육감

찐 tip

건축허가등 동의대상물(6, 20, 100, 150, 200, 300, 400)
1. 층수 6층 이상
2. 자동차 20대 이상 주차
3. 100m² 이상(학교시설, 지하층·무창층의 공연장)
4. 150m² 이상(지하층·무창층)
5. 200m² 이상(차고·주차장)
6. 300m² 이상(정신의료기관, 장애인 의료재활시설)
7. 연면적 400m² 이상인 건축물

건축허가등 동의대상물(용도)
1. 항공기격납고, 관망탑, 항공관제탑, 방송용 송수신탑
2. 위험물 저장 및 처리 시설, 지하구
3. 발전시설 중 전기저장시설, 풍력발전소
4. 조산원, 산후조리원, 의원(입원실이 있는 것), 판매시설 중 전통시장
5. 노유자시설 중 생활시설, 요양병원

10. 제1호에 해당하지 않는 노유자시설 중 다음 각 목의 어느 하나에 해당하는 시설. 다만, 가목 2) 및 나목부터 바목까지의 시설 중 「건축법 시행령」 별표 1의 단독주택 또는 공동주택에 설치되는 시설은 제외 한다.

　가. 별표 2 제9호 가목에 따른 노인 관련 시설 중 다음의 어느 하나에 해당하는 시설

　　1)「노인복지법」제31조 제1호·제2호 및 제4호에 따른 노인주거복지시설·노인의료복지시설 및 재가노인복지시설

　　2)「노인복지법」제31조 제7호에 따른 학대피해노인 전용쉼터

　나. 「아동복지법」제52조에 따른 아동복지시설(아동상담소, 아동전용시설 및 지역아동센터는 제외한다)

　다. 「장애인복지법」제58조 제1항 제1호에 따른 장애인 거주시설

　라. 정신질환자 관련 시설(「정신건강증진 및 정신질환자 복지서비스 지원에 관한 법률」제27조 제1항 제2호에 따른 공동생활가정을 제외한 재활훈련시설과 같은 법 시행령 제16조 제3호에 따른 종합시설 중 24시간 주거를 제공하지 아니하는 시설은 제외한다)

　마. 별표 2 제9호 마목에 따른 노숙인 관련 시설 중 노숙인자활시설, 노숙인재활시설 및 노숙인요양시설

　바. 결핵환자나 한센인이 24시간 생활하는 노유자시설

11. 「의료법」제3조 제2항 제3호 라목에 따른 요양병원(이하"요양병원"이라 한다). 다만, 정신의료기관 중 정신병원(이하"정신병원"이라한다)과 의료재활시설은 제외한다.

12. 「문화재보호법」제23조에 따라 보물 또는 국보로 지정된 목조건축물

13. 제1호부터 제10호까지 해당하지 아니한 것 중 다음의 어느 하나에 해당하는 것

　가. 노유자시설

　나. 숙박시설이 있는 수련시설로서 수용인원 100인 이상인 것

　다. 공장 또는 창고시설로서 「화재의 예방 및 안전관리에 관한 법률 시행령」별표 2에서 정하는 수량의 750배 이상의 특수가연물을 저장·취급하는 것

　라. 가스시설로서 지상에 노출된 탱크의 저장용량의 합계가 100톤 이상인 것

　마. 50명 이상의 근로자가 작업하는 옥내작업장

② 제1항에도 불구하고 다음 각 호의 어느 하나에 해당하는 특정소방대상물은 소방본부장 또는 소방서장의 건축허가등의 동의대상에서 제외된다.

1. 별표 5에 따라 특정소방대상물에 설치되는 소화기구, 자동소화장치, 누전경보기, 단독경보형감지기, 시각경보기, 가스누설경보기, 피난구조설비(비상조명등은 제외한다)가 법 제12조 제1항 전단에 따른 화재안전기준(이하 "화재안전기준"이라 한다)에 적합한 경우 그 특정소방대상물

2. 건축물의 증축 또는 용도변경으로 인하여 해당 특정소방대상물에 추가로 소방시설이 설치되지 아니하는 경우(「소방시설공사업법 시행령」제4조 제1호에 해당하지 않는 경우) 그 특정소방대상물

③ 법 제6조 제1항에 따라 건축허가등의 권한이 있는 행정기관은 건축허가등의 동의를 받으려는 경우에는 동의요구서에 행정안전부령으로 정하는 서류를 첨부하여 해당 건축물 등의 소재지를 관할하는 소방본부장 또는 소방서장에게 동의를 요구하여야 한다. 이 경우 동의 요구를 받은 소방본부장 또는 소방서장은 첨부서류 등이 미비한 경우에는 그 서류의 보완을 요구할 수 있다.

 쩐 tip

건축허가등 동의대상물(2022 신설)

1. 노유자시설
2. 숙박시설이 있는 수련시설(수용인원 100인 이상)
3. 공장 또는 창고시설로서 수량의 750배 이상 특수가연물 저장·취급
4. 가스시설로서 지상 노출탱크 저장용량의 합계가 100톤 이상
5. 50명 이상의 근로자가 작업하는 옥내작업장
6. 풍력발전소

건축허가등의 동의대상 제외

1. 소화기구, 자동소화장치, 누전경보기, 단독경보형감지기, 시각경보기, 가스누설경보기, 피난구조설비(비상조명등 제외)가 화재안전기준에 적합한 경우
2. 건축물의 증축 또는 용도변경으로 인하여 해당 특정소방대상물에 추가로 소방시설이 설치되지 아니하는 경우

④ 법 제6조 제5항 제4호에서 "대통령령으로 정하는 사항"이란 다음 각 호에 해당하는 경우를 말한다.

1. 「건축법」 제64조 및 주택건설기준 등에 관한 규정 제15조 규정에 따른 승강기 설치에 관한 사항
2. 「주택건설기준 등에 관한 규정」 제26조 규정에 따른 단지안의 도로에 관한 사항
3. 「건축법 시행령」 제40조 옥상광장 등의 설치기준에 관한 사항
4. 그 밖의 소방본부장 또는 소방서장이 소화활동 및 피난을 위해 필요하다고 판단되는 사항

시행규칙 제5조(건축허가등의 동의요구) ① 법 제6조 제1항에 따른 건축물 등의 신축·증축·개축·재축(再築)·이전·용도변경 또는 대수선(大修繕)의 허가·협의 및 사용승인(「주택법」 제15조에 따른 승인 및 같은 법 제49조에 따른 사용검사, 「학교시설사업 촉진법」 제4조에 따른 승인 및 같은 법 제13조에 따른 사용승인을 포함하며, 이하 "건축허가등"이라 한다)의 동의요구는 다음 각 호의 구분에 따른 기관이 건축물 등의 시공지(施工地) 또는 소재지를 관할하는 소방본부장 또는 소방서장에게 하여야 한다.

1. 「소방시설 설치 및 관리에 관한 법률 시행령」(이하 "영"이라 한다) 제7조 제1항 제1호부터 제6호까지에 따른 건축물 등과 영 별표 2 제17호 가목에 따른 위험물 제조소등의 경우: 「건축법」 제11조에 따른 허가(「건축법」 제29조 제1항에 따른 협의, 「주택법」 제15조에 따른 승인, 같은 법 제49조에 따른 사용검사, 「학교시설사업 촉진법」 제4조에 따른 승인 및 같은 법 제13조에 따른 사용승인을 포함한다)의 권한이 있는 행정기관
2. 영 별표 2 제17호 나목에 따른 가스시설의 경우: 「고압가스 안전관리법」 제4조, 「도시가스사업법」 제3조 및 「액화석유가스의 안전관리 및 사업법」 제5조·제6조에 따른 허가의 권한이 있는 행정기관
3. 영 별표 2 제28호에 따른 지하구의 경우: 「국토의 계획 및 이용에 관한 법률」 제88조 제2항에 따른 도시·군계획시설사업 실시계획 인가의 권한이 있는 행정기관

② 제1항 각 호의 어느 하나에 해당하는 기관은 영 제7조 제3항에 따라 건축허가등의 동의를 요구하는 때에는 동의요구서(전자문서로 된 요구서를 포함한다)에 다음 각 호의 서류(전자문서를 포함한다)를 첨부하여야 한다.

1. 「건축법 시행규칙」 제6조·제8조 및 제12조에 따른 건축허가신청서 및 건축허가서 또는 건축·대수선·용도변경신고서 등 건축허가등을 확인할 수 있는 서류의 사본. 이 경우 동의 요구를 받은 담당공무원은 특별한 사정이 없는 한 「전자정부법」 제36조 제1항에 따른 행정정보의 공동이용을 통하여 건축허가서를 확인함으로써 첨부서류의 제출에 갈음하여야 한다.
2. 다음 각 목의 설계도서. 다만, 가목, 나목 2), 3)의 설계도서는 「소방시설공사업법 시행령」 제4조에 따른 소방시설공사 착공신고대상에 해당되는 경우에 한한다.
    가. 건축물 관련 상세도면
        1) 건축개요 및 배치도
        2) 주단면도 및 입면도
        3) 층별 평면도(용도별 기준층 평면도를 포함한다)
        4) 방화구획도(창호도를 포함한다)
        5) 실내재료 마감표 등

6) 소방자동차 진입 동선도 및 부서 공간 위치도(조경계획을 포함한다)
나. 소방시설등 관련 상세도면
1) 소방시설(기계·전기분야의 시설을 말한다)의 층별 평면도 및 층별 계통도
(시설별 계산서를 포함한다)
2) 실내장식물 방염대상물품 설치 계획(「건축법」 제52조에 따른 마감재료는
제외한다)
3) 소방시설의 내진설계 계통도 및 평면도 등 기본설계도면(내진 시방서 및
계산서 등 세부 내용이 포함된 설계도면 등은 「소방시설공사업법」 제13조
에 따른 소방시설공사 착공신고 시 첨부하여야 한다)
3. 소방시설 설치계획표
4. 임시소방시설 설치계획서(설치시기·위치·종류·방법 등 임시소방시설의 설치
와 관련한 세부사항을 포함한다)
5. 소방시설설계업등록증과 소방시설을 설계한 기술인력의 기술자격증 사본
6.「소방시설공사업법」 제21조의3 제2항에 따라 체결한 소방시설설계 계약서 사본
1부
③ 제1항에 따른 동의 요구를 받은 소방본부장 또는 소방서장은 법 제6조 제3항에
따라 건축허가등의 동의 요구서류를 접수한 날부터 5일(허가를 신청한 건축물 등이
「화재의 예방 및 안전관리에 관한 법률 시행령」 별표 4 제1호 가목의(특급소방안전
관리대상물) 어느 하나에 해당하는 경우에는 10일) 이내에 건축허가등의 동의 여부를
회신하여야 한다.
④ 소방본부장 또는 소방서장은 제3항에 불구하고 제2항에 따른 동의 요구서 및 첨
부서류의 보완이 필요한 경우에는 4일 이내의 기간을 정하여 보완을 요구할 수 있다.
이 경우 보완 기간은 제3항에 따른 회신 기간에 산입하지 아니하고, 보완 기간 내에
보완하지 아니하는 때에는 동의요구서를 반려하여야 한다.
⑤ 제1항에 따라 건축허가등의 동의를 요구한 기관이 그 건축허가등을 취소하였을
때에는 취소한 날부터 7일 이내에 건축물 등의 시공지 또는 소재지를 관할하는 소방
본부장 또는 소방서장에게 그 사실을 통보하여야 한다.
⑥ 소방본부장 또는 소방서장은 제3항에 따라 동의 여부를 회신하는 때에는 별지
제1호 서식의 건축허가등의 동의대장에 이를 기재하고 관리하여야 한다.
⑦ 법 제6조 제8항 후단에서 "행정안전부령으로 정하는 기간"이란 7일을 말한다.

제6조(성능위주설계의 사전검토 신청) ① 성능위주설계를 한 자는 「건축법」 제4조의2
에 따른 건축위원회의 심의를 받아야 하는 건축물인 경우에는 그 심의를 신청하기 전에
별지 제2호 서식의 성능위주설계 사전검토 신청서에 다음 각 호의 서류를 첨부하여
관할 소방서장에게 사전검토를 신청하여야 한다. 다만, 건축심의를 하지 않는 경우에
는 사전검토를 신청하지 않을 수 있다.
1. 다음 각 목의 사항이 포함된 사전검토서
가. 건물의 개요(위치, 구조, 규모, 용도)
나. 부지 및 도로의 계획(소방차량 진입 동선을 포함한다)
다. 화재안전계획의 기본방침
라. 다음 각 목의 건축물 설계 상세도면
1) 주단면도 및 입면도
2) 용도별 기준층 평면도 및 창호도
3) 건축물 내장재료 및 외장재료 마감계획
4) 방화구획도(화재확대 방지계획 포함)

📍 [별표 4] p.163

　　　5) 건축물의 구조 설계에 따른 피난계획 및 피난 동선도

　마. 소방시설등의 설치계획 및 설계 설명서(소방시설 기계, 전기분야 기본 계통 포함)

　바. 별표 1의 시나리오에 따른 화재 및 피난 시뮬레이션 　　　♥ [별표 1] p.305

2. 「소방시설공사업법 시행령」 별표 1의2에 따른 성능위주설계를 할 수 있는 자의 자격 · 기술인력을 확인할 수 있는 서류

3. 성능위주설계 용역 계약서 사본

② 소방서장은 제1항에 따라 성능위주설계 사전검토 신청서를 접수한 경우 성능위주설계 대상 및 자격 여부를 확인한 후 지체 없이 소방청장 또는 관할 소방본부장에게 보고하여야 한다.

③ 소방서장은 제2항에 따른 성능위주설계 대상 및 자격 여부 등을 확인한 결과 첨부서류의 보완이 필요한 경우에는 7일 이내의 기간을 정하여 성능위주설계를 한 자에게 보완을 요청할 수 있다. 이 경우 첨부서류의 보완 기간은 처리 기간에 산입하지 아니하며, 보완하지 않은 경우에는 제출된 신고서를 반려할 수 있다.

제7조(성능위주설계 사전검토 평가단의 운영 절차 및 방법) ① 제6조 제2항에 따라 보고를 받은 소방청장 또는 관할 소방본부장은 성능위주설계의 전문적 · 기술적인 검토 · 평가를 위하여 성능위주설계 평가단(이하 "**평가단**"이라 한다)을 구성 · 운영하여 성능위주설계 사전검토 신청서 내용을 검토 · 평가하고 별지 제3호 서식의 사전검토 · 평가서를 작성하여 관할 소방서장에게 지체 없이 통보하여야 한다.

② 소방청장 또는 관할 소방본부장은 제1항에 따라 성능위주설계 사전검토 신청서 내용을 검토 · 평가한 결과 **신기술 · 신공법** 등 검토 · 평가에 고도의 기술이 필요한 경우에는 제18조 제1항에 따른 **중앙소방기술심의위원회**(이하"**중앙위원회**"라고 한다)에 심의를 요청할 수 있다.

③ 중앙위원회의 위원장은 제2항에 따라 요청된 사항에 대하여 중앙위원회의 심의를 거쳐 결정을 하고, 소방청장 또는 관할 소방본부장에게 그 결과를 알려야 한다.

④ 소방청장 또는 관할 소방본부장은 제3항에 따른 결과를 지체 없이 평가단에 알리고, 평가단은 중앙위원회의 심의 결과를 반영하여 성능위주설계의 내용을 검토 · 평가한다.

⑤ 제1항에 따른 성능위주설계 사전검토 · 평가서를 통보받은 관할 소방서장은 성능위주설계 사전검토를 신청한 자 및 「건축법」 제4조에 따른 해당 건축위원회에 그 결과를 지체 없이 통보하여야 한다.

제8조(성능위주설계의 신고) ① 성능위주설계를 한 자는 「건축법」 제11조에 따른 건축허가를 신청하기 전에 별지 제4호 서식의 성능위주설계 신고서에 다음 각 호의 서류를 첨부하여 관할 소방서장에게 신고하여야 한다. 다만, 사전검토 신청 시 제출한 서류와 동일한 서류는 제외한다.

1. 다음 각 목의 사항이 포함된 신고서(사전검토 단계에서 보완된 내용을 포함한다)

　가. 건물의 개요(위치, 구조, 규모, 용도)

　나. 부지 및 도로의 계획(소방차량 진입동선을 포함한다)

　다. 성능위주설계 적용으로 인한 화재안전성능 비교표

　라. 화재안전계획의 기본방침

　마. 다음 각 목의 건축물 설계 상세도면

　　　1) 주단면도 및 입면도

　　　2) 용도별 기준층 평면도 및 창호도

　　　3) 건축물 내장재료 및 외장재료 마감계획

📍 [별표 1] p.305

    4) 방화구획도(화재확대 방지계획 포함)

    5) 건축물의 구조 설계에 따른 피난계획 및 피난 동선도

바. 소방시설등의 설치계획 및 설계 설명서

사. 소방시설의 내진설계 계통도 및 평면도 등 기본설계도면(내진 시방서 및 계산서 등 세부 내용이 포함된 설계도면 등은 「소방시설공사업법」 제13조에 따른 소방시설공사 착공신고 시 첨부하여야 한다)

아. 다음 각 목의 소방시설등 설계도면

    1) 소방시설 계통도 및 용도별 기준층 평면도

    2) 소화용수설비 및 연결송수구 설치위치 평면도

    3) 종합방재센터 설치 및 운영계획

    4) 상용전원 및 비상전원의 설치계획

자. 소방시설에 대한 부하 및 용량계산서

차. 적용된 성능위주설계 요소 개요(설명서 포함)

카. 성능위주설계 요소의 성능 평가(별표 1의 시나리오에 따른 화재 및 피난 시뮬레이션을 포함한다)

2. 「소방시설공사업법 시행령」 별표 1의2에 따른 성능위주설계를 할 수 있는 자의 자격·기술인력을 확인할 수 있는 서류

3. 성능위주설계 용역 계약서 사본

4. 그 밖에 성능위주설계를 증빙할 수 있는 자료

② 소방서장은 제1항에 따라 성능위주설계 신고서를 접수한 경우 성능위주설계 대상 및 자격여부를 확인한 후 지체 없이 소방청장 또는 관할 소방본부장에게 보고하여야 한다.

③ 소방서장은 제2항에 따른 성능위주설계 대상 및 자격여부 등을 확인한 결과 첨부서류의 보완이 필요한 경우에는 7일 이내의 기간을 정하여 성능위주설계를 한 자에게 보완을 요청할 수 있다. 이 경우 첨부서류의 보완 기간은 처리 기간에 산입하지 아니하며, 보완하지 않은 경우에는 제출된 신고서를 반려할 수 있다.

④ 제1항의 성능위주설계 신고서에 첨부된 서류는 건축허가등의 동의 절차에 따른 건축허가동의 신고서류와 상이하여서는 아니 된다.

📖 핵심정리 건축허가등의 동의

1. 동의 절차

2. 건축허가등의 동의대상물의 범위

① 층수가 6층 이상인 건축물

② 20대 이상: 기계장치 주차시설

③ 100m² 이상: 학교시설, 공연장(지하층·무창층)

④ 150m² 이상: 지하층·무창층이 있는 건축물

⑤ 200m² 이상: 차고·주차장

⑥ 300m² 이상: 정신의료기관(입원실이 있는 경우), 장애인의료재활시설
⑦ 연면적 400m² 이상
⑧ 항공기 격납고, 항공관제탑, 관망탑, 방송용 송·수신탑, 위험물저장 및 처리시설, 지하구, 노유자생활시설, 요양병원
⑨ 조산원, 산후조리원, 의원(입원실 있는 것), 판매시설 중 전통시장
⑩ 발전시설 중 전기저장시설, 풍력발전소
⑪ 노유자시설, 수련시설(숙박)로 수용인원 100인 이상
⑫ 750배 이상 특수가연물 저장·취급
⑬ 가스시설로 노출탱크 용량의 합계가 100톤 이상
⑭ 옥내작업장(50명 이상)

3. 건축허가등의 동의요구시 첨부서류
① 건축허가신청서 및 건축허가서
② 설계도서
③ 소방시설 설치계획표
④ 임시소방시설 설치계획서
⑤ 소방시설설계업등록증 및 기술인력자격증
⑥ 소방시설설계 계약서 사본

📋 기출 체크

01 「소방시설 설치 및 관리에 관한 법률 및 시행령」상 건축허가등의 동의대상물의 범위에 해당되는 것으로 옳은 것은?　　　　　　　　　　　　　　　19. 학과

ㄱ. 항공기격납고, 관망탑, 방송용 송·수신탑
ㄴ. 「학교시설사업 촉진법」 제5조의2 제1항에 따라 건축 등을 하려는 학교시설은 100m² 이상인 건축물
ㄷ. 차고·주차장으로 사용되는 바닥면적이 150m² 이상인 층이 있는 건축물이나 주차시설
ㄹ. 수련시설로서 수용인원 100명 이상인 건축물

① ㄱ, ㄴ, ㄷ　　　　　　　　　　　② ㄱ, ㄴ, ㄹ
③ ㄱ, ㄷ, ㄹ　　　　　　　　　　　④ ㄴ, ㄷ, ㄹ

02 다음 중 건축허가등의 동의로 옳은 것은?　　　　　　　　　17. 공채 통합

① 정신의료기관(입원실 없는 정신건강의학과의원은 제외) 200m² 이상
② 지하층·무창층은 바닥면적 200m² 이상(단, 공연장은 100m² 이상)
③ 노유자시설
④ 차고·주차장은 바닥면적 150m² 이상

03 다음 중 건축허가등의 동의대상물 범위가 아닌 것은?　　　　　14. 공채 통합

① 항공기격납고
② 차고·주차장으로서 바닥면적 150m² 이상인 층이 있는 경우
③ 노유자시설
④ 지하층이 있고 바닥면적 150m² 이상인 층이 있는 경우

정답 01 ② 02 ③ 03 ②

제7조(소방시설의 내진설계기준)

「지진 · 화산재해대책법」 제14조 제1항 각 호의 시설 중 대통령령으로 정하는 특정소방대상물에 대통령령으로 정하는 소방시설을 설치하려는 자는 지진이 발생할 경우 소방시설이 정상적으로 작동될 수 있도록 소방청장이 정하는 내진설계기준에 맞게 소방시설을 설치하여야 한다.

> **시행령 제8조(소방시설의 내진설계)** ① 법 제7조에서 "대통령령으로 정하는 특정소방대상물"이란 「건축법」 제2조 제1항 제2호에 따른 건축물로서 「지진 · 화산재해대책법 시행령」 제10조 제1항 각 호에 해당하는 시설을 말한다.
> ② 법 제7조에서 "대통령령으로 정하는 소방시설"이란 소방시설 중 옥내소화전설비, 스프링클러설비, 물분무등소화설비를 말한다.

📖 **핵심정리** 소방시설등의 내진설계 대상

1. 옥내소화전설비
2. 스프링클러설비
3. 물분무등소화설비

📋 **기출체크**

01 「소방시설 설치 및 관리에 관한 법률 및 시행령」상 특정소방대상물에 지진이 발생할 경우 소방시설이 정상적으로 작동될 수 있도록 소방청장이 정하는 내진설계기준에 맞게 설치하여야 하는 소방시설의 종류로 옳지 않은 것은?   22. 경채

① 물분무등소화설비
② 스프링클러설비
③ 옥내소화전설비
④ 연결송수관설비

02 특정소방대상물의 내진설계 대상으로 옳은 것은?   17. 공채 통합

① 제연설비
② 소화용수설비
③ 옥외소화설비
④ 스프링클러설비

03 특정소방대상물에 대통령령으로 정하는 소방시설을 설치하려는 자는 지진이 발생할 경우 소방시설이 정상적으로 작동될 수 있도록 소방청장이 정하는 내진설계 기준에 맞게 소방시설을 설치하여야 한다. 다음 중 내진설계를 적용하여야 하는 소방시설의 종류로 옳지 않은 것은?   14. 학과

① 옥내소화전설비
② 스프링클러설비
③ 물분무소화설비
④ 분말자동소화장치

정답 01 ④ 02 ④ 03 ④

제8조(성능위주설계)

① 연면적·높이·층수 등이 일정 규모 이상인 대통령령으로 정하는 특정소방대상물(신축하는 것만 해당한다)에 소방시설을 설치하려는 자는 성능위주설계를 하여야 한다.

② 제1항에 따라 소방시설을 설치하려는 자가 성능위주설계를 한 경우에는 「건축법」 제11조에 따른 건축허가를 신청하기 전에 해당 특정소방대상물의 시공지 또는 소재지를 관할하는 소방서장에게 신고하여야 한다. 해당 특정소방대상물의 연면적·높이·층수의 변경 등 행정안전부령으로 정하는 사유로 신고한 성능위주설계를 변경하려는 경우에도 또한 같다.

③ 소방서장은 제2항에 따른 신고 또는 변경신고를 받은 경우 그 내용을 검토하여 이 법에 적합하면 신고를 수리하여야 한다.

④ 제2항에 따라 성능위주설계의 신고 또는 변경신고를 하려는 자는 해당 특정소방대상물이 「건축법」 제4조의2에 따른 건축위원회의 심의를 받아야 하는 건축물인 경우에는 그 심의를 신청하기 전에 성능위주설계의 기본설계도서(基本設計圖書) 등에 대해서 해당 특정소방대상물의 시공지 또는 소재지를 관할하는 소방서장의 사전검토를 받아야 한다.

⑤ 소방서장은 제2항 또는 제4항에 따라 성능위주설계의 신고, 변경신고 또는 사전검토 신청을 받은 경우에는 소방청 또는 관할 소방본부에 설치된 제9조 제1항에 따른 성능위주설계평가단의 검토·평가를 거쳐야 한다. 다만, 소방서장은 신기술·신공법 등 검토·평가에 고도의 기술이 필요한 경우에는 제18조 제1항에 따른 중앙소방기술심의위원회에 심의를 요청할 수 있다.

⑥ 소방서장은 제5항에 따른 검토·평가 결과 성능위주설계의 수정 또는 보완이 필요하다고 인정되는 경우에는 성능위주설계를 한 자에게 그 수정 또는 보완을 요청할 수 있으며, 수정 또는 보완 요청을 받은 자는 정당한 사유가 없으면 그 요청에 따라야 한다.

⑦ 제2항부터 제6항까지에서 규정한 사항 외에 성능위주설계의 신고, 변경신고 및 사전검토의 절차·방법 등에 필요한 사항과 성능위주설계의 기준은 행정안전부령으로 정한다.

> **시행령 제9조(성능위주설계를 하여야 하는 특정소방대상물의 범위)** 법 제8조 제1항에서 "대통령령으로 정하는 특정소방대상물"이란 다음 각 호의 어느 하나에 해당하는 특정소방대상물(신축하는 것만 해당한다)을 말한다.
> 1. 연면적 20만제곱미터 이상인 특정소방대상물. 다만, 별표 2 제1호에 따른 공동주택 중 주택으로 쓰이는 층수가 5층 이상인 주택(이하 "아파트등"이라 한다)은 제외한다.
> 2. 50층 이상(지하층은 제외한다)이거나 지상으로부터 높이가 200미터 이상인 아파트등
> 3. 30층 이상(지하층을 포함한다)이거나 지상으로부터 높이가 120미터 이상인 특정소방대상물(아파트등은 제외한다)

🗒 **조문 플러스**

연면적·높이·층수 등이 일정 규모 이상인 대통령령으로 정하는 특정소방대상물에 소방시설을 설치하려는 자는 성능위주설계를 하도록 하고, 성능위주설계를 한 경우에는 「건축법」에 따른 건축허가를 신청하기 전에 해당 특정소방대상물의 시공지 또는 소재지를 관할하는 소방서장에게 신고하도록 한다.

 찐 tip

성능위주설계 대상

1. 연면적 20만m² 이상인 특정소방대상물(아파트등 제외)
2. 층수 50층 이상, 높이 200m 이상(아파트등)
3. 층수 30층 이상(지하층 포함), 높이 120m 이상(아파트등 제외)
4. 연면적 3만m² 이상인 철도·도시철도 시설, 공항시설
5. 연면적 10만m² 이상
6. 지하 2층 이하이고 지하층의 바닥면적의 합이 3만m² 이상인 창고시설
7. 하나의 건축물에 영화상영관이 10개 이상
8. 지하연계 복합건축물
9. 수저(水底)터널, 길이가 5천m 이상 터널

4. 연면적 3만제곱미터 이상인 특정소방대상물로서 다음 각 목의 어느 하나에 해당하는 특정소방대상물
　가. 철도 및 도시철도 시설
　나. 공항시설
5. 연면적 10만제곱미터 이상이거나 지하 2층 이하이고 지하층의 바닥면적의 합이 3만제곱미터 이상인 창고시설
6. 하나의 건축물에 「영화 및 비디오물의 진흥에 관한 법률」 제2조 제10호에 따른 영화상영관이 10개 이상인 특정소방대상물
7. 「초고층 및 지하연계 복합건축물 재난관리에 관한 특별법」 제2조 제2호에 따른 지하연계 복합건축물에 해당하는 특정소방대상물
8. 별표 2 제27호 나목의 터널 중 수저(水底)터널 또는 길이가 5천미터 이상인 것

시행규칙 제9조(성능위주설계 신고 평가단의 운영 절차 및 방법) ① 법 제8조 제2항에 따라 접수를 받은 소방청장 또는 관할 소방본부장은 성능위주설계 신고서를 접수한 날부터 20일 이내에 평가단을 구성·운영하여 성능위주설계 신고서 내용을 검토·평가하고 별지 제5호 서식의 신고 검토·평가 결정서를 작성하여 관할 소방서장에게 지체 없이 통보하여야 한다.
② 소방청장 또는 관할 소방본부장은 제1항에 따라 성능위주설계 신고서 내용을 검토·평가한 결과 신기술·신공법 등 검토·평가에 고도의 기술이 필요한 경우에는 중앙위원회에 심의를 요청할 수 있다.
③ 중앙위원회의 위원장은 제2항에 따라 요청된 사항에 대하여 20일 이내 중앙위원회의 심의를 거쳐 결정을 하고, 소방청장 또는 관할 소방본부장에게 그 결과를 알려야 한다.
④ 소방청장 또는 관할 소방본부장은 제3항에 따른 결과를 지체 없이 평가단에 알리고, 평가단은 중앙위원회의 심의 결과를 반영하여 성능위주설계의 내용을 검토·평가한다.
⑤ 평가단은 제1항에 따른 성능위주설계 신고서의 검토·평가를 한 경우에는 별표 2에서 정하는 바에 따라 "원안채택", "보완", "재검토", "부결"로 결정한다.
⑥ 관할 소방서장은 제5항에 따른 성능위주설계의 신고서 검토·평가 결과를 통보받은 경우에는 별표 2에서 정하는 시기에 따라 그 결과를 성능위주설계를 한 자에게 통보하고, 법 제6조에 따라 인허가등의 권한이 있는 행정기관에 건축허가등의 동의 여부를 알려야 한다.

제10조(성능위주설계 변경신고) ① 법 제8조 제2항에서 "행정안전부령으로 정하는 사유"란 다음 각 호의 어느 하나에 해당하는 경우를 말한다.
1. 「건축법」 제16조 제1항에 따라 허가를 받았거나 신고한 사항을 변경하려는 경우
2. 이 법과 화재안전기준을 적용하기 곤란한 특수한 공간 등으로 변경되는 경우
3. 제1호에 해당하지 않는 허가 또는 신고사항 변경 또는 평가단의 검토·평가 내용과 달라지는 경우(「소방시설공사업법」 제13조에 따른 소방시설공사 착공신고 이후 변경되는 경우도 포함한다)
② 제1항 각 호 어느 하나에 해당하는 경우 성능위주설계를 한 자는 별지 제6호 서식의 성능위주설계 변경신고서에 제8조 제1항 각 호의 서류(변경되는 부분만을 말한다)를 첨부하여 관할 소방서장에게 신고하여야 한다.

📍 [별표 2] p.308

③ 소방서장은 제2항에 따라 성능위주설계 변경신고서를 접수한 경우 성능위주설계의 변경사항을 확인한 후 지체 없이 소방청장 또는 관할 소방본부장에게 보고하여야 한다. 다만, 변경사항이 다음 각 호의 어느 하나에 해당하는 경우에는 보고하지 않을 수 있다. 이 경우 관할 소방서장은 「소방시설공사업법」제16조 제3항에 따라 공사현장에 배치된 책임감리원에게 변경된 내용을 「소방시설공사업법 시행규칙」제19조 제3호 별지 제13호 서식의 소방공사감리일지에 기록하게 하여야 한다.

1. 건축허가나 신고에 해당되지 않는 구조의(면적, 구획실 등) 경미한 변경(변경에 따른 헤드, 감지기 등 소방시설의 단순 위치 변경)
2. 성능위주설계 시 적용된 소방시설 계획보다 수량이 경미하게 축소되거나 변경되는 경우
3. 법정 수치 및 설치 위치가 현장 여건에 따라 경미하게 변경되는 경우
4. 기타 현장 여건에 따라 공사업자 또는 감리업자가 변경할 필요가 있다고 판단되는 내용 중 관할 소방서장이 경미한 변경이라고 판단하는 사항

④ 제3항에 따라 변경신고를 보고받은 소방청장 또는 관할 소방본부장은 제11조 제5항에도 불구하고 평가단으로 구성되었던 평가단원 중 4인 이상으로 구성·운영하여 14일 이내에 검토·평가 하고, 그 결과를 관할 소방서장에게 지체 없이 통보하여야 한다. 이 경우 평가단 회의는 서면으로 운영할 수 있다.

⑤ 제1항 및 제2항의 경우 건축위원회의 심의를 거쳐야 하는 경우에는 제6조 및 제7조를 준용한다.

⑥ 제4항에서 정하고 있지 않는 절차는 제8조 및 제9조를 준용한다.

📖 **핵심정리** **성능위주설계 대상(신축에 한정)**

1. 연면적 20만m² 이상, 지하층을 포함한 층수가 30층 이상, 건축물의 높이가 120m 이상(아파트등 제외)
2. 지하층을 제외한 층수가 50층 이상, 건축물의 높이가 200m 이상(아파트등)
3. 지하연계복합건축물
4. 연면적 3만m² 이상(철도·도시철도시설 및 공항시설)
5. 하나의 건축물에 영화상영관이 10개 이상
6. 연면적 10만m² 이상이거나 지하 2층 이하이고 지하층의 바닥면적의 합이 3만m² 이상인 창고시설
7. 터널 중 수저(水底)터널 또는 길이가 5천m 이상인 것

📋 **기출 체크**

01 「소방시설 설치 및 관리에 관한 법률 및 시행령」상 성능위주설계를 해야 하는 특정소방대상물의 범위로 옳지 않은 것은? 22. 공채 통합

① 연면적 3만제곱미터 이상인 공항시설에 해당하는 특정소방대상물
② 하나의 건축물에 「영화 및 비디오물의 진흥에 관한 법률」제2조 제10호에 따른 영화상영관이 10개 이상인 특정소방대상물
③ 50층 이상(지하층은 제외한다)이거나 지상으로부터 높이가 200미터 이상인 아파트등
④ 30층 이상(지하층을 포함한다)이거나 지상으로부터 높이가 100미터 이상인 특정소방대상물(아파트 등은 제외한다)

02 「소방시설 설치 및 관리에 관한 법률 및 시행령」상 신축건축물로서 성능위주설계를 하여야 할 특정소방대상물의 범위로 옳은 것은? 　19. 학과

① 연면적 10만m² 이상인 특정소방대상물로서 기숙사
② 건축물의 높이가 100m 이상인 특정소방대상물로서 아파트
③ 지하층을 포함한 층수가 20층 이상인 특정소방대상물로서 복합건축물
④ 연면적 3만m² 이상인 특정소방대상물로서 공항시설

03 성능위주의 설계를 하여야 할 특정소방대상물의 범위 중 옳지 않은 것은? 　15. 공채 통합

① 연면적 20만m² 이상인 특정소방대상물. 다만, 「소방시설 설치 및 관리에 관한 법률 및 시행령」의 아파트등은 제외한다.
② 건축물의 높이가 100m 이상이거나 지하층을 제외한 층수가 30층 이상인 특정소방대상물
③ 연면적 3만m² 이상인 철도 및 도시철도시설, 공항시설
④ 하나의 건축물에 영화상영관이 10개 이상인 특정소방대상물

정답 01 ④ 02 ④ 03 ②

📖 **조문 플러스**

성능위주설계에 대한 전문적·기술적인 검토 및 평가를 위하여 소방청 또는 소방본부에 성능위주설계 평가단을 두도록 한다.

찐 tip

평가단 구성
1. 설치: 소방청, 소방본부
2. 구성: 평가단장 1명 포함 50 이내의 단원
3. 평가단장: 소방청장 또는 관할 소방본부장이 임명
4. 회의: 평가단장 포함 7명 이상 9명 이하의 평가단원으로 성립

제9조(성능위주설계평가단)

① 성능위주설계에 대한 전문적·기술적인 검토 및 평가를 위하여 **소방청 또는 소방본부에 성능위주설계 평가단**(이하 "평가단"이라 한다)을 둔다.
② 평가단에 소속되거나 소속되었던 사람은 평가단의 업무를 수행하면서 알게 된 비밀을 이 법에서 정한 목적 외의 용도로 사용하거나 다른 사람 또는 기관에 제공하거나 누설하여서는 아니 된다.
③ 평가단의 구성 및 운영 등에 필요한 사항은 행정안전부령으로 정한다.

시행규칙 제11조(평가단의 구성 및 운영 등) ① 법 제9조 제3항에 따라 평가단은 평가단장 1명을 포함하여 50 이내의 단원으로 구성한다.
② 평가단장은 소방청장 또는 관할 소방본부장이 임명하되, 해당 업무를 처리하는 부서의 장으로 한다. 다만, 부득이한 사유로 직무를 수행할 수 없는 경우에는 평가단장이 학식·경험·능력 등을 종합적으로 고려하여 대리자를 지정할 수 있다.
③ 평가단원은 다음 각 호의 어느 하나에 해당하는 사람 중에서 소방청장 또는 관할 소방본부장이 성별을 고려하여 임명하거나 위촉한다. 다만, 관할 소방서의 업무 담당 과장은 당연직으로 한다.
1. 소방공무원 중 다음 각 목의 어느 하나에 해당하는 사람
　가. 소방기술사
　나. 다음의 어느 하나에 해당하는 자격을 갖춘 사람으로서 「소방공무원 교육훈련규정」 제3조 제2항에 따른 중앙소방학교에서 실시하는 성능위주설계 교육을 이수한 사람
　　1) 소방설비기사 이상의 자격을 가진 자로서 건축허가동의 업무를 1년 이상 담당한 사람
　　2) 건축 또는 소방 관련 석사학위 이상을 취득한 자로서 건축허가동의 업무를 1년 이상 담당한 사람

2. 건축 및 소방방재분야 전문가 중 다음 각 목의 어느 하나에 해당하는 사람

    가. 지방소방기술심의위원회 위원 또는 건축, 소방방재관련 교수

    나. 건축계획, 건축구조, 도시계획과 관련된 업종에 종사하는 자로서 건축사, 건축구조기술사 자격 등을 취득한 사람

    다. 「소방시설공사업법」 제28조 제3항에 따른 특급감리원 자격 소지자로서 소방공사 현장 감리업무를 10년 이상 수행한 사람

④ 위촉된 평가단원의 임기는 2년으로 하되, 1회에 한하여 연임할 수 있다(다만, 제3항 제1호 및 제2호에 해당하는 전문가가 부족하는 등 특별한 사유가 있는 경우에는 평가단원의 임기를 최대 5년으로 할 수 있다).

⑤ 평가단 회의는 평가단장을 포함하여 7명 이상 9명 이하의 평가단원으로 구성·운영하며, 평가단원 과반수의 출석으로 개의(開議)하고, 출석 평가단원 과반수의 찬성으로 의결한다.

⑥ 평가단장은 평가단을 대표하고 평가단의 업무를 총괄하며, 평가단 회의를 운영하고 의장이 된다.

⑦ 평가단 회의에 참석한 평가단원은 평가단원으로서 업무를 수행함에 있어 준수해야할 사항들에 대해 별지 제7호 서식의 청렴 및 비밀준수 서약서를 작성하여야 한다.

⑧ 평가단 회의에 참석한 평가단원에게는 예산의 범위 내에서 수당, 여비, 그 밖에 필요한 경비를 지급할 수 있다. 다만, 소방공무원인 평가단원이 그 소관 업무와 관련하여 평가단 회의에 참석하는 경우에는 그러하지 아니하다.

⑨ 제2항부터 제8항까지 규정한 사항 외에 평가단 운영에 필요한 세부적인 사항은 소방청장 또는 관할 소방본부장이 따로 정한다.

제12조(평가단원의 제척 등) ① 평가단원이 다음 각 호의 어느 하나에 해당하는 경우에는 평가단 회의에서 제척된다.

  1. 평가단원이나 평가단원이 소속된 기관·단체가 해당 평가단의 운영에 대한 용역·자문 또는 연구를 하였거나 그 밖의 방법으로 참여한 경우

  2. 평가단원이나 평가단원의 배우자 또는 친족이 해당 평가단의 성능위주설계 대상 건축물의 관계인이거나 성능위주설계자인 경우

  3. 그 밖에 평가단원이 평가단의 운영과 직접적인 이해관계가 있다고 인정되는 경우

② 평가단원은 제1항 각 호의 어느 하나에 해당하는 경우에는 스스로 해당 평가단 운영 참여를 회피하여야 한다.

제13조(평가단원의 해임·위촉 해제) 소방청장 또는 관할 소방본부장은 평가단원이 다음 각 호의 어느 하나에 해당하는 경우에는 해임하거나 위촉을 해제할 수 있다.

  1. 성능위주설계 평가단 운영과 관련하여 금품을 주고받았거나 부정한 청탁에 따라 권한을 행사하는 등 비위(非違) 사실이 있는 경우

  2. 제12조 제2항에 따라 제12조 제1항 각 호의 어느 하나에 해당됨에도 불구하고 회피를 하지 아니하여 성능위주설계 심의의 공정성을 해친 경우

  3. 평가단원 본인 또는 평가단원이 소속된 기관의 요청이 있는 경우

  4. 제11조 제4항에 해당하는 경우로서 위촉된 평가단원 임기가 만료 된 경우

  5. 기타 평가단원으로 활동하기 어렵다고 인정되는 경우

제14조(평가단 및 중앙위원회의 심의내용) 평가단 및 중앙위원회는 다음 각 호의 사항을 검토·평가한다.

1. 제6조 제1항 각 호 및 제8조 제1항 각 호의 서류에 대한 확인 및 평가에 관한 사항
2. 성능위주설계 신고서에 대한 화재 및 피난 안전성능의 평가에 관한 사항
3. 그 밖에 성능위주설계와 관련하여 평가단장 또는 중앙위원회 위원장이 평가단 또는 중앙위원회 운영에 부치는 사항

📖 **핵심정리** **성능위주설계평가단**

1. **설치:** 소방청, 소방본부
2. **평가단 구성·운영 등 필요사항:** 행정안전부령

🔖 **조문플러스**

주택화재로 인한 인명피해를 방지하기 위하여 주택(아파트, 기숙사 제외)에 소화기 및 단독경보형감지기를 설치하도록 하기 위함이다.

제10조(주택에 설치하는 소방시설)

① 다음 각 호의 주택의 소유자는 소화기 등 대통령령으로 정하는 소방시설(이하 "주택용소방시설"이라 한다)을 설치하여야 한다.
  1. 「건축법」 제2조 제2항 제1호의 단독주택
  2. 「건축법」 제2조 제2항 제2호의 공동주택(아파트 및 기숙사는 제외한다)
② 국가 및 지방자치단체는 주택용소방시설의 설치 및 국민의 자율적인 안전관리를 촉진하기 위하여 필요한 시책을 마련하여야 한다.
③ 주택용소방시설의 설치기준 및 자율적인 안전관리 등에 관한 사항은 특별시·광역시·특별자치시·도 또는 특별자치도(이하 "시·도"라 한다)의 조례로 정한다.

시행령 제10조(주택용 소방시설) 법 제10조 제1항 각 호 외의 부분에서 "대통령령으로 정하는 소방시설"이란 소화기 및 단독경보형감지기를 말한다.

🎓 **쌤tip**

주택용 소방시설
1. 종류: 소화기, 단독경보형감지기
2. 설치기준: 시·도 조례

📖 **핵심정리** **주택용 소방시설**

1. **소화기 및 단독경보형감지기 설치**
    ① 「건축법」의 단독주택
    ② 「건축법」의 공동주택(아파트 및 기숙사는 제외한다)
2. **소방시설의 설치기준:** 시·도 조례

📋 **기출체크**

「건축법」에서 정하는 단독주택의 소유자는 소방시설 중 어떤 설비를 설치하여야 하는가?

10. 경기·강원, 11. 학과

① 소화기   ② 누전경보기
③ 비상경보설비   ④ 피난기구

정답 ①

제11조(자동차에 설치 또는 비치하는 소화기)

① 「자동차관리법」 제3조 제1항에 따른 자동차 중 다음 각 호의 어느 하나에 해당하는 자동차를 제작·조립·수입·판매하려는 자 또는 해당 자동차의 소유자는 차량용 소화기를 설치하거나 비치하여야 한다.

    1. 5인승 이상의 승용자동차

    2. 승합자동차

    3. 화물자동차

    4. 특수자동차

② 제1항에 따른 차량용 소화기의 설치 또는 비치기준은 행정안전부령으로 정한다.

③ 국토교통부장관은 「자동차관리법」 제43조 제1항에 따른 자동차검사 시 차량용 소화기의 설치 또는 비치 여부 등을 확인하여야 하며, 그 결과를 매년 12월 31일까지 소방청장에게 통보하여야 한다.

[시행일: 2024.12.1.]

> **시행규칙 제15조(차량용 소화기의 설치 또는 비치기준)** 법 제11조 제2항에 따른 차량용 소화기의 설치 또는 비치기준은 별표 3과 같다.

제2절 특정소방대상물에 설치하는 소방시설의 관리 등

제12조(특정소방대상물에 설치하는 소방시설의 관리 등)

① 특정소방대상물의 관계인은 대통령령으로 정하는 소방시설을 화재안전기준에 따라 설치·관리하여야 한다. 이 경우 「장애인·노인·임산부 등의 편의증진 보장에 관한 법률」 제2조 제1호에 따른 장애인등이 사용하는 소방시설(경보설비 및 피난구조설비를 말한다)은 대통령령으로 정하는 바에 따라 장애인등에 적합하게 설치·관리하여야 한다.

② 소방본부장이나 소방서장은 제1항에 따른 소방시설이 화재안전기준에 따라 설치·관리되고 있지 아니할 때에는 해당 특정소방대상물의 관계인에게 필요한 조치를 명할 수 있다.

③ 특정소방대상물의 관계인은 제1항에 따라 소방시설을 설치·관리하는 경우 화재 시 소방시설의 기능과 성능에 지장을 줄 수 있는 폐쇄(잠금을 포함한다. 이하 같다)·차단 등의 행위를 하여서는 아니 된다. 다만, 소방시설의 점검·정비를 위하여 필요한 경우 폐쇄·차단은 할 수 있다.

④ 소방청장, 소방본부장 또는 소방서장은 제1항에 따른 소방시설의 작동정보 등을 실시간으로 수집·분석할 수 있는 시스템(이하 "소방시설정보관리시스템"이라 한다)을 구축·운영할 수 있다.

📖 **조문 플러스**

5인승 이상의 승용자동차 등 자동차를 제작·조립·수입·판매하려는 자 또는 자동차의 소유자는 차량용 소화기를 설치하거나 비치하도록 한다.

 찐 tip

소화기 설치위치 및 수량

1. 11인 이상 승합자동차

설치 위치	수량
운전석, 운전석과 옆으로 나란한 좌석 주위	1개 이상

2. 23인 초과 승합자동차로 너비 2.3m 초과

설치 위치	수량
운전자 좌석 부근 가로 600mm, 세로 200mm 이상의 공간 확보하고 설치	1개 이상

3. 그 밖의 자동차

설치 위치	수량
사용하기 쉬운 위치	1개 이상

📍 [별표 3] p.309

 찐 tip

소방시설의 관리

1. 설치·관리자: 관계인

2. 설치·관리기준: 화재안전기준

3. 행위금지: 소방시설의 폐쇄(잠금 포함)·차단 등의 행위

4. 소방시설정보관리시스템 구축·운영: 소방관서장

⑤ 소방청장, 소방본부장 또는 소방서장은 제4항에 따른 작동정보를 해당 특정소방대상물의 관계인에게 통보하여야 한다.

⑥ 소방시설정보관리시스템 구축·운영의 대상은 「화재의 예방 및 안전관리에 관한 법률」 제24조 제1항 전단에 따른 소방안전관리대상물 중 소방안전관리의 취약성 등을 고려하여 대통령령으로 정하고, 그 밖에 운영방법 및 통보 절차 등에 필요한 사항은 행정안전부령으로 정한다.

♀ [별표 4] p.286
♀ [별표 5] p.287

찐 tip

소방시설정보관리시스템 구축·운영 대상
1. 문화 및 집회시설
2. 종교시설
3. 판매시설
4. 의료시설
5. 노유자시설
6. 숙박이 가능한 수련시설
7. 숙박시설
8. 업무시설
9. 공장, 창고시설
10. 위험물 저장 및 처리 시설
11. 지하가 및 지하구
12. 소방청장, 소방본부장 또는 소방서장이 필요하다고 인정하는 대상

시행령 제11조(특정소방대상물의 규모 등에 따라 갖추어야 하는 소방시설) ① 법 제12조 제1항 전단 및 법 제14조 제1항에 따라 특정소방대상물의 관계인이 특정소방대상물의 규모·용도 및 별표 4에 따라 산정된 수용 인원(이하 "수용인원"이라 한다) 등을 고려하여 설치·관리하여야 하는 소방시설의 종류는 별표 5와 같다.

② 특정소방대상물의 관계인이 제1항에 따라 설치·관리하여야 하는 소방시설에는 법 제7조에 따라 내진설계한 소방시설과 법 제8조에 따라 성능위주설계한 소방시설을 포함한다.

제12조(소방시설정보관리시스템 구축·운영 대상) ① 소방청장, 소방본부장 또는 소방서장이 법 제12조 제6항에 따라 소방안전관리의 취약성 등을 고려하여 소방시설정보관리시스템 구축·운영할 수 있는 대상은 다음 각 호의 어느 하나에 해당하는 특정소방대상물을 말한다.
1. 문화 및 집회시설
2. 종교시설
3. 판매시설
4. 의료시설
5. 노유자시설
6. 숙박이 가능한 수련시설
7. 숙박시설
8. 업무시설
9. 공장, 창고시설
10. 위험물 저장 및 처리 시설
11. 지하가 및 지하구
12. 기타 소방청장. 소방본부장 또는 소방서장이 필요하다고 인정하는 대상

② 제1항에 따른 특정소방대상물의 관계인은 소방청장, 소방본부장 또는 소방서장이 법 제12조 제4항에 따라 소방시설정보관리시스템을 구축·운영하고자 하는 경우 특별한 사정이 없으면 협조하여야 한다.

시행규칙 제16조(소방시설정보관리시스템 운영 방법 및 통보 절차 등) ① 소방청장, 소방본부장 또는 소방서장은 법 제12조 제1항에 따른 소방시설의 작동정보 등을 실시간으로 수집·분석할 수 있는 시스템(이하 "소방시설정보관리시스템"이라 한다)의 구축·운영으로 수집되는 소방시설의 작동정보 등을 분석하여 해당 특정소방대상물의 관계인에게 해당 소방시설의 정상적인 작동에 필요한 조언과 관리 방법 등 개선사항에 관한 정보를 제공할 수 있다.

② 소방청장, 소방본부장 또는 소방서장은 소방시설정보관리시스템의 구축·운영을 통하여 소방시설의 고장 등 비정상적인 작동정보를 수집한 경우에는 해당 특정소방대상물의 관계인에게 그 사실을 알려주어야 한다.

③ 소방청장, 소방본부장 또는 소방서장은 소방시설정보관리시스템의 체계적·효율적·전문적인 운영을 위해 전담인력을 둘 수 있다.

④ 제1항부터 제3항까지 규정한 사항 외에 소방시설정보관리시스템의 운영방법 및 통보 절차 등에 필요한 세부사항은 소방청장이 정한다.

제17조(소방시설을 설치하여야 하는 터널) ① 영 별표 5 제1호 다목 2) 나)에서 "행정안전부령으로 정하는 터널"이란 「도로의 구조·시설 기준에 관한 규칙」 제48조에 따라 국토교통부장관이 정하는 도로의 구조 및 시설에 관한 세부기준에 의하여 옥내소화전설비를 설치하여야 하는 터널을 말한다.

② 영 별표 5 제1호 바목 7) 본문에서 "행정안전부령으로 정하는 터널"이란 「도로의 구조·시설 기준에 관한 규칙」 제48조에 따라 국토교통부장관이 정하는 도로의 구조 및 시설에 관한 세부기준에 의하여 물분무소화설비를 설치하여야 하는 터널을 말한다.

③ 영 별표 5 제5호 가목 5)에서 "행정안전부령으로 정하는 터널"이란 「도로의 구조·시설 기준에 관한 규칙」 제48조에 따라 국토교통부장관이 정하는 도로의 구조 및 시설에 관한 세부기준에 의하여 제연설비를 설치하여야 하는 터널을 말한다.

제18조(연소 우려가 있는 건축물의 구조) 영 별표 5 제1호 사목 1) 후단에서 "행정안전부령으로 정하는 연소(延燒) 우려가 있는 구조"란 다음 각 호의 기준에 모두 해당하는 구조를 말한다.

1. 건축물대장의 건축물 현황도에 표시된 대지경계선 안에 둘 이상의 건축물이 있는 경우
2. 각각의 건축물이 다른 건축물의 외벽으로부터 수평거리가 1층의 경우에는 6미터 이하, 2층 이상의 층의 경우에는 10미터 이하인 경우
3. 개구부(영 제2조 제1호에 따른 개구부를 말한다)가 다른 건축물을 향하여 설치되어 있는 경우

찐 tip

소방시설 설치 터널
제연설비 및 물분무소화설비를 행정안전부령으로 정하는 터널에 설치한다.

📖 **핵심정리 소방시설의 관리 등**

1. **설치·관리자:** 관계인
2. **설치·관리기준:** 화재안전기준
3. **조치명령자:** 소방본부장, 소방서장
4. **행위금지:** 폐쇄(잠금)·차단 등의 행위
5. **소방시설정보관리시스템 구축·운영 대상**
   ① 문화 및 집회시설
   ② 종교시설
   ③ 판매시설
   ④ 의료시설
   ⑤ 노유자시설
   ⑥ 숙박이 가능한 수련시설
   ⑦ 숙박시설
   ⑧ 업무시설
   ⑨ 공장, 창고시설
   ⑩ 위험물 저장 및 처리 시설
   ⑪ 지하가 및 지하구
   ⑫ 소방청장, 소방본부장 또는 소방서장이 필요하다고 인정하는 대상

제13조(소방시설기준 적용의 특례)

① 소방본부장이나 소방서장은 제12조 제1항 전단에 따른 대통령령 또는 화재안전기준이 변경되어 그 기준이 강화되는 경우 기존의 특정소방대상물(건축물의 신축·개축·재축·이전 및 대수선 중인 특정소방대상물을 포함한다)의 소방시설에 대하여는 변경 전의 대통령령 또는 화재안전기준을 적용한다. 다만, 다음 각 호의 어느 하나에 해당하는 소방시설의 경우에는 대통령령 또는 화재안전기준의 **변경으로 강화된 기준을 적용할 수** 있다.

1. 다음 각 목의 소방시설 중 대통령령 또는 화재안전기준으로 정하는 것
    가. 소화기구
    나. 비상경보설비
    다. 자동화재탐지설비
    라. 자동화재속보설비
    마. 피난구조설비
2. 다음 각 목의 특정소방대상물에 설치하는 소방시설 중 대통령령 또는 화재안전기준으로 정하는 것
    가. 「국토의 계획 및 이용에 관한 법률」 제2조 제9호에 따른 공동구
    나. 전력 및 통신사업용 지하구
    다. 노유자(老幼者) 시설
    라. 의료시설

② 소방본부장이나 소방서장은 특정소방대상물에 설치하여야 하는 소방시설 가운데 **기능과 성능이 유사한** 스프링클러설비, 물분무등소화설비, 비상경보설비 및 비상방송설비 등의 소방시설의 경우에는 대통령령으로 정하는 바에 따라 유사한 **소방시설의 설치를 면제**할 수 있다.

③ 소방본부장이나 소방서장은 기존의 특정소방대상물이 **증축되거나 용도변경되는** 경우에는 대통령령으로 정하는 바에 따라 **증축 또는 용도변경 당시**의 소방시설의 설치에 관한 **대통령령 또는 화재안전기준**을 적용한다.

④ 다음 각 호의 어느 하나에 해당하는 특정소방대상물 가운데 대통령령으로 정하는 특정소방대상물에는 제12조 제1항 전단에도 불구하고 대통령령으로 정하는 **소방시설을 설치하지 아니할 수** 있다.

1. 화재 **위험도가 낮은** 특정소방대상물
2. 화재안전기준을 **적용하기 어려운** 특정소방대상물
3. 화재안전기준을 다르게 **적용하여야** 하는 특수한 용도 또는 구조를 가진 특정소방대상물
4. 「위험물안전관리법」 제19조에 따른 **자체소방대가** 설치된 특정소방대상물

⑤ 제4항 각 호의 어느 하나에 해당하는 특정소방대상물에 구조 및 원리 등에서 **공법이 특수한 설계로 인정된** 소방시설을 설치하는 경우에는 제18조 제1항에 따른 중앙소방기술심의위원회의 심의를 거쳐 제12조 제1항 전단에 따른 화재안전기준을 적용하지 아니할 수 있다.

시행령 제13조(강화된 소방시설기준의 적용대상) 법 제13조 제1항 제2호에서 "대통령령으로 정하는 것"이란 다음 각 호의 어느 하나에 해당하는 설비를 말한다.

1. 「국토의 계획 및 이용에 관한 법률」 제2조 제9호에 따른 공동구에 설치하는 소화기, 자동소화장치, 자동화재탐지설비, 통합감시시설, 유도등 및 연소방지설비
2. 전력 및 통신사업용 지하구에 설치하는 소화기, 자동소화장치, 자동화재탐지설비, 통합감시시설, 유도등 및 연소방지설비
3. 노유자(老幼者)시설에 설치하는 간이스프링클러설비, 자동화재탐지설비 및 단독경보형 감지기
4. 의료시설에 설치하는 스프링클러설비, 간이스프링클러설비, 자동화재탐지설비 및 자동화재속보설비

제14조(유사한 소방시설의 설치 면제의 기준) 법 제13조 제2항에 따라 소방본부장 또는 소방서장은 특정소방대상물에 설치하여야 하는 소방시설 가운데 기능과 성능이 유사한 소방시설의 설치를 면제하려는 경우에는 별표 6의 기준에 따른다.

제15조(특정소방대상물의 증축 또는 용도변경 시의 소방시설기준 적용의 특례) ① 법 제13조 제3항에 따라 소방본부장 또는 소방서장은 특정소방대상물이 증축되는 경우에는 기존 부분을 포함한 특정소방대상물의 전체에 대하여 **증축 당시의 소방시설**의 설치에 관한 대통령령 또는 화재안전기준을 적용해야 한다. 다만, 다음 각 호의 어느 하나에 해당하는 경우에는 기존 부분에 대해서는 증축 당시의 소방시설의 설치에 관한 **대통령령 또는 화재안전기준**을 적용하지 않는다.

1. 기존 부분과 증축 부분이 **내화구조(耐火構造)로 된 바닥과 벽으로 구획**된 경우
2. 기존 부분과 증축 부분이 「건축법 시행령」 제64조 제1항 제1호에 따른 **60분＋방화문**(국토교통부장관이 정하는 기준에 적합한 **자동방화셔터**를 포함한다)으로 구획되어 있는 경우
3. 그 밖에 증축되는 범위가 **경미**하여 관할 소방본부장 또는 소방서장이 **화재 위험도가 낮다고 인정**하는 경우

② 법 제13조 제3항에 따라 소방본부장 또는 소방서장은 특정소방대상물이 용도변경되는 경우에는 용도변경되는 부분에 대해서만 용도변경 당시의 소방시설의 설치에 관한 대통령령 또는 화재안전기준을 적용한다. 다만, 다음 각 호의 어느 하나에 해당하는 경우에는 특정소방대상물 전체에 대하여 **용도변경 전**에 해당 특정소방대상물에 적용되던 소방시설의 설치에 관한 **대통령령 또는 화재안전기준**을 적용한다.

1. 특정소방대상물의 구조ㆍ설비가 **화재연소 확대 요인이 적어지거나 피난 또는 화재진압활동이 쉬워지도록 변경**되는 경우
2. 용도변경으로 인하여 천장ㆍ바닥ㆍ벽 등에 고정되어 있는 **가연성 물질의 양이 줄어드는 경우**

제16조(소방시설을 설치하지 아니하는 특정소방대상물의 범위) 법 제13조 제4항에 따라 소방시설을 설치하지 아니할 수 있는 특정소방대상물 및 소방시설의 범위는 별표 7과 같다.

쌤 tip

소급적용 특례 기준

1. 공동구에 설치하는 소화기, 자동소화장치, 자동화재탐지설비, 통합감시시설, 유도등 및 연소방지설비
2. 전력 및 통신사업용 지하구에 설치하는 소화기, 자동소화장치, 자동화재탐지설비, 통합감시시설, 유도등 및 연소방지설비
3. 노유자시설에 설치하는 간이스프링클러설비, 자동화재탐지설비 및 단독경보형 감지기
4. 의료시설에 설치하는 스프링클러설비, 간이스프링클러설비, 자동화재탐지설비 및 자동화재속보설비

📍 [별표 6] p.296

쌤 tip

증축 특례 기준

1. 기존 부분과 증축 부분이 내화구조(耐火構造)로 된 바닥과 벽으로 구획된 경우
2. 기존 부분과 증축 부분이 60분+방화문(국토교통부장관이 정하는 기준에 적합한 자동방화셔터를 포함)으로 구획되어 있는 경우
3. 증축되는 범위가 경미하여 관할 소방본부장 또는 소방서장이 화재 위험도가 낮다고 인정하는 경우

용도변경 특례 기준

1. 특정소방대상물의 구조ㆍ설비가 화재연소 확대 요인이 적어지거나 피난 또는 화재진압활동이 쉬워지도록 변경되는 경우
2. 용도변경으로 인하여 천장ㆍ바닥ㆍ벽 등에 고정되어 있는 가연성 물질의 양이 줄어드는 경우

📍 [별표 7] p.298

1. 강화된 기준 적용(소급적용 특례)
① 소화기구 · 비상경보설비 · 자동화재속보설비 · 자동화재탐지설비 및 피난구조설비
② 지하구 중 공동구 및 전력용 · 통신사업용(대통령령으로 정하는 설비)
③ 의료시설, 노유자시설(대통령령으로 정하는 설비)

2. 소방시설 설치의 면제 기준
① 화재 위험도가 낮은 특정소방대상물(석재공장, 소방서, 종합상황실)
② 화재안전기준을 적용하기 어려움(수영장, 양수장, 펄프작업장 등)
③ 화재안전기준을 다르게 적용(원자력, 핵폐기물처리)
④ 「위험물안전관리법」에 따른 자체소방대가 설치

3. 증축
① 내화구조의 바닥 · 벽 구획
② 60분＋방화문, 자동방화셔터 구획
③ 증축범위 경미(화재위험 낮음)

4. 소방시설 설치 제외
① 화재 위험도가 낮은 것
② 화재안전기준을 적용하기 어려운 것
③ 화재안전기준을 다르게 적용하여야 하는 특수한 용도 또는 구조를 가진 것
④ 「위험물안전관리법」에 따른 자체소방대가 설치된 것

📑 기출 체크

01 「소방시설 설치 및 관리에 관한 법률 및 시행령」상 특정소방대상물의 증축 또는 용도 변경 시의 소방시설기준 적용의 특례에 관한 설명으로 옳지 않은 것은? 　22. 경채

① 기존 부분과 증축 부분이 「건축법 시행령」 제46조 제1항 제2호에 따른 방화문 또는 자동방화셔터로 구획되어 있는 경우, 기존 부분에 대해서는 증축 당시의 소방시설의 설치에 관한 대통령령 또는 화재안전기준을 적용하지 않는다.

② 자동차 생산공장 등 화재 위험이 낮은 특정소방대상물에 캐노피(기둥으로 받치거나 매달아 놓은 덮개를 말하며, 3면 이상에 벽이 없는 구조의 것을 말한다)를 설치하는 경우, 기존 부분에 대해서는 증축 당시의 소방시설의 설치에 관한 대통령령 또는 화재안전기준을 적용하지 않는다.

③ 특정소방대상물의 구조 · 설비가 화재연소 확대 요인이 적어지거나 피난 또는 화재진압활동이 쉬워지도록 변경되는 경우에는 특정소방대상물 전체에 대하여 용도변경 전에 해당 특정소방대상물에 적용되던 소방시설의 설치에 관한 대통령령 또는 화재안전기준을 적용한다.

④ 문화 및 집회시설 중 공연장 · 집회장 · 관람장, 판매시설, 운수시설, 창고시설 중 물류 터미널이 불특정 다수인이 이용하는 것이 아닌 일정한 근무자가 이용하는 용도로 변경되는 경우에는 용도변경되는 부분에 대해서만 용도변경 당시의 소방시설의 설치에 관한 대통령령 또는 화재안전기준을 적용한다.

02 「소방시설 설치 및 관리에 관한 법률 및 시행령」상 밑줄 친 각 호에 해당되지 않는 것은? 　19. 학과

> 소방본부장 또는 소방서장은 특정소방대상물이 증축되는 경우에는 기존 부분을 포함한 특정소방대상물의 전체에 대하여 증축 당시의 소방시설의 설치에 관한 대통령령 또는 화재안전기준을 적용하여야 한다. 다만, 다음 <u>각 호</u>의 어느 하나에 해당하는 경우에는 기존 부분에 대해서는 증축 당시의 소방시설의 설치에 관한 대통령령 또는 화재안전기준을 적용하지 아니한다.

① 기존 부분과 증축 부분이 내화구조로 된 바닥과 벽으로 구획된 경우
② 기존 부분과 증축 부분이 「건축법 시행령」 제46조 제1항 제2호에 따른 방화문 또는 자동방화셔터로 구획되어 있는 경우
③ 자동차 생산공장 등 화재 위험이 낮은 특정소방대상물 내부에 연면적 100m² 이하의 직원 휴게실을 증축하는 경우
④ 자동차 생산공장 등 화재 위험이 낮은 특정소방대상물에 캐노피(3면 이상에 벽이 없는 구조의 것을 말한다)를 설치하는 경우

03 「소방시설 설치 및 관리에 관한 법률 및 시행령」상 노유자시설 및 의료시설의 경우 강화된 소방시설기준의 적용대상이다. 이에 해당하는 소방설비의 연결이 옳지 않은 것은?　　19. 학과

① 노유자시설에 설치하는 간이스프링클러설비
② 노유자시설에 설치하는 비상방송설비
③ 의료시설에 설치하는 스프링클러설비
④ 의료시설에 설치하는 자동화재탐지설비

04 「소방시설 설치 및 관리에 관한 법률 및 시행령」상 소방서장이 화재안전기준의 변경으로 강화된 기준을 적용하여야 하는 소방시설로 옳은 것을 모두 고르면?　　18. 공채 통합

ㄱ. 소화기구
ㄴ. 비상경보설비
ㄷ. 자동화재탐지설비
ㄹ. 노유자시설에 설치하는 스프링클러설비 및 자동화재탐지설비
ㅁ. 의료시설에 설치하는 스프링클러설비, 간이스프링클러설비와 자동화재탐지설비, 자동화재속보설비

① ㄱ, ㄴ
② ㄴ, ㄹ
③ ㄷ, ㄹ, ㅁ
④ ㄱ, ㄴ, ㄷ, ㅁ

05 소방시설기준 적용의 특례에서 대통령령 또는 화재안전기준이 변경되어 그 기준이 강화되는 경우 기존의 특정소방대상물의 소방시설에 대하여 강화된 변경기준을 적용하여야 하는 소방시설 및 특정소방대상물로 옳지 않은 것은?　　14. 학과

① 교육연구시설에 설치하는 비상경보설비
② 노유자시설에 설치하는 스프링클러설비
③ 업무시설에 설치하는 자동화재속보설비
④ 근린생활시설에 설치하는 소화기구

06 화재 위험도가 낮은 특정소방대상물에 면제되는 소방시설로 옳은 것은?　　14. 공채 통합

① 옥외소화전, 연결살수설비
② 옥외소화전, 연결송수관설비
③ 연결살수설비, 자동화재탐지설비
④ 자동화재탐지설비, 비상방송설비

정답 01 ④　02 ③　03 ②　04 ④　05 ②　06 ①

제14조(특정소방대상물별로 설치하여야 하는 소방시설의 정비 등)

① 제12조 제1항에 따라 대통령령으로 소방시설을 정할 때에는 특정소방대상물의 규모·용도·수용인원 및 이용자 특성 등을 고려하여야 한다.

② 소방청장은 건축 환경 및 화재위험특성 변화사항을 효과적으로 반영할 수 있도록 제1항에 따른 소방시설 규정을 3년에 1회 이상 정비하여야 한다.

③ 소방청장은 건축 환경 및 화재위험특성 변화 추세를 체계적으로 연구하여 제2항에 따른 정비를 위한 개선방안을 마련하여야 한다.

④ 제3항에 따른 연구의 수행 등에 필요한 사항은 행정안전부령으로 정한다.

시행규칙 제19조(소방시설 규정 정비 연구 수행) ① 소방청장은 법 제14조 제4항에 따라 소방시설 규정 정비를 위한 연구를 수행하여 개선방안을 마련하여야 한다.
② 제1항에 따른 연구의 과제는 다음 각 호의 구분에 따른다.
1. 공모과제: 공모에 의하여 심의·선정된 과제
2. 지정과제: 소방청장이 필요하다고 인정하여 발굴·기획하고, 주관 연구기관과 주관 연구책임자를 지정하는 과제
③ 그 밖에 연구 수행 등에 필요한 사항은 소방청장이 정한다.

📖 핵심정리 **수용인원 산정 방법 및 정비**

1. 숙박시설이 있는 특정소방대상물
   ① 침대가 있는 숙박시설: 종사자 수 + 침대의 수(2인용 침대는 2개로 산정)
   ② 침대가 없는 숙박시설: 종사자 수 + $\dfrac{바닥면적}{3m^2}$

2. 1. 외의 특정소방대상물
   ① 강의실·교무실·상담실·실습실·휴게실: $\dfrac{바닥면적}{1.9m^2}$
   ② 강당·문화 및 집회시설, 운동시설, 종교시설: $\dfrac{바닥면적}{4.6m^2}$, 긴 의자의 경우: $\dfrac{정면너비}{0.45m}$
   ③ 그 밖의 특정소방대상물: $\dfrac{바닥면적}{3m^2}$

3. 소방시설 정비: 소방청장, 3년에 1회 이상

📋 **기출 체크**

「소방시설 설치 및 관리에 관한 법률 및 시행령」상 수용인원의 산정방법에 따라 다음의 특정소방대상물에 대한 수용인원을 옳게 산정한 것은?   22. 경채

바닥면적이 95m²인 강의실(단, 바닥면적을 산정할 때에는 복도(「건축법 시행령」 제2조 제11호에 따른 준불연재료 이상의 것을 사용하여 바닥에서 천장까지 벽으로 구획한 것을 말한다), 계단 및 화장실의 바닥면적을 포함하지 않으며, 계산 결과 소수점 이하의 수는 반올림한다.)

① 21명   ② 32명
③ 50명   ④ 60명

정답 ③

제15조(건설현장의 임시소방시설 설치 및 관리)

① 「건설산업기본법」 제2조 제4호에 따른 건설공사를 하는 자(이하 "공사시공자"라 한다)는 특정소방대상물의 신축·증축·개축·재축·이전·용도변경·대수선 또는 설비 설치 등을 위한 공사 현장에서 인화성(引火性) 물품을 취급하는 작업 등 대통령령으로 정하는 작업(이하 "화재위험작업"이라 한다)을 하기 전에 설치 및 철거가 쉬운 화재대비시설(이하 "임시소방시설"이라 한다)을 설치하고 관리하여야 한다.

② 제1항에도 불구하고 소방시설공사업자가 화재위험작업 현장에 소방시설 중 임시소방시설과 기능 및 성능이 유사한 것으로서 대통령령으로 정하는 소방시설을 화재안전기준에 맞게 설치 및 관리하고 있는 경우에는 공사시공자가 임시소방시설을 설치하고 관리한 것으로 본다.

③ 소방본부장 또는 소방서장은 제1항이나 제2항에 따라 임시소방시설 또는 소방시설이 설치 및 관리되지 아니할 때에는 해당 공사시공자에게 필요한 조치를 명할 수 있다.

④ 제1항에 따라 임시소방시설을 설치하여야 하는 공사의 종류와 규모, 임시소방시설의 종류 등에 필요한 사항은 대통령령으로 정하고, 임시소방시설의 설치 및 관리 기준은 소방청장이 정하여 고시한다.

> **시행령 제17조(화재위험작업 등)** ① 법 제15조 제1항에서 "인화성(引火性) 물품을 취급하는 작업 등 대통령령으로 정하는 작업"이란 다음 각 호의 어느 하나에 해당하는 것을 말한다.
> 1. 인화성·가연성·폭발성 물질을 취급하거나 가연성 가스를 발생시키는 작업
> 2. 용접·용단 등 불꽃을 발생시키거나 화기(火氣)를 취급하는 작업
> 3. 전열기구, 가열전선 등 열을 발생시키는 기구를 취급하는 작업
> 4. 알루미늄, 마그네슘 등 폭발성 부유분진을 발생시킬 수 있는 작업
> 5. 그 밖에 제1호부터 제4호까지에 준하는 작업으로 소방청장이 정하여 고시하는 작업
> ② 법 제15조 제2항에 따른 임시소방시설과 기능 및 성능이 유사한 소방시설과 법 제15조 제4항에 따른 임시소방시설을 설치하여야 하는 공사의 종류·규모 및 임시소방시설의 종류는 별표 8과 같다.

📖 **핵심정리** 건설현장 임시소방시설

1. **임시소방시설의 종류**
   ① 소화기
   ② 간이소화장치
   ③ 비상경보장치
   ④ 간이피난유도선
   ⑤ 비상조명등
   ⑥ 방화포
2. **설치·관리자:** 공사 시공자

조문플러스

일정규모 이상의 특정소방대상물 건설 현장에 공사 중 화재를 대비한 임시소방시설을 설치하도록 하고 유지·관리 등을 하기 위함이다.

진 tip

임시소방시설

1. 설치, 관리: 공사시공자
2. 종류: 소화기, 간이소화장치, 비상경보장치, 간이피난유도선, 비상조명등, 방화포

진 tip

화재위험작업

1. 인화성·가연성·폭발성 물질을 취급하거나 가연성 가스를 발생시키는 작업
2. 용접·용단 등 불꽃을 발생시키거나 화기(火氣)를 취급하는 작업
3. 전열기구, 가열전선 등 열을 발생시키는 기구를 취급하는 작업
4. 알루미늄, 마그네슘 등 폭발성 부유분진을 발생시킬 수 있는 작업
5. 그 밖에 소방청장이 정하여 고시하는 작업

📍 [별표 8] p.299

3. 임시소방시설을 설치하여야 하는 공사의 종류와 규모
  ① 소화기: 건축허가 동의를 받아야 하는 특정소방대상물의 건축·대수선·용도변경 또는 설치 등을 위한 공사
  ② 간이소화장치
    · 연면적 3천m² 이상
    · 해당 층의 바닥면적이 600m² 이상인 지하층·무창층 및 4층 이상의 층
  ③ 비상경보장치
    · 연면적 400m² 이상
    · 해당 층의 바닥면적이 150m² 이상인 지하층 또는 무창층
  ④ 간이피난유도선: 바닥면적이 150m² 이상인 지하층 또는 무창층
  ⑤ 비상조명등: 바닥면적이 150m² 이상인 지하층 또는 무창층
  ⑥ 방화포: 용접·용단 작업이 진행되는 모든 작업장

📖 기출체크

「소방시설 설치 및 관리에 관한 법률 및 시행령」상 임시소방시설의 종류로 옳지 않은 것은?

18. 공채 통합

① 소화기   ② 스프링클러설비
③ 비상경보장치   ④ 간이소화장치

정답 ②

👨‍🏫 찐 tip

피난시설, 방화구획 및 방화시설 행위 금지
1. 폐쇄, 훼손, 변경
2. 물건을 쌓아두거나 장애물을 설치
3. 소방활동 지장

제16조(피난시설, 방화구획 및 방화시설의 관리)

① 특정소방대상물의 관계인은 「건축법」 제49조에 따른 피난시설, 방화구획 및 방화시설에 대하여 정당한 사유가 없는 한 다음 각 호의 행위를 하여서는 아니 된다.

  1. 피난시설, 방화구획 및 방화시설을 **폐쇄**하거나 **훼손**하는 등의 행위

  2. 피난시설, 방화구획 및 방화시설의 주위에 **물건을 쌓아두거나 장애물을 설치**하는 행위

  3. 피난시설, 방화구획 및 방화시설의 **용도에 장애**를 주거나 「소방기본법」 제16조에 따른 **소방활동에 지장**을 주는 행위

  4. 그 밖에 피난시설, 방화구획 및 방화시설을 **변경**하는 행위

② 소방본부장이나 소방서장은 특정소방대상물의 관계인이 제1항 각 호의 어느 하나에 해당하는 행위를 한 경우에는 피난시설❶, 방화구획❷ 및 방화시설❸의 관리를 위하여 필요한 조치를 명할 수 있다.

📖 용어사전

❶ 피난시설: 「건축법」에 의한 계단(직통계단, 피난계단, 옥외피난계단), 복도, 출입구(비상구 포함), 옥상광장, 기타 피난시설, 피난과 소방상 필요한 통로를 말한다.
❷ 방화구획: 연소가 확대되는 것을 방지하기 위하여 구획하는 것으로 층별·면적별·용도별 등의 방화구획이 있다.
❸ 방화시설: 방화벽 및 방화문 등을 말한다.

📘 핵심정리 피난시설, 방화구획 및 방화시설의 관리

1. **행위 금지**
  ① 폐쇄하거나 훼손하는 등의 행위
  ② 주위에 물건을 쌓아두거나 장애물을 설치하는 행위
  ③ 용도에 장애를 주거나 「소방기본법」에 따른 소방활동에 지장을 주는 행위
  ④ 변경하는 행위
2. **조치·명령자:** 소방본부장, 소방서장

제17조(소방용품의 내용연수 등)

① 특정소방대상물의 관계인은 내용연수가 경과한 소방용품을 교체하여야 한다. 이 경우 내용연수를 설정하여야 하는 소방용품의 종류 및 그 내용연수 연한에 필요한 사항은 대통령령으로 정한다.

② 제1항에도 불구하고 행정안전부령으로 정하는 절차 및 방법 등에 따라 소방용품의 성능을 확인받은 경우에는 그 사용기한을 연장할 수 있다.

> **시행령 제18조(내용연수 설정 대상 소방용품)** ① 법 제17조 제1항 후단에 따라 내용연수를 설정하여야 하는 소방용품은 분말형태의 소화약제를 사용하는 소화기로 한다.
> ② 제1항에 따른 소방용품의 내용연수는 10년으로 한다.

제18조(소방기술심의위원회)

① 다음 각 호의 사항을 심의하기 위하여 소방청에 중앙소방기술심의위원회(이하 "중앙위원회"라 한다)를 둔다.
  1. 화재안전기준에 관한 사항
  2. 소방시설의 구조 및 원리 등에서 **공법이 특수한 설계 및 시공**에 관한 사항
  3. 소방시설의 **설계 및 공사감리의 방법**에 관한 사항
  4. 소방시설공사의 하자를 판단하는 기준에 관한 사항
  5. 제8조 제5항 단서에 따라 신기술·신공법 등 검토·평가에 고도의 기술이 필요한 경우로서 중앙위원회에 심의를 요청한 사항
  6. 그 밖에 소방기술 등에 관하여 대통령령으로 정하는 사항

② 다음 각 호의 사항을 심의하기 위하여 시·도에 **지방소방기술심의위원회**(이하 "지방위원회"라 한다)를 둔다.
  1. 소방시설에 하자가 있는지의 판단에 관한 사항
  2. 그 밖에 소방기술 등에 관하여 대통령령으로 정하는 사항

③ 중앙위원회 및 지방위원회의 구성·운영 등에 필요한 사항은 대통령령으로 정한다.

> **시행령 제19조(소방기술심의위원회의 심의사항)** ① 법 제18조 제1항 제6호에서 "대통령령으로 정하는 사항"이란 다음 각 호의 사항을 말한다.
>   1. 연면적 10만제곱미터 이상의 특정소방대상물에 설치된 소방시설의 설계·시공·감리의 하자 유무에 관한 사항
>   2. 새로운 소방시설과 소방용품 등의 도입 여부에 관한 사항
>   3. 그 밖에 소방기술과 관련하여 소방청장이 심의에 부치는 사항
> ② 법 제18조 제2항 제2호에서 "대통령령으로 정하는 사항"이란 다음 각 호의 사항을 말한다.
>   1. 연면적 10만제곱미터 미만의 특정소방대상물에 설치된 소방시설의 설계·시공·감리의 하자 유무에 관한 사항

2. 소방본부장 또는 소방서장이 화재안전기준 또는 위험물 제조소등(「위험물안전관리법」 제2조 제1항 제6호에 따른 제조소등을 말한다. 이하 같다)의 시설기준의 적용에 관하여 기술검토를 요청하는 사항
3. 그 밖에 소방기술과 관련하여 시·도지사가 심의에 부치는 사항

제20조(소방기술심의위원회의 구성 등) ① 법 제18조 제1항에 따른 중앙소방기술심의위원회(이하 "중앙위원회"라 한다)는 성별을 고려하여 위원장을 포함한 60명 이내의 위원으로 구성한다.

② 법 제18조 제2항에 따른 지방소방기술심의위원회(이하 "지방위원회"라 한다)는 위원장을 포함하여 5명 이상 9명 이하의 위원으로 구성한다.

③ 중앙위원회의 회의는 위원장과 위원장이 회의마다 지정하는 6명 이상 12명 이하의 위원으로 구성하고, 중앙위원회는 분야별 소위원회를 구성·운영할 수 있다.

제21조(위원의 임명·위촉) ① 중앙위원회의 위원은 과장급 직위 이상의 소방공무원과 다음 각 호의 어느 하나에 해당하는 사람 중에서 소방청장이 임명하거나 성별을 고려하여 위촉한다.
1. 소방기술사
2. 석사 이상의 소방 관련 학위를 소지한 사람
3. 소방시설관리사
4. 소방 관련 법인·단체에서 소방 관련 업무에 5년 이상 종사한 사람
5. 소방공무원 교육기관, 대학교 또는 연구소에서 소방과 관련된 교육이나 연구에 5년 이상 종사한 사람

② 지방위원회의 위원은 해당 시·도 소속 소방공무원과 제1항 각 호의 어느 하나에 해당하는 사람 중에서 시·도지사가 임명하거나 성별을 고려하여 위촉한다.

③ 중앙위원회의 위원장은 소방청장이 해당 위원 중에서 위촉하고, 지방위원회의 위원장은 시·도지사가 해당 위원 중에서 위촉한다.

④ 중앙위원회 및 지방위원회의 위원 중 위촉위원의 임기는 2년으로 하되, 1회에 한하여 연임할 수 있다.

제22조(위원장 및 위원의 직무) ① 중앙위원회 및 지방위원회(이하 "위원회"라 한다)의 위원장(이하 "위원장"이라 한다)은 위원회의 회의를 소집하고 그 의장이 된다.

② 위원장이 부득이한 사유로 직무를 수행할 수 없을 때에는 위원장이 지정한 위원이 그 직무를 대리한다.

제23조(위원의 제척·기피·회피) ① 위원회의 위원이 다음 각 호의 어느 하나에 해당하는 경우에는 위원회의 심의·의결에서 제척(除斥)된다.
1. 위원이나 그 배우자 또는 배우자였던 사람이 해당 안건의 당사자(당사자가 법인·단체 등인 경우에는 그 임원을 포함한다. 이하 이 호 및 제2호에서 같다)가 되거나 그 안건의 당사자와 공동권리자 또는 공동의무자인 경우
2. 위원이 해당 안건의 당사자와 친족인 경우
3. 위원이 해당 안건에 관하여 증언, 진술, 자문, 연구, 용역 또는 감정을 한 경우
4. 위원이나 위원이 속한 법인·단체 등이 해당 안건의 당사자의 대리인이거나 대리인이었던 경우

② 해당 안건의 당사자는 위원에게 공정한 심의·의결을 기대하기 어려운 사정이 있는 경우에는 위원회에 기피신청을 할 수 있고, 위원회는 의결로 이를 결정한다. 이 경우 기피신청의 대상인 위원은 그 의결에 참여하지 못한다.

찐 tip
소방기술심의위원회 구성
1. 중앙소방기술심의위원회: 위원장을 포함한 60명 이내의 위원
2. 지방소방기술심의위원회: 위원장 포함하여 5명 이상 9명 이하의 위원

찐 tip
위원의 자격
1. 소방기술사, 소방시설관리사
2. 석사 이상 학위
3. 소방 관련 업무 5년 이상
4. 소방공무원 교육기관, 대학교 또는 연구소에서 5년 이상

③ 위원이 제1항 각 호에 따른 제척사유에 해당하는 경우에는 스스로 해당 안건의 심의·의결에서 회피(回避)하여야 한다.

제24조(위원의 해임·해촉) 소방청장 또는 시·도지사는 위원이 다음 각 호의 어느 하나에 해당하는 경우에는 해당 위원을 해임하거나 해촉(解囑)할 수 있다.

1. 심신장애로 인하여 직무를 수행할 수 없게 된 경우
2. 직무와 관련된 비위사실이 있는 경우
3. 직무태만, 품위손상이나 그 밖의 사유로 인하여 위원으로 적합하지 아니하다고 인정되는 경우
4. 제23조 제1항 각 호의 어느 하나에 해당하는 데에도 불구하고 회피하지 아니한 경우
5. 위원 스스로 직무를 수행하는 것이 곤란하다고 의사를 밝히는 경우

제25조(시설 등의 확인 및 의견청취) 소방청장 또는 시·도지사는 위원회의 원활한 운영을 위하여 필요하다고 인정하는 경우 위원회 위원으로 하여금 관련 시설 등을 확인하게 하거나 해당 분야의 전문가 또는 이해관계자 등으로부터 의견을 청취하게 할 수 있다.

제26조(위원의 수당) 위원회에 참석한 위원에게는 예산의 범위에서 수당, 여비, 그 밖에 필요한 경비를 지급할 수 있다.

제27조(운영세칙) 이 영에서 정한 것 외에 위원회의 운영에 필요한 사항은 소방청장 또는 시·도지사가 정한다.

 찐 tip

위원의 해임, 해촉 사유
1. 심신장애
2. 직무와 관련된 비위사실
3. 직무태만, 품위손상
4. 제척해당 위원이 회피하지 아니한 경우
5. 직무 수행이 곤란하다고 의사를 밝히는 경우

📖 **핵심정리** **소방기술심의위원회**

1. 중앙소방기술심의위원회
   ① 설치자: 소방청장
   ② 심의사항
   · 화재안전기준
   · 신기술·신공법 등 검토·평가에 고도의 기술이 필요한 경우로서 중앙위원회에 심의를 요청한 사항
   · 설계 및 공사감리의 방법
   · 공사의 하자 판단기준
   · 대통령령으로 정하는 사항(소방용품 도입, 연면적 10만㎡ 이상의 하자)

2. 지방소방기술심의위원회
   ① 설치자: 시·도지사
   ② 심의사항
   · 하자 판단
   · 대통령령으로 정하는 사항(연면적 10만㎡ 미만의 하자)

📖 기출 체크

01 「소방시설 설치 및 관리에 관한 법률 및 시행령」상 지방소방기술심의위원회의 심의사항으로 옳은 것은?　19. 학과

① 화재안전기준에 관한 사항
② 신기술 · 신공법 등 검토 · 평가에 고도의 기술이 필요한 경우로서 중앙위원회에 심의를 요청한 사항
③ 소방시설의 설계 및 공사감리의 방법에 관한 사항
④ 연면적 10만㎡ 미만의 특정소방대상물에 설치된 소방시설의 설계 · 시공 · 감리의 하자 유무에 관한 사항

02 다음 중 중앙소방기술심의위원회에서 심의하여야 하는 사항으로 옳지 않은 것은?　14. 공채 통합

① 화재안전기준에 관한 사항
② 신기술 · 신공법 등 검토 · 평가에 고도의 기술이 필요한 경우로서 중앙위원회에 심의를 요청한 사항
③ 소방시설의 설계 및 공사감리의 방법에 관한 사항
④ 연면적 5만㎡ 이상의 특정소방대상물에 설치된 소방시설의 설계 · 시공 · 감리의 하자 유무에 관한 사항

정답 01 ④ 02 ④

📖 조문 플러스

소방청장이 화재안전기준을 효율적으로 관리 · 운영하기 위하여 화재안전기준의 제정 · 개정 및 운영, 화재안전기준의 연구 · 개발 및 보급, 화재안전기준의 검증 및 평가, 화재안전기준의 정보체계 구축 등의 업무를 수행하도록 하기 위함이다.

제19조(화재안전기준의 관리 · 운영)

소방청장은 화재안전기준을 효율적으로 관리 · 운영하기 위하여 다음 각 호의 업무를 수행하여야 한다.

1. 화재안전기준의 제정 · 개정 및 운영
2. 화재안전기준의 연구 · 개발 및 보급
3. 화재안전기준의 검증 및 평가
4. 화재안전기준의 정보체계 구축
5. 화재안전기준에 대한 교육 및 홍보
6. 국외 화재안전기준의 제도 · 정책 동향 조사 · 분석
7. 화재안전기준 발전을 위한 국제협력
8. 그 밖에 화재안전기준 발전을 위하여 대통령령으로 정하는 사항

> 시행령 제28조(화재안전기준의 관리 · 운영) ① 법 제19조 제8호에서 "대통령령으로 정하는 사항"이란 다음 각 호의 사항을 말한다.
> 1. 화재안전기준에 대한 검토 및 자문
> 2. 화재안전기준에 대한 해설서 제작 및 보급
> 3. 화재안전에 관한 국외 신기술 · 신제품의 채택
> 4. 그 밖에 화재안전기준의 발전을 위하여 소방청장이 정하는 사항

② 소방청장은 법 제19조 각 호의 화재안전기준 관련 업무 중 법 제2조 제6호 나목의 기술기준을 효율적으로 관리·운영하기 위하여 국립소방연구원에 화재안전기준센터를 운영할 수 있다.

③ 제3항에 따른 화재안전기준센터의 운영에 필요한 사항은 행정안전부령으로 정한다.

시행규칙 제20조(화재안전기준센터 운영) 영 제28조 제3항에 따라 화재안전기준센터는 영 제47조 제1항에서 위임받은 업무와 기준위원회를 지원하기 위하여 다음 각 호의 업무를 수행한다.
1. 기술기준의 제·개정안의 작성 및 연구
2. 기준위원회에 회부하는 안건의 검토
3. 기준위원회의 회의록 작성 및 운영
4. 기준위원회에서 요청하는 기술기준 제·개정안 및 관련 근거자료의 작성
5. 그 밖에 기술기준과 관련된 사항으로서 국립소방연구원장이 정하는 사항

제3절 방염

제20조(특정소방대상물의 방염[1] 등)

① 대통령령으로 정하는 특정소방대상물에 실내장식 등의 목적으로 설치 또는 부착하는 물품으로서 대통령령으로 정하는 물품(이하 "방염대상물품"이라 한다)은 방염성능[2]기준 이상의 것으로 설치하여야 한다.

② 소방본부장 또는 소방서장은 방염대상물품이 제1항에 따른 방염성능기준에 미치지 못하거나 제21조 제1항에 따른 방염성능검사를 받지 아니한 것이면 특정소방대상물의 관계인에게 방염대상물품을 제거하도록 하거나 방염성능검사를 받도록 하는 등 필요한 조치를 명할 수 있다.

③ 제1항에 따른 방염성능기준은 대통령령으로 정한다.

시행령 제29조(방염대상물품과 방염대상물품을 설치해야 하는 특정소방대상물) 법 제20조 제1항에 따라 실내장식 등의 목적으로 설치 또는 부착하는 물품으로서 "대통령령으로 정하는 물품"(이하 "방염대상물품"이라 한다)과 방염대상물품을 설치해야 하는 특정소방대상물은 별표 9와 같다.

제30조(방염성능기준) 법 제20조 제3항에 따른 방염성능기준은 다음 각 호의 기준에 따르되, 제1항에 따른 방염대상물품의 종류에 따른 구체적인 방염성능기준은 다음 각 호의 기준의 범위에서 소방청장이 정하여 고시하는 바에 따른다.
1. 버너의 불꽃을 제거한 때부터 불꽃을 올리며 연소하는 상태가 그칠 때까지 시간은 20초 이내일 것

🔧 용어사전

❶ 방염: 방염이란 불꽃의 전파를 차단하거나 지연하는 것을 말한다. 우리나라의 경우 1971년 대연각 호텔 화재사고를 계기로 1973년 2월 8일 방염규제를 시작하였다.

❷ 방염성능: 특정의 물품이 가지고 있는 방염 능력을 말한다.

📍 [별표 9] p.300

2. 버너의 불꽃을 제거한 때부터 불꽃을 올리지 아니하고 연소하는 상태가 그칠 때까지 시간은 30초 이내일 것
3. 탄화(炭化)한 면적은 50제곱센티미터 이내, 탄화한 길이는 20센티미터 이내일 것
4. 불꽃에 의하여 완전히 녹을 때까지 불꽃의 접촉 횟수는 3회 이상일 것
5. 소방청장이 정하여 고시한 방법으로 발연량(發煙量)을 측정하는 경우 최대 연기밀도는 400 이하일 것

📖 핵심정리 소방대상물의 방염 등

1. 방염대상 특정소방대상물
① 근린생활시설 중 의원·체력단련장·공연장·종교집회장·조산원·산후조리원, 옥내에 있는 문화 및 집회시설·운동시설(수영장 제외)·종교시설, 숙박시설, 의료시설, 방송통신시설 중 방송국 및 촬영소
② 노유자시설 및 숙박이 가능한 수련시설, 교육연구시설 중 합숙소
③ 다중이용업소
④ 층수가 11층 이상인 것(아파트 제외)

2. 방염대상물품
① 창문에 설치하는 커텐류(블라인드 포함)
② 카페트, 벽지류(두께가 2mm 미만의 종이벽지류 제외)
③ 전시용·무대용 합판 또는 섬유판
④ 암막·무대막(스크린 포함)
⑤ 실내장식물(가구류, 집기류, 너비 10cm 이하인 반자돌림대 제외)
  · 종이류(두께 2mm 이상인 것)·합성수지류 또는 섬유류를 주원료로 한 물품
  · 합판, 목재
  · 간이 칸막이
  · 흡음재 또는 방음재(흡음·방음용 커텐류 포함)
⑥ 소파·의자(섬유류·합성수지류): 단란주점영업, 유흥주점영업 및 노래연습장업

3. 방염성능기준
① 잔염시간: 불꽃을 올리며 연소하는 상태가 그칠 때까지 시간은 20초 이내
② 잔신시간: 불꽃을 올리지 아니하고 상태가 그칠 때까지 시간은 30초 이내
③ 탄화면적: 50cm² 이내
④ 탄화길이: 20cm 이내
⑤ 접염횟수: 3회 이상
⑥ 최대연기밀도: 400 이하

4. 방염 권장 물품(침구류·소파·의자) 및 특정소방대상물: 다중이용업소·숙박시설·의료시설 또는 노유자시설, 장례식장, 문화 및 집회시설, 종교시설, 운동시설

📋 기출 체크

01 「소방시설 설치 및 관리에 관한 법률 및 시행령」상 방염성능기준으로 옳지 않은 것은?

22. 공채 통합

① 불꽃에 의하여 완전히 녹을 때까지 불꽃의 접촉 횟수는 3회 이상일 것
② 탄화(炭化)한 면적은 50제곱센티미터 이내, 탄화한 길이는 20센티미터 이내일 것
③ 소방청장이 정하여 고시한 방법으로 발연량(發煙量)을 측정하는 경우 최대연기밀도는 500 이하일 것
④ 버너의 불꽃을 제거한 때부터 불꽃을 올리며 연소하는 상태가 그칠 때까지 시간은 20초 이내이며, 버너의 불꽃을 제거한 때부터 불꽃을 올리지 아니하고 연소하는 상태가 그칠 때까지 시간은 30초 이내일 것

👤 찐 tip

실내장식물
건축물 내부의 천장이나 벽에 붙이는(설치하는) 것을 말한다. 다만, 가구류(옷장, 찬장, 식탁, 식탁용 의자, 사무용 책상, 사무용 의자 및 계산대, 그 밖에 이와 비슷한 것을 말한다)와 너비 10cm 이하인 반자돌림대 등과 「건축법」 제52조에 따른 내부 마감재료는 제외한다.

방염성능기준
1. 버너의 불꽃을 제거한 때부터 불꽃을 올리며 연소하는 상태가 그칠 때까지 시간: 20초 이내
2. 버너의 불꽃을 제거한 때부터 불꽃을 올리지 아니하고 연소하는 상태가 그칠 때까지 시간: 30초 이내
3. 탄화(炭化)한 면적은 50cm² 이내, 탄화한 길이: 20cm 이내
4. 불꽃에 의하여 완전히 녹을 때까지 불꽃의 접촉 횟수: 3회 이상
5. 소방청장이 정하여 고시한 방법으로 발연량(發煙量)을 측정하는 경우 최대 연기밀도: 400 이하

02 「소방시설 설치 및 관리에 관한 법률 및 시행령」상 방염성능기준 이상의 실내장식물 등을 설치하여야 하는 특정소방대상물로 옳지 않은 것은? 19. 공채 통합

① 숙박시설　　　　　　　　　　　② 의료시설 중 요양병원
③ 노유자시설　　　　　　　　　　④ 운동시설 중 수영장

03 「소방시설 설치 및 관리에 관한 법률 및 시행령」상 방염성능기준에 대한 설명이다. 빈칸에 알맞은 것을 고르면? 18. 공채 통합

> ㄱ. 버너에 불꽃을 제거한 때부터 불꽃을 올리며 연소하는 상태가 그칠 때까지 시간은 (　　)초 이내
> ㄴ. 버너에 불꽃을 제거한 때부터 불꽃을 올리지 아니하고 연소하는 상태가 그칠 때까지 시간은 (　　)초 이내
> ㄷ. 탄화한 면적은 (　　)cm² 이내, 탄화된 길이는 (　　)cm 이내
> ㄹ. 불꽃에 의하여 완전히 녹을 때까지 불꽃의 접촉 횟수는 (　　)회 이상일 것
> ㅁ. 소방청장이 정하여 고시하는 방법으로 발연량을 측정하는 경우 최대연기밀도는 (　　) 이하

① 30, 20, 20, 50, 3, 400　　　　② 20, 30, 50, 20, 3, 400
③ 20, 30, 50, 50, 3, 400　　　　④ 30, 20, 20, 50, 2, 300

04 방염성능기준에 대한 설명으로 옳지 않은 것은? 17. 공채 통합

① 탄화한 면적 50cm² 이내, 탄화한 길이 30cm 이내
② 버너의 불꽃을 제거한 때부터 불꽃을 올리지 아니하고 연소상태가 그칠 때까지 시간은 30초 이내
③ 버너의 불꽃을 제거한 때부터 불꽃을 올리고 연소상태가 그칠 때까지의 시간은 20초 이내
④ 불꽃에 의해 완전히 녹을 때까지 불꽃의 접촉횟수는 3회 이상

05 방염성능기준 이상의 실내장식물 등을 설치하여야 하는 특정소방대상물이 아닌 것은? 16. 공채 통합

① 요양병원　　　　　　　　　　　② 종합병원
③ 연구소 실험실　　　　　　　　　④ 다중이용업소

06 다음 중 대통령령이 정하는 방염대상물품이 아닌 것은? 15. 공채 통합

① 암막, 무대막　　　　　　　　　② 커튼류(블라인드 포함)
③ 무대용·전시용 합판 및 섬유판　④ 10cm 이하의 반자돌림대

07 방염성능기준에 대한 설명으로 옳은 것은? 14. 공채 통합

① 버너의 불꽃을 제거한 때부터 불꽃을 올리며 연소하는 상태가 그칠 때까지 시간은 10초 이내일 것
② 버너의 불꽃을 제거한 때부터 불꽃을 올리지 아니하고 연소하는 상태가 그칠 때까지 시간은 30초 이내일 것
③ 탄화(炭火)한 면적은 20cm² 이내, 탄화한 길이는 50cm 이내일 것
④ 소방청장이 정하여 고시한 방법으로 발연량(發煙量)을 측정하는 경우 최대연기밀도는 700 이하일 것

정답　01 ③　02 ④　03 ②　04 ①　05 ③　06 ④　07 ②

제21조(방염성능의 검사)

① 제20조 제1항에 따른 특정소방대상물에 사용하는 방염대상물품은 소방청장이 실시하는 방염성능검사를 받은 것이어야 한다. 다만, 대통령령으로 정하는 방염대상물품의 경우에는 특별시장·광역시장·특별자치시장·도지사 또는 특별자치도지사(이하 "시·도지사"라 한다)가 실시하는 방염성능검사를 받은 것이어야 한다.

② 「소방시설공사업법」 제4조에 따라 방염처리업의 등록을 한 자는 제1항에 따른 방염성능검사를 할 때에 거짓 시료(試料)를 제출하여서는 아니 된다.

③ 제1항에 따른 방염성능검사의 방법과 검사 결과에 따른 합격 표시 등에 필요한 사항은 행정안전부령으로 정한다.

> **시행령 제31조(시·도지사가 실시하는 방염성능검사)** 법 제21조 제1항에서 "대통령령으로 정하는 방염대상물품"이란 별표 9에 따른 방염대상물품 중 설치 현장에서 방염처리를 하는 합판·목재를 말한다.

📖 **핵심정리 방염성능 검사**

1. **선처리 방염대상물품:** 소방청장
2. **후처리 방염대상물품:** 시·도지사

제3장 소방시설등의 자체점검

제22조(소방시설등의 자체점검)

① 특정소방대상물의 관계인은 그 대상물에 설치되어 있는 소방시설등이 이 법이나 이 법에 따른 명령 등에 적합하게 설치·관리되고 있는지에 대하여 다음 각 호의 구분에 따른 기간 내에 스스로 점검하거나 제34조에 따른 점검능력 평가를 받은 관리업자 또는 행정안전부령으로 정하는 기술자격자(이하 "관리업자등"이라 한다)로 하여금 정기적으로 점검(이하 "자체점검"이라 한다)하게 하여야 한다. 이 경우 관리업자등이 점검한 경우에는 그 점검 결과를 행정안전부령으로 정하는 바에 따라 관계인에게 제출하여야 한다.

  1. 해당 특정소방대상물의 소방시설등이 신설된 경우: 「건축법」 제22조에 따라 건축물을 사용할 수 있게 된 날부터 60일

  2. 제1호 외의 경우: 행정안전부령으로 정하는 기간

② 자체점검의 구분 및 대상, 점검인력의 배치기준, 점검자의 자격, 점검 장비, 점검 방법 및 횟수 등 자체점검 시 준수하여야 할 사항은 행정안전부령으로 정한다.

③ 제1항에 따라 관리업자등으로 하여금 자체점검하게 하는 경우의 점검 대가는 「엔지니어링산업 진흥법」 제31조에 따른 엔지니어링사업의 대가 기준 가운데 행정안전부령으로 정하는 방식에 따라 산정한다.

④ 제3항에도 불구하고 소방청장은 소방시설등 자체점검에 대한 품질확보를 위하여 필요하다고 인정하는 경우에는 특정소방대상물의 규모, 소방시설등의 종류 및 점검인력 등에 따라 관계인이 부담하여야 할 자체점검 비용의 표준이 될 금액(이하 "표준자체점검비"라 한다)을 정하여 공표하거나 관리업자등에게 이를 소방시설등 자체점검에 관한 표준가격으로 활용하도록 권고할 수 있다.

⑤ 표준자체점검비의 공표 방법 등에 관하여 필요한 사항은 소방청장이 정하여 고시한다.

⑥ 관계인은 천재지변이나 그 밖에 대통령령으로 정하는 사유로 자체점검을 실시하기 곤란한 경우에는 대통령령으로 정하는 바에 따라 소방본부장 또는 소방서장에게 면제 또는 연기 신청을 할 수 있다. 이 경우 소방본부장 또는 소방서장은 그 면제 또는 연기 신청 승인 여부를 결정하고 그 결과를 관계인에게 알려주어야 한다.

> **시행령 제32조(소방시설등의 자체점검 면제 또는 연기)** ① 법 제22조 제6항에서 "대통령령으로 정하는 사유"란 다음 각 호의 어느 하나에 해당하는 사유를 말한다.
>
>   1. 「재난 및 안전관리 기본법」 제3조 제1호에 해당하는 재난이 발생하여 소방대상물의 자체점검의 실시가 어려운 경우
>
>   2. 「감염병의 예방 및 관리에 관한 법률」 제2조 제1호에 해당하는 감염병이 발생하여 소방대상물자체점검의 실시가 어려운 경우

📖 **조문 플러스**

관계인 스스로에 의한 자체점검을 강제함에 있어 일차적으로 모든 특정소방대상물의 관계인에게 자체점검을 의무화한 규정으로 일정규모 이상의 소방대상물에 대하여서는 일정한 자격과 기술을 가진 자격자로 하여금 정기점검을 실시하도록 하여야 한다. 이는 관계인 주도의 소방행정의 한계를 극복하고 자율적인 소방안전관리능력을 제고함으로써 소방행정의 효율성을 기하고자 함이다.

3. 경매 등의 사유로 소유권이 변동 중이거나 변동되어 소방대상물의 자체점검의 실시가 어려운 경우

4. 관계인이 질병, 사고, 장기출장 등으로 소방대상물의 자체점검의 실시가 어려운 경우

5. 제1호부터 제4호까지의 규정에서 정한 사항 외에 그 밖에 이에 준하는 사유로 소방관서장이 소방대상물의 자체점검의 실시가 어렵다고 인정하는 경우

② 법 제22조 제6항에 따라 자체점검 면제 또는 연기를 신청하려는 관계인은 행정안전부령으로 정하는 바에 따라 면제 또는 연기신청서에 면제 또는 연기의 사유 및 기간 등을 적어 소방본부장 또는 소방서장에게 제출하여야 한다.

③ 제2항에 따른 면제 또는 연기 신청 및 신청서의 처리절차에 필요한 사항은 행정안전부령으로 정한다.

시행규칙 제21조(기술자격자의 범위) 법 제22조 제1항 전단에서 "행정안전부령으로 정하는 기술자격자"란 소방안전관리자로 선임된 소방시설관리사 및 소방기술사를 말한다.

제22조(소방시설등 자체점검의 구분 및 대상 등) ① 법 제22조 제1항 및 제2항에 따른 소방시설등의 자체점검의 구분 및 대상, 점검자의 자격, 점검 장비, 점검 방법·횟수 및 시기는 별표 4와 같고, 점검인력의 배치기준은 별표 5와 같다.

② 법 제29조에 따른 소방시설관리업을 등록한 자(이하 "관리업자"라 한다)는 제1항에 따라 점검인력을 배치하는 경우 점검대상과 점검인력 배치상황을 점검을 시작하기 전 또는 점검이 끝난 날로부터 5일 이내에 법 제50조 제5항에 따라 관리업자에 대한 점검능력 평가 등에 관한 업무를 위탁받은 법인 또는 단체(이하 "평가기관"이라 한다)에게 신고하여야 한다. 다만, 별표 4 제5호에 따른 공공기관에 설치된 소방시설등의 외관점검은 그러하지 아니한다.

③ 제1항의 자체점검 구분에 따른 점검사항·소방시설등점검표·점검인원 및 세부 점검방법 그 밖의 자체점검에 관하여 필요한 사항은 소방청장이 이를 정하여 고시한다.

제23조(소방시설등의 자체점검 대가) 법 제22조 제3항에서 "행정안전부령으로 정하는 방식"이란 「엔지니어링산업 진흥법」 제31조에 따라 산업통상자원부장관이 고시한 엔지니어링사업대가의 기준 중 실비정액가산방식을 말한다.

제24조(소방시설등의 자체점검 면제 또는 연기 등) ① 영 제32조 제3항에 따라 자체점검의 면제 또는 연기를 신청하려는 특정소방대상물의 관계인은 자체점검의 실시 만료일 3일 전까지 별지 제9호 서식의 소방시설등의 자체점검 면제 또는 연기신청서에 자체점검을 실시하기 곤란함을 증명할 수 있는 서류(전자문서로 된 서류를 포함한다)를 첨부하여 소방본부장 또는 소방서장에게 제출하여야 한다.

② 제1항에 따른 자체점검의 면제 또는 연기 신청서를 제출받은 소방본부장 또는 소방서장은 자체점검의 면제 또는 연기 여부를 결정하여 별지 제10호 서식의 자체점검 면제 또는 연기신청 결과 통지서를 신청받은 날부터 3일 이내에 연기신청을 한 자에게 통보하여야 한다.

📍 [별표 4] p.310, [별표 5] p.314

찐 tip

자체점검 구분
1. 최초점검
2. 작동점검
3. 종합점검

종합점검대상
1. 스프링클러설비 설치
2. 물분무등소화설비가 설치된 연면적 5,000㎡ 이상(위험물 제조소등 제외)
3. 공공기관으로서 연면적 1,000㎡ 이상(옥내소화전 또는 자동화재탐지설비)
4. 다중이용업소(안마시술소, 산후조리원, 고시원, 노래연습장, 단란주점, 유흥주점, 영화상영관, 비디오물감상실업)로서 연면적 2,000㎡ 이상
5. 터널(제연설비)

제25조(소방시설등의 자체점검 결과의 조치 등) ① 관리업자 또는 소방안전관리자로 선임된 소방시설관리사 및 소방기술사(이하 "관리업자등"이라 한다)는 법 제22조 제1항 후단에 따라 자체점검을 실시한 경우에는 그 점검이 끝난 날부터 10일 이내에 별지 제8호 서식의 소방시설등 자체점검 실시결과 보고서를 관계인에게 제출하여야 한다.

② 제1항에 따른 자체점검 실시결과 보고서를 제출받거나 스스로 자체점검을 실시한 관계인은 법 제23조 제3항에 따라 **점검이 끝난 날부터 15일 이내**에 별지 제8호 서식의 소방시설등 자체점검 실시결과 보고서에 별지 제11호 서식의 소방시설등의 자체점검결과 **이행계획서를 첨부**하여 소방본부장 또는 소방서장에게 보고해야 한다. 이 경우 소방청장이 지정하는 전산망을 통하여 그 점검결과를 보고할 수 있다.

③ 제1항 및 제2항에 따른 자체점검 실시결과 보고서 보고기간의 산입은 다음 각 호에 따른다.

1. 보고기간에는 초일은 산입하지 아니한다.

2. 보고기간에는 공휴일 및 토요일은 산입하지 아니한다.

3. 보고기간의 말일이 토요일 또는 공휴일에 해당하는 때에는 보고기간은 그 익일로 만료한다.

④ 제2항에 따라 소방본부장 또는 소방서장에게 자체점검 실시 결과보고서를 보고한 관계인은 그 점검결과를 점검이 끝난 날부터 **2년간 자체 보관**해야 한다.

⑤ 관계인은 법 제23조 제3항에 따른 **이행계획**을 다음 각 호의 **기간 이내**에 **완료**하여야 한다. 다만, 공사의 규모 또는 절차 등이 복잡하여 다음 각 호의 기간 내에 완료하기가 어려운 경우 소방본부장 또는 소방서장과 협의하여 그 기간을 달리 정할 수 있다.

1. 소방시설등을 구성하고 있는 기계 · 기구를 **교체하거나 정비**하는 경우: 보고일로부터 **10일 이내**

2. 소방시설등을 전부 또는 일부를 **철거하고 새로 설치**하는 경우: 보고일로부터 **20일 이내**

3. 그 밖의 경우: 공사의 규모 등을 고려하여 소방본부장 또는 소방서장이 지정하는 기간 이내

⑥ 제3항에 따라 이행계획을 완료한 관계인은 이행을 완료한 날로부터 10일 이내에 별지 제12호 서식의 소방시설등의 자체점검결과 이행완료 보고서를 작성하여 소방본부장 또는 소방서장에게 보고하여야 한다.

📖 **핵심정리 자체점검**
- -

1. **점검자:** 관계인 또는 관리업자등

2. **점검주기:** 연 1회 이상, (특급: 반기별 1회 이상), 소방시설등 신설: 60일 이내

3. **자체점검 시 준수사항:** 행정안전부령

4. **점검대가:** 행정안전부령(실비정액가산방식)

찐 tip

자체점검 결과 중대위반사항
1. 화재 수신반의 고장으로 화재경보음이 자
   동으로 울리지 않거나 수신반과 연동된 소
   방시설의 작동이 불가능한 경우
2. 소화펌프(가압송수장치), 동력·감시 제어
   반 또는 소방시설용 전원(비상전원 포함)의
   고장으로 소방시설이 작동되지 않는 경우
3. 소화배관 등이 폐쇄·차단되어 소화수 또
   는 소화약제가 자동 방출되지 않는 경우
4. 방화문, 자동방화셔터 등이 훼손 또는 철
   거되어 제기능을 못하는 경우

찐 tip

자체점검 면제 또는 연기 사유
1. 「재난 및 안전관리 기본법」에 해당하는
   재난 발생
2. 「감염병의 예방 및 관리에 관한 법률」에
   해당하는 감염병이 발생
3. 경매 등의 사유로 소유권이 변동 중이거나
   변동된 경우
4. 관계인이 질병, 사고, 장기출장 등으로 소방
   대상물의 자체점검의 실시가 어려운 경우
5. 소방관서장이 소방대상물의 자체점검의
   실시가 어렵다고 인정하는 경우

제23조(소방시설등의 자체점검 결과의 조치 등)

① 특정소방대상물의 관계인은 제22조 제1항에 따른 자체점검 결과 소화펌프 고장 등 대통령령으로 정하는 **중대위반사항**(이하 이 조에서 "중대위반사항"이라 한다)이 발견된 경우에는 **지체 없이 수리 등 필요한 조치**를 하여야 한다.

② 관리업자등은 자체점검 결과 중대위반사항을 발견한 경우 즉시 관계인에게 알려야 한다. 이 경우 관계인은 지체 없이 수리 등 필요한 조치를 하여야 한다.

③ 특정소방대상물의 관계인은 제22조 제1항에 따라 **자체점검을 한 경우**에는 그 점검 결과를 행정안전부령으로 정하는 바에 따라 소방시설등에 대한 수리·교체·정비에 관한 **이행계획**(중대위반사항에 대한 조치사항을 포함한다. 이하 이 조에서 같다)을 **첨부하여 소방본부장 또는 소방서장에게 보고**하여야 한다. 이 경우 소방본부장 또는 소방서장은 점검 결과 및 이행계획이 적합하지 아니하다고 인정되는 경우에는 관계인에게 보완을 요구할 수 있다.

④ 특정소방대상물의 관계인은 제3항에 따른 **이행계획**을 행정안전부령으로 정하는 바에 따라 **기간 내에 완료**하고, **소방본부장 또는 소방서장**에게 이행계획 완료 **결과를 보고**하여야 한다. 이 경우 소방본부장 또는 소방서장은 이행계획 완료 결과가 거짓 또는 허위로 작성되었다고 판단되는 경우에는 해당 특정소방대상물을 방문하여 그 이행계획 완료 여부를 확인할 수 있다.

⑤ 제4항에도 불구하고 특정소방대상물의 관계인은 천재지변이나 그 밖에 대통령령으로 정하는 사유로 제3항에 따른 이행계획을 완료하기 곤란한 경우에는 소방본부장 또는 소방서장에게 대통령령으로 정하는 바에 따라 이행계획 완료를 연기하여 줄 것을 신청할 수 있다. 이 경우 소방본부장 또는 소방서장은 연기 신청 승인 여부를 결정하고 그 결과를 관계인에게 알려주어야 한다.

⑥ 소방본부장 또는 소방서장은 관계인이 제4항에 따라 이행계획을 완료하지 아니한 경우에는 필요한 조치의 이행을 명할 수 있고, 관계인은 이에 따라야 한다.

> **시행령 제33조(소방시설등의 자체점검 결과의 조치 등)** 법 제23조 제1항에서 "대통령령으로 정하는 중대위반사항"이란 다음 각 호의 어느 하나에 해당하는 경우를 말한다.
> 1. 화재 수신반의 고장으로 화재경보음이 자동으로 울리지 않거나 수신반과 연동된 소방시설의 작동이 불가능한 경우
> 2. 소화펌프(가압송수장치), 동력·감시 제어반 또는 소방시설용 전원(비상전원을 포함한다)의 고장으로 소방시설이 작동되지 않는 경우
> 3. 소화배관 등이 폐쇄·차단되어 소화수 또는 소화약제가 자동 방출되지 않는 경우
> 4. 방화문, 자동방화셔터 등이 훼손 또는 철거되어 제기능을 못하는 경우
>
> **제34조(이행계획의 연기 신청 등)** ① 법 제23조 제5항에서 "대통령령으로 정하는 사유"란 다음 각 호의 어느 하나에 해당하는 사유를 말한다.
> 1. 「재난 및 안전관리 기본법」 제3조 제1호에 해당하는 재난이 발생하여 자체점검 결과의 조치가 어려운 경우
> 2. 「감염병의 예방 및 관리에 관한 법률」 제2조 제1호에 해당하는 감염병이 발생하여 자체점검 결과의 조치가 어려운 경우
> 3. 경매 등의 사유로 소유권이 변동 중이거나 변동 되어서 자체점검결과의 조치가 어려운 경우

4. 관계인이 질병, 사고, 장기출장 등으로 자체점검 결과의 조치가 어려운 경우

5. 제1호부터 제4호까지의 규정에서 정한 사항 외에 그 밖에 이에 준하는 사유로 소방관서장이 자체점검 결과의 조치가 어렵다고 인정하는 경우

② 법 제23조 제5항에 따라 이행계획의 연기를 신청하려는 관계인은 행정안전부령으로 정하는 바에 따라 연기신청서에 연기의 사유 및 기간 등을 적어 소방본부장 또는 소방서장에게 제출하여야 한다.

③ 법 제23조 제3항에 따른 연기신청 및 연기신청서의 처리절차에 필요한 사항은 행정안전부령으로 정한다.

시행규칙 제26조(이행계획의 연기 신청 등) ① 영 제34조 제3항에 따라 이행계획의 연기를 신청하려는 관계인은 이행기간의 만료 3일 전까지 별지 제13호 서식의 소방시설등의 자체점검결과 이행 연기신청서에 기간 내에 이행계획을 완료함이 곤란함을 증명할 수 있는 서류(전자문서로 된 서류를 포함한다)를 첨부하여 소방본부장 또는 소방서장에게 제출하여야 한다.

② 제1항에 따른 신청서를 제출받은 소방본부장 또는 소방서장은 이행기간의 연기 여부를 결정하여 별지 제14호 서식의 소방시설등의 자체점검결과 이행 연기신청 결과 통지서를 신청받은 날부터 3일 이내에 연기신청을 한 자에게 통보하여야 한다.

📖 **핵심정리 자체점검 결과의 조치**

1. **중대위반사항 발견 시:** 관리업자는 관계인에게 지체 없이 알림 → 관계인은 지체 없이 수리 등 조치

2. **결과 보고:** 관계인이 소방본부장, 소방서장에게 보고

3. **연기 신청:** 천재지변 등

4. **소방본부장, 소방서장 권한:** 결과 보고, 이행계획 보완요구, 이행계획 완료 결과 보고, 이행계획 연기 신청 승인 결정, 조치명령

전 tip

점검기록표 게시사항 및 기간
1. 게시사항: 대상물명, 주소, 점검구분, 점검
   기간, 점검자, 불량사항, 수리기간
2. 게시기간: 30일 이상

제24조(점검기록표 게시 등)

① 제23조 제3항에 따라 자체점검 결과 보고를 마친 **관계인**은 관리업자등, 점검일시, 점검자 등 자체점검과 관련된 사항을 **점검기록표**에 기록하여 특정소방대상물의 출입자가 쉽게 볼 수 있는 장소에 게시하여야 한다. 이 경우 점검기록표의 기록 등에 필요한 사항은 행정안전부령으로 정한다.

② 소방본부장 또는 소방서장은 다음 각 호의 사항을 제48조에 따른 전산시스템 또는 인터넷 홈페이지 등을 통하여 국민에게 공개할 수 있다. 이 경우 공개 절차, 공개 기간 및 공개 방법 등 필요한 사항은 대통령령으로 정한다.

　1. 자체점검 기간 및 점검자

　2. 특정소방대상물의 정보 및 자체점검 결과

　3. 그 밖에 소방본부장 또는 소방서장이 특정소방대상물을 이용하는 불특정다수인의 안전을 위하여 공개가 필요하다고 인정하는 사항

> **시행령 제35조(자체점검결과 공개 등)** ① 소방본부장 또는 소방서장은 법 제24조 제2항 각 호의 사항을 공개하려는 경우 공개기간, 공개내용 및 공개방법을 해당 특정소방대상물의 관계인에게 미리 알려야 한다.
> ② 특정소방대상물의 관계인은 제1항에 따른 공개내용 등을 통보받은 날부터 10일 이내에 관할 소방본부장 또는 소방서장에게 이의신청을 할 수 있다.
> ③ 소방본부장 또는 소방서장은 제2항에 따른 이의신청을 받은 경우에는 자체점검 결과 공개 절차를 정지하고 이의신청을 받은 날부터 10일 이내에 심사·결정하여 그 결과를 지체 없이 신청인에게 알려야 하며, 그 요구가 정당하다고 결정되면 그에 따라 자체점검 결과 공개 내용을 수정하여야 한다.
> ④ 소방본부장 또는 소방서장은 자체점검 결과 보고서를 받은 날부터 10일이 경과한 시점부터 자체점검 결과를 30일 이상 인터넷 홈페이지 등을 통해 공개할 수 있다.
> ⑤ 자체점검 결과 공개와 관련하여 공개되는 내용이 제3자의 법익을 침해하는 경우에는 제3자와 관련된 사실을 제외하고 공개하여야 한다.

📍 [별표 6] p.316

> **시행규칙 제27조(자체점검결과 게시)** 법 제24조 제1항에 따라 소방본부장 또는 소방서장에게 자체점검결과 보고를 마친 관계인은 보고한 날로부터 10일 이내에 별표 6의 자체점검기록표를 작성하여 특정소방대상물의 출입자가 쉽게 볼 수 있는 장소에 30일 이상 게시하여야 한다.

1. 자체점검의 구분
① **최초점검**: 사용승인 또는 완공검사증명서를 받은 날부터 60일 이내
② **작동점검**: 인위적 조작으로 정상 작동 여부 점검
③ **종합점검**: 화재안전기준 및 관련법령에 적합 여부 점검

2. 대상(종합점검)
① 스프링클러가 설치된 특정소방대상물
② 물분무등소화설비가 설치된 연면적 5,000m² 이상인 특정소방대상물(위험물 제조소등 제외)
③ 공공기관: 연면적 1,000m² 이상(옥내소화전, 자동화재탐지설비)
④ 다중이용업소(8개 업종): 연면적 2,000m² 이상
⑤ 제연설비가 설치된 터널

3. 점검횟수 및 시기
① 최초점검

횟수	최초 한번
시기	건축물의 사용승인을 받은 날 또는 소방시설 완공검사증명서(일반용)를 받은 날로부터 60일 이내

② 작동점검

횟수	연 1회 이상 실시
시기	· 종합점검대상: 종합점검을 받은 달부터 6월이 되는 달에 실시 · 그 밖의 대상: 연중실시

③ 종합점검

횟수	연 1회 이상(단, 특급 소방안전관리대상물: 반기 1회 이상) · 학교: 사용승인일이 1월~6월인 경우 6월30일까지 실시 · 면제: 소방청장이 소방안전관리가 우수하다고 인정한 특정소방대상물 · 면제기간: 3년의 범위
시기	건축물 사용승인일

4. 제출 및 보고
① 관리업자 또는 소방안전관리자로 선임된 소방시설관리사 및 소방기술사는 점검이 끝난 날부터 10일 이내에 자체점검 실시결과 보고서를 관계인에게 제출
② 관계인은 점검이 끝난 날부터 15일 이내 자체점검 실시결과 보고서에 자체점검 결과 이행계획서를 첨부하여 소방본부장 또는 소방서장에게 보고

5. 점검인력 1단위
① 관리업자 점검 시: 소방시설관리사 또는 특급점검자 1명과 보조인력 2명
② 선임된 소방시설관리사 또는 소방기술사 점검 시: 소방시설관리사 또는 소방기술사 1명과 보조인력 2명
③ 관계인 또는 소방안전관리자가 점검 시: 관계인 또는 소방안전관리자 1명과 보조인력 2명

6. 점검한도면적
① 종합점검: 8,000m²
② 작동점검: 10,000m²

7. 점검한도세대
① 종합점검: 250세대
② 작동점검: 250세대

01 「소방시설 설치 및 관리에 관한 법률 및 시행령」상 종합점검에 대한 설명으로 옳은 것은?

21. 학과

① 소방시설관리업자만 할 수 있다.
② 소방시설등의 작동점검은 포함하지 않는다.
③ 건축물의 사용승인일이 속하는 다음 달에 실시한다.
④ 스프링클러설비가 설치된 특정소방대상물은 종합점검을 받아야 한다.

02 「소방시설 설치 및 관리에 관한 법률 및 시행규칙」상 종합점검 대상으로 옳은 것은?

18. 공채 통합

① 물분무등소화설비가 설치된 연면적 4천m²인 특정소방대상물
② 아파트로서 스프링클러설비 및 물분무등소화설비가 설치되지 않은 것
③ 제연설비가 설치된 터널
④ 공공기관 중 연면적이 600m² 이상이고 자동화재탐지설비가 설치된 것

03 소방시설등의 자체점검시 점검인력 배치기준에서 점검인력 1단위가 하루 동안 점검할 수 있는 작동점검의 점검한도면적으로 옳은 것은?

16. 공채 통합

① 5,000m²
② 10,000m²
③ 12,000m²
④ 15,000m²

04 소방시설등에 실시하는 자체점검에 대한 사항으로 옳지 않은 것은?

16. 공채 통합

① 작동점검의 점검자는 해당 특정소방대상물의 소방안전관리자·소방시설관리업자 또는 소방시설공사업자이다.
② 종합점검의 점검횟수는 연 1회 이상(특급 소방안전관리대상물의 경우에는 반기에 1회 이상) 실시하여야 하며, 소방청장이 소방안전관리가 우수하다고 인정한 특정소방대상물에 대해서는 3년의 범위에서 소방청장이 고시하거나 정한 기간 동안 종합점검을 면제할 수 있다.
③ 다중이용업인 안마시술소로서 연면적이 2,000m² 이상인 것은 종합점검 대상에 해당된다.
④ 공공기관 중 연면적이 1,000m² 이상인 것으로서 옥내소화전설비 또는 자동화재탐지설비가 설치된 것은 종합점검 대상에 해당된다.

정답 01 ④ 02 ③ 03 ② 04 ①

제1절 소방시설관리사

제25조(소방시설관리사)

① 소방시설관리사(이하 "관리사"라 한다)가 되려는 사람은 소방청장이 실시하는 관리사시험에 합격하여야 한다.

② 제1항에 따른 관리사시험의 응시자격, 시험방법, 시험과목, 시험위원, 그 밖에 관리사시험에 필요한 사항은 대통령령으로 정한다.

③ 관리사시험의 최종 합격자 발표일을 기준으로 제27조의 결격사유에 해당하는 사람은 관리사시험에 응시할 수 없다.

④ 소방기술사 등 대통령령으로 정하는 사람에 대하여는 대통령령으로 정하는 바에 따라 제2항에 따른 관리사시험 과목 가운데 일부를 면제할 수 있다.

⑤ 소방청장은 제1항에 따른 관리사시험에 합격한 사람에게는 행정안전부령으로 정하는 바에 따라 소방시설관리사증을 발급하여야 한다.

⑥ 제5항에 따라 소방시설관리사증을 발급받은 사람이 소방시설관리사증을 잃어버렸거나 못 쓰게 된 경우에는 행정안전부령으로 정하는 바에 따라 소방시설관리사증을 재발급받을 수 있다.

⑦ 관리사는 제5항 또는 제6항에 따라 발급 또는 재발급받은 소방시설관리사증을 다른 사람에게 빌려주거나 빌려서는 아니 되며, 이를 알선하여서도 아니 된다.

⑧ 관리사는 동시에 둘 이상의 업체에 취업하여서는 아니 된다.

⑨ 제22조 제1항에 따른 기술자격자 및 제29조 제2항에 따라 관리업의 기술인력으로 등록된 관리사는 이 법과 이 법에 따른 명령에 따라 성실하게 자체점검 업무를 수행하여야 한다.

시행령 제36조(소방시설관리사시험의 응시자격) 법 제25조 제1항에 따른 소방시설관리사시험(이하 "관리사시험"이라 한다)에 응시할 수 있는 사람은 다음 각 호와 같다.

1. 소방기술사·건축사·건축기계설비기술사·건축전기설비기술사 또는 공조냉동기계기술사
2. 위험물기능장
3. 소방설비기사
4. 「국가과학기술 경쟁력 강화를 위한 이공계지원 특별법」제2조에 따른 이공계 분야를 전공하고 박사학위를 취득한 사람
5. 소방안전 관련학(소방학 및 소방방재학을 포함한다) 또는 소방안전공학(소방방재공학 및 안전공학을 포함한다) 분야에서 석사학위 이상을 취득한 사람
6. 소방청장이 정하여 고시하는 소방에 관한 실무경력이 3년 이상인 사람

📖 **조문 플러스**

소방시설관리사 제도는 소방시설 점검에 관한 전문기술을 가진 자에게 자격을 부여하여 소방시설관리업에 종사할 수 있도록 한 규정으로 특정소방대상물에 설치된 소방시설을 내실 있게 관리하여 화재예방 및 화재 시 소방시설이 제 기능을 발휘할 수 있도록 하기 위하여 전문기술자 배출을 위한 자격제도이다.

 찐 tip

소방시설관리사

1. 실시자: 소방청장
2. 시험 필요사항: 대통령령
3. 의무사항: 하지 않을 것(빌려주거나, 빌리거나, 알선), 둘 이상의 업체 취업 금지

 찐 tip

소방시설관리사시험의 응시자격

1. 소방기술사·건축사·건축기계설비기술사·건축전기설비기술사 또는 공조냉동기계기술사
2. 위험물기능장
3. 소방설비기사
4. 이공계 분야를 전공하고 박사학위를 취득한 사람
5. 소방안전 관련학(소방학 및 소방방재학을 포함), 소방안전공학(소방방재공학 및 안전공학을 포함) 분야에서 석사학위 이상을 취득한 사람
6. 소방청장이 정하여 고시하는 소방에 관한 실무경력이 3년 이상인 사람

제37조(시험의 시행방법) ① 관리사시험은 제1차시험과 제2차시험으로 구분하여 시행한다. 이 경우 소방청장은 제1차시험과 제2차시험을 같은 날에 시행할 수 있다.

② 제1차시험은 선택형을 원칙으로 하고, 제2차시험은 논문형을 원칙으로 하되, 제2차시험의 경우에는 기입형을 포함할 수 있다.

③ 제1차시험에 합격한 사람에 대해서는 다음 회의 관리사시험에 한정하여 제1차시험을 면제한다. 다만, 면제받으려는 시험의 응시자격을 갖춘 경우로 한정한다.

④ 제2차시험은 제1차시험에 합격한 사람만 응시할 수 있다. 다만, 제1항 단서에 따라 제1차시험과 제2차시험을 병행하여 시행하는 경우에 제1차시험에 불합격한 사람의 제2차시험 응시는 무효로 한다.

제38조(시험 과목) ① 관리사시험의 제1차시험 및 제2차시험 과목은 다음 각 호와 같다.

1. 제1차시험
가. 소방안전관리론(소방 및 화재의 기초이론으로 연소이론, 화재현상, 위험물 및 소방안전관리 등의 내용을 포함한다)
나. 소방기계 점검실무(소방시설 기계분야 점검의 기초이론 및 실무능력을 측정하기 위한 과목으로 소방유체역학, 소방 관련 열역학, 소방기계 분야의 화재안전기준을 포함한다)
다. 소방전기 점검실무(소방시설 전기·통신분야 점검의 기초이론 및 실무능력을 측정하기 위한 과목으로 전기회로, 전기기기, 제어회로, 전자회로 및 소방전기 분야의 화재안전기준을 포함한다)
라. 소방 관계 법령
1) 「소방시설 설치 및 관리에 관한 법률」, 같은 법 시행령 및 같은 법 시행규칙
2) 「화재의 예방 및 안전관리에 관한 법률」, 같은 법 시행령 및 같은 법 시행규칙
3) 「다중이용업소의 안전관리에 관한 특별법」, 같은 법 시행령 및 같은 법 시행규칙
4) 「소방기본법」, 같은 법 시행령 및 같은 법 시행규칙
5) 「건축법」, 같은 법 시행령 및 같은 법 시행규칙(「건축물의 피난·방화구조 등의 기준에 관한 규칙」, 「건축물의 설비기준 등에 관한 규칙」, 「건축물의 구조기준 등에 관한 규칙」을 포함하며, 소방분야에 한정한다)
6) 「초고층 및 지하연계 복합건축물 재난관리에 관한 특별법」, 같은 법 시행령 및 같은 법 시행규칙
7) 소방시설의 적용대상 이력 변경 등 소방 관계 법령 개정 이력에 관한 사항
2. 제2차시험
가. 소방시설등 점검실무(소방시설 점검 및 진단을 위한 종합적 능력을 측정하기 위한 과목으로 소방시설의 현장점검 시 점검절차, 성능확인, 이상판단 및 조치 등의 내용을 포함한다)
나. 소방시설등 관리실무(소방시스템의 성능확인 및 진단 이외의 점검 관련 행정업무 및 서류작성 등의 업무능력을 측정하기 위한 과목으로 점검보고서 작성, 소방계획서 작성, 인력 및 장비 운용 등 실제 현장에성의 요구되는 사무능력을 포함한다)

② 제1항에 따른 관리사시험 과목의 세부항목 등은 행정안전부령으로 정한다.

 쌤 tip

소방시설관리사시험 과목

제1차시험	· 소방안전관리론 · 소방기계 점검실무 · 소방전기 점검실무 · 소방 관계 법령
제2차시험	· 소방시설등 점검실무 · 소방시설등 관리실무

제39조(시험위원의 임명·위촉) ① 소방청장은 법 제25조 제2항에 따라 관리사시험의 출제 및 채점을 위하여 다음 각 호의 어느 하나에 해당하는 사람을 시험위원으로 임명하거나 위촉하여야 한다.

1. 소방 관련 분야의 박사학위를 취득한 사람
2. 대학에서 소방안전 관련 학과 조교수 이상으로 2년 이상 재직한 사람
3. 소방위 이상의 소방공무원
4. 소방시설관리사
5. 소방기술사

② 제1항에 따른 시험위원의 수는 다음 각 호의 구분에 따른다.

1. 출제위원: 시험 과목별 3명
2. 채점위원: 시험 과목별 5명 이내(제2차시험의 경우로 한정한다)

③ 제1항에 따라 시험위원으로 임명되거나 위촉된 사람은 소방청장이 정하는 시험문제 등의 출제 시 유의사항 및 서약서 등에 따른 준수사항을 성실히 이행하여야 한다.

④ 제1항에 따라 임명되거나 위촉된 시험위원과 시험감독 업무에 종사하는 사람에게는 예산의 범위에서 수당과 여비를 지급할 수 있다.

제40조(시험 과목의 일부 면제) 법 제25조 제4항에 따라 관리사시험의 제1차시험 과목 가운데 일부를 면제받을 수 있는 사람과 그 면제 과목은 다음 각 호의 구분에 따른다.

1. 소방기술사 자격을 취득한 후 15년 이상 소방 관련 실무경력이 있는 사람: 제38조 제1호 가·나·다목의 과목
2. 「소방시설공사업법 시행규칙」별표 4의2 제3호 다목의 특급점검자: 제38조 제1호 나·다의 과목
3. 소방공무원으로 15년 이상 근무한 경력이 있는 사람으로서 5년 이상 소방청장이 정하여 고시하는 소방 관련 업무 경력이 있는 사람: 제38조 제1호 나·다·라의 과목

제41조(시험의 시행 및 공고) ① 관리사시험은 매년 1회 시행하는 것을 원칙으로 하되, 소방청장이 필요하다고 인정하는 경우에는 그 횟수를 늘리거나 줄일 수 있다.

② 소방청장은 관리사시험을 시행하려면 응시자격, 시험 과목, 일시·장소 및 응시절차 등에 필요한 사항을 모든 응시 희망자가 알 수 있도록 관리사시험 시행일 90일 전까지 소방청 홈페이지 등에 공고하여야 한다.

제42조(응시원서 제출 등) ① 관리사시험에 응시하려는 사람은 행정안전부령으로 정하는 관리사시험 응시원서를 소방청장에게 제출하여야 한다.

② 제40조에 따라 시험 과목의 일부를 면제받으려는 사람은 제1항에 따른 응시원서에 면제 과목과 그 사유를 적어야 한다.

③ 관리사시험에 응시하는 사람은 제36조에 따른 응시자격에 관한 증명서류를 소방청장이 정하는 원서 접수기간 내에 제출하여야 하며, 증명서류는 해당 자격증(「국가기술자격법」에 따른 국가기술자격 취득자의 자격증은 제외한다) 사본과 행정안전부령으로 정하는 경력·재직증명서 또는 「소방시설공사업법 시행령」제20조 제4항에 따른 수탁기관이 발행하는 경력증명서로 한다. 다만, 국가·지방자치단체, 「공공기관의 운영에 관한 법률」제4조에 따른 공공기관, 「지방공기업법」에 따른 지방공사 또는 지방공단이 증명하는 경력증명원은 해당 기관에서 정하는 서식에 따를 수 있다.

쌘 tip

시험위원

1. 소방기술사, 소방시설관리사
2. 소방 관련 박사학위 취득
3. 소방위 이상 소방공무원
4. 소방안전 관련 학과 조교수 이상으로 2년 이상 재직

④ 제1항에 따라 응시원서를 받은 소방청장은 「전자정부법」 제36조 제1항에 따른 행정정보의 공동이용을 통하여 다음 각 호의 서류를 확인해야 한다. 다만, 응시자가 확인에 동의하지 않는 경우에는 그 사본을 첨부하게 해야 한다.

1. 응시자의 해당 국가기술자격증
2. 국민연금가입자가입증명 또는 건강보험자격득실확인서

제43조(시험의 합격자 결정 등) ① 제1차시험에서는 과목당 100점을 만점으로 하여 모든 과목의 점수가 40점 이상이고, 전 과목 평균 점수가 60점 이상인 사람을 합격자로 한다.

② 제2차시험에서는 과목당 100점을 만점으로 하되, 시험위원의 채점점수 중 최고점수와 최저점수를 제외한 점수가 모든 과목에서 40점 이상, 전 과목에서 평균 60점 이상인 사람을 합격자로 한다.

③ 소방청장은 제1항과 제2항에 따라 관리사시험 합격자를 결정하였을 때에는 이를 소방청 홈페이지 등에 공고하여야 한다.

시행규칙 제28조(소방시설관리사증의 발급) 영 제47조 제3항 제2호에 따라 소방시설관리사증의 발급·재발급에 관한 업무를 위탁받은 법인 또는 단체(이하 "소방시설관리사증발급자"라 한다)는 법 제25조 제5항에 따라 소방시설관리사시험 합격자에게 합격자 공고일부터 1개월 이내에 별지 제15호 서식의 소방시설관리사증을 발급하여야 하며, 이를 별지 제16호 서식의 소방시설관리사증 발급대장에 기록하고 관리하여야 한다.

제29조(소방시설관리사증 재발급) ① 법 제25조 제6항에 따라 소방시설관리사가 소방시설관리사증을 잃어버리거나 못쓰게 되어 소방시설관리사증의 재발급을 신청하는 때에는 별지 제17호 서식의 소방시설관리사증 재발급 신청서(전자문서로 된 신청서를 포함한다)를 소방시설관리사증발급자에게 제출하여야 한다.

② 소방시설관리사증발급자는 제1항에 따라 재발급신청서를 제출받은 때에는 3일 이내에 소방시설관리사증을 재발급하여야 한다.

제30조(관리사 시험과목의 세부 항목 등) 영 제38조 제2항에 따른 관리사 시험과목의 세부 항목 및 시험 범위 등은 별표 7과 같다.

📍 [별표 7] p.317

제31조(서식) ① 영 제42조 제1항에 따른 소방시설관리사시험응시원서는 별지 제18호 서식과 같다.

② 영 제42조 제3항에 따른 경력(재직)증명서은 별지 제19호 서식의 경력(재직)증명원과 같다.

🏠 **핵심정리 소방시설관리사**

- -

1. **실시자:** 소방청장

2. **관리사 의무사항**
   ① 다른 사람에게 빌려주거나 빌려서는 아니 된다.
   ② 다른 사람에게 알선하여서도 아니 된다.
   ③ 동시에 둘 이상의 업체에 취업하여서는 아니 된다.

3. 결격사유에 해당하는 사람은 관리사시험에 응시할 수 없다(최종 합격자 발표일 기준).

제26조(부정행위자에 대한 제재)

소방청장은 시험에서 부정한 행위를 한 응시자에 대하여는 그 시험을 정지 또는 무효로 하고, 그 처분이 있은 날부터 2년간 시험 응시자격을 정지한다.

제27조(관리사의 결격사유)

다음 각 호의 어느 하나에 해당하는 사람은 관리사가 될 수 없다.

1. 피성년후견인❶
2. 이 법, 「소방기본법」, 「화재의 예방 및 안전관리에 관한 법률」, 「소방시설공사업법」 또는 「위험물안전관리법」을 위반하여 금고 이상의 실형을 선고받고 그 집행이 끝나거나(집행이 끝난 것으로 보는 경우를 포함한다) 집행이 면제된 날부터 2년이 지나지 아니한 사람
3. 이 법, 「소방기본법」, 「화재의 예방 및 안전관리에 관한 법률」, 「소방시설공사업법」 또는 「위험물안전관리법」을 위반하여 금고 이상의 형의 집행유예를 선고받고 그 유예기간 중에 있는 사람
4. 제28조에 따라 자격이 취소(이 조 제1호에 해당하여 자격이 취소된 경우는 제외한다)된 날부터 2년이 지나지 아니한 사람

> 📖 **핵심정리 관리사의 결격사유**
>
> 1. 피성년후견인
> 2. 소방관계법을 위반하여 금고 이상의 실형을 선고받고 그 집행이 끝나거나(집행이 끝난 것으로 보는 경우를 포함한다) 집행이 면제된 날부터 2년이 지나지 아니한 사람
> 3. 소방관계법을 위반하여 금고 이상의 형의 집행유예를 선고받고 그 유예기간 중에 있는 사람
> 4. 자격이 취소된 날부터 2년이 지나지 아니한 사람

제28조(자격의 취소·정지)

소방청장은 관리사가 다음 각 호의 어느 하나에 해당할 때에는 행정안전부령으로 정하는 바에 따라 그 자격을 취소하거나 1년 이내의 기간을 정하여 그 자격의 정지를 명할 수 있다. 다만, 제1호, 제4호, 제5호 또는 제7호에 해당하면 그 자격을 취소하여야 한다.

1. 거짓이나 그 밖의 부정한 방법으로 시험에 합격한 경우
2. 「화재의 예방 및 안전관리에 관한 법률」 제25조 제2항에 따른 대행인력의 배치기준·자격·방법 등 준수사항을 지키지 아니한 경우
3. 제22조에 따른 점검을 하지 아니하거나 거짓으로 한 경우
4. 제25조 제7항을 위반하여 소방시설관리사증을 다른 사람에게 빌려준 경우
5. 제25조 제8항을 위반하여 동시에 둘 이상의 업체에 취업한 경우
6. 제25조 제9항을 위반하여 성실하게 자체점검 업무를 수행하지 아니한 경우
7. 제27조 각 호의 어느 하나에 따른 결격사유에 해당하게 된 경우

📄 **조문 플러스**

특정신분·자격 등을 취득하는 데 해당되어서는 안 되는 일정한 요건을 말하며 결격사유를 두는 이유는 특정한 신분 또는 자격 등을 가진 자들이 대부분 국민의 건강·안전 또는 재산에 중대한 영향을 미치는 전문·기술적인 분야에 종사하고 있기 때문에 이러한 분야에 종사해서는 안되는 사람들을 원천적으로 배제하여 해당 분야에 종사하는 자의 자질을 일정수준 이상으로 유지함으로써 국민을 보호하려는 것이다.

 찐 tip

결격사유
1. 무능력자: 피성년후견인
2. 일정한 전과 사실이 있는 자
3. 자격 취소처분을 받은 자

📚 **용어사전**

❶ **피성년후견인**: 질병, 장애, 노령, 그 밖에 사유로 인한 정신적 제약으로 사무를 처리할 능력이 지속적으로 결여된 사람으로서 가정법원으로부터 성년 개시의 심판을 받은 사람을 말한다.

 찐 tip

자격 취소
1. 거짓, 부정한 방법으로 시험 합격한 경우
2. 결격사유 해당하는 경우
3. 빌려준 경우
4. 동시에 둘 이상 업체 취업한 경우

1. 거짓이나 그 밖의 부정한 방법으로 시험에 합격한 경우
2. 소방시설관리사증을 다른 사람에게 빌려준 경우
3. 동시에 둘 이상의 업체에 취업한 경우
4. 결격사유에 해당하게 된 경우

📑 **기출체크**

01 「소방시설 설치 및 관리에 관한 법률」상 소방시설관리사의 자격의 취소·정지 사유로 옳지 않은 것은? 　　　　　　　19. 공채 통합

　① 동시에 둘 이상의 업체에 취업한 경우
　② 등록사항의 변경신고를 하지 아니한 경우
　③ 소방시설관리사증을 다른 자에게 빌려준 경우
　④ 소방안전관리 업무를 하지 아니하거나 거짓으로 한 경우

02 다음 중 관리사 자격을 반드시 취소하지 않아도 되는 것은?　　　15. 학과

　① 관리사증을 다른 자에게 빌려준 경우
　② 거짓이나 그 밖의 부정한 방법으로 시험에 합격한 경우
　③ 소방시설 등의 자체점검을 하지 않은 경우
　④ 동시에 둘 이상의 업체에 취업한 경우

정답 01 ② 02 ③

제2절　소방시설관리업

제29조(소방시설관리업의 등록 등)

① 소방시설등의 점검 및 관리를 업으로 하려는 자 또는 「화재의 예방 및 안전관리에 관한 법률」 제25조에 따른 소방안전관리업무의 대행을 하려는 자는 대통령령으로 정하는 업종별로 시·도지사에게 소방시설관리업(이하 "관리업"이라 한다) 등록❶을 하여야 한다.
② 제1항에 따른 업종별 기술인력 등 관리업의 **등록기준 및 영업범위** 등에 필요한 사항은 대통령령으로 정한다.
③ 관리업의 등록신청과 등록증·등록수첩의 발급·재발급 신청, 그 밖에 관리업의 등록에 필요한 사항은 행정안전부령으로 정한다.

📖 **조문 플러스**

특정소방대상물에 설치된 소방시설등은 화재 시 정상 작동되도록 평상시 소방시설등에 대한 유지 및 관리에 만전을 기해야 한다. 따라서 소방시설등의 관리업을 하고자 하거나 소방안전관리 업무대행을 하고자 하는 자는 규정에 따른 업종별 기술인력 등을 갖추고 등록을 하여야 한다.

📖 **용어사전**

❶ 등록: 일정한 법률사실이나 법률관계를 공증하기 위하여 행정관서나 공공기관 따위에 비치한 법정(法定)의 공부(公簿)에 기재하는 일을 말한다.

시행령 제44조(소방시설관리업의 등록기준 등) ① 법 제29조 제2항에 따른 소방시설관리업의 업종별 등록기준 및 영업 범위는 별표 10과 같다.

② 시·도지사는 법 제29조 제1항에 따른 등록신청이 다음 각 호의 어느 하나에 해당하는 경우를 제외하고는 등록을 해 주어야 한다.

1. 제1항에 따른 등록기준에 적합하지 아니한 경우

2. 등록을 신청한 자가 법 제30조 각 호의 어느 하나에 해당하는 경우

3. 그 밖에 이 법 또는 소방 관련 법령에 따른 제한에 위배되는 경우

시행규칙 제32조(소방시설관리업의 등록신청 등) ① 법 제29조 제1항에 따라 소방시설관리업을 하려는 자는 별지 제20호 서식의 소방시설관리업 등록신청서(전자문서로 된 신청서를 포함한다)에 별지 제21호 서식의 소방기술인력 연명부 및 기술자격증(자격수첩을 포함한다)을 첨부하여 시·도지사에게 제출(전자문서로 제출하는 경우를 포함한다)하여야 한다.

② 제1항에 따른 신청서를 제출받은 담당 공무원은 「전자정부법」 제36조 제1항에 따라 행정정보의 공동이용을 통하여 법인등기부 등본(법인인 경우만 해당한다)과 제1항에 따라 제출하는 기술인력연명부에 기록된 소방기술인력의 국가기술자격증을 확인하여야 한다. 다만, 이 국가기술자격증의 확인에 동의하지 아니하는 경우에는 그 사본을 제출하도록 하여야 한다.

제33조(소방시설관리업의 등록증 및 등록수첩 발급 등) ① 시·도지사는 제32조에 따른 소방시설관리업의 등록신청 내용이 영 제44조 제1항 및 별표 9에 따른 소방시설관리업의 등록기준에 적합하다고 인정되면 신청인에게 별지 제22호 서식의 소방시설관리업 등록증과 별지 제23호 서식의 소방시설관리업 등록수첩을 발급하고, 별지 제24호 서식의 소방시설관리업 등록대장을 작성하여 관리하여야 한다. 이 경우 시·도지사는 제33조 제1항에 따라 제출된 소방기술인력의 기술자격증(자격수첩을 포함한다)에 해당 소방기술인력이 그 관리업자 소속임을 기록하여 내주어야 한다.

② 시·도지사는 제33조에 따라 제출된 서류를 심사한 결과 다음 각 호의 어느 하나에 해당하는 때에는 10일 이내의 기간을 정하여 이를 보완하게 할 수 있다.

1. 첨부서류가 미비되어 있는 때

2. 신청서 및 첨부서류의 기재내용이 명확하지 아니한 때

③ 시·도지사는 제1항에 따라 소방시설관리업등록증을 발급하거나 법 제35조에 따라 등록의 취소 또는 영업정지처분을 한 때에는 이를 시·도의 공보에 공고하여야 한다.

제34조(소방시설관리업의 등록증·등록수첩의 재발급 및 반납) ① 법 제29조 제3항에 따라 관리업자는 소방시설관리업등록증 또는 등록수첩을 잃어버리거나 소방시설관리업등록증 또는 등록수첩이 헐어 못쓰게 된 경우에는 시·도지사에게 소방시설관리업등록증 또는 등록수첩의 재발급을 신청할 수 있다.

② 관리업자는 제1항에 따라 재발급을 신청하는 때에는 별지 제25호 서식의 소방시설관리업등록증(등록수첩)재발급신청서(전자문서로 된 신청서를 포함한다)를 시·도지사에게 제출하여야 한다.

③ 시·도지사는 제1항에 따른 재발급신청서를 제출받은 때에는 3일 이내에 소방시설관리업등록증 또는 등록수첩을 재발급하여야 한다.

📍 **[별표 10] p.302**

찐 tip

전문소방시설관리업 등록기준 및 영업범위

1. 주된 기술인력: 소방시설관리사 3명 이상 (경력 5년 이상, 3년 이상 각 1명 이상)

2. 보조 기술인력: 6명 이상(고급, 중급, 초급 각 2명)

3. 영업범위: 모든 특정소방대상물

일반소방시설관리업 등록기준 및 영업범위

1. 주된 기술인력: 소방시설관리사 1명 이상 (경력 1년 이상)

2. 보조 기술인력: 2명 이상(중급, 초급 각 1명)

3. 영업범위: 1급, 2급, 3급 소방안전관리대상물

등록을 해서는 아니되는 경우

1. 등록기준에 적합하지 아니한 경우

2. 등록을 신청한 자가 결격사유의 어느 하나에 해당하는 경우

3. 그 밖에 이 법 또는 소방 관련 법령에 따른 제한에 위배되는 경우

④ 관리업자는 다음 각 호의 어느 하나에 해당하는 때에는 지체 없이 시·도지사에게 그 소방시설관리업등록증 및 등록수첩을 반납하여야 한다.

1. 법 제35조에 따라 등록이 취소된 때
2. 소방시설관리업을 휴·폐업한 때
3. 제1항에 따라 재발급을 받은 때. 다만, 등록증 또는 등록수첩을 잃어버리고 재발급을 받은 경우에는 이를 다시 찾은 때에 한한다.

📖 **핵심정리 소방시설관리업의 등록 등**

- -

1. **등록 대상:** 소방시설등의 점검 및 관리를 업으로 하려는 자, 소방안전관리업무의 대행을 하려는 자
2. **대통령령:** 업종별 기술인력 등 관리업의 등록기준 및 영업범위
3. **행정안전부령:** 관리업의 등록신청과 등록증·등록수첩의 발급·재발급 신청

📋 **기출 체크**

「소방시설 설치 및 관리에 관한 법률」상 소방시설관리업의 업무내용으로 옳지 않은 것은?

07. 서울

① 소방시설의 설치
② 소방시설의 점검
③ 소방시설의 관리
④ 소방시설의 유지

정답 ①

찐 tip

결격사유
1. 무능력자: 피성년후견인
2. 일정한 전과 사실이 있는 자
3. 소방 관련 법령에 의한 처분을 받은 자
4. 임원 중 결격사유가 있는 법인

제30조(등록의 결격사유)

다음 각 호의 어느 하나에 해당하는 자는 관리업의 등록을 할 수 없다.

1. 피성년후견인
2. 이 법, 「소방기본법」, 「화재의 예방 및 안전관리에 관한 법률」, 「소방시설공사업법」 또는 「위험물안전관리법」을 위반하여 **금고 이상의 실형**을 선고받고 그 집행이 끝나거나(집행이 끝난 것으로 보는 경우를 포함한다) 집행이 면제된 날부터 **2년이 지나지 아니한 사람**
3. 이 법, 「소방기본법」, 「화재의 예방 및 안전관리에 관한 법률」, 「소방시설공사업법」 또는 「위험물안전관리법」을 위반하여 **금고 이상의 형의 집행유예**를 선고받고 그 **유예기간 중에 있는 사람**
4. 제35조 제1항에 따라 관리업의 등록이 취소(제1호에 해당하여 등록이 **취소된 경우**는 제외한다)된 날부터 **2년이 지나지 아니한 자**
5. 임원 중에 제1호부터 제4호까지의 어느 하나에 해당하는 사람이 있는 법인

제31조(등록사항의 변경신고)

관리업자(관리업의 등록을 한 자를 말한다. 이하 같다)는 제29조에 따라 등록한 사항 중 행정안전부령으로 정하는 중요 사항이 변경되었을 때에는 행정안전부령으로 정하는 바에 따라 시·도지사에게 변경사항을 신고하여야 한다.

> **시행규칙 제35조(등록사항의 변경신고 사항)** 법 제31조에서 "행정안전부령이 정하는 중요사항"이란 다음 각 호의 어느 하나에 해당하는 사항을 말한다.
> 1. 명칭·상호 또는 영업소소재지
> 2. 대표자
> 3. 기술인력
>
> **제36조(등록사항의 변경신고 등)** ① 관리업자는 법 제31조에 따라 등록사항의 변경이 있는 때에는 **변경일부터 30일 이내**에 별지 제27호 서식의 소방시설관리업 등록사항 변경신고서(전자문서로 된 신고서를 포함한다)에 그 변경사항별로 다음 각 호의 구분에 따른 서류(전자문서를 포함한다)를 첨부하여 **시·도지사**에게 제출하여야 한다.
> 1. 명칭·상호 또는 영업소소재지를 변경하는 경우: 소방시설관리업등록증 및 등록수첩
> 2. 대표자를 변경하는 경우: 소방시설관리업등록증 및 등록수첩
> 3. 기술인력을 변경하는 경우
>   가. 소방시설관리업등록수첩
>   나. 변경된 기술인력의 기술자격증(자격수첩)
>   다. 별지 제21호 서식의 기술인력연명부
> ② 제1항에 따른 신고서를 제출받은 시·도지사는 「전자정부법」 제36조 제1항에 따라 법인등기부 등본(법인인 경우에 한한다), 사업자등록증(개인인 경우에 한한다) 및 국가기술자격증을 확인하여야 한다. 다만, 신고인이 확인에 동의하지 아니하는 경우에는 이를 첨부하도록 하여야 한다.
> ③ 시·도지사는 제1항에 따라 변경신고를 받은 때에는 5일 이내에 소방시설관리업등록증 및 등록수첩을 새로 발급하거나 제1항에 따라 제출된 소방시설관리업등록증 및 등록수첩과 기술인력의 기술자격증(자격수첩)에 그 변경된 사항을 기재하여 발급하여야 한다.
> ④ 시·도지사는 제1항에 따라 변경신고를 받은 때에는 별지 제24호 서식의 소방시설관리업등록대장에 변경사항을 기재하고 관리하여야 한다.

📖 **조문플러스**

기등록한 소방시설관리업에 있어 중요 변경사항이 이 법에서 정하는 등록기준에 적합한지 여부의 확인절차이며 소방기관의 원활한 감독권 행사를 위한 것이다.

 찐 tip

중요변경사항(부령)
1. 명칭·상호
2. 대표자
3. 영업소소재지
4. 기술인력

찐 tip

지위승계 원인
1. 관리업자의 사망에 따라 상속한 때
2. 관리업자의 영업의 양도로 인하여 영업을 양수한 때
3. 관리업자의 합병 또는 합병에 의하여 설립된 법인일 때
4. 경매, 환가, 압류재산의 매각으로 인하여 관리업 시설의 전부를 인수한 때

지위승계 사유
1. 사망
2. 영업 양도
3. 법인 합병
4. 전부 인수(환가, 경매, 압류재산 매각)

제32조(관리업자의 지위승계)

① 다음 각 호의 어느 하나에 해당하는 자는 종전의 관리업자의 지위를 승계한다.
　1. 관리업자가 **사망한 경우** 그 상속인
　2. 관리업자가 그 영업을 **양도한 경우** 그 양수인
　3. **법인인** 관리업자가 **합병한 경우** 합병 후 존속하는 법인이나 합병으로 설립되는 법인
② 「민사집행법」에 따른 **경매,** 「채무자 회생 및 파산에 관한 법률」에 따른 **환가,** 「국세징수법」, 「관세법」 또는 「지방세징수법」에 따른 **압류재산의 매각**과 그 밖에 이에 준하는 절차에 따라 관리업의 시설 및 장비의 **전부를 인수**한 자는 종전의 관리업자의 지위를 승계한다.
③ 제1항이나 제2항에 따라 종전의 관리업자의 지위를 승계한 자는 행정안전부령으로 정하는 바에 따라 시·도지사에게 신고하여야 한다.
④ 제1항이나 제2항에 따라 지위를 승계한 자의 결격사유에 관하여는 제30조를 준용한다. 다만, 상속인이 제30조 각 호의 어느 하나에 해당하는 경우에는 상속받은 날부터 3개월 동안은 그러하지 아니하다.

시행규칙 제37조(지위승계신고 등) ① 법 제32조 제1항 또는 제2항에 따라 관리업자의 지위를 승계한 자는 그 지위를 승계한 날부터 30일 이내에 법 제32조 제3항에 따라 상속인, 영업을 양수한 자 또는 시설의 전부를 인수한 자는 법 별지 제27호 서식의 소방시설관리업 지위승계신고서(전자문서로 된 신고서를 포함한다)에, 합병후 존속하는 법인 또는 합병에 따라 설립되는 법인은 별지 제28호 서식의 소방시설관리업 합병신고서(전자문서로 된 신고서를 포함한다)에 각각 다음 각 호의 서류(전자문서를 포함한다)를 첨부하여 시·도지사에게 제출하여야 한다.

1. 소방시설관리업등록증 및 등록수첩
2. 계약서사본 등 지위승계를 증명하는 서류 1부
3. 별지 제21호 서식의 소방기술인력연명부 및 기술자격증(자격수첩)

② 제1항에 따른 신고서를 제출받은 담당 공무원은 「전자정부법」 제36조 제1항에 따라 행정정보의 공동이용을 통하여 다음 각 호의 서류를 확인하여야 한다. 다만, 신고인이 사업자등록증 및 국가기술자격증의 확인에 동의하지 않는 때에는 그 사본을 첨부하도록 하여야 한다.

1. 법인등기부 등본(지위승계인이 법인인 경우에 한한다)
2. 사업자등록증(지위승계인이 개인인 경우만 해당한다)
3. 제32조에 따라 제출하는 기술인력연명부에 기록된 소방기술인력의 국가기술자격증

③ 시·도지사는 제1항에 따라 신고를 받은 때에는 소방시설관리업등록증 및 등록수첩을 새로 발급하고, 기술인력의 자격증 및 자격수첩에 그 변경사항을 기재하여 발급하며, 별지 제24호 서식의 소방시설관리업등록대장에 지위승계에 관한 사항을 기재하고 관리하여야 한다.

찐 tip

승계 절차

지위를 승계한 날부터 30일 이내에 시·도지사에게 신고하여야 한다.

📖 **핵심정리** **지위승계**

1. **신고처:** 시·도지사

2. **승계**
   ① 관리업자가 사망한 경우 그 상속인
   ② 관리업자가 그 영업을 양도한 경우 그 양수인
   ③ 법인인 관리업자가 합병한 경우 합병 후 존속하는 법인, 설립되는 법인
   ④ 관리업의 시설 및 장비의 전부를 인수한 경우(환가, 경매, 압류재산 매각)

3. **절차:** 승계사유가 발생한 날부터 30일 이내

제33조(관리업의 운영)

① 관리업자는 이 법이나 이 법에 따른 명령 등에 맞게 소방시설등을 점검하거나 관리하여야 한다.

② 관리업자는 관리업의 등록증이나 등록수첩을 다른 자에게 빌려주거나 빌려서는 아니 되며, 이를 알선하여서도 아니 된다.

③ 관리업자는 다음 각 호의 어느 하나에 해당하는 경우에는 「화재의 예방 및 안전관리에 관한 법률」 제25조에 따라 소방안전관리업무를 대행하게 하거나 제22조 제1항에 따라 소방시설등의 점검업무를 수행하게 한 특정소방대상물의 관계인에게 지체 없이 그 사실을 알려야 한다.

1. 제32조에 따라 관리업자의 **지위를 승계한** 경우

2. 제35조 제1항에 따라 관리업의 **등록취소 또는 영업정지 처분을** 받은 경우

3. **휴업 또는 폐업을 한** 경우

④ 관리업자는 제22조 제1항 및 제2항에 따라 자체점검을 하거나 「화재의 예방 및 안전관리에 관한 법률」 제25조에 따른 소방안전관리업무의 대행을 하는 때에는 행정안전부령으로 정하는 바에 따라 소속 기술인력을 참여시켜야 한다.

⑤ 제35조 제1항에 따라 등록취소 또는 영업정지 처분을 받은 관리업자는 그 날부터 소방안전관리업무를 대행하거나 소방시설등에 대한 점검을 하여서는 아니 된다. 다만, 영업정지처분의 경우 도급계약이 해지되지 아니한 때에는 대행 또는 점검 중에 있는 특정소방대상물의 소방안전관리업무 대행과 자체점검은 할 수 있다.

> **시행규칙 제38조(기술인력 참여 기준)** 법 제33조 제4항에 따라 관리업자가 자체점검 또는 소방안전관리업무의 대행을 할 때 참여시켜야 하는 기술인력의 기준은 다음 각 호와 같다.
> 1. 자체점검: 별표 4
> 2. 소방안전관리업무의 대행: 「화재의 예방 및 안전관리에 관한 법률 시행규칙」 별표 1

📖 **핵심정리 관리업 운영**

1. 빌려주지 않을 것(알선 포함)
2. **관계인에게 지체 없이 알릴 것**
   ① 지위 승계
   ② 등록취소, 영업정지 처분
   ③ 휴업, 폐업
3. 자체점검, 소방안전관리업무 대행 시 행정안전부령으로 정하는 소속 기술인력을 참여시킬 것

제34조(점검능력 평가 및 공시 등)

① **소방청장은** 특정소방대상물의 관계인이 적정한 관리업자를 선정할 수 있도록 하기 위하여 관리업자의 신청이 있는 경우 해당 관리업자의 점검능력을 종합적으로 **평가하여 공시하여야** 한다.

② 제1항에 따라 점검능력 평가를 신청하려는 관리업자는 소방시설등의 점검실적을 증명하는 서류 등을 행정안전부령으로 정하는 바에 따라 소방청장에게 제출하여야 한다.

③ 제1항에 따른 점검능력 평가 및 공시방법, 수수료 등 필요한 사항은 행정안전부령으로 정한다.

④ 소방청장은 제1항에 따른 점검능력을 평가하기 위하여 관리업자의 기술인력, 장비 보유현황, 점검실적 및 행정처분 이력 등 필요한 사항에 대하여 데이터베이스를 구축·운영할 수 있다.

시행규칙 제39조(점검능력 평가의 신청 등) ① 법 제34조 제2항에 따라 점검능력을 평가받으려는 관리업자는 별지 제29호 서식의 소방시설등 점검능력 평가신청서(전자문서를 포함한다)에 다음 각 호의 서류(전자문서를 포함한다)를 첨부하여 평가기관에 매년 2월 15일까지 제출하여야 한다.

1. 소방시설등의 점검실적을 증명하는 서류로서 다음 각 목의 구분에 따른 서류
   가. 국내 소방시설등에 대한 점검실적: 발주자가 별지 제30호 서식에 따라 발급한 소방시설등의 점검실적 증명서 및 세금계산서(공급자 보관용) 사본
   나. 해외 소방시설등에 대한 점검실적: 외국환은행이 발행한 외화입금증명서 및 재외공관장이 발행한 해외점검실적 증명서 또는 관리계약서 사본
   다. 주한 외국군의 기관으로부터 도급받은 소방시설등에 대한 점검실적: 외국환은행이 발행한 외화입금증명서 및 도급계약서 사본
2. 소방시설관리업등록수첩 사본
3. 별지 제31호 서식의 소방기술인력 보유 현황 및 국가기술자격증 사본 등 이를 증명할 수 있는 서류
4. 별지 제32호 서식의 신인도평가 가점사항 신고서 및 가점 사항을 확인할 수 있는 다음 각 목의 해당 서류
   가. 품질경영인증서(ISO 9000 시리즈) 사본
   나. 소방시설등의 점검 관련 표창 사본
   다. 특허증 사본
   라. 소방시설관리업 관련 기술 투자를 증명할 수 있는 서류

② 제1항에 따른 신청을 받은 평가기관의 장은 제1항 각 호의 서류가 첨부되어 있지 않은 경우에는 신청인으로 하여금 15일 이내의 기간을 정하여 보완하게 할 수 있다.

③ 제1항에도 불구하고 다음 각 호의 어느 하나에 해당하는 자는 상시 점검능력 평가를 신청할 수 있다.

1. 법 제29조에 따라 신규로 소방시설관리업의 등록을 한 자
2. 법 제32조 제1항 또는 제2항에 따라 소방시설관리업자의 지위를 승계한 자

제40조(점검능력의 평가) ① 법 제34조 제3항에 따른 점검능력 평가 항목은 다음과 같고, 점검능력 평가 항목에 대한 세부적인 평가기준은 별표 8과 같다.

📍 [별표 8] p.320

1. 실적
   가. 점검실적(법 제22조 제1항에 따른 소방시설등에 대한 점검실적을 말한다). 이 경우 점검실적은 제22조 제2항 및 별표 5에 따른 점검인력 배치기준에 적합한 것으로 확인된 경우만 인정한다.
   나. 대행실적(「화재의 예방 및 안전관리에 관한 법률」 제25조 제1항에 따라 소방안전관리 업무를 대행하여 수행한 실적을 말한다)
2. 기술력
3. 경력
4. 신인도

② 제1항 제2호의 기술력은 「소방시설공사업법 시행규칙」 별표 4의2 소방기술과 관련된 자격·학력 및 경력의 인정 범위에 따른다.

③ 평가기관은 점검능력 평가 결과를 매년 7월 31일까지 신문 또는 평가기관의 인터넷 홈페이지 등을 통하여 공시하고, 소방청장 및 시·도지사에게 이를 통보하여야 한다.

④ 점검능력 평가 결과는 관리업자가 도급받을 수 있는 1건의 점검 도급금액으로 하고, 점검능력 평가의 유효기간은 평가 결과를 공시한 날(이하 이 조에서 "정기공시일"이라 한다)부터 1년간으로 한다. 다만, 제5항 및 제39조 제3항에 해당하는 자에 대한 점검능력 평가 결과가 정기공시일 후에 공시된 경우에는 그 평가 결과를 공시한 날부터 다음 해의 정기공시일 전날까지를 유효기간으로 한다.

⑤ 평가기관은 제39조에 따라 제출된 서류의 일부가 거짓으로 확인된 경우에는 확인된 날부터 10일 이내에 점검능력을 새로 평가하여 공시하고, 소방청장 및 시·도지사에게 이를 통보하여야 한다.

⑥ 제3항 및 제5항에 따라 점검능력 평가 결과를 통보받은 시·도지사는 해당 소방시설 관리업자의 등록수첩에 그 사실을 기록하여 발급하여야 한다.

⑦ 제1항 제1호 가목에 따른 점검인력 배치기준 적합 여부 확인에 관한 사항은 법 제53조 제7호의 점검능력 평가 수수료에 포함한다.

📖 **핵심정리 점검능력 평가·공시**

- -

1. **대상:** 관리업자의 신청이 있는 경우
2. **평가·공시자:** 소방청장
3. **점검능력 평가 및 공시방법, 수수료:** 행정안전부령

조문플러스

소방시설관리업을 운영하는 자가 그 자격을 상실하였거나 관리업의 등록기준에 미달된 때 또는 그 영업의 주체가 위법, 부당한 행위 및 의무를 위반한 경우에는 등록의 취소 또는 일정기간 그 영업을 정지시킴으로서 관리업자에게 간접적으로 규정준수를 강제하고 있다.

🧑 **찐 tip**

등록의 취소
1. 거짓, 부정한 방법
2. 결격사유
3. 빌려준 경우

제35조(등록의 취소와 영업정지 등)

① 시·도지사는 관리업자가 다음 각 호의 어느 하나에 해당하는 경우에는 행정안전부령으로 정하는 바에 따라 그 **등록을 취소**하거나 6개월 이내의 기간을 정하여 이의 시정이나 그 영업의 정지를 명할 수 있다. 다만, 제1호·제4호 또는 제5호에 해당할 때에는 등록을 취소하여야 한다.
1. **거짓이나 그 밖의 부정한 방법**으로 등록을 한 경우
2. 제22조에 따른 점검을 하지 아니하거나 거짓으로 한 경우
3. 제29조 제2항에 따른 등록기준에 미달하게 된 경우
4. **제30조 각 호의 어느 하나에 해당**하게 된 경우. 다만, 제30조 제5호에 해당하는 법인으로서 결격사유에 해당하게 된 날부터 2개월 이내에 그 임원을 결격사유가 없는 임원으로 바꾸어 선임한 경우는 제외한다.
5. 제33조 제2항을 위반하여 등록증 또는 등록수첩을 **빌려준 경우**
6. 제34조 제1항에 따른 점검능력 평가를 받지 아니하고 자체점검을 한 경우

② 제32조에 따라 관리업자의 지위를 승계한 상속인이 제30조 각 호의 어느 하나에 해당하는 경우에는 상속을 개시한 날부터 6개월 동안은 제1항 제4호를 적용하지 아니한다.

시행규칙 제41조(행정처분의 기준) 법 제28조에 따른 관리사 자격의 취소 및 정지 처분과 법 제35조에 따른 소방시설관리업의 등록취소 및 영업정지 처분의 세부기준은 별표 9와 같다.

📍 [별표 9] p.323

제36조(과징금처분)

① 시·도지사는 제35조 제1항에 따라 영업정지를 명하는 경우로서 그 영업정지가 이용자에게 불편을 주거나 그 밖에 공익을 해칠 우려가 있을 때에는 영업정지처분을 갈음하여 3천만원 이하의 과징금을 부과할 수 있다.

② 제1항에 따른 과징금을 부과하는 위반행위의 종류와 위반 정도 등에 따른 과징금의 금액, 그 밖에 필요한 사항은 행정안전부령으로 정한다.

③ 시·도지사는 제1항에 따른 과징금을 내야 하는 자가 납부기한까지 내지 아니하면 「지방행정제재·부과금의 징수 등에 관한 법률」에 따라 징수한다.

④ 시·도지사는 제1항에 따른 과징금❶의 부과를 위하여 필요한 경우에는 다음 각 호의 사항을 적은 문서로 관할 세무관서의 장에게 「국세기본법」 제81조의13에 따른 과세정보의 제공을 요청할 수 있다.

  1. 납세자의 인적사항

  2. 과세정보의 사용 목적

  3. 과징금의 부과 기준이 되는 매출액

시행규칙 제42조(과징금을 부과할 위반행위의 종별과 과징금의 부과금액 등) 법 제36조 제2항에 따라 과징금을 부과하는 위반행위의 종별과 그에 대한 과징금의 부과기준은 별표 10과 같다.

제43조(과징금 징수절차) 법 제36조 제2항에 따른 과징금의 징수절차에 관하여는 「국고금관리법 시행규칙」을 준용한다.

📖 **핵심정리 과징금**

1. **부과 대상:** 영업정지가 이용자에게 불편을 주거나 공익을 해칠 우려가 있을 때
2. **부과징수자:** 시·도지사
3. **금액:** 3천만원 이하
4. **과징금을 부과하는 위반행위의 종류와 위반 정도 등에 따른 과징금의 금액, 그 밖에 필요한 사항:** 행정안전부령

📓 **기출 체크**

소방시설관리업의 영업정지처분에 갈음하여 과징금은 얼마까지 부과할 수 있는가? 15 경채

① 1천만원   ② 2천만원   ③ 3천만원   ④ 4천만원

정답 ③

📄 **조문 플러스**

영업정지처분으로 업체의 존립이나 대외적인 신뢰도 추락 그리고 소방시설의 점검중단으로 인하여 업체 및 관계인 모두에게 피해를 줄 우려가 있을 뿐 아니라 일반 국민의 일상생활과도 밀접한 관계가 있는 것이므로 당해 사업자가 의무를 위반한 때라도 이행 확보를 위한 영업정지처분을 한다는 것은 현실적으로 어려움이 따르는 일이다. 그리하여 공익을 침해하지 않으면서도 의무이행을 확보할 수 있는 수단으로 '과징금제도'를 도입하였다.

 찐 tip

과징금

1. 부과징수자: 시·도지사
2. 금액: 3천만원 이하

📖 **용어사전**

❶ 과징금: 행정법상의 의무이행을 강제하기 위한 목적으로 의무위반자에 대하여 부과·징수하는 금전적 제재를 말한다.

📍 [별표 10] p.326

제5장 소방용품의 품질관리

 찐 tip

형식승인 제외
연구개발 목적으로 제조하거나 수입하는 소방용품은 제외한다.

시험시설 설치 제외
1. 소방용품을 수입하는 자가 판매를 목적으로 하지 아니하는 경우
2. 자신의 건축물에 직접 설치하거나 사용하는 경우

판매, 진열, 공사에 사용할 수 없는 경우
1. 형식승인을 받지 않음
2. 형상등을 임의로 변경
3. 제품검사를 받지 않거나, 합격표시를 하지 않음

📖 용어사전

❶ **형식승인**: 소방용품의 설계에 대한 검사로서 제품이 생산되기 전에 그 견본이 각종 기준(형식승인 및 제품검사에 관한 기술기준)에 적합한가의 여부를 시험하여 이들 기준에 적합한 경우 한국소방산업기술원에서 그 적합성을 승인하는 것을 말한다.
  *사전제품검사: 제품 출고 전에 개개의 소방용품의 형상등이 이미 형식승인을 얻은 소방용품의 형상등과 동일한가의 여부를 검사하는 것을 말한다.
  *사후제품검사: 유통 중에 있는 제품에서 시험재료를 임의로 수거하여 이미 형식승인을 얻은 소방용품의 형상등과 동일한가의 여부를 검사하는 것을 말한다.
❷ **형상등**: 형상·구조·재질·성분·성능을 말한다.

제37조(소방용품의 형식승인 등)

① 대통령령으로 정하는 **소방용품**을 제조하거나 수입하려는 자는 소방청장의 형식승인을 받아야 한다. 다만, 연구개발 목적으로 제조하거나 수입하는 소방용품은 그러하지 아니하다.

② 제1항에 따른 형식승인을 받으려는 자는 행정안전부령으로 정하는 기준에 따라 형식승인을 위한 **시험시설**을 갖추고 소방청장의 심사를 받아야 한다. 다만, 소방용품을 수입하는 자가 판매를 목적으로 하지 아니하고 자신의 건축물에 직접 설치하거나 사용하려는 경우 등 행정안전부령으로 정하는 경우에는 시험시설을 갖추지 아니할 수 있다.

③ 제1항과 제2항에 따라 형식승인을 받은 자는 그 소방용품에 대하여 **소방청장**이 실시하는 **제품검사**를 받아야 한다.

④ 제1항에 따른 형식승인의 방법·절차 등과 제3항에 따른 제품검사의 구분·방법·순서·합격표시 등에 필요한 사항은 행정안전부령으로 정한다.

⑤ 소방용품의 형상·구조·재질·성분·성능 등(이하 "**형상등**"이라 한다)의 형식승인 및 제품검사의 기술기준 등에 필요한 사항은 소방청장이 정하여 고시한다.

⑥ 누구든지 다음 각 호의 어느 하나에 해당하는 소방용품을 판매하거나 판매 목적으로 진열하거나 소방시설공사에 사용할 수 없다.
  1. 형식승인❶을 받지 아니한 것
  2. 형상등❷을 임의로 변경한 것
  3. 제품검사를 받지 아니하거나 합격표시를 하지 아니한 것

⑦ 소방청장, 소방본부장 또는 소방서장은 제6항을 위반한 소방용품에 대하여는 그 제조자·수입자·판매자 또는 시공자에게 **수거·폐기 또는 교체** 등 행정안전부령으로 정하는 필요한 조치를 명할 수 있다.

⑧ 소방청장은 소방용품의 작동기능, 제조방법, 부품 등이 제5항에 따라 소방청장이 고시하는 형식승인 및 제품검사의 기술기준에서 정하고 있는 방법이 아닌 새로운 기술이 적용된 제품의 경우에는 관련 전문가의 평가를 거쳐 행정안전부령으로 정하는 바에 따라 제4항에 따른 방법 및 절차와 다른 방법 및 절차로 형식승인을 할 수 있으며, 외국의 공인기관으로부터 인정받은 신기술 제품은 형식승인을 위한 시험 중 일부를 생략하여 형식승인을 할 수 있다.

⑨ 다음 각 호의 어느 하나에 해당하는 소방용품의 형식승인 내용에 대하여 공인기관의 평가 결과가 있는 경우 형식승인 및 제품검사 시험 중 일부만을 적용하여 형식승인 및 제품검사를 할 수 있다.
  1. 「군수품관리법」 제2조에 따른 군수품
  2. 주한외국공관 또는 주한외국군 부대에서 사용되는 소방용품

3. 외국의 차관이나 국가 간의 협약 등에 따라 건설되는 공사에 사용되는 소방용
   품으로서 사전에 합의된 것

4. 그 밖에 특수한 목적으로 사용되는 소방용품으로서 소방청장이 인정하는 것

⑩ 하나의 소방용품에 두 가지 이상의 형식승인 사항 또는 형식승인과 성능인증 사항
   이 결합된 경우에는 두 가지 이상의 형식승인 또는 형식승인과 성능인증 시험을
   함께 실시하고 하나의 형식승인을 할 수 있다.

⑪ 제9항 및 제10항에 따른 형식승인의 방법 및 절차 등에 필요한 사항은 행정안전부
   령으로 정한다.

시행령 제45조(형식승인대상 소방용품) 법 제37조 제1항 본문에서 "대통령령으로 정
하는 소방용품"이란 별표 3 제1호[별표 3 제1호 나목 2)에 따른 상업용 주방소화장
치는 제외한다] 및 같은 표 제2호부터 제4호까지에 해당하는 소방용품을 말한다.

🔖 핵심정리 소방용품의 형식승인 등

1. **형식승인자:** 소방청장

2. **변경승인자:** 소방청장

3. **성능인증자:** 소방청장

4. **우수품질인증자:** 소방청장

5. **제품검사자:** 소방청장

6. **판매 · 진열 · 공사에 사용할 수 없는 경우**
   ① 형식승인을 받지 아니한 것
   ② 형상등을 임의로 변경한 것
   ③ 사전제품검사를 받지 아니하거나 사후제품검사의 대상임을 표시하지 아니한 것

📋 기출체크

소방시설에 사용하고 있는 소방용품의 형식승인 등에 대한 설명으로 옳지 않은 것은?

14. 학과

① 물분무헤드를 제조하려는 자는 소방청장의 형식승인을 받아야 한다.

② 소화설비에 필요한 가스관 선택밸브를 수입하고 제조하려는 자는 소방청장의 형식승인을
   받아야 한다.

③ 소방청장은 한국소방산업기술원에 소방용품의 형식승인 및 성능인증 업무를 위탁할 수
   있다.

④ 형식승인을 받지 아니한 소방용품은 판매하거나 판매 목적으로 진열할 수 없다.

정답 ①

제38조(형식승인의 변경)

① 제37조 제1항 및 제10항에 따른 형식승인을 받은 자가 해당 소방용품에 대하여 형상등의 일부를 변경하려면 소방청장의 변경승인을 받아야 한다.

② 제1항에 따른 변경승인의 대상·구분·방법 및 절차 등에 필요한 사항은 행정안전부령으로 정한다.

제39조(형식승인의 취소 등)

① 소방청장은 소방용품의 형식승인을 받았거나 제품검사를 받은 자가 다음 각 호의 어느 하나에 해당할 때에는 행정안전부령으로 정하는 바에 따라 그 형식승인을 취소하거나 6개월 이내의 기간을 정하여 제품검사의 중지를 명할 수 있다. 다만, 제1호·제3호 또는 제5호의 경우에는 해당 소방용품의 형식승인을 취소하여야 한다.

　1. 거짓이나 그 밖의 부정한 방법으로 제37조 제1항 및 제10항에 따른 형식승인을 받은 경우

　2. 제37조 제2항에 따른 시험시설의 시설기준에 미달되는 경우

　3. 거짓이나 그 밖의 부정한 방법으로 제37조 제3항에 따른 제품검사를 받은 경우

　4. 제품검사 시 제37조 제5항에 따른 기술기준에 미달되는 경우

　5. 제38조에 따른 변경승인을 받지 아니하거나 거짓이나 그 밖의 부정한 방법으로 변경승인을 받은 경우

② 제1항에 따라 소방용품의 형식승인이 취소된 자는 그 취소된 날부터 2년 이내에는 형식승인이 취소된 소방용품과 동일한 품목에 대하여 형식승인을 받을 수 없다.

> 📖 **핵심정리 형식승인의 취소 사유**
>
> 1. 거짓이나 그 밖의 부정한 방법으로 형식승인을 받은 경우
> 2. 거짓이나 그 밖의 부정한 방법으로 제품검사를 받은 경우
> 3. 변경승인을 받지 아니하거나 거짓이나 그 밖의 부정한 방법으로 변경승인을 받은 경우

제40조(소방용품의 성능인증 등)

① 소방청장은 제조자 또는 수입자 등의 요청이 있는 경우 소방용품에 대하여 성능인증을 할 수 있다.

② 제1항에 따라 성능인증을 받은 자는 그 소방용품에 대하여 소방청장의 제품검사를 받아야 한다.

③ 제1항에 따른 성능인증의 대상·신청·방법 및 성능인증서 발급에 관한 사항과 제2항에 따른 제품검사의 구분·대상·절차·방법·합격표시 및 수수료 등에 필요한 사항은 행정안전부령으로 정한다.

④ 제1항에 따른 성능인증 및 제2항에 따른 제품검사의 기술기준 등에 필요한 사항은 소방청장이 정하여 고시한다.

⑤ 제2항에 따른 제품검사에 합격하지 아니한 소방용품에는 성능인증을 받았다는 표시를 하거나 제품검사에 합격하였다는 표시를 하여서는 아니 되며, 제품검사를 받지 아니하거나 합격표시를 하지 아니한 소방용품을 판매 또는 판매 목적으로 진열하거나 소방시설공사에 사용하여서는 아니 된다.

⑥ 하나의 소방용품에 성능인증 사항이 두 가지 이상 결합된 경우에는 해당 성능인증시험을 모두 실시하고 하나의 성능인증을 할 수 있다.

⑦ 제6항에 따른 성능인증의 방법 및 절차 등에 필요한 사항은 행정안전부령으로 정한다.

제41조(성능인증의 변경)

① 제40조 제1항 및 제6항에 따른 성능인증을 받은 자가 해당 소방용품에 대하여 형상등의 일부를 변경하려면 소방청장의 변경인증을 받아야 한다.

② 제1항에 따른 변경인증의 대상·구분·방법 및 절차 등에 필요한 사항은 행정안전부령으로 정한다.

제42조(성능인증의 취소 등)

① 소방청장은 소방용품의 성능인증을 받았거나 제품검사를 받은 자가 다음 각 호의 어느 하나에 해당하는 때에는 행정안전부령으로 정하는 바에 따라 해당 소방용품의 성능인증을 취소하거나 6개월 이내의 기간을 정하여 해당 소방용품의 제품검사 중지를 명할 수 있다. 다만, 제1호·제2호 또는 제5호에 해당하는 경우에는 해당 소방용품의 성능인증을 취소하여야 한다.

1. 거짓이나 그 밖의 부정한 방법으로 제40조 제1항 및 제6항에 따른 성능인증을 받은 경우

2. 거짓이나 그 밖의 부정한 방법으로 제40조 제2항에 따른 제품검사를 받은 경우

3. 제품검사 시 제40조 제4항에 따른 기술기준에 미달되는 경우

4. 제40조 제5항을 위반한 경우

5. 제41조에 따라 변경인증을 받지 아니하고 해당 소방용품에 대하여 형상등의 일부를 변경하거나 거짓이나 그 밖의 부정한 방법으로 변경인증을 받은 경우

② 제1항에 따라 소방용품의 성능인증이 취소된 자는 그 취소된 날부터 2년 이내에는 성능인증이 취소된 소방용품과 동일한 품목에 대하여는 성능인증을 받을 수 없다.

찐 tip

성능인증 취소
거짓, 부정한 방법으로 성능인증, 제품검사, 변경인증을 받은 경우 취소한다.

제43조(우수품질 제품에 대한 인증)

① 소방청장은 제37조에 따른 형식승인의 대상이 되는 소방용품 중 품질이 우수하다고 인정하는 소방용품에 대하여 인증(이하 "우수품질인증"이라 한다)을 할 수 있다.

② 우수품질인증을 받으려는 자는 행정안전부령으로 정하는 바에 따라 **소방청장에게 신청**하여야 한다.

③ 우수품질인증을 받은 소방용품에는 우수품질인증 표시를 할 수 있다.

④ 우수품질인증의 **유효기간은 5년**의 범위에서 행정안전부령으로 정한다.

⑤ 소방청장은 다음 각 호의 어느 하나에 해당하는 경우에는 우수품질인증을 취소할 수 있다. 다만, 제1호에 해당하는 경우에는 **우수품질인증을 취소**하여야 한다.

  1. 거짓이나 그 밖의 부정한 **방법으로 우수품질인증을 받은 경우**

  2. 우수품질인증을 받은 제품이 「발명진흥법」 제2조 제4호에 따른 산업재산권 등 타인의 권리를 침해하였다고 판단되는 경우

⑥ 제1항부터 제5항까지에서 규정한 사항 외에 우수품질인증을 위한 기술기준, 제품의 품질관리 평가, 우수품질인증의 갱신, 수수료, 인증표시 등 우수품질인증에 필요한 사항은 행정안전부령으로 정한다.

> **📖 핵심정리 우수품질 제품에 대한 인증**
>
> 1. 인증을 받으려는 자는 행정안전부령으로 정하는 바에 따라 소방청장에게 신청한다.
> 2. 유효기간은 5년의 범위에서 행정안전부령으로 정한다.
> 3. 거짓이나 그 밖의 부정한 방법으로 우수품질인증을 받은 경우 취소하여야 한다.

제44조(우수품질인증 소방용품에 대한 지원 등)

다음 각 호의 어느 하나에 해당하는 기관 및 단체는 건축물의 신축·증축 및 개축 등으로 소방용품을 변경 또는 신규 비치하여야 하는 경우 우수품질인증 소방용품을 우선 구매·사용하도록 노력하여야 한다.

1. 중앙행정기관
2. 지방자치단체
3. 「공공기관의 운영에 관한 법률」 제4조에 따른 공공기관(이하 "공공기관"이라 한다)
4. 그 밖에 대통령령으로 정하는 기관

> **시행령 제46조(우수품질인증 소방용품 우선 구매·사용 기관)** 법 제44조 제4호에서 "대통령령으로 정하는 기관"이란 다음 각 호의 어느 하나에 해당하는 기관을 말한다.
>   1. 「지방공기업법」 제49조에 따라 설립된 지방공사 및 같은 법 제76조에 따라 설립된 지방공단
>   2. 「지방자치단체 출자·출연 기관의 운영에 관한 법률」 제2조에 따른 출자·출연 기관

제45조(소방용품의 제품검사 후 수집검사 등)

① **소방청장**은 소방용품의 품질관리를 위하여 필요하다고 인정할 때에는 유통 중인 **소방용품을 수집하여 검사할 수 있다.**

② 소방청장은 제1항에 따른 수집검사 결과 행정안전부령으로 정하는 중대한 결함이 있다고 인정되는 소방용품에 대하여는 그 제조자 및 수입자에게 행정안전부령으로 정하는 바에 따라 회수·교환·폐기 또는 판매중지를 명하고, 형식승인 또는 성능인증을 취소할 수 있다.

③ 제2항에 따라 소방용품의 회수·교환·폐기 또는 판매중지 명령을 받은 제조자 및 수입자는 해당 소방용품이 이미 판매되어 사용 중인 경우 행정안전부령으로 정하는 바에 따라 구매자에게 그 사실을 알리고 회수 또는 교환 등 필요한 조치를 하여야 한다.

④ 소방청장은 제2항에 따라 회수·교환·폐기 또는 판매중지를 명하거나 형식승인 또는 성능인증을 취소한 때에는 행정안전부령으로 정하는 바에 따라 그 사실을 소방청 홈페이지 등에 공표하여야 한다.

📄 **조문플러스**

소방용품의 회수·교환·폐기 또는 판매중지 명령을 받은 제조자 및 수입자는 해당 소방용품이 이미 판매되어 사용 중인 경우 구매자에게 그 사실을 알리고 회수 또는 교환 등의 필요한 조치를 하도록 하고, 소방청장은 소방용품의 회수·교환·폐기 또는 판매중지를 명하거나 형식승인 또는 성능인증을 취소한 때에는 그 사실을 소방청 홈페이지 등에 공표하도록 하기 위함이다.

제6장 보칙

찐 tip

제품검사 전문기관
1. 지정자: 소방청장
2. 지정 방법 및 절차 등 필요 사항: 행정안전
   부령

제46조(제품검사 전문기관의 지정 등)

① 소방청장은 제37조 제3항 및 제40조 제2항에 따른 제품검사를 전문적·효율적으로
실시하기 위하여 다음 각 호의 요건을 모두 갖춘 기관을 제품검사 전문기관(이하
"전문기관"이라 한다)으로 지정할 수 있다.
　　1. 다음 각 목의 어느 하나에 해당하는 기관일 것
　　　　가.「과학기술분야 정부출연연구기관 등의 설립·운영 및 육성에 관한 법률」제
　　　　　　8조에 따라 설립된 연구기관
　　　　나. 공공기관
　　　　다. 소방용품의 시험·검사 및 연구를 주된 업무로 하는 비영리 법인
　　2.「국가표준기본법」제23조에 따라 인정을 받은 시험·검사기관일 것
　　3. 행정안전부령으로 정하는 검사인력 및 검사설비를 갖추고 있을 것
　　4. 기관의 대표자가 제27조 제1호부터 제3호까지의 어느 하나에 해당하지 아니할 것
　　5. 제47조에 따라 전문기관의 지정이 취소된 경우 그 지정이 취소된 날부터 2년이
　　　　경과하였을 것
② 전문기관 지정의 방법 및 절차 등에 필요한 사항은 행정안전부령으로 정한다.
③ 소방청장은 제1항에 따라 전문기관을 지정하는 경우에는 소방용품의 품질 향상,
제품검사의 기술개발 등에 드는 비용을 부담하게 하는 등 필요한 조건을 붙일 수
있다. 이 경우 그 조건은 공공의 이익을 증진하기 위하여 필요한 최소한도에 그쳐
야 하며, 부당한 의무를 부과하여서는 아니 된다.
④ 전문기관은 행정안전부령으로 정하는 바에 따라 제품검사 실시 현황을 소방청장
에게 보고하여야 한다.
⑤ 소방청장은 전문기관을 지정한 경우에는 행정안전부령으로 정하는 바에 따라 전
문기관의 제품검사 업무에 대한 평가를 실시할 수 있으며, 제품검사를 받은 소방
용품에 대하여 확인검사를 할 수 있다.
⑥ 소방청장은 제5항에 따라 전문기관에 대한 평가를 실시하거나 확인검사를 실시한
때에는 그 평가 결과 또는 확인검사 결과를 행정안전부령으로 정하는 바에 따라
공표할 수 있다.
⑦ 소방청장은 제5항에 따른 확인검사를 실시하는 때에는 행정안전부령으로 정하는
바에 따라 전문기관에 대하여 확인검사에 드는 비용을 부담하게 할 수 있다.

> **핵심정리** 제품검사 전문기관의 지정 등

1. **지정자:** 소방청장
2. **전문기관 지정의 방법 및 절차 등 필요사항:** 행정안전부령
3. 전문기관은 행정안전부령에 따라 제품검사 실시 현황을 소방청장에게 보고

제47조(전문기관의 지정취소 등)

소방청장은 전문기관이 다음 각 호의 어느 하나에 해당할 때에는 그 지정을 취소하거나 6개월 이내의 기간을 정하여 그 업무의 정지를 명할 수 있다. 다만, 제1호에 해당할 때에는 그 지정을 취소하여야 한다.

1. 거짓이나 그 밖의 부정한 방법으로 지정을 받은 경우
2. 정당한 사유 없이 1년 이상 계속하여 제품검사 또는 실무교육 등 지정받은 업무를 수행하지 아니한 경우
3. 제46조 제1항 각 호의 요건을 갖추지 못하거나 제46조 제3항에 따른 조건을 위반한 경우
4. 제52조 제1항 제7호에 따른 감독 결과 이 법이나 다른 법령을 위반하여 전문기관으로서의 업무를 수행하는 것이 부적당하다고 인정되는 경우

찐 tip

지정취소
거짓, 부정한 방법으로 지정을 받은 경우 지정을 취소한다.

제48조(전산시스템 구축 및 운영)

① 소방청장, 소방본부장 또는 소방서장은 특정소방대상물의 체계적인 안전관리를 위하여 다음 각 호의 정보가 포함된 전산시스템을 구축·운영하여야 한다.
  1. 제6조 제3항에 따라 제출받은 설계도면의 관리 및 활용
  2. 제23조 제3항에 따라 보고받은 자체점검 결과의 관리 및 활용
  3. 그 밖에 소방청장, 소방본부장 또는 소방서장이 필요하다고 인정하는 자료의 관리 및 활용
② 소방청장, 소방본부장 또는 소방서장은 제1항에 따른 전산시스템의 구축·운영에 필요한 자료의 제출 또는 정보의 제공을 관계 행정기관의 장에게 요청할 수 있다. 이 경우 자료의 제출이나 정보의 제공을 요청받은 관계 행정기관의 장은 정당한 사유가 없으면 이에 따라야 한다.

제49조(청문)

소방청장 또는 시·도지사는 다음 각 호의 어느 하나에 해당하는 처분을 하려면 **청문**을 하여야 한다.

1. 제28조에 따른 관리사 자격의 취소 및 정지
2. 제35조 제1항에 따른 관리업의 등록취소 및 영업정지
3. 제39조에 따른 소방용품의 형식승인 취소 및 제품검사 중지
4. 제42조에 따른 성능인증의 취소
5. 제43조 제5항에 따른 우수품질인증의 취소
6. 제47조에 따른 전문기관의 지정취소 및 업무정지

> 📖 **핵심정리 청문**
>
> 1. **청문자:** 소방청장, 시·도지사
> 2. **청문대상**
>   ① 관리사 자격의 취소 및 정지
>   ② 관리업의 등록취소 및 영업정지
>   ③ 소방용품의 형식승인 취소 및 제품검사 중지
>   ④ 성능인증의 취소
>   ⑤ 우수품질인증의 취소
>   ⑥ 전문기관의 지정취소 및 업무정지

> 📋 **기출체크**
>
> 「소방시설 설치 및 관리에 관한 법률」상 청문의 실시권자가 다른 것은?   16. 공채 통합
>
> ① 소방시설관리사 자격의 취소 및 정지
> ② 소방시설관리업의 등록취소 및 영업정지
> ③ 소방용품의 형식승인 취소 및 제품검사 중지
> ④ 제품검사 전문기관의 지정취소 및 업무정지
>
> 정답 ②

제50조(권한 또는 업무의 위임·위탁 등)

① 이 법에 따른 소방청장 또는 시·도지사의 권한은 대통령령으로 정하는 바에 따라 그 일부를 소속 기관의 장, 시·도지사, 소방본부장 또는 소방서장에게 위임할 수 있다.
② 소방청장은 다음 각 호의 업무를 「소방산업의 진흥에 관한 법률」 제14조에 따른 한국소방산업기술원(이하 "기술원"이라 한다)에 위탁할 수 있다. 이 경우 소방청장은 기술원에 소방시설 및 소방용품에 관한 기술개발·연구 등에 필요한 경비의 일부를 보조할 수 있다.

1. 제21조에 따른 방염성능검사 중 대통령령으로 정하는 검사

2. 제37조 제1항·제2항 및 제8항부터 제10항까지의 규정에 따른 소방용품의 형식승인

3. 제38조에 따른 형식승인의 변경승인

4. 제39조 제1항에 따른 형식승인의 취소

5. 제40조 제1항·제6항에 따른 성능인증 및 제42조에 따른 성능인증의 취소

6. 제41조에 따른 성능인증의 변경인증

7. 제43조에 따른 우수품질인증 및 그 취소

③ 소방청장은 제37조 제3항 및 제40조 제2항에 따른 제품검사 업무를 기술원 또는 전문기관에 위탁할 수 있다.

④ 제2항 및 제3항에 따라 위탁받은 업무를 수행하는 기술원 및 전문기관이 갖추어야 하는 시설기준 등에 관하여 필요한 사항은 행정안전부령으로 정한다.

⑤ 소방청장은 다음 각 호의 업무를 대통령령으로 정하는 바에 따라 소방기술과 관련된 법인 또는 단체에 위탁할 수 있다.

1. 표준자체점검비의 산정 및 공표

2. 제25조 제5항 및 제6항에 따른 소방시설관리사증의 발급·재발급

3. 제34조 제1항에 따른 점검능력 평가 및 공시

4. 제34조 제4항에 따른 데이터베이스 구축·운영

⑥ 소방청장은 제14조 제3항에 따른 건축 환경 및 화재위험특성 변화 추세 연구에 관한 업무를 대통령령으로 정하는 바에 따라 화재안전 관련 전문연구기관에 위탁할 수 있다. 이 경우 소방청장은 연구에 필요한 경비를 지원할 수 있다.

⑦ 제2항부터 제6항까지의 규정에 따라 위탁받은 업무에 종사하고 있거나 종사하였던 사람은 업무를 수행하면서 알게 된 비밀을 이 법에서 정한 목적 외의 용도로 사용하거나 다른 사람 또는 기관에 제공하거나 누설하여서는 아니 된다.

시행령 제47조(권한 또는 업무의 위임·위탁 등) ① **소방청장**은 법 제19조 각 호의 화재안전기준 관련 업무 중 법 제2조 제1항 제6호 나목에 따른 기술기준과 관련된 업무는 **국립소방연구원장에게 위임**한다.

② 법 제50조 제2항에 따라 **소방청장**은 다음 각 호의 업무를 **기술원에 위탁**한다.

1. 법 제21조에 따른 방염성능검사 업무(합판·목재를 설치하는 현장에서 방염처리한 경우의 방염성능검사는 제외한다)

2. 법 제37조 제1항·제2항 및 제8항부터 제10항까지에 따른 형식승인(시험시설의 심사를 포함한다)

3. 법 제38조에 따른 형식승인의 변경승인

4. 법 제39조 제1항에 따른 형식승인의 취소(법 제49조 제3호에 따른 청문을 포함한다)

5. 법 제40조 제1항 및 제6항에 따른 성능인증

6. 법 제41조에 따른 성능인증의 변경인증

7. 법 제42조에 따른 성능인증의 취소(법 제49조 제4호에 따른 청문을 포함한다)

8. 법 제43조에 따른 우수품질인증 및 그 취소(법 제49조 제5호에 따른 청문을 포함한다)

③ 소방청장은 법 제50조 제5항에 따라 다음 각 호의 업무를 소방청장의 허가를 받아 설립한 소방기술과 관련된 법인 또는 단체 중에서 해당 업무를 처리하는 데 필요한 관련 인력과 장비를 갖춘 법인 또는 단체에 위탁한다. 이 경우 소방청장은 위탁받는 기관의 명칭·주소·대표자 및 위탁 업무의 내용을 고시하여야 한다.
  1. 표준자체점검비의 산정 및 공표
  2. 법 제25조 제5항 및 제6항에 따른 소방시설관리사증의 발급·재발급
  3. 법 제34조 제1항에 따른 점검능력 평가 및 공시
  4. 법 제34조 제4항에 따른 데이터베이스 구축·운영(관리업자의 기술인력 경력산정 업무를 포함한다)

제51조(벌칙 적용에서 공무원 의제)

다음 각 호의 어느 하나에 해당하는 자는 「형법」 제129조부터 제132조까지의 규정을 적용할 때에는 공무원으로 본다.
1. 평가단의 구성원 중 공무원이 아닌 사람
2. 중앙위원회 및 지방위원회의 위원 중 공무원이 아닌 사람
3. 제50조 제2항부터 제6항까지의 규정에 따라 위탁받은 업무를 수행하는 기술원, 전문기관, 법인 또는 단체, 화재안전 관련 전문연구기관의 담당 임직원

제52조(감독)

① 소방청장, 시·도지사, 소방본부장 또는 소방서장은 다음 각 호의 어느 하나에 해당하는 자, 사업체 또는 소방대상물 등의 감독을 위하여 필요하면 관계인에게 필요한 보고 또는 자료제출을 명할 수 있으며, 관계 공무원으로 하여금 소방대상물·사업소·사무소 또는 사업장에 출입하여 관계 서류·시설 및 제품 등을 검사하게 하거나 관계인에게 질문하게 할 수 있다.
  1. 제22조에 따라 관리업자등이 점검한 특정소방대상물
  2. 제25조에 따른 관리사
  3. 제29조 제1항에 따른 등록한 관리업자
  4. 제37조 제1항부터 제3항까지 및 제10항에 따른 소방용품의 형식승인, 제품검사 또는 시험시설의 심사를 받은 자
  5. 제38조 제1항에 따라 변경승인을 받은 자
  6. 제40조 제1항, 제2항 및 제6항에 따라 성능인증 및 제품검사를 받은 자
  7. 제46조 제1항에 따라 지정을 받은 전문기관
  8. 소방용품을 판매하는 자
② 제1항에 따라 출입·검사 업무를 수행하는 관계 공무원은 그 권한을 표시하는 증표를 지니고 이를 관계인에게 내보여야 한다.
③ 제1항에 따라 출입·검사 업무를 수행하는 관계 공무원은 관계인의 정당한 업무를 방해하거나 출입·검사 업무를 수행하면서 알게 된 비밀을 다른 사람에게 누설하여서는 아니 된다.

제53조(수수료 등)

다음 각 호의 어느 하나에 해당하는 자는 **행정안전부령으로 정하는 수수료❶**를 내야 한다.

1. 제21조에 따른 방염성능검사를 받으려는 자
2. 제25조 제1항에 따른 관리사시험에 응시하려는 사람
3. 제25조 제5항 및 제6항에 따라 소방시설관리사증을 발급받거나 재발급받으려는 자
4. 제29조 제1항에 따른 관리업의 등록을 하려는 자
5. 제29조 제3항에 따라 관리업의 등록증이나 등록수첩을 재발급 받으려는 자
6. 제32조 제3항에 따라 관리업자의 지위승계를 신고하려는 자
7. 제34조 제1항에 따라 점검능력 평가를 받으려는 자
8. 제37조 제1항 및 제10항에 따라 소방용품의 형식승인을 받으려는 자
9. 제37조 제2항에 따라 시험시설의 심사를 받으려는 자
10. 제37조 제3항에 따라 형식승인을 받은 소방용품의 제품검사를 받으려는 자
11. 제38조 제1항에 따라 형식승인의 변경승인을 받으려는 자
12. 제40조 제1항 및 제6항에 따라 소방용품의 성능인증을 받으려는 자
13. 제40조 제2항에 따라 성능인증을 받은 소방용품의 제품검사를 받으려는 자
14. 제41조 제1항에 따른 성능인증의 변경인증을 받으려는 자
15. 제43조 제1항에 따른 우수품질인증을 받으려는 자
16. 제46조에 따라 전문기관으로 지정을 받으려는 자

> **시행규칙 제44조(수수료)** ① 법 제53조에 따른 수수료는 별표 11과 같다.
> ② 별표 11의 수수료를 반환하는 경우에는 다음 각 호의 구분에 따라 반환하여야 한다.
> 1. 수수료를 과오납한 경우: 그 과오납한 금액의 전부
> 2. 시험시행기관의 귀책사유로 시험에 응시하지 못한 경우: 납입한 수수료의 전부
> 3. 원서접수기간 내에 접수를 철회한 경우: 납입한 수수료의 전부
> 4. 시험시행일 20일 전까지 접수를 취소하는 경우: 납입한 수수료의 전부
> 5. 시험시행일 10일 전까지 접수를 취소하는 경우: 납입한 수수료의 100분의 50
> ③ 법 제53조에 따라 수수료를 납부하는 경우에는 정보통신망을 이용하여 전자화폐·전자결제 등의 방법으로 할 수 있다.

제54조(조치명령등의 기간연장)

① 다음 각 호에 따른 조치명령 또는 이행명령(이하 "조치명령등"이라 한다)을 받은 관계인 등은 천재지변이나 그 밖에 대통령령으로 정하는 사유로 조치명령등을 그 기간 내에 이행할 수 없는 경우에는 조치명령등을 명령한 **소방청장, 소방본부장 또는 소방서장**에게 대통령령으로 정하는 바에 따라 조치명령등을 연기하여 줄 것을 신청할 수 있다.

1. 제12조 제2항에 따른 소방시설에 대한 조치명령
2. 제16조 제2항에 따른 피난시설, 방화구획 또는 방화시설에 대한 조치명령

📖 **용어사전**

❶ 수수료: 국가 또는 공공단체인 행정주체가 행정업무를 행함에 있어 특정인을 위한 각종 검사·허가·등록 등의 행정행위 그 역무에 대한 보상 또는 비용충당으로 부과하는 금전적 요금을 말한다.

📍 [별표 11] p.328

3. 제20조 제2항에 따른 방염대상물품의 제거 또는 방염성능검사 조치명령

4. 제23조 제6항에 따른 소방시설에 대한 이행계획 조치명령

5. 제37조 제7항에 따른 형식승인을 받지 아니한 소방용품의 수거·폐기 또는 교체 등의 조치명령

6. 제45조 제2항에 따른 중대한 결함이 있는 소방용품의 회수·교환·폐기 조치명령

② 제1항에 따라 연기신청을 받은 소방청장, 소방본부장 또는 소방서장은 연기 신청 승인 여부를 결정하고 그 결과를 조치명령등의 이행 기간 내에 관계인 등에게 알려주어야 한다.

시행령 제48조(조치명령등의 연기) ① 법 제54조 제1항 각 호 외의 부분에서 "그 밖에 대통령령으로 정하는 사유"란 다음 각 호의 어느 하나의 경우에 해당하는 사유를 말한다.

1. 「재난 및 안전관리 기본법」 제3조 제1호에 해당하는 **재난**이 발생하여 조치명령을 기간 내에 이행하기 어려운 경우

2. 「감염병의 예방 및 관리에 관한 법률」 제2조 제1호에 해당하는 **감염병이 발생**하여 조치명령을 기간 내에 이행하기 어려운 경우

3. 경매 등의 사유로 **소유권이 변동 중이거나 변동** 되어서 조치명령을 기간 내에 이행하기 어려운 경우

4. 관계인이 **질병, 사고, 장기출장 등**으로 조치명령을 기간 내에 이행하기 어려운 경우

5. 시장·상가·복합건축물 등 **다수의 관계인으로 구성**되어 조치명령기간 내에 의견 조정과 시정이 불가능하다고 인정할 만한 상당한 이유가 있는 경우

6. 제1호부터 제5호까지의 규정에서 정한 사항 외에 이에 준하는 사유로 소방관서 장이 조치명령등을 기간 내에 이행하기 어렵다고 인정하는 경우

② 법 제54조 제1항에 따라 조치명령등의 연기를 신청하려는 관계인 등은 행정안전 부령으로 정하는 연기신청서에 연기의 사유 및 기간 등을 적어 소방청장, 소방본부 장 또는 소방서장에게 제출하여야 한다.

③ 제2항에 따른 연기신청 및 연기신청서의 처리절차에 필요한 사항은 행정안전부 령으로 정한다.

제49조(고유식별정보의 처리) 소방청장(제42조에 따라 소방청장의 권한을 위임·위 탁받은 자를 포함한다), 시·도지사, 소방본부장 또는 소방서장은 다음 각 호의 사 무를 수행하기 위하여 불가피한 경우 「개인정보 보호법 시행령」 제19조 제1호 또는 제4호에 따른 주민등록번호 또는 외국인등록번호가 포함된 자료를 처리할 수 있다.

1. 법 제6조에 따른 건축허가등의 동의에 관한 사무

2. 법 제12조에 따른 특정소방대상물에 설치하는 소방시설의 유지·관리 등에 관한 사무

3. 법 제20조에 따른 소방대상물의 방염 등에 관한 사무

4. 법 제25조에 따른 소방시설관리사시험 및 소방시설관리사증 발급 등에 관한 사무

5. 법 제26조에 따른 부정행위자에 대한 제재에 관한 사무

6. 법 제28조에 따른 자격의 취소·정지에 관한 사무

7. 법 제29조에 따른 소방시설관리업의 등록 등에 관한 사무

8. 법 제31조에 따른 등록사항의 변경신고에 관한 사무

9. 법 제32조에 따른 소방시설관리업자의 지위승계에 관한 사무

10. 법 제34조에 따른 점검능력 평가 및 공시 등에 관한 사무

11. 법 제35조에 따른 등록의 취소와 영업정지 등에 관한 사무

12. 법 제36조에 따른 과징금처분에 관한 사무

13. 법 제39조에 따른 형식승인의 취소 등에 관한 사무

14. 법 제46조에 따른 제품검사 전문기관의 지정 등에 관한 사무

15. 법 제47조에 따른 전문기관의 지정취소 등에 관한 사무

16. 법 제49조에 따른 청문에 관한 사무

17. 법 제52조에 따른 감독에 관한 사무

18. 법 제53조에 따른 수수료 등 징수에 관한 사무

제50조(규제의 재검토) 소방청장은 다음 각 호의 사항에 대하여 다음 각 호의 기준일을 기준으로 3년마다(매 3년이 되는 해의 기준일과 같은 날 전까지를 말한다) 그 타당성을 검토하여 개선 등의 조치를 해야 한다.

1. 제7조에 따른 건축허가등의 동의대상물의 범위 등: 2025년 12월 1일

2. 제8조에 따른 내진설계기준을 맞추어야 하는 소방시설: 2025년 12월 1일

3. 제11조 및 별표 5에 따른 특정소방대상물의 규모·용도 및 수용인원 등을 고려하여 갖추어야 하는 소방시설: 2025년 12월 1일

4. 제13조에 따른 강화된 소방시설기준의 적용대상: 2025년 12월 1일

5. 제15조에 따른 특정소방대상물의 증축 또는 용도변경 시의 소방시설기준 적용의 특례: 2025년 12월 1일

6. 제17조 및 별표 8에 따른 임시소방시설의 종류 및 설치기준 등: 2025년 12월 1일

7. 제29조에 따른 방염성능기준 이상의 실내장식물 등을 설치하여야 하는 특정소방대상물과 방염대상물품: 2025년 12월 1일

8. 제30조에 따른 방염성능기준: 2025년 12월 1일

시행규칙 제45조(조치명령등의 연기 신청 등) ① 법 제54조 제1항에 따른 조치명령·선임명령 또는 이행명령(이하 "조치명령등"이라 한다)의 연기를 신청하려는 관계인 등은 영 제48조 제2항에 따라 조치명령등의 이행기간 만료 5일 전까지 별지 제33호 서식에 따른 조치명령등의 연기신청서에 조치명령등을 이행할 수 없음을 증명할 수 있는 서류를 첨부하여 소방청장, 소방본부장 또는 소방서장에게 제출하여야 한다.

② 제1항에 따른 신청서를 제출받은 소방청장, 소방본부장 또는 소방서장은 신청받은 날부터 3일 이내에 조치명령등의 연기 여부를 결정하여 별지 제34호 서식의 조치명령등의 연기 통지서를 관계인 등에게 통지하여야 한다.

제47조(규제의 재검토) 소방청장은 다음 각 호의 사항에 대하여 다음 각 호의 기준일을 기준으로 3년마다(매 3년이 되는 해의 기준일과 같은 날 전까지를 말한다) 그 타당성을 검토하여 개선 등의 조치를 하여야 한다.

1. 제21조에 따른 소방시설등 자체점검 기술자격자의 범위: 2025년 12월 1일

2. 제22조 및 별표 4에 따른 소방시설등 자체점검의 구분 및 대상: 2025년 12월 1일

3. 제36조에 따른 등록사항의 변경신고 등: 2025년 12월 1일

4. 제41조 및 별표 9에 따른 행정처분기준: 2025년 12월 1일

제55조(위반행위의 신고 및 신고포상금의 지급)

① 누구든지 소방본부장 또는 소방서장에게 다음 각 호의 어느 하나에 해당하는 행위를 한 자를 신고할 수 있다.

    1. 제12조 제1항을 위반하여 소방시설을 설치 또는 관리한 자

    2. 제12조 제3항을 위반하여 폐쇄·차단 등의 행위를 한 자

    3. 제16조 제1항 각 호의 어느 하나에 해당하는 행위를 한 자

② 소방본부장 또는 소방서장은 제1항에 따른 신고를 받은 경우 신고 내용을 확인하여 이를 신속하게 처리하고, 그 처리결과를 행정안전부령으로 정하는 방법 및 절차에 따라 신고자에게 통지하여야 한다.

③ 소방본부장 또는 소방서장은 제1항에 따른 신고를 한 사람에게 예산의 범위에서 포상금을 지급할 수 있다.

④ 제3항에 따른 신고포상금의 지급대상, 지급기준, 지급절차 등에 필요한 사항은 시·도의 조례로 정한다.

> **시행규칙 제46조(위반행위 신고 내용 처리결과의 통지 등)** ① 소방본부장 또는 소방서장은 법 제55조 제2항에 따라 위반행위의 신고 내용을 확인하여 이를 처리한 경우에는 처리한 날부터 10일 이내에 별지 제35호 서식의 위반행위 신고 내용 처리결과 통지서를 신고자에게 통지해야 한다.
> ② 제1항에 따른 통지는 우편, 팩스, 정보통신망, 전자우편 또는 휴대전화 문자메시지 등의 방법으로 할 수 있다.

📖 **핵심정리 위반행위의 신고 및 신고 포상금 지급**

1. **신고처**: 소방본부장, 소방서장

2. **신고대상**
   ① 소방시설 설치 또는 관리 위반
   ② 소방시설의 폐쇄·차단 등의 행위 위반
   ③ 피난시설, 방화구획, 방화시설 행위 위반

3. **포상금 지급**: 소방본부장, 소방서장

4. **신고포상금 지급대상, 지급기준, 지급절차 등**: 시·도 조례

찐 tip

신고포상금
1. 지급자: 소방본부장, 소방서장
2. 지급 등 필요사항: 시·도 조례

제7장 벌칙

제56조(벌칙)

① 제12조 제3항 본문을 위반하여 소방시설에 폐쇄·차단 등의 행위를 한 자는 5년 이하의 징역 또는 5천만원 이하의 벌금에 처한다.

② 제1항의 죄를 범하여 사람을 상해에 이르게 한 때에는 7년 이하의 징역 또는 7천만원 이하의 벌금에 처하며, 사망에 이르게 한 때에는 10년 이하의 징역 또는 1억원 이하의 벌금에 처한다.

제57조(벌칙)

다음 각 호의 어느 하나에 해당하는 자는 3년 이하의 징역 또는 3천만원 이하의 벌금에 처한다.

1. 제12조 제2항, 제15조 제3항, 제16조 제2항, 제20조 제2항, 제23조 제6항, 제37조 제7항 또는 제45조 제2항에 따른 명령을 정당한 사유 없이 위반한 자
2. 제29조 제1항을 위반하여 관리업의 등록을 하지 아니하고 영업을 한 자
3. 제37조 제1항, 제2항 및 제10항을 위반하여 소방용품의 형식승인을 받지 아니하고 소방용품을 제조하거나 수입한 자 또는 거짓이나 그 밖의 부정한 방법으로 형식승인을 받은 자
4. 제37조 제3항을 위반하여 제품검사를 받지 아니한 자 또는 거짓이나 그 밖의 부정한 방법으로 제품검사를 받은 자
5. 제37조 제6항을 위반하여 소방용품을 판매·진열하거나 소방시설공사에 사용한 자
6. 제40조 제1항 및 제2항을 위반하여 거짓이나 그 밖의 부정한 방법으로 성능인증 또는 제품검사를 받은 자
7. 제40조 제5항을 위반하여 제품검사를 받지 아니하거나 합격표시를 하지 아니한 소방용품을 판매·진열하거나 소방시설공사에 사용한 자
8. 제45조 제3항을 위반하여 구매자에게 명령을 받은 사실을 알리지 아니하거나 필요한 조치를 하지 아니한 자
9. 거짓이나 그 밖의 부정한 방법으로 제46조 제1항에 따른 전문기관으로 지정을 받은 자

제58조(벌칙)

다음 각 호의 어느 하나에 해당하는 자는 **1년 이하의 징역 또는 1천만원 이하의 벌금**에 처한다.

1. 제22조 제1항을 위반하여 소방시설등에 대하여 스스로 점검을 하지 아니하거나 관리업자등으로 하여금 정기적으로 점검하게 하지 아니한 자
2. 제25조 제7항을 위반하여 소방시설관리사증을 다른 사람에게 **빌려주거나 빌리거나 이를 알선한 자**
3. 제25조 제8항을 위반하여 **동시에 둘 이상의 업체에 취업**한 자
4. 제28조에 따라 자격정지처분을 받고 그 **자격정지기간 중에 관리사의 업무**를 한 자
5. 제33조 제2항을 위반하여 관리업의 등록증이나 등록수첩을 다른 자에게 **빌려주거나 빌리거나 이를 알선한 자**
6. 제35조 제1항에 따라 영업정지처분을 받고 그 **영업정지기간 중에 관리업의 업무**를 한 자
7. 제37조 제3항에 따른 제품검사에 합격하지 아니한 제품에 합격표시를 하거나 합격표시를 위조 또는 변조하여 사용한 자
8. 제38조 제1항을 위반하여 형식승인의 **변경승인을 받지 아니한 자**
9. 제40조 제5항을 위반하여 제품검사에 합격하지 아니한 소방용품에 성능인증을 받았다는 표시 또는 제품검사에 합격하였다는 표시를 하거나 성능인증을 받았다는 표시 또는 제품검사에 합격하였다는 표시를 위조 또는 변조하여 사용한 자
10. 제41조 제1항을 위반하여 성능인증의 변경인증을 받지 아니한 자
11. 제43조 제1항에 따른 우수품질인증을 받지 아니한 제품에 우수품질인증 표시를 하거나 우수품질인증 표시를 위조하거나 변조하여 사용한 자
12. 제52조 제3항을 위반하여 관계인의 정당한 업무를 방해하거나 출입·검사 업무를 수행하면서 알게 된 비밀을 다른 사람에게 누설한 자

제59조(벌칙)

다음 각 호의 어느 하나에 해당하는 자는 **300만원 이하의 벌금**에 처한다.

1. 제9조 제2항 및 제50조 제7항을 위반하여 업무를 수행하면서 알게 된 비밀을 이 법에서 정한 목적 외의 용도로 사용하거나 다른 사람 또는 기관에 제공하거나 누설한 자
2. 제21조를 위반하여 방염성능검사에 합격하지 아니한 물품에 합격표시를 하거나 합격표시를 위조하거나 변조하여 사용한 자
3. 제21조 제2항을 위반하여 거짓 시료를 제출한 자
4. 제23조 제1항 및 제2항을 위반하여 필요한 조치를 하지 아니한 관계인 또는 관계인에게 중대위반사항을 알리지 아니한 관리업자등

제60조(양벌규정)

법인의 대표자나 법인 또는 개인의 대리인, 사용인, 그 밖의 종업원이 그 법인 또는 개인의 업무에 관하여 제56조부터 제59조까지의 어느 하나에 해당하는 위반행위를 하면 그 행위자를 벌하는 외에 그 법인 또는 개인에게도 해당 조문의 벌금형을 과(科)한다. 다만, 법인 또는 개인이 그 위반행위를 방지하기 위하여 해당 업무에 관하여 상당한 주의와 감독을 게을리하지 아니한 경우에는 그러하지 아니하다.

제61조(과태료)

① 다음 각 호의 어느 하나에 해당하는 자에게는 300만원 이하의 과태료를 부과한다.

1. 제12조 제1항을 위반하여 소방시설을 화재안전기준에 따라 설치·관리하지 아니한 자
2. 제15조 제1항을 위반하여 공사 현장에 임시소방시설을 설치·관리하지 아니한 자
3. 제16조 제1항을 위반하여 피난시설, 방화구획 또는 방화시설의 폐쇄·훼손·변경 등의 행위를 한 자
4. 제20조 제1항을 위반하여 방염대상물품을 방염성능기준 이상으로 설치하지 아니한 자
5. 제22조 제1항 전단을 위반하여 점검능력 평가를 받지 아니하고 점검을 한 관리업자
6. 제22조 제1항 후단을 위반하여 관계인에게 점검 결과를 제출하지 아니한 관리업자등
7. 제22조 제2항에 따른 점검인력의 배치기준 등 자체점검 시 준수사항을 위반한 자
8. 제23조 제3항을 위반하여 점검 결과를 보고하지 아니하거나 거짓으로 보고한 자
9. 제23조 제4항을 위반하여 이행계획을 기간 내에 완료하지 아니한 자 또는 이행계획 완료 결과를 보고하지 아니하거나 거짓으로 보고한 자
10. 제24조 제1항을 위반하여 점검기록표를 기록하지 아니하거나 특정소방대상물의 출입자가 쉽게 볼 수 있는 장소에 게시하지 아니한 관계인
11. 제31조 또는 제32조 제3항을 위반하여 신고를 하지 아니하거나 거짓으로 신고한 자
12. 제33조 제3항을 위반하여 지위승계, 행정처분 또는 휴업·폐업의 사실을 특정소방대상물의 관계인에게 알리지 아니하거나 거짓으로 알린 관리업자
13. 제33조 제4항을 위반하여 소속 기술인력의 참여 없이 자체점검을 한 관리업자
14. 제34조 제2항에 따른 점검실적을 증명하는 서류 등을 거짓으로 제출한 자
15. 제52조 제1항에 따른 명령을 위반하여 보고 또는 자료제출을 하지 아니하거나 거짓으로 보고 또는 자료제출을 한 자 또는 정당한 사유 없이 관계 공무원의 출입 또는 검사를 거부·방해 또는 기피한 자

② 제1항에 따른 과태료는 대통령령으로 정하는 바에 따라 소방청장, 시·도지사, 소방본부장 또는 소방서장이 부과·징수한다.

♀ [별표 11] p.302

시행령 제51조(과태료의 부과기준) 법 제61조 제1항에 따른 과태료의 부과기준은 별표 11과 같다.

📋 기출체크

「소방시설 설치 및 관리에 관한 법률 및 시행령」상 과태료 부과 개별기준으로 옳은 것은?

22. 경채

① 소방시설을 설치하지 않은 경우: 과태료 200만원
② 법 제15조 제1항을 위반하여 임시소방시설을 설치·유지·관리하지 않은 경우: 과태료 200만원
③ 수신반, 동력(감시)제어반 또는 소방시설용 비상전원을 차단하거나, 고장난 상태로 방치하거나, 임의로 조작하여 자동으로 작동이 되지 않도록 한 경우: 과태료 200만원
④ 소방시설이 작동하는 경우 소화배관을 통하여 소화수가 방수되지 않는 상태 또는 소화약제가 방출되지 않는 상태로 방치한 경우: 과태료 300만원

정답 ③

📍 [별표 1] 소방시설(제3조 관련)

1. **소화설비:** 물 또는 그 밖의 소화약제를 사용하여 소화하는 기계·기구 또는 설비로서 다음 각 목의 것

　가. 소화기구

　　1) 소화기

　　2) 간이소화용구: 에어로졸식 소화용구, 투척용 소화용구, 소공간용 소화용구 및 소화약제 외의 것을 이용한 간이소화용구

　　3) 자동확산소화기

　나. 자동소화장치

　　1) 주거용 주방자동소화장치

　　2) 상업용 주방자동소화장치

　　3) 캐비닛형 자동소화장치

　　4) 가스자동소화장치

　　5) 분말자동소화장치

　　6) 고체에어로졸자동소화장치

　다. 옥내소화전설비(호스릴옥내소화전설비를 포함한다)

　라. 스프링클러설비등

　　1) 스프링클러설비

　　2) 간이스프링클러설비(캐비닛형 간이스프링클러설비를 포함한다)

　　3) 화재조기진압용 스프링클러설비

　마. 물분무등소화설비

　　1) 물 분무 소화설비

　　2) 미분무소화설비

　　3) 포소화설비

　　4) 이산화탄소소화설비

　　5) 할론소화설비

　　6) 할로겐화합물 및 불활성기체(다른 원소와 화학 반응을 일으키기 어려운 기체를 말한다. 이하 같다) 소화설비

　　7) 분말소화설비

　　8) 강화액소화설비

　　9) 고체에어로졸소화설비

　바. 옥외소화전설비

2. **경보설비:** 화재발생 사실을 통보하는 기계·기구 또는 설비로서 다음 각 목의 것

　가. 단독경보형 감지기

　나. 비상경보설비

　　1) 비상벨설비

　　2) 자동식사이렌설비

다. 시각경보기

라. 자동화재탐지설비

마. 화재알림설비

바. 비상방송설비

사. 자동화재속보설비

아. 통합감시시설

자. 누전경보기

차. 가스누설경보기

3. **피난구조설비**: 화재가 발생할 경우 피난하기 위하여 사용하는 기구 또는 설비로서 다음 각 목의 것

  가. 피난기구

    1) 피난사다리

    2) 구조대

    3) 완강기

    4) 그 밖에 법 제9조 제1항에 따라 소방청장이 정하여 고시하는 화재안전기준(이하 "화재안전기준"이라 한다)으로 정하는 것

  나. 인명구조기구

    1) 방열복, 방화복(안전모, 보호장갑 및 안전화를 포함한다)

    2) 공기호흡기

    3) 인공소생기

  다. 유도등

    1) 피난유도선   2) 피난구유도등

    3) 통로유도등   4) 객석유도등

    5) 유도표지

  라. 비상조명등 및 휴대용비상조명등

4. **소화용수설비**: 화재를 진압하는 데 필요한 물을 공급하거나 저장하는 설비로서 다음 각 목의 것

  가. 상수도소화용수설비

  나. 소화수조·저수조, 그 밖의 소화용수설비

5. **소화활동설비**: 화재를 진압하거나 인명구조활동을 위하여 사용하는 설비로서 다음 각 목의 것

  가. 제연설비

  나. 연결송수관설비

  다. 연결살수설비

  라. 비상콘센트설비

  마. 무선통신보조설비

  바. 연소방지설비

  비고

  법 제12조에 따라 특정소방대상물의 관계인이 설치하고 관리하여야 하는 "소방시설"에는 법 제7조에 따른 소방시설의 내진설계와 법 제8조에 따른 성능위주설계한 소방시설을 포함한다.

📍 [별표 2] 특정소방대상물(제5조 관련)

1. 공동주택

가. 아파트등: 주택으로 쓰이는 층수가 5층 이상인 주택

나. 연립주택: 주택으로 쓰는 1개 동의 바닥면적(2개 이상의 동을 지하주차장으로 연결하는 경우에는 각각의 동으로 본다) 합계가 660제곱미터를 초과하고, 층수가 4개 층 이하인 주택

다. 다세대주택: 주택으로 쓰는 1개 동의 바닥면적 합계가 660제곱미터 이하이고, 층수가 4개 층 이하인 주택(2개 이상의 동을 지하주차장으로 연결하는 경우에는 각각의 동으로 본다)

라. 기숙사: 학교 또는 공장 등의 학생 또는 종업원 등을 위하여 쓰는 것으로서 1개 동의 공동취사시설 이용 세대 수가 전체의 50퍼센트 이상인 것(「교육기본법」 제27조 제2항에 따른 학생복지주택 및 「공공주택 특별법」 제2조 제1호의3에 따른 공공매입임대주택 중 독립된 주거의 형태를 갖추지 않은 것을 포함한다)

2. 근린생활시설

가. 슈퍼마켓과 일용품(식품, 잡화, 의류, 완구, 서적, 건축자재, 의약품, 의료기기 등) 등의 소매점으로서 같은 건축물(하나의 대지에 두 동 이상의 건축물이 있는 경우에는 이를 같은 건축물로 본다. 이하 같다)에 해당 용도로 쓰는 바닥면적의 합계가 1천㎡ 미만인 것

나. 휴게음식점, 제과점, 일반음식점, 기원(棋院), 노래연습장 및 단란주점(단란주점은 같은 건축물에 해당 용도로 쓰는 바닥면적의 합계가 150㎡ 미만인 것만 해당한다)

다. 이용원, 미용원, 목욕장 및 세탁소(공장이 부설된 것과 「대기환경보전법」, 「물환경보전법」 또는 「소음·진동관리법」에 따른 배출시설의 설치허가 또는 신고의 대상이 되는 것은 제외한다)

라. 의원, 치과의원, 한의원, 침술원, 접골원(接骨院), 조산원, 산후조리원 및 안마원(「의료법」 제82조 제4항에 따른 안마시술소를 포함한다)

마. 탁구장, 테니스장, 체육도장, 체력단련장, 에어로빅장, 볼링장, 당구장, 실내낚시터, 골프연습장, 물놀이형 시설(「관광진흥법」 제33조에 따른 안전성검사의 대상이 되는 물놀이형 시설을 말한다. 이하 같다), 그 밖에 이와 비슷한 것으로서 같은 건축물에 해당 용도로 쓰는 바닥면적의 합계가 500㎡ 미만인 것

바. 공연장(극장, 영화상영관, 연예장, 음악당, 서커스장, 「영화 및 비디오물의 진흥에 관한 법률」 제2조 제16호 가목에 따른 비디오물감상실업의 시설, 같은 호 나목에 따른 비디오물소극장업의 시설, 그 밖에 이와 비슷한 것을 말한다. 이하 같다) 또는 종교집회장[교회, 성당, 사찰, 기도원, 수도원, 수녀원, 제실(祭室), 사당, 그 밖에 이와 비슷한 것을 말한다. 이하 같다]으로서 같은 건축물에 해당 용도로 쓰는 바닥면적의 합계가 300㎡ 미만인 것

사. 금융업소, 사무소, 부동산중개사무소, 결혼상담소 등 소개업소, 출판사, 서점, 그 밖에 이와 비슷한 것으로서 같은 건축물에 해당 용도로 쓰는 바닥면적의 합계가 500㎡ 미만인 것

아. 제조업소, 수리점, 그 밖에 이와 비슷한 것으로서 같은 건축물에 해당 용도로 쓰는 바닥면적의 합계가 500㎡ 미만이고, 「대기환경보전법」, 「물환경보전법」 또는 「소음·진동관리법」에 따른 배출시설의 설치허가 또는 신고의 대상이 아닌 것

자. 「게임산업진흥에 관한 법률」 제2조 제6호의2에 따른 청소년게임제공업 및 일반게임제공업의 시설, 같은 조 제7호에 따른 인터넷컴퓨터게임시설제공업의 시설 및 같은 조 제8호에 따른 복합유통게임제공업의 시설로서 같은 건축물에 해당 용도로 쓰는 바닥면적의 합계가 500㎡ 미만인 것

차. 사진관, 표구점, 학원(같은 건축물에 해당 용도로 쓰는 바닥면적의 합계가 500m² 미만인 것만 해당하며, 자동차학원 및 무도학원은 제외한다), 독서실, 고시원(「다중이용업소의 안전관리에 관한 특별법」에 따른 다중이용업 중 고시원업의 시설로서 독립된 주거의 형태를 갖추지 않은 것으로서 같은 건축물에 해당 용도로 쓰는 바닥면적의 합계가 500m² 미만인 것을 말한다), 장의사, 동물병원, 총포판매사, 그 밖에 이와 비슷한 것

카. 의약품 판매소, 의료기기 판매소 및 자동차영업소로서 같은 건축물에 해당 용도로 쓰는 바닥면적의 합계가 1천m² 미만인 것

3. 문화 및 집회시설

가. 공연장으로서 근린생활시설에 해당하지 않는 것

나. 집회장: 예식장, 공회당, 회의장, 마권(馬券) 장외 발매소, 마권 전화투표소, 그 밖에 이와 비슷한 것으로서 근린생활시설에 해당하지 않는 것

다. 관람장: 경마장, 경륜장, 경정장, 자동차 경기장, 그 밖에 이와 비슷한 것과 체육관 및 운동장으로서 관람석의 바닥면적의 합계가 1천m² 이상인 것

라. 전시장: 박물관, 미술관, 과학관, 문화관, 체험관, 기념관, 산업전시장, 박람회장, 견본주택, 그 밖에 이와 비슷한 것

마. 동·식물원: 동물원, 식물원, 수족관, 그 밖에 이와 비슷한 것

4. 종교시설

가. 종교집회장으로서 근린생활시설에 해당하지 않는 것

나. 가목의 종교집회장에 설치하는 봉안당(奉安堂)

5. 판매시설

가. 도매시장: 「농수산물 유통 및 가격안정에 관한 법률」 제2조 제2호에 따른 농수산물도매시장, 같은 조 제5호에 따른 농수산물공판장, 그 밖에 이와 비슷한 것(그 안에 있는 근린생활시설을 포함한다)

나. 소매시장: 시장, 「유통산업발전법」 제2조 제3호에 따른 대규모점포, 그 밖에 이와 비슷한 것(그 안에 있는 근린생활시설을 포함한다)

다. 전통시장: 「전통시장 및 상점가 육성을 위한 특별법」 제2조 제1호에 따른 전통시장(그 안에 있는 근린생활시설을 포함하며, 노점형시장은 제외한다)

라. 상점: 다음의 어느 하나에 해당하는 것(그 안에 있는 근린생활시설을 포함한다)
1) 제2호 가목에 해당하는 용도로서 같은 건축물에 해당 용도로 쓰는 바닥면적 합계가 1천m² 이상인 것
2) 제2호 자목에 해당하는 용도로서 같은 건축물에 해당 용도로 쓰는 바닥면적 합계가 500m² 이상인 것

6. 운수시설

가. 여객자동차터미널

나. 철도 및 도시철도 시설(정비창 등 관련 시설을 포함한다)

다. 공항시설(항공관제탑을 포함한다)

라. 항만시설 및 종합여객시설

7. 의료시설

가. 병원: 종합병원, 병원, 치과병원, 한방병원, 요양병원

나. 격리병원: 전염병원, 마약진료소, 그 밖에 이와 비슷한 것

다. 정신의료기관

라. 「장애인복지법」 제58조 제1항 제4호에 따른 장애인 의료재활시설

8. 교육연구시설

가. 학교

1) 초등학교, 중학교, 고등학교, 특수학교, 그 밖에 이에 준하는 학교: 「학교시설사업 촉진법」 제2조 제1호 나목의 교사(校舍)(교실·도서실 등 교수·학습활동에 직접 또는 간접적으로 필요한 시설물을 말하되, 병설유치원으로 사용되는 부분은 제외한다. 이하 같다), 체육관, 「학교급식법」 제6조에 따른 급식시설, 합숙소(학교의 운동부, 기능선수 등이 집단으로 숙식하는 장소를 말한다. 이하 같다)

2) 대학, 대학교, 그 밖에 이에 준하는 각종 학교: 교사 및 합숙소

나. 교육원(연수원, 그 밖에 이와 비슷한 것을 포함한다)

다. 직업훈련소

라. 학원(근린생활시설에 해당하는 것과 자동차운전학원·정비학원 및 무도학원은 제외한다)

마. 연구소(연구소에 준하는 시험소와 계량계측소를 포함한다)

바. 도서관

9. 노유자시설

가. 노인 관련 시설: 「노인복지법」에 따른 노인주거복지시설, 노인의료복지시설, 노인여가복지시설, 주·야간보호서비스나 단기보호서비스를 제공하는 재가노인복지시설(「노인장기요양보험법」에 따른 재가장기요양기관을 포함한다), 노인보호전문기관, 노인일자리지원기관, 학대피해노인 전용쉼터, 그 밖에 이와 비슷한 것

나. 아동 관련 시설: 「아동복지법」에 따른 아동복지시설, 「영유아보육법」에 따른 어린이집, 「유아교육법」에 따른 유치원[제8호 가목 1)에 따른 학교의 교사 중 병설유치원으로 사용되는 부분을 포함한다], 그 밖에 이와 비슷한 것

다. 장애인 관련 시설: 「장애인복지법」에 따른 장애인 거주시설, 장애인 지역사회재활시설(장애인 심부름센터, 한국수어통역센터, 점자도서 및 녹음서 출판시설 등 장애인이 직접 그 시설 자체를 이용하는 것을 주된 목적으로 하지 않는 시설은 제외한다), 장애인 직업재활시설, 그 밖에 이와 비슷한 것

라. 정신질환자 관련 시설: 「정신건강증진 및 정신질환자 복지서비스 지원에 관한 법률」에 따른 정신재활시설(생산품판매시설은 제외한다), 정신요양시설, 그 밖에 이와 비슷한 것

마. 노숙인 관련 시설: 「노숙인 등의 복지 및 자립지원에 관한 법률」 제2조 제2호에 따른 노숙인복지시설(노숙인일시보호시설, 노숙인자활시설, 노숙인재활시설, 노숙인요양시설 및 쪽방상담소만 해당한다), 노숙인종합지원센터 및 그 밖에 이와 비슷한 것

바. 가목부터 마목까지에서 규정한 것 외에 「사회복지사업법」에 따른 사회복지시설 중 결핵환자 또는 한센인 요양시설 등 다른 용도로 분류되지 않는 것

10. 수련시설

가. 생활권 수련시설: 「청소년활동 진흥법」에 따른 청소년수련관, 청소년문화의집, 청소년특화시설, 그 밖에 이와 비슷한 것

나. 자연권 수련시설: 「청소년활동 진흥법」에 따른 청소년수련원, 청소년야영장, 그 밖에 이와 비슷한 것

다. 「청소년활동 진흥법」에 따른 유스호스텔

11. 운동시설

가. 탁구장, 체육도장, 테니스장, 체력단련장, 에어로빅장, 볼링장, 당구장, 실내낚시터, 골프연습장, 물놀이형 시설, 그 밖에 이와 비슷한 것으로서 근린생활시설에 해당하지 않는 것

나. 체육관으로서 관람석이 없거나 관람석의 바닥면적이 1천m² 미만인 것

다. 운동장: 육상장, 구기장, 볼링장, 수영장, 스케이트장, 롤러스케이트장, 승마장, 사격장, 궁도장, 골프장 등과 이에 딸린 건축물로서 관람석이 없거나 관람석의 바닥면적이 1천m² 미만인 것

12. 업무시설

가. 공공업무시설: 국가 또는 지방자치단체의 청사와 외국공관의 건축물로서 근린생활시설에 해당하지 않는 것

나. 일반업무시설: 금융업소, 사무소, 신문사, 오피스텔(업무를 주로 하며, 분양하거나 임대하는 구획 중 일부의 구획에서 숙식을 할 수 있도록 한 건축물로서 국토교통부장관이 고시하는 기준에 적합한 것을 말한다), 그 밖에 이와 비슷한 것으로서 근린생활시설에 해당하지 않는 것

다. 주민자치센터(동사무소), 경찰서, 지구대, 파출소, 소방서, 119안전센터, 우체국, 보건소, 공공도서관, 국민건강보험공단, 그 밖에 이와 비슷한 용도로 사용하는 것

라. 마을회관, 마을공동작업소, 마을공동구판장, 그 밖에 이와 유사한 용도로 사용되는 것

마. 변전소, 양수장, 정수장, 대피소, 공중화장실, 그 밖에 이와 유사한 용도로 사용되는 것

13. 숙박시설

가. 일반형 숙박시설: 「공중위생관리법 시행령」 제4조 제1호에 따른 숙박업의 시설

나. 생활형 숙박시설: 「공중위생관리법 시행령」 제4조 제2호에 따른 숙박업의 시설

다. 고시원(근린생활시설에 해당하지 않는 것을 말한다)

라. 그 밖에 가목부터 다목까지의 시설과 비슷한 것

14. 위락시설

가. 단란주점으로서 근린생활시설에 해당하지 않는 것

나. 유흥주점, 그 밖에 이와 비슷한 것

다. 「관광진흥법」에 따른 유원시설업(遊園施設業)의 시설, 그 밖에 이와 비슷한 시설(근린생활시설에 해당하는 것은 제외한다)

라. 무도장 및 무도학원

마. 카지노영업소

15. 공장

물품의 제조·가공[세탁·염색·도장(塗裝)·표백·재봉·건조·인쇄 등을 포함한다] 또는 수리에 계속적으로 이용되는 건축물로서 근린생활시설, 위험물 저장 및 처리 시설, 항공기 및 자동차 관련 시설, 분뇨 및 쓰레기 처리시설, 묘지 관련 시설 등으로 따로 분류되지 않는 것

16. 창고시설(위험물 저장 및 처리 시설 또는 그 부속용도에 해당하는 것은 제외한다)

가. 창고(물품저장시설로서 냉장·냉동 창고를 포함한다)

나. 하역장

다. 「물류시설의 개발 및 운영에 관한 법률」에 따른 물류터미널

라. 「유통산업발전법」 제2조 제15호에 따른 집배송시설

17. 위험물 저장 및 처리 시설

가. 위험물 제조소등

나. 가스시설: 산소 또는 가연성 가스를 제조·저장 또는 취급하는 시설 중 지상에 노출된 산소 또는 가연성 가스 탱크의 저장용량의 합계가 100톤 이상이거나 저장용량이 30톤 이상인 탱크가 있는 가스시설로서 다음의 어느 하나에 해당하는 것

  1) 가스 제조시설

    가) 「고압가스 안전관리법」 제4조 제1항에 따른 고압가스의 제조허가를 받아야 하는 시설

    나) 「도시가스사업법」 제3조에 따른 도시가스사업허가를 받아야 하는 시설

  2) 가스 저장시설

    가) 「고압가스 안전관리법」 제4조 제5항에 따른 고압가스 저장소의 설치허가를 받아야 하는 시설

    나) 「액화석유가스의 안전관리 및 사업법」 제8조 제1항에 따른 액화석유가스 저장소의 설치 허가를 받아야 하는 시설

  3) 가스 취급시설

    「액화석유가스의 안전관리 및 사업법」 제5조에 따른 액화석유가스 충전사업 또는 액화석유가스 집단공급사업의 허가를 받아야 하는 시설

18. 항공기 및 자동차 관련 시설(건설기계 관련 시설을 포함한다)

가. 항공기격납고

나. 차고, 주차용 건축물, 철골 조립식 주차시설(바닥면이 조립식이 아닌 것을 포함한다) 및 기계장치에 의한 주차시설

다. 세차장

라. 폐차장

마. 자동차 검사장

바. 자동차 매매장

사. 자동차 정비공장

아. 운전학원·정비학원

자. 「여객자동차 운수사업법」, 「화물자동차 운수사업법」 및 「건설기계관리법」에 따른 차고 및 주기장(駐機場)

19. 동물 및 식물 관련 시설

가. 축사[부화장(孵化場)을 포함한다]

나. 가축시설: 가축용 운동시설, 인공수정센터, 관리사(管理舍), 가축용 창고, 가축시장, 동물검역소, 실험동물 사육시설, 그 밖에 이와 비슷한 것

다. 도축장

라. 도계장

마. 작물 재배사(栽培舍)

바. 종묘배양시설

사. 화초 및 분재 등의 온실

아. 식물과 관련된 마목부터 사목까지의 시설과 비슷한 것(동·식물원은 제외한다)

20. 자원순환 관련 시설

가. 하수 등 처리시설

나. 고물상

다. 폐기물재활용시설

라. 폐기물처분시설

마. 폐기물감량화시설

21. 교정 및 군사시설

가. 보호감호소, 교도소, 구치소 및 그 지소

나. 보호관찰소, 갱생보호시설, 그 밖에 범죄자의 갱생·보호·교육·보건 등의 용도로 쓰는 시설

다. 치료감호시설

라. 소년원 및 소년분류심사원

마. 「출입국관리법」 제52조 제2항에 따른 보호시설

바. 「경찰관 직무집행법」 제9조에 따른 유치장

사. 국방·군사시설(「국방·군사시설 사업에 관한 법률」 제2조 제1호 가목부터 마목까지의 시설을 말한다)

22. 방송통신시설

가. 방송국(방송프로그램 제작시설 및 송신·수신·중계시설을 포함한다)

나. 전신전화국

다. 촬영소

라. 통신용 시설

마. 그 밖에 가목부터 라목까지의 시설과 비슷한 것

23. 발전시설

가. 원자력발전소

나. 화력발전소

다. 수력발전소(조력발전소를 포함한다)

라. 풍력발전소

마. 전기저장시설[20킬로와트시(kWh)를 초과하는 리튬·나트륨·레독스플로우 계열의 이차전지를 이용한 전기저장장치의 시설을 말한다. 이하 같다]

바. 그 밖에 가목부터 마목까지의 시설과 비슷한 것(집단에너지 공급시설을 포함한다)

24. 묘지 관련 시설

가. 화장시설

나. 봉안당(제4호 나목의 봉안당은 제외한다)

다. 묘지와 자연장지에 부수되는 건축물

라. 동물화장시설, 동물건조장(乾燥葬)시설 및 동물 전용의 납골시설

25. 관광 휴게시설

가. 야외음악당

나. 야외극장

다. 어린이회관

라. 관망탑

마. 휴게소

바. 공원·유원지 또는 관광지에 부수되는 건축물

26. 장례시설

가. 장례식장[의료시설의 부수시설(「의료법」 제36조 제1호에 따른 의료기관의 종류에 따른 시설을 말한다)은 제외한다]

나. 동물 전용의 장례식장

27. 지하가

지하의 인공구조물 안에 설치되어 있는 상점, 사무실, 그 밖에 이와 비슷한 시설이 연속하여 지하도에 면하여 설치된 것과 그 지하도를 합한 것

가. 지하상가

나. 터널: 차량(궤도차량용은 제외한다) 등의 통행을 목적으로 지하, 수저(水底) 또는 산을 뚫어서 만든 것

28. 지하구

가. 전력·통신용의 전선이나 가스·냉난방용의 배관 또는 이와 비슷한 것을 집합수용하기 위하여 설치한 지하 인공구조물로서 사람이 점검 또는 보수를 하기 위하여 출입이 가능한 것 중 다음의 어느 하나에 해당하는 것

1) 전력 또는 통신사업용 지하 인공구조물로서 전력구(케이블 접속부가 없는 경우에는 제외한다) 또는 통신구 방식으로 설치된 것

2) 1) 외의 지하 인공구조물로서 폭이 1.8미터 이상이고 높이가 2미터 이상이며 길이가 50미터 이상인 것

나. 「국토의 계획 및 이용에 관한 법률」 제2조 제9호에 따른 공동구

29. 문화재

「문화재보호법」에 따라 문화재로 지정된 건축물

30. 복합건축물

　　가. 하나의 건축물이 제1호부터 제27호까지의 것 중 둘 이상의 용도로 사용되는 것. 다만, 다음의 어느 하나에 해당하는 경우에는 복합건축물로 보지 않는다.

　　　　1) 관계 법령에서 주된 용도의 부수시설로서 그 설치를 의무화하고 있는 용도 또는 시설

　　　　2) 「주택법」 제35조 제1항 제3호 및 제4호에 따라 주택 안에 부대시설 또는 복리시설이 설치되는 특정소방대상물

　　　　3) 건축물의 주된 용도의 기능에 필수적인 용도로서 다음의 어느 하나에 해당하는 용도

　　　　　　가) 건축물의 설비(제23호 마목의 전기저장시설을 포함한다), 대피 또는 위생을 위한 용도, 그 밖에 이와 비슷한 용도

　　　　　　나) 사무, 작업, 집회, 물품저장 또는 주차를 위한 용도, 그 밖에 이와 비슷한 용도

　　　　　　다) 구내식당, 구내세탁소, 구내운동시설 등 종업원후생복리시설(기숙사는 제외한다) 또는 구내소각시설의 용도, 그 밖에 이와 비슷한 용도

　　나. 하나의 건축물이 근린생활시설, 판매시설, 업무시설, 숙박시설 또는 위락시설의 용도와 주택의 용도로 함께 사용되는 것

비고

1. 내화구조로 된 하나의 특정소방대상물이 개구부(건축물에서 채광·환기·통풍·출입 등을 위하여 만든 창이나 출입구를 말한다)가 없는 내화구조의 바닥과 벽으로 구획되어 있는 경우에는 그 구획된 부분을 각각 별개의 특정소방대상물로 본다(다만, 법 제8조에 따른 성능위주설계를 적용할 때는 하나의 소방대상물로 본다).

2. 둘 이상의 특정소방대상물이 다음 각 목의 어느 하나에 해당되는 구조의 복도 또는 통로(이하 이 표에서 "연결통로"라 한다)로 연결된 경우에는 이를 하나의 소방대상물로 본다.

　　가. 내화구조로 된 연결통로가 다음의 어느 하나에 해당되는 경우

　　　　1) 벽이 없는 구조로서 그 길이가 6m 이하인 경우

　　　　2) 벽이 있는 구조로서 그 길이가 10m 이하인 경우. 다만, 벽 높이가 바닥에서 천장까지의 높이의 2분의 1 이상인 경우에는 벽이 있는 구조로 보고, 벽 높이가 바닥에서 천장까지의 높이의 2분의 1 미만인 경우에는 벽이 없는 구조로 본다.

　　나. 내화구조가 아닌 연결통로로 연결된 경우

　　다. 컨베이어로 연결되거나 플랜트설비의 배관 등으로 연결되어 있는 경우

　　라. 지하보도, 지하상가, 지하가로 연결된 경우

　　마. 자동방화셔터 또는 60분+방화문이 설치되지 않은 피트로 연결된 경우

　　바. 지하구로 연결된 경우

3. 제2호에도 불구하고 연결통로 또는 지하구와 소방대상물의 양쪽에 다음 각 목의 어느 하나에 적합한 경우에는 각각 별개의 소방대상물로 본다.

　　가. 화재 시 경보설비 또는 자동소화설비의 작동과 연동하여 자동으로 닫히는 60분+방화문(자동방화셔터를 포함한다)이 설치된 경우

　　나. 화재 시 자동으로 방수되는 방식의 드렌처설비 또는 개방형 스프링클러헤드가 설치된 경우

4. 위 제1호부터 제30호까지의 특정소방대상물의 지하층이 지하가와 연결되어 있는 경우 해당 지하층의 부분을 지하가로 본다. 다만, 다음 지하가와 연결되는 지하층에 지하층 또는 지하가에 설치된 60분+방화문(자동방화셔터를 포함한다)이 화재 시 경보설비 또는 자동소화설비의 작동과 연동하여 자동으로 닫히는 구조이거나 그 윗부분에 드렌처설비가 설치된 경우에는 지하가로 보지 않는다.

📍 [별표 3] 소방용품(제6조 관련)

1. 소화설비를 구성하는 제품 또는 기기

　가. 별표 1 제1호 가목의 소화기구(소화약제 외의 것을 이용한 간이소화용구는 제외한다)

　나. 별표 1 제1호 나목의 자동소화장치

　다. 소화설비를 구성하는 소화전, 관창(管槍), 소방호스, 스프링클러헤드, 기동용 수압개폐장치, 유수제어밸브 및 가스관선 택밸브

2. 경보설비를 구성하는 제품 또는 기기

　가. 누전경보기 및 가스누설경보기

　나. 경보설비를 구성하는 발신기, 수신기, 중계기, 감지기 및 음향장치(경종만 해당한다)

3. 피난구조설비를 구성하는 제품 또는 기기

　가. 피난사다리, 구조대, 완강기(간이완강기 및 지지대를 포함한다)

　나. 공기호흡기(충전기를 포함한다)

　다. 피난구유도등, 통로유도등, 객석유도등 및 예비 전원이 내장된 비상조명등

4. 소화용으로 사용하는 제품 또는 기기

　가. 소화약제(별표 1 제1호 나목 2)와 3)의 자동소화장치와 같은 호 마목 3)부터 9)까지의 소화설비용만 해당한다)

　나. 방염제(방염액 · 방염도료 및 방염성물질을 말한다)

5. 그 밖에 행정안전부령으로 정하는 소방 관련 제품 또는 기기

📍 [별표 4] 수용인원의 산정 방법(제11조 제1항 관련)

1. 숙박시설이 있는 특정소방대상물

가. 침대가 있는 숙박시설: 해당 특정소방물의 종사자 수에 침대 수(2인용 침대는 2개로 산정한다)를 합한 수

나. 침대가 없는 숙박시설: 해당 특정소방대상물의 종사자 수에 숙박시설 바닥면적의 합계를 3m²로 나누어 얻은 수를 합한 수

2. 제1호 외의 특정소방대상물

가. 강의실·교무실·상담실·실습실·휴게실 용도로 쓰이는 특정소방대상물: 해당 용도로 사용하는 바닥면적의 합계를 1.9m²로 나누어 얻은 수

나. 강당, 문화 및 집회시설, 운동시설, 종교시설: 해당 용도로 사용하는 바닥면적의 합계를 4.6m²로 나누어 얻은 수(관람석이 있는 경우 고정식 의자를 설치한 부분은 그 부분의 의자 수로 하고, 긴 의자의 경우에는 의자의 정면너비를 0.45m로 나누어 얻은 수로 한다)

다. 그 밖의 특정소방대상물: 해당 용도로 사용하는 바닥면적의 합계를 3m²로 나누어 얻은 수

비고

1. 위 표에서 바닥면적을 산정할 때에는 복도(「건축법 시행령」 제2조 제11호에 따른 준불연재료 이상의 것을 사용하여 바닥에서 천장까지 벽으로 구획한 것을 말한다), 계단 및 화장실의 바닥면적을 포함하지 않는다.
2. 계산 결과 소수점 이하의 수는 반올림한다.

[별표 5] 특정소방대상물의 관계인이 특정소방대상물의 규모·용도 및 수용인원 등을 고려하여 갖추어야 하는 소방시설의 종류(제11조 제1항 관련)

1. 소화설비

가. 화재안전기준에 따라 소화기구를 설치하여야 하는 특정소방대상물은 다음의 어느 하나와 같다.

1) 연면적 33m² 이상인 것. 다만, 노유자시설의 경우에는 투척용 소화용구 등을 화재안전기준에 따라 산정된 소화기 수량의 2분의 1 이상으로 설치할 수 있다.

2) 1)에 해당하지 않는 시설로서 가스시설, 발전시설 중 전기저장시설 및 지정문화재

3) 터널

4) 지하구

나. 자동소화장치를 설치하여야 하는 특정소방대상물은 다음의 어느 하나와 같다.

1) 주거용 주방자동소화장치를 설치하여야 하는 것: 아파트등 및 오피스텔

2) 상업용 주방자동소화장치를 설치하여야 하는 것(후드 및 덕트가 설치되어 있는 주방에 한한다)

가) 「식품위생법」 제2조 제12호에 따른 집단급식소

나) 「식품위생법」 제37조에 따라 영업허가를 받아야 하는 업종 중 판매시설에 입점해 있는 일반음식점

3) 캐비닛형 자동소화장치, 가스자동소화장치, 분말자동소화장치 또는 고체에어로졸자동소화장치를 설치하여야 하는 것: 화재안전기준에서 정하는 장소

다. 옥내소화전설비를 설치하여야 하는 특정소방대상물(위험물 저장 및 처리 시설 중 가스시설, 지하구 및 방재실 등에서 스프링클러설비 또는 물분무등소화설비를 원격으로 조정할 수 있는 업무시설 중 무인변전소는 제외한다)은 다음의 어느 하나와 같다.

1) 다음의 어느 하나에 해당하는 경우에는 모든 층

가) 연면적 3천m² 이상인 것(지하가 중 터널은 제외한다)

나) 지하층·무창층(축사는 제외한다)으로서 바닥면적이 600m² 이상인 층이 있는 것

다) 층수가 4층 이상인 층 중 바닥면적이 600m² 이상인 층이 있는 것

2) 1)에 해당하지 않는 근린생활시설, 판매시설, 운수시설, 의료시설, 노유자시설, 업무시설, 숙박시설, 위락시설, 공장, 창고시설, 항공기 및 자동차 관련 시설, 교정 및 군사시설 중 국방·군사시설, 방송통신시설, 발전시설, 장례시설 또는 복합건축물로서 다음의 어느 하나에 해당하는 경우에는 모든 층

가) 연면적 1천5백m² 이상인 것

나) 지하층·무창층으로서 바닥면적이 300m² 이상인 층이 있는 것

다) 층수가 4층 이상인 층 중 바닥면적이 300m² 이상인 층이 있는 것

3) 건축물의 옥상에 설치된 차고·주차장으로서 사용되는 면적이 200m² 이상인 경우 해당 부분

4) 지하가 중 터널로서 다음에 해당하는 터널

가) 길이가 1천미터 이상인 터널

나) 예상교통량, 경사도 등 터널의 특성을 고려하여 행정안전부령으로 정하는 터널

5) 1) 및 2)에 해당하지 않는 공장 또는 창고시설로서 「화재의 예방 및 안전관리에 관한 법률 시행령」 별표 2에서 정하는 수량의 750배 이상의 특수가연물을 저장·취급하는 것

라. 스프링클러설비를 설치하여야 하는 특정소방대상물(위험물 저장 및 처리 시설 중 가스시설 또는 지하구는 제외한다)은 다음의 어느 하나와 같다.

1) 층수가 6층 이상인 특정소방대상물의 경우에는 모든 층. 다만, 다음의 어느 하나에 해당하는 경우에는 제외한다.

가) 주택 관련 법령에 따라 기존의 아파트등을 리모델링하는 경우로서 건축물의 연면적 및 층의 높이가 변경되지 않는 경우. 이 경우 해당 아파트등의 사용검사 당시의 소방시설의 설치에 관한 대통령령 또는 화재안전기준을 적용한다.

나) 스프링클러설비가 없는 기존의 특정소방대상물을 용도변경하는 경우. 다만, 2)·3)·4)·5) 및 8)부터 12)까지의 규정에 해당하는 특정소방대상물로 용도변경하는 경우에는 해당 규정에 따라 스프링클러설비를 설치한다.

2) 기숙사(교육연구시설·수련시설 내에 있는 학생 수용을 위한 것을 말한다) 또는 복합건축물로서 연면적 5천m² 이상인 경우에는 모든 층

3) 문화 및 집회시설(동·식물원은 제외한다), 종교시설(주요구조부가 목조인 것은 제외한다), 운동시설(물놀이형 시설 및 관람석이 없는 운동시설은 제외한다)로서 다음의 어느 하나에 해당하는 경우에는 모든 층

가) 수용인원이 100명 이상인 것

나) 영화상영관의 용도로 쓰이는 층의 바닥면적이 지하층 또는 무창층인 경우에는 500m² 이상, 그 밖의 층의 경우에는 1천m² 이상인 것

다) 무대부가 지하층·무창층 또는 4층 이상의 층에 있는 경우에는 무대부의 면적이 300m² 이상인 것

라) 무대부가 다) 외의 층에 있는 경우에는 무대부의 면적이 500m² 이상인 것

4) 판매시설, 운수시설 및 창고시설(물류터미널에 한정한다)로서 바닥면적의 합계가 5천m² 이상이거나 수용인원이 500명 이상인 경우에는 모든 층

5) 다음의 어느 하나에 해당하는 용도로 사용되는 시설의 바닥면적의 합계가 600m² 이상인 것은 모든 층

가) 의료시설 중 정신의료기관

나) 의료시설 중 종합병원, 병원, 치과병원, 한방병원 및 요양병원(정신병원은 제외한다)

다) 노유자시설

라) 숙박시설

마) 숙박이 가능한 수련시설

6) 창고시설(물류터미널은 제외한다)로서 바닥면적 합계가 5천m² 이상인 경우에는 모든 층

7) 1)부터 5)까지의 특정소방대상물에 해당하지 않는 특정소방대상물의 지하층·무창층(축사는 제외한다) 또는 층수가 4층 이상인 층으로서 바닥면적이 1천m² 이상인 층

8) 랙식 창고(rack warehouse): 물건을 수납할 수 있는 선반이나 이와 비슷한 것을 갖춘 것으로서 천장 또는 반자(반자가 없는 경우에는 지붕의 옥내에 면하는 부분)의 높이가 10m를 초과하고, 그 층의 바닥면적 또는 랙이 설치된 부분의 합계가 1천5백m² 이상인 경우에는 모든 층

9) 공장 또는 창고시설로서 다음의 어느 하나에 해당하는 시설

가) 「화재의 예방 및 안전관리에 관한 법률 시행령」 별표 2에서 정하는 수량의 1천 배 이상의 특수가연물을 저장·취급하는 시설

나) 「원자력안전법 시행령」 제2조 제1호에 따른 중·저준위방사성폐기물(이하 "중·저준위방사성폐기물"이라 한다)의 저장시설 중 소화수를 수집·처리하는 설비가 있는 저장시설

10) 지붕 또는 외벽이 불연재료가 아니거나 내화구조가 아닌 공장 또는 창고시설로서 다음의 어느 하나에 해당하는 것

　가) 창고시설(물류터미널에 한정한다) 중 4)에 해당하지 않는 것으로서 바닥면적의 합계가 2천5백㎡ 이상이거나 수용인원이 250명 이상인 경우에는 모든 층

　나) 창고시설(물류터미널은 제외한다) 중 5)에 해당하지 않는 것으로서 바닥면적의 합계가 2천5백㎡ 이상인 경우에는 모든 층

　다) 공장 또는 창고시설 중 6)에 해당하지 않는 것으로서 지하층·무창층 또는 층수가 4층 이상인 것 중 바닥면적이 500㎡ 이상인 경우에는 모든 층

　라) 랙식 창고시설 중 7)에 해당하지 않는 것으로서 바닥면적의 합계가 750㎡ 이상인 경우에는 모든 층

　마) 공장 또는 창고시설 중 8) 가)에 해당하지 않는 것으로서 「화재의 예방 및 안전관리에 관한 법률 시행령」 별표 2에서 정하는 수량의 500배 이상의 특수가연물을 저장·취급하는 시설

11) 지하가(터널은 제외한다)로서 연면적 1천㎡ 이상인 것

12) 교정 및 군사시설 중 다음의 어느 하나에 해당하는 경우에는 해당 장소

　가) 보호감호소, 교도소, 구치소 및 그 지소, 보호관찰소, 갱생보호시설, 치료감호시설, 소년원 및 소년분류심사원의 수용거실

　나) 「출입국관리법」 제52조 제2항에 따른 보호시설(외국인보호소의 경우에는 보호대상자의 생활공간으로 한정한다. 이하 같다)로 사용하는 부분. 다만, 보호시설이 임차건물에 있는 경우는 제외한다.

　다) 「경찰관 직무집행법」 제9조에 따른 유치장

13) 발전시설 중 전기저장시설

14) 1)부터 13)까지의 특정소방대상물에 부속된 보일러실 또는 연결통로 등

마. 간이스프링클러설비를 설치하여야 하는 특정소방대상물은 다음의 어느 하나와 같다.

1) 공동주택 중 연립주택 및 다세대주택

2) 근린생활시설 중 다음의 어느 하나에 해당하는 것

　가) 근린생활시설로 사용하는 부분의 바닥면적 합계가 1천㎡ 이상인 것은 모든 층

　나) 의원, 치과의원 및 한의원으로서 입원실이 있는 시설

3) 의료시설 중 다음의 어느 하나에 해당하는 시설

　가) 종합병원, 병원, 치과병원, 한방병원 및 요양병원(정신병원과 의료재활시설은 제외한다)으로 사용되는 바닥면적의 합계가 600㎡ 미만인 시설

　나) 정신의료기관 또는 의료재활시설로 사용되는 바닥면적의 합계가 300㎡ 이상 600㎡ 미만인 시설

　다) 정신의료기관 또는 의료재활시설로 사용되는 바닥면적의 합계가 300㎡ 미만이고, 창살(철재·플라스틱 또는 목재 등으로 사람의 탈출 등을 막기 위하여 설치한 것을 말하며, 화재 시 자동으로 열리는 구조로 되어 있는 창살은 제외한다)이 설치된 시설

4) 교육연구시설 내에 합숙소로서 연면적 100㎡ 이상인 경우에는 모든 층

5) 노유자시설로서 다음의 어느 하나에 해당하는 시설

　가) 제12조 제1항 제6호 각 목에 따른 시설(제12조 제1항 제6호 가목 2) 및 같은 호 나목부터 바목까지의 시설 중 단독주택 또는 공동주택에 설치되는 시설은 제외하며, 이하 "노유자 생활시설"이라 한다)

　나) 가)에 해당하지 않는 노유자시설로 해당 시설로 사용하는 바닥면적의 합계가 300㎡ 이상 600㎡ 미만인 시설

　다) 가)에 해당하지 않는 노유자시설로 해당 시설로 사용하는 바닥면적의 합계가 300㎡ 미만이고, 창살(철재·플라스틱 또는 목재 등으로 사람의 탈출 등을 막기 위하여 설치한 것을 말하며, 화재 시 자동으로 열리는 구조로 되어 있는 창살은 제외한다)이 설치된 시설

6) 숙박시설로 사용되는 바닥면적의 합계가 300m² 이상 600m² 미만인 시설

7) 건물을 임차하여 「출입국관리법」 제52조 제2항에 따른 보호시설로 사용하는 부분

8) 복합건축물(별표 2 제30호 나목의 복합건축물만 해당한다)로서 연면적 1천m² 이상인 것은 모든 층

바. 물분무등소화설비를 설치하여야 하는 특정소방대상물(위험물 저장 및 처리 시설 중 가스시설 또는 지하구는 제외한다)은 다음의 어느 하나와 같다.

1) 항공기 및 자동차 관련 시설 중 항공기격납고

2) 차고, 주차용 건축물 또는 철골 조립식 주차시설. 이 경우 연면적 800m² 이상인 것만 해당한다.

3) 건축물의 내부에 설치된 차고·주차장으로서 사용되는 면적이 200m² 이상인 경우 해당 부분

4) 기계장치에 의한 주차시설을 이용하여 20대 이상의 차량을 주차할 수 있는 시설

5) 특정소방대상물에 설치된 전기실·발전실·변전실(가연성 절연유를 사용하지 않는 변압기·전류차단기 등의 전기기기와 가연성 피복을 사용하지 않은 전선 및 케이블만을 설치한 전기실·발전실 및 변전실은 제외한다)·축전지실·통신기기실 또는 전산실, 그 밖에 이와 비슷한 것으로서 바닥면적이 300m² 이상인 것[하나의 방화구획 내에 둘 이상의 실(室)이 설치되어 있는 경우에는 이를 하나의 실로 보아 바닥면적을 산정한다]. 다만, 내화구조로 된 공정제어실 내에 설치된 주조정실로서 양압시설이 설치되고 전기기기에 220볼트 이하인 저전압이 사용되며 종업원이 24시간 상주하는 곳은 제외한다.

6) 소화수를 수집·처리하는 설비가 설치되어 있지 않은 중·저준위방사성폐기물의 저장시설. 다만, 이 경우에는 이산화탄소소화설비, 할론소화설비 또는 할로겐화합물 및 불활성기체 소화설비를 설치하여야 한다.

7) 지하가 중 예상 교통량, 경사도 등 터널의 특성을 고려하여 행정안전부령으로 정하는 터널. 다만, 이 경우에는 물분무소화설비를 설치하여야 한다.

8) 「문화재보호법」 제2조 제3항 제1호 및 제2호에 따른 지정문화재 중 소방청장이 문화재청장과 협의하여 정하는 것

사. 옥외소화전설비를 설치하여야 하는 특정소방대상물(아파트등, 위험물 저장 및 처리 시설 중 가스시설, 지하구 또는 지하가 중 터널은 제외한다)은 다음의 어느 하나와 같다.

1) 지상 1층 및 2층의 바닥면적의 합계가 9천m² 이상인 것. 이 경우 같은 구(區) 내의 둘 이상의 특정소방대상물이 행정안전부령으로 정하는 연소(延燒) 우려가 있는 구조인 경우에는 이를 하나의 특정소방대상물로 본다.

2) 「문화재보호법」 제23조에 따라 보물 또는 국보로 지정된 목조건축물

3) 1)에 해당하지 않는 공장 또는 창고시설로서 「화재의 예방 및 안전관리에 관한 법률 시행령」 별표 2에서 정하는 수량의 750배 이상의 특수가연물을 저장·취급하는 것

2. 경보설비

가. 비상경보설비를 설치하여야 할 특정소방대상물(지하구, 모래·석재 등 불연재료 창고 및 위험물 저장·처리 시설 중 가스시설은 제외한다)은 다음의 어느 하나와 같다.

1) 연면적 400m²(지하가 중 터널 또는 사람이 거주하지 않거나 벽이 없는 축사 등 동·식물 관련시설은 제외한다) 이상이거나 지하층 또는 무창층의 바닥면적이 150m²(공연장의 경우 100m²) 이상인 경우에는 모든 층

2) 지하가 중 터널로서 길이가 500m 이상인 것

3) 50명 이상의 근로자가 작업하는 옥내 작업장

나. 비상방송설비를 설치하여야 하는 특정소방대상물(위험물 저장 및 처리 시설 중 가스시설, 사람이 거주하지 않는 동물 및 식물 관련 시설, 지하가 중 터널, 축사 및 지하구는 제외한다)은 다음의 어느 하나 해당하는 경우에는 모든 층

1) 연면적 3천5백m² 이상인 것

2) 층수가 11층 이상인 것

3) 지하층의 층수가 3층 이상인 것

다. 누전경보기는 계약전류용량(같은 건축물에 계약 종류가 다른 전기가 공급되는 경우에는 그 중 최대계약전류용량을 말한다)이 100암페어를 초과하는 특정소방대상물(내화구조가 아닌 건축물로서 벽·바닥 또는 반자의 전부나 일부를 불연재료 또는 준불연재료가 아닌 재료에 철망을 넣어 만든 것만 해당한다)에 설치하여야 한다. 다만, 위험물 저장 및 처리시설 중 가스시설, 지하가 중 터널 또는 지하구의 경우에는 그러하지 아니하다.

라. 자동화재탐지설비를 설치하여야 하는 특정소방대상물은 다음의 어느 하나와 같다.

1) 공동주택 및 숙박시설

2) 층수가 6층 이상인 건축물

3) 근린생활시설(목욕장은 제외한다), 의료시설(정신의료기관 또는 요양병원은 제외한다), 위락시설, 장례시설 및 복합건축물로서 연면적 600m² 이상인 경우에는 모든 층

4) 근린생활시설 중 목욕장, 문화 및 집회시설, 종교시설, 판매시설, 운수시설, 운동시설, 업무시설, 공장, 창고시설, 위험물 저장 및 처리 시설, 항공기 및 자동차 관련 시설, 교정 및 군사시설 중 국방·군사시설, 방송통신시설, 발전시설, 관광 휴게시설, 지하가(터널은 제외한다)로서 연면적 1천m² 이상인 경우에는 모든 층

5) 교육연구시설(교육시설 내에 있는 기숙사 및 합숙소를 포함한다), 수련시설(수련시설 내에 있는 기숙사 및 합숙소를 포함하며, 숙박시설이 있는 수련시설은 제외한다), 동물 및 식물 관련 시설(기둥과 지붕만으로 구성되어 외부와 기류가 통하는 장소는 제외한다), 분뇨 및 쓰레기 처리시설, 교정 및 군사시설(국방·군사시설은 제외한다) 또는 묘지 관련 시설로서 연면적 2천m² 이상인 경우에는 모든 층

6) 노유자 생활시설

7) 6)에 해당하지 않는 노유자시설로서 연면적 400m² 이상인 노유자시설 및 숙박시설이 있는 수련시설로서 수용인원 100명 이상인 경우에는 모든 층

8) 의료시설 중 정신의료기관 또는 요양병원으로서 다음의 어느 하나에 해당하는 시설

가) 요양병원(정신병원과 의료재활시설은 제외한다)

나) 정신의료기관 또는 의료재활시설로 사용되는 바닥면적의 합계가 300m² 이상인 시설

다) 정신의료기관 또는 의료재활시설로 사용되는 바닥면적의 합계가 300m² 미만이고, 창살(철재·플라스틱 또는 목재 등으로 사람의 탈출 등을 막기 위하여 설치한 것을 말하며, 화재 시 자동으로 열리는 구조로 되어 있는 창살은 제외한다)이 설치된 시설

9) 판매시설 중 전통시장

10) 지하가 중 터널로서 길이가 1천m 이상인 것

11) 지하구

12) 3)에 해당하지 않는 근린생활시설 중 조산원 및 산후조리원

13) 4)에 해당하지 않는 공장 및 창고시설로서 「화재의 예방 및 안전관리에 관한 법률 시행령」 별표 2에서 정하는 수량의 500배 이상의 특수가연물을 저장·취급하는 것

14) 4)에 해당하지 않는 발전시설 중 전기저장시설

마. 화재알림설비를 설치하여야 하는 특정소방대상물은 다음의 어느 하나와 같다.

　　1) 판매시설 중 전통시장

　　2) 문화재

바. 자동화재속보설비를 설치하여야 하는 특정소방대상물은 다음의 어느 하나와 같다. 다만, 방재실 등 화재 수신반이 설치된 장소에 24시간 화재를 감시할 수 있는 사람이 근무하고 있는 경우에는 자동화재속보설비를 설치하지 않을 수 있다.

　　1) 노유자 생활시설

　　2) 노유자시설로서 바닥면적이 500m² 이상인 층이 있는 것

　　3) 수련시설(숙박시설이 있는 건축물만 해당한다)로서 바닥면적이 500m² 이상인 층이 있는 것

　　4)「문화재보호법」제23조에 따라 보물 또는 국보로 지정된 목조건축물

　　5) 근린생활시설 중 다음의 어느 하나에 해당하는 시설

　　　　가) 의원, 치과의원 및 한의원으로서 입원실이 있는 시설

　　　　나) 조산원 및 산후조리원

　　6) 의료시설 중 다음의 어느 하나에 해당하는 것

　　　　가) 종합병원, 병원, 치과병원, 한방병원 및 요양병원(정신병원과 의료재활시설은 제외한다)

　　　　나) 정신병원 및 의료재활시설로 사용되는 바닥면적의 합계가 500m² 이상인 층이 있는 것

　　7) 판매시설 중 전통시장

사. 단독경보형 감지기를 설치하여야 하는 특정소방대상물은 다음의 어느 하나와 같다.

　　1) 교육연구시설 또는 수련시설 내에 있는 합숙소 또는 기숙사로서 연면적 2천m² 미만인 것

　　2) 라목 5)에 해당하지 않는 수련시설(숙박시설이 있는 것만 해당한다)

　　3) 연면적 400m² 미만의 유치원

아. 시각경보기를 설치하여야 하는 특정소방대상물은 라목에 따라 자동화재탐지설비를 설치하여야 하는 특정소방대상물 중 다음의 어느 하나에 해당하는 것과 같다.

　　1) 근린생활시설, 문화 및 집회시설, 종교시설, 판매시설, 운수시설, 의료시설, 노유자시설

　　2) 운동시설, 업무시설, 숙박시설, 위락시설, 창고시설 중 물류터미널, 발전시설 및 장례시설

　　3) 교육연구시설 중 도서관, 방송통신시설 중 방송국

　　4) 지하가 중 지하상가

자. 가스누설경보기를 설치하여야 하는 특정소방대상물(가스시설이 설치된 경우만 해당한다)은 다음의 어느 하나와 같다.

　　1) 문화 및 집회시설, 종교시설, 판매시설, 운수시설, 의료시설, 노유자시설

　　2) 수련시설, 운동시설, 숙박시설, 창고시설 중 물류터미널, 장례시설

차. 통합감시시설을 설치하여야 하는 특정소방대상물은 지하구로 한다.

3. 피난구조설비

가. 피난기구는 특정소방대상물의 모든 층에 화재안전기준에 적합한 것으로 설치하여야 한다. 다만, 피난층, 지상 1층, 지상 2층(별표 2 제9호에 따른 노유자시설 중 피난층이 아닌 지상 1층과 피난층이 아닌 지상 2층은 제외한다) 및 층수가 11층 이상인 층과 위험물 저장 및 처리시설 중 가스시설, 지하가 중 터널 또는 지하구의 경우에는 그러하지 아니하다.

나. 인명구조기구를 설치하여야 하는 특정소방대상물은 다음의 어느 하나와 같다.

    1) 방열복 또는 방화복(안전모, 보호장갑 및 안전화를 포함한다), 인공소생기 및 공기호흡기를 설치하여야 하는 특정소방대상물: 지하층을 포함하는 층수가 7층 이상인 것 중 관광호텔 용도로 사용하는 층

    2) 방열복 또는 방화복(안전모, 보호장갑 및 안전화를 포함한다) 및 공기호흡기를 설치하여야 하는 특정소방대상물: 지하층을 포함하는 층수가 5층 이상인 것 중 병원 용도로 사용하는 층

    3) 공기호흡기를 설치하여야 하는 특정소방대상물은 다음의 어느 하나와 같다.

        가) 수용인원 100명 이상인 문화 및 집회시설 중 영화상영관

        나) 판매시설 중 대규모점포

        다) 운수시설 중 지하역사

        라) 지하가 중 지하상가

        마) 제1호 바목 및 화재안전기준에 따라 이산화탄소소화설비(호스릴이산화탄소소화설비는 제외한다)를 설치하여야 하는 특정소방대상물

다. 유도등을 설치하여야 할 대상은 다음의 어느 하나와 같다.

    1) 피난구유도등, 통로유도등 및 유도표지는 별표 2의 특정소방대상물에 설치한다. 다만, 다음의 어느 하나에 해당하는 경우는 제외한다.

        가) 별표 2 제19호에 따른 동물 및 식물 관련 시설 중 축사로서 가축을 직접 가두어 사육하는 부분

        나) 지하가 중 터널

    2) 객석유도등은 다음의 어느 하나에 해당하는 특정소방대상물에 설치한다.

        가) 유흥주점영업시설(「식품위생법 시행령」 제21조 제8호 라목의 유흥주점영업 중 손님이 춤을 출 수 있는 무대가 설치된 카바레, 나이트클럽 또는 그 밖에 이와 비슷한 영업시설만 해당한다)

        나) 문화 및 집회시설

        다) 종교시설

        라) 운동시설

    3) 피난유도선은 화재안전기준으로 정하는 장소에 설치한다.

라. 비상조명등을 설치하여야 하는 특정소방대상물(창고시설 중 창고 및 하역장, 위험물 저장 및 처리 시설 중 가스시설은 제외한다)은 다음의 어느 하나와 같다.

    1) 지하층을 포함하는 층수가 5층 이상인 건축물로서 연면적 3천㎡ 이상인 경우에는 모든 층

    2) 1)에 해당하지 않는 특정소방대상물로서 그 지하층 또는 무창층의 바닥면적이 450㎡ 이상인 경우에는 해당 층

    3) 지하가 중 터널로서 그 길이가 500m 이상인 것

마. 휴대용 비상조명등을 설치하여야 하는 특정소방대상물은 다음의 어느 하나와 같다.

    1) 숙박시설

    2) 수용인원 100명 이상의 영화상영관, 판매시설 중 대규모점포, 철도 및 도시철도 시설 중 지하역사, 지하가 중 지하상가

4. 소화용수설비

상수도소화용수설비를 설치하여야 하는 특정소방대상물은 다음 각 목의 어느 하나와 같다. 다만, 상수도소화용수설비를 설치하여야 하는 특정소방대상물의 대지 경계선으로부터 180m 이내에 지름 75mm 이상인 상수도용 배수관이 설치되지 않은 지역의 경우에는 화재안전기준에 따른 소화수조 또는 저수조를 설치하여야 한다.

가. 연면적 5천m² 이상인 것. 다만, 위험물 저장 및 처리 시설 중 가스시설, 지하가 중 터널 또는 지하구의 경우에는 그러하지 아니하다.

나. 가스시설로서 지상에 노출된 탱크의 저장용량의 합계가 100톤 이상인 것

다. 자원순환 관련 시설 중 폐기물재활용시설 및 폐기물처분시설

5. 소화활동설비

가. 제연설비를 설치하여야 하는 특정소방대상물은 다음의 어느 하나와 같다.

　　1) 문화 및 집회시설, 종교시설, 운동시설로서 무대부의 바닥면적이 200m² 이상 또는 문화 및 집회시설 중 영화상영관으로서 수용인원 100명 이상인 부분

　　2) 지하층이나 무창층에 설치된 근린생활시설, 판매시설, 운수시설, 의료시설, 노유자시설, 숙박시설, 위락시설, 창고시설(물류터미널만 해당한다)로서 해당 용도로 사용되는 바닥면적의 합계가 1천m² 이상인 부분

　　3) 운수시설 중 시외버스정류장, 철도 및 도시철도 시설, 공항시설 및 항만시설의 대기실 또는 휴게시설로서 지하층 또는 무창층의 바닥면적이 1천m² 이상인 것

　　4) 지하가(터널은 제외한다)로서 연면적 1천m² 이상인 것

　　5) 지하가 중 다음 어느 하나에 해당하는 터널

　　　가) 길이가 1천미터 이상인 터널

　　　나) 지하가 중 예상 교통량, 경사도 등 터널의 특성을 고려하여 행정안전부령으로 정하는 터널

　　6) 특정소방대상물(갓복도형 아파트등은 제외한다)에 부설된 특별피난계단, 비상용 승강기의 승강장 또는 피난용 승강기의 승강장

나. 연결송수관설비를 설치하여야 하는 특정소방대상물(위험물 저장 및 처리 시설 중 가스시설 또는 지하구는 제외한다)은 다음의 어느 하나와 같다.

　　1) 층수가 5층 이상으로서 연면적 6천m² 이상인 경우에는 모든 층

　　2) 1)에 해당하지 않는 특정소방대상물로서 지하층을 포함하는 층수가 7층 이상인 경우에는 모든 층

　　3) 1) 및 2)에 해당하지 않는 특정소방대상물로서 지하층의 층수가 3층 이상이고 지하층의 바닥면적의 합계가 1천m² 이상인 경우 모든 층

　　4) 지하가 중 터널로서 길이가 500m 이상인 것

다. 연결살수설비를 설치하여야 하는 특정소방대상물(지하구는 제외한다)은 다음의 어느 하나와 같다.

　　1) 판매시설, 운수시설, 창고시설 중 물류터미널로서 사용되는 면적이 1천m² 이상인 경우 시설로 사용되는 부분

　　2) 지하층(피난층으로 주된 출입구가 도로와 접한 경우는 제외한다)으로서 바닥면적의 합계가 150m² 이상인 경우에는 지하층의 모든 층 다만, 「주택법 시행령」 제46조 제1항에 따른 국민주택규모 이하인 아파트등의 지하층(대피시설로 사용하는 것만 해당한다)과 교육연구시설 중 학교의 지하층의 경우에는 700m² 이상인 것으로 한다.

　　3) 가스시설 중 지상에 노출된 탱크의 용량이 30톤 이상인 탱크시설

　　4) 1) 및 2)의 특정소방대상물에 부속된 연결통로

라. 비상콘센트설비를 설치하여야 하는 특정소방대상물(위험물 저장 및 처리 시설 중 가스시설 또는 지하구는 제외한다)은 다음의 어느 하나와 같다.

1) 층수가 11층 이상인 특정소방대상물의 경우에는 11층 이상의 층

2) 지하층의 층수가 3층 이상이고 지하층의 바닥면적의 합계가 1천m² 이상인 것은 지하층의 모든 층

3) 지하가 중 터널로서 길이가 500m 이상인 것

마. 무선통신보조설비를 설치하여야 하는 특정소방대상물(위험물 저장 및 처리 시설 중 가스시설은 제외한다)은 다음의 어느 하나와 같다.

1) 지하가(터널은 제외한다)로서 연면적 1천m² 이상인 것

2) 지하층의 바닥면적의 합계가 3천m² 이상인 것 또는 지하층의 층수가 3층 이상이고 지하층의 바닥면적의 합계가 1천m² 이상인 것은 지하층의 모든 층

3) 지하가 중 터널로서 길이가 500m 이상인 것

4) 「국토의 계획 및 이용에 관한 법률」 제2조 제9호에 따른 공동구

5) 층수가 30층 이상인 것으로서 16층 이상 부분의 모든 층

바. 연소방지설비는 지하구(전력 또는 통신사업용인 것만 해당한다)에 설치하여야 한다.

비고

1. 별표 2 제1호부터 제27호까지 중 어느 하나에 해당하는 시설(이하 이 표에서 "근린생활시설등"이라 한다)의 소방시설 설치기준이 복합건축물의 소방시설 설치기준보다 강한 경우 복합건축물 안에 있는 해당 근린생활시설등에 대해서는 그 근린생활시설등의 소방시설 설치기준을 적용한다.

2. 별표 2 제23호 가목 원자력발전소 중 「원자력안전법」 제2조(정의)에 따른 "원자로 및 관계시설"에 설치하는 소방시설에 대해서는 별표 5 및 화재안전기준(NFSC)를 적용하지 아니하고 「원자력안전법령」에 따른다.

📍 [별표 6] 특정소방대상물의 소방시설 설치의 면제기준(제14조 관련)

설치가 면제되는 소방시설	설치면제 기준
1. 스프링클러설비	가. 스프링클러설비를 설치하여야 하는 특정소방대상물[별표 5 제1호 라목 13)은 제외한다]에 적응성 있는 자동소화장치 및 물분무등소화설비를 화재안전기준에 적합하게 설치한 경우에는 그 설비의 유효범위(해당 소방시설이 화재를 감지·소화 또는 경보할 수 있는 부분을 말한다. 이하 같다)에서 설치가 면제된다. 나. 스프링클러설비를 설치하여야 하는 별표 2 제23호 마목의 전기저장장치는 「전기저장시설의 화재안전기준」에 적합하게 소화성능 또는 화재안전성능이 확보되는 경우에는 그 설비의 유효범위에서 설치가 면제된다.
2. 물분무등소화설비	물분무등소화설비를 설치하여야 하는 차고·주차장에 스프링클러설비를 화재안전기준에 적합하게 설치한 경우에는 그 설비의 유효범위에서 설치가 면제된다.
3. 간이스프링클러설비	간이스프링클러설비를 설치하여야 하는 특정소방대상물에 스프링클러설비, 물분무소화설비 또는 미분무소화설비를 화재안전기준에 적합하게 설치한 경우에는 그 설비의 유효범위에서 설치가 면제된다.
4. 비상경보설비 또는 단독경보형 감지기	비상경보설비 또는 단독경보형 감지기를 설치하여야 하는 특정소방대상물에 자동화재탐지설비 또는 화재알림설비를 화재안전기준에 적합하게 설치한 경우에는 그 설비의 유효범위에서 설치가 면제된다.
5. 비상경보설비	비상경보설비를 설치하여야 할 특정소방대상물에 단독경보형 감지기를 2개 이상의 단독경보형 감지기와 연동하여 설치하는 경우에는 그 설비의 유효범위에서 설치가 면제된다.
6. 비상방송설비	비상방송설비를 설치하여야 하는 특정소방대상물에 자동화재탐지설비 또는 비상경보설비와 같은 수준 이상의 음향을 발하는 장치를 부설한 방송설비를 화재안전기준에 적합하게 설치한 경우에는 그 설비의 유효범위에서 설치가 면제된다.
7. 피난구조설비	피난구조설비를 설치하여야 하는 특정소방대상물에 그 위치·구조 또는 설비의 상황에 따라 피난상 지장이 없다고 인정되는 경우에는 화재안전기준에서 정하는 바에 따라 설치가 면제된다.
8. 연결살수설비	가. 연결살수설비를 설치하여야 하는 특정소방대상물에 송수구를 부설한 스프링클러설비, 간이스프링클러설비, 물분무소화설비 또는 미분무소화설비를 화재안전기준에 적합하게 설치한 경우에는 그 설비의 유효범위에서 설치가 면제된다. 나. 가스 관계 법령에 따라 설치되는 물분무장치 등에 소방대가 사용할 수 있는 연결송수구가 설치되거나 물분무장치 등에 6시간 이상 공급할 수 있는 수원(水源)이 확보된 경우에는 설치가 면제된다.
9. 제연설비	가. 제연설비를 설치하여야 하는 특정소방대상물(별표 5 제5호 가목 6)은 제외한다)에 다음의 어느 하나에 해당하는 설비를 설치한 경우에는 설치가 면제된다. 　1) 공기조화설비를 화재안전기준의 제연설비기준에 적합하게 설치하고 공기조화설비가 화재 시 제연설비기능으로 자동전환되는 구조로 설치되어 있는 경우 　2) 직접 외부 공기와 통하는 배출구의 면적의 합계가 해당 제연구역[제연경계(제연설비의 일부인 천장을 포함한다)에 의하여 구획된 건축물 내의 공간을 말한다] 바닥면적의 100분의 1 이상이고, 배출구부터 각 부분까지의 수평거리가 30m 이내이며, 공기유입구가 화재안전기준에 적합하게 (외부 공기를 직접 자연 유입할 경우에 유입구의 크기는 배출구의 크기 이상이어야 한다) 설치되어 있는 경우 나. 별표 5 제5호 가목 6)에 따라 제연설비를 설치하여야 하는 특정소방대상물 중 노대(露臺)와 연결된 특별피난계단, 노대가 설치된 비상용 승강기의 승강장 또는 「건축법 시행령」 제91조 제5호의 기준에 따라 배연설비가 설치된 피난용 승강기의 승강장에는 설치가 면제된다.

10. 비상조명등	비상조명등을 설치하여야 하는 특정소방대상물에 피난구유도등 또는 통로유도등을 화재안전기준에 적합하게 설치한 경우에는 그 유도등의 유효범위에서 설치가 면제된다.
11. 누전경보기	누전경보기를 설치하여야 하는 특정소방대상물 또는 그 부분에 아크경보기(옥내 배전선로의 단선이나 선로 손상 등으로 인하여 발생하는 아크를 감지하고 경보하는 장치를 말한다) 또는 전기 관련 법령에 따른 지락차단장치를 설치한 경우에는 그 설비의 유효범위에서 설치가 면제된다.
12. 무선통신보조 설비	무선통신보조설비를 설치하여야 하는 특정소방대상물에 이동통신 구내 중계기 선로설비 또는 무선이동중계기(「전파법」 제58조의2에 따른 적합성평가를 받은 제품만 해당한다) 등을 화재안전기준의 무선통신보조설비기준에 적합하게 설치한 경우에는 설치가 면제된다.
13. 상수도소화용수 설비	가. 상수도소화용수설비를 설치하여야 하는 특정소방대상물의 각 부분으로부터 수평거리 140m 이내에 공공의 소방을 위한 소화전이 화재안전기준에 적합하게 설치되어 있는 경우에는 설치가 면제된다. 나. 소방본부장 또는 소방서장이 상수도소화용수설비의 설치가 곤란하다고 인정하는 경우로서 화재안전기준에 적합한 소화수조 또는 저수조가 설치되어 있거나 이를 설치하는 경우에는 그 설비의 유효범위에서 설치가 면제된다.
14. 연소방지설비	연소방지설비를 설치하여야 하는 특정소방대상물에 스프링클러설비, 물분무소화설비 또는 미분무소화설비를 화재안전기준에 적합하게 설치한 경우에는 그 설비의 유효범위에서 설치가 면제된다.
15. 연결송수관설비	연결송수관설비를 설치하여야 하는 소방대상물에 옥외에 연결송수구 및 옥내에 방수구가 부설된 옥내소화전설비, 스프링클러설비, 간이스프링클러설비 또는 연결살수설비를 화재안전기준에 적합하게 설치한 경우에는 그 설비의 유효범위에서 설치가 면제된다. 다만, 지표면에서 최상층 방수구의 높이가 70m 이상인 경우에는 설치하여야 한다.
16. 자동화재탐지설비	자동화재탐지설비의 기능(감지·수신·경보기능을 말한다)과 성능을 가진 화재알림설비, 스프링클러설비 또는 물분무등소화설비를 화재안전기준에 적합하게 설치한 경우에는 그 설비의 유효범위에서 설치가 면제된다.
17. 옥외소화전설비	옥외소화전설비를 설치하여야 하는 보물 또는 국보로 지정된 목조문화재에 상수도소화용수설비를 옥외소화전설비의 화재안전기준에서 정하는 방수압력·방수량·옥외소화전함 및 호스의 기준에 적합하게 설치한 경우에는 설치가 면제된다.
18. 옥내소화전설비	소방본부장 또는 소방서장이 옥내소화전설비의 설치가 곤란하다고 인정하는 경우로서 호스릴 방식의 미분무소화설비 또는 옥외소화전설비를 화재안전기준에 적합하게 설치한 경우에는 그 설비의 유효범위에서 설치가 면제된다.
19. 자동소화장치	자동소화장치(주거용 주방자동소화장치는 제외한다)를 설치하여야 하는 특정소방대상물에 물분무등소화설비를 화재안전기준에 적합하게 설치한 경우에는 그 설비의 유효범위에서 설치가 면제된다.
20. 자동화재속보설비	자동화재속보설비를 설치하여야 하는 특정소방대상물에 화재알림설비를 화재안전기준에 적합하게 설치한 경우에는 그 설비의 유효범위에서 설치가 면제된다.
21. 화재알림설비	화재알림설비를 설치하여야 하는 특정소방대상물에 자동화재탐지설비를 화재안전기준에 적합하게 설치한 경우에는 그 설비의 유효범위에서 설치가 면제된다.

📍 [별표 7] 소방시설을 설치하지 아니할 수 있는 특정소방대상물 및 소방시설의 범위(제16조 관련)

구분	특정소방대상물	소방시설
1. 화재 위험도가 낮은 특정소방대상물	석재, 불연성금속, 불연성 건축재료 등의 가공공장·기계조립공장 또는 불연성 물품을 저장하는 창고	옥외소화전 및 연결살수설비
2. 화재안전기준을 적용하기 어려운 특정소방대상물	음료수 공장의 세정 또는 충전을 하는 작업장, 그 밖에 이와 비슷한 용도로 사용하는 것	스프링클러설비, 상수도소화용수설비 및 연결살수설비
	정수장, 수영장, 목욕장, 어류양식용 시설, 그 밖에 이와 비슷한 용도로 사용되는 것	자동화재탐지설비, 상수도소화용수설비 및 연결살수설비
3. 화재안전기준을 달리 적용하여야 하는 특수한 용도 또는 구조를 가진 특정소방대상물	원자력발전소, 핵폐기물처리시설	연결송수관설비 및 연결살수설비
4. 「위험물안전관리법」 제19조에 따른 자체소방대가 설치된 특정소방대상물	자체소방대가 설치된 위험물 제조소등에 부속된 사무실	상수도소화용수설비

📍 [별표 8] 임시소방시설의 종류와 설치기준 등(제17조 관련)

1. 임시소방시설의 종류

가. 소화기

나. 간이소화장치: 물을 방사(放射)하여 화재를 진화할 수 있는 장치로서 소방청장이 정하는 성능을 갖추고 있을 것

다. 비상경보장치: 화재가 발생한 경우 주변에 있는 작업자에게 화재사실을 알릴 수 있는 장치로서 소방청장이 정하는 성능을 갖추고 있을 것

라. 가스누설경보기: 가연성 가스가 누설 또는 발생된 경우 탐지하여 경보하는 장치로서 소방청장이 실시하는 형식승인 및 제품검사를 받은 것

마. 간이피난유도선: 화재가 발생한 경우 피난구 방향을 안내할 수 있는 장치로서 소방청장이 정하는 성능을 갖추고 있을 것

바. 비상조명등: 화재발생 시 안전하고 원활한 피난활동을 할 수 있도록 거실 및 피난통로 등에 설치하여 자동 점등되는 조명장치로서 소방청장이 정하는 성능을 갖추고 있을 것

사. 방화포: 용접·용단 등 작업시 발생하는 금속성 불티로부터 가연물이 점화되는 것을 방지해주는 천 또는 불연성 물품으로서 소방청장이 정하는 성능을 갖추고 있을 것

2. 임시소방시설을 설치하여야 하는 공사의 종류와 규모

가. 소화기: 제7조 제1항에 따라 건축허가등을 할 때 소방본부장 또는 소방서장의 동의를 받아야 하는 특정소방대상물의 건축·대수선·용도변경 또는 설치 등을 위한 공사 중 제17조 각 호에 따른 작업을 하는 현장(이하 "작업현장"이라 한다)에 설치한다.

나. 간이소화장치: 다음의 어느 하나에 해당하는 공사의 작업현장에 설치한다.

1) 연면적 3천m^2 이상

2) 지하층, 무창층 또는 4층 이상의 층. 이 경우 해당 층의 바닥면적이 600m^2 이상인 경우만 해당한다.

다. 비상경보장치: 다음의 어느 하나에 해당하는 공사의 작업현장에 설치한다.

1) 연면적 400m^2 이상

2) 지하층 또는 무창층. 이 경우 해당 층의 바닥면적이 150m^2 이상인 경우만 해당한다.

라. 가스누설경보기: 바닥면적이 150m^2 이상인 지하층 또는 무창층의 작업현장에 설치한다.

마. 간이피난유도선: 바닥면적이 150m^2 이상인 지하층 또는 무창층의 작업현장에 설치한다.

바. 비상조명등: 바닥면적이 150m^2 이상인 지하층 또는 무창층의 작업현장에 설치한다.

사. 방화포: 용접·용단 작업이 진행되는 모든 작업장에 설치한다.

3. 임시소방시설과 기능 및 성능이 유사한 소방시설로서 임시소방시설을 설치한 것으로 보는 소방시설

가. 간이소화장치를 설치한 것으로 보는 소방시설: 옥내소화전 설비를 설치한 경우 또는 연결송수관설비와 연결송수관설비의 방수구 인근에 소방청장이 정하여 고시하는 기준에 맞는 소화기를 설치한 경우

나. 비상경보장치를 설치한 것으로 보는 소방시설: 비상방송설비 또는 자동화재탐지설비를 설치한 경우

다. 간이피난유도선을 설치한 것으로 보는 소방시설: 피난유도선, 피난구유도등, 통로유도등 또는 비상조명등을 설치한 경우

📍 [별표 9] 방염대상물품을 사용하여야 하는 특정소방대상물과 방염대상물품의 종류 등(제29조 관련)

방염대상물품 방염대상물품을 사용하여야 하는 특정소방대상물	제조 또는 가공 공정에서 방염 처리하여야 하는 방염대상물품								현장에서 방염처리 가능한 방염대상물품			
	가. 창문에 설치하는 커튼류	나. 카펫	다. 두께 2밀리미터 미만 벽지류	라. 전시용 합판 또는 섬유판 무대용 합판 또는 섬유판	마. 암막 또는 무대막	바. 섬유류 또는 합성수지류 등을 원료로 하여 제작된 소파·의자	사. 붙박이 가구류	아. 침구류 소파 및 의자	자. 종이류·합성수지류 또는 섬유류를 주원료로 한 물품	차. 합판 또는 목재	카. 공간을 구획하기 위하여 설치하는 간이 칸막이	타. 흡음(吸音)재 또는 방음(防音)재
1. 근린생활시설 중 의원, 조산원, 산후조리원, 체력단련장, 공연장, 종교집회장	의무	의무	의무	의무	의무		의무		의무	의무	의무	의무
2. 건축물의 옥내에 있는 문화 및 집회시설, 종교시설, 운동시설	의무	의무	의무	의무	의무		의무	권장	의무	의무	의무	의무
3. 의료시설	의무	의무	의무	의무	의무		의무	권장	의무	의무	의무	의무
4. 교육연구시설 중 합숙소	의무	의무	의무	의무	의무		의무		의무	의무	의무	의무
5. 노유자시설	의무	의무	의무	의무	의무		의무	권장	의무	의무	의무	의무
6. 숙박이 가능한 수련시설	의무	의무	의무	의무	의무		의무		의무	의무	의무	의무
7. 숙박시설	의무	의무	의무	의무	의무		의무	권장	의무	의무	의무	의무
8. 방송통신시설 중 방송국 및 촬영소	의무	의무	의무	의무	의무		의무		의무	의무	의무	의무
9. 장례시설 중 장례식장								권장				
10. 「다중이용업소의 안전관리에 관한 특별법 시행령」 제2조 제1호 나목 및 같은 조 제6호에 따른 단란주점영업, 유흥주점영업, 노래연습장업의 영업장	의무	의무	의무	의무	의무	의무	의무	권장	의무	의무	의무	의무
11. 제10호 외의 다중이용업소	의무	의무	의무	의무	의무		의무	권장	의무	의무	의무	의무
12. 제1호부터 제11호까지의 시설에 해당하지 않는 것으로서 층수가 11층 이상인 것	의무	의무	의무	의무	의무		의무		의무	의무	의무	의무

비고

1. "제조 또는 가공 공정에서 방염 처리하여야 하는 방염대상물품"은 제조 또는 가공 공정에서 방염 처리한 물품만을 사용하여야 한다. 다만, 전시용 합판·목재 또는 무대용 합판·목재는 소방본부장 또는 소방서장이 불가피하다고 인정하는 경우에는 현장에서 방염처리할 수 있다.

2. "현장에서 방염처리 가능한 물품"은 제조 또는 가공 공정에서 방염 처리한 방염대상물품 또는 방염액 등을 사용하여 현장에서 방염처리할 수 있다.

3. 제2호 중 "건축물의 옥내에 있는 운동시설"의 경우 수영장은 제외한다.

4. 가목 "커튼류"에는 블라인드를 포함한다.

5. 다목 "벽지류"에는 2밀리미터 미만인 종이벽지는 제외한다.

6. 마목 "암막 또는 무대막"에는 「영화 및 비디오물의 진흥에 관한 법률」 제2조 제10호에 따른 영화상영관에 설치하는 스크린과 「다중이용업소의 안전관리에 관한 특별법 시행령」 제2조 제7호의4에 따른 가상체험 체육시설업에 설치하는 스크린을 포함한다.

7. 사목 "붙박이 가구류"는 「건축법」 제52조에 따른 건축물 내부의 마감재료 위에 합판 또는 목재를 설치·부착하여 제작된 고정식 가구류로서 조리대 등 주방가구, 침실·드레스룸의 붙박이장, 거실·현관 등의 수납가구 등을 말하며, 건축물의 사용승인 또는 영업 허가(신고) 전에 설치하는 것에 한한다.

8. 차목의 현장에서 방염처리 가능한 "합판 또는 목재"에는 너비 10센티미터 이하인 반자돌림대 등과 「건축법」 제52조에 따른 내부의 마감재료는 제외한다.

9. 자목 중 "종이류"에는 두께 2밀리미터 미만은 제외한다.

10. 카목 "공간을 구획하기 위하여 설치하는 간이 칸막이"에는 접이식, 자립형 등 이동 가능한 벽체나 천장 또는 반자가 실내에 접하는 부분까지 구획하지 아니하는 벽체를 말한다.

11. 타목 "흡음(吸音)재 또는 방음(防音)재"에는 흡음 또는 방음용 커튼을 포함한다.

12. 소방본부장 또는 소방서장은 다중이용업소, 의료시설, 노유자시설, 숙박시설 또는 장례식장 등에서 사용하는 침구류, 소파 및 의자 등에 대해 방염처리된 물품을 사용하도록 권장할 수 있다.

📍 [별표 10] 소방시설관리업의 업종별 등록기준 및 영업범위(제44조 제1항 관련)

항목 업종별	기술인력	기술등급	영업범위
전문 소방시설 관리업	가. 주된 기술인력: 소방시설관리사 　　3명 이상 나. 보조 기술인력: 6명 이상	가. 주된 기술인력 　1) 소방시설관리사 자격을 취득한 후 　　소방 관련 실무 경력이 5년 이상인 　　사람 1명 이상 　2) 소방시설관리사 자격을 취득한 후 　　소방 관련 실무 경력이 3년 이상인 　　사람 1명 이상 　3) 소방시설관리사 자격 취득자 나. 보조 기술인력 　1) 고급점검자: 2명 이상 　2) 중급점검자: 2명 이상 　3) 초급점검자: 2명 이상	모든 특정소방대상물
일반 소방시설 관리업	가. 주된 기술인력: 소방시설관리사 　　1명 이상 나. 보조 기술인력: 2명 이상	가. 주된 기술인력: 소방시설관리사 자격 　증 취득 후 소방 관련 실무 경력이 1년 　이상인 사람 나. 보조 기술인력 　1) 중급점검자: 1명 이상 　2) 초급점검자 각 1명 이상	「화재의 예방 및 안전관리에 관한 법률」 제24조 및 같은 법 시행령 별표 4에 해당하는 1급, 2급, 3급 소방안전관리대상물

비고

1. "보조 기술인력"이란 「소방시설공사업법」 제28조에 따라 소방기술 경력 등의 인정을 받은 기술자 중 같은 법 시행규칙 별표 4의2 제3호 다목에 해당하는 기술자를 말한다.
2. 법 제22조 제1항 및 「화재의 예방 및 안전관리에 관한 법률」 제25조 제1항에 따라 소방시설등 자체점검업무와 소방안전관리자 업무대행 업무를 함께 하려는 경우에는 업종별 등록기준의 보조 기술인력을 1명 이상 추가해야 한다.

📍 [별표 11] 과태료의 부과기준(제51조 관련)

1. 일반기준

　가. 과태료 부과권자는 다음의 어느 하나에 해당하는 경우에는 제2호의 개별기준에 따른 과태료 금액의 2분의 1까지 그 금액을 줄여 부과할 수 있다. 다만, 과태료를 체납하고 있는 위반행위자에 대해서는 그러하지 아니하다.
　　1) 위반행위자가 「질서위반행위규제법 시행령」 제2조의2 제1항 각 호의 어느 하나에 해당하는 경우
　　2) 위반행위자가 처음 위반행위를 하는 경우로서 3년 이상 해당 업종을 모범적으로 영위한 사실이 인정되는 경우
　　3) 위반행위자가 화재 등 재난으로 재산에 현저한 손실을 입거나 사업 여건의 악화로 그 사업이 중대한 위기에 처하는 등 사정이 있는 경우

4) 위반행위가 사소한 부주의나 오류 등 과실로 인한 것으로 인정되는 경우

5) 위반행위자가 같은 위반행위로 다른 법률에 따라 과태료·벌금·영업정지 등의 처분을 받은 경우

6) 위반행위자가 위법행위로 인한 결과를 시정하거나 해소한 경우

7) 그 밖에 위반행위의 정도, 위반행위의 동기와 그 결과 등을 고려하여 과태료를 줄일 필요가 있다고 인정되는 경우

나. 위반행위의 횟수에 따른 과태료의 가중된 부과기준은 최근 1년간 같은 위반행위로 과태료 부과처분을 받은 경우에 적용한다. 이 경우 기간의 계산은 위반행위에 대하여 과태료 부과처분을 받은 날과 그 처분 후 다시 같은 위반행위를 하여 적발된 날을 기준으로 한다.

다. 나목에 따라 가중된 부과처분을 하는 경우 가중처분의 적용 차수는 그 위반행위 전 부과처분 차수(나목에 따른 기간 내에 과태료 부과처분이 둘 이상 있었던 경우에는 높은 차수를 말한다)의 다음 차수로 한다.

2. 개별기준

위반행위	근거 법조문	과태료 금액(단위: 만원)		
		1차 위반	2차 위반	3차 이상 위반
가. 법 제12조 제1항 전단을 위반한 경우 1) 소모성 부품의 수명 경과 등 경미한 고장·불량 사항을 제외하고 최근 1년 이내에 2회 이상 소방시설을 화재안전기준에 따라 관리하지 않은 경우 2) 소방시설을 다음에 해당하는 고장 상태 등으로 방치한 경우 　가) 소화펌프를 고장 상태로 방치한 경우 　나) 수신반, 동력(감시)제어반 또는 소방시설용 전원(비상전원을 포함한다)을 차단하거나, 고장난 상태로 방치하거나, 임의로 조작하여 자동으로 작동이 되지 않도록 한 경우 　다) 소방시설이 작동하는 경우 소화배관을 통하여 소화수가 방수되지 않는 상태 또는 소화약제가 방출되지 않는 상태로 방치한 경우 3) 소방시설을 설치하지 않은 경우	법 제61조 제1항 제1호		100 200 300	
나. 법 제15조 제1항을 위반하여 임시소방시설을 설치·관리하지 않은 경우	법 제61조 제1항 제2호		300	
다. 법 제16조 제1항을 위반하여 피난시설, 방화구획 또는 방화시설을 폐쇄·훼손·변경하는 등의 행위를 한 경우	법 제61조 제1항 제3호	100	200	300
라. 법 제20조 제1항을 위반하여 방염대상물품을 방염성능기준 이상으로 설치하지 아니한 자	법 제61조 제1항 제4호		200	
마. 법 제22조 제1항을 위반하여 점검능력평가를 받지 아니하고 점검을 한 관리업자	법 제61조 제1항 제5호		300	
바. 법 제22조 제1항 후단을 위반하여 관계인에게 점검 결과를 제출하지 아니한 관리업자등	법 제61조 제1항 제6호		300	
사. 법 제22조 제2항을 위반하여 점검인력의 배치기준 등 자체점검 시 준수사항을 위반한 관리업자등	법 제61조 제1항 제7호		300	

아. 법 제23조 제3항을 위반하여 점검결과를 보고하지 아니하거나 거짓으로 보고한 관계인	법 제61조 제1항 제8호			
1) 지연보고 기간이 10일 미만인 경우				50
2) 지연보고 기간이 10일 이상 1개월 미만인 경우				100
3) 지연보고 기간이 1개월 이상 또는 보고하지 않은 경우				200
4) 관계인이 관리업자등이 점검한 결과를 축소·삭제하는 등 점검한 결과와 다르게 거짓으로 보고한 경우				300
자. 법 제23조 제4항을 위반하여 이행계획을 기간 내에 완료하지 아니한 관계인 또는 결과를 보고하지 아니하거나 거짓으로 보고한 관계인	법 제61조 제1항 제9호			
1) 지연보고 기간이 10일 미만인 경우				50
2) 지연보고 기간이 10일 이상 1개월 미만인 경우				100
3) 지연보고 기간이 1개월 이상 또는 보고하지 않은 경우				200
4) 이행계획 기간 내에 이행하지 아니하거나 이행결과를 거짓으로 보고한 경우				300
차. 법 제24조 제1항을 위반하여 점검기록표를 기록하지 아니하거나 특정소방대상물의 출입자가 쉽게 볼 수 있는 장소에 게시하지 아니한 관계인	법 제61조 제1항 제10호	100	200	300
카. 법 제31조 또는 제32조 제3항에 따른 신고를 하지 아니하거나 거짓으로 한 관리업자	법 제61조 제1항 제11호			
1) 지연신고 기간이 1개월 미만인 경우				50
2) 지연신고 기간이 1개월 이상 3개월 미만인 경우				100
3) 지연신고 기간이 3개월 이상이거나 신고를 하지 않은 경우				200
4) 거짓으로 신고한 경우				300
타. 법 제33조 제3항을 위반하여 지위승계, 행정처분 또는 휴업·폐업의 사실을 관계인에게 알리지 아니하거나 거짓으로 알린 관리업자	법 제61조 제1항 제12호		300	
파. 법 제33조 제4항을 위반하여 소속 기술인력의 참여 없이 자체점검을 한 관리업자	법 제61조 제1항 제13호		300	
하. 법 제34조 제2항에 따른 점검능력 평가 서류를 거짓으로 제출한 관리업자	법 제61조 제1항 제14호		300	
거. 법 제52조 제1항에 따른 명령을 위반하여 보고 또는 자료제출을 하지 않거나 거짓으로 보고 또는 자료제출을 한 경우 또는 정당한 사유 없이 관계 공무원의 출입 또는 조사·검사를 거부·방해 또는 기피한 경우	법 제61조 제1항 제15호	50	100	300

📍 [별표 1] 화재 및 피난 시뮬레이션의 시나리오 작성 기준(제6조 및 제8조 관련)

1. 공통사항

가. 시나리오는 실제 건축물에서 발생 가능한 시나리오를 선정하되, 건축물의 특성에 따라 제2호의 시나리오 적용이 가능한 모든 유형 중 가장 피해가 클 것으로 예상되는 최소 3개 이상의 시나리오에 대하여 실시한다.

나. 시나리오 작성시 제3호에 따른 기준을 적용한다.

2. 시나리오 유형

가. 시나리오 1

1) 건물용도, 사용자 중심의 일반적인 화재를 가상한다.

2) 시나리오에는 다음 사항이 필수적으로 명확히 설명되어야 한다.

　가) 건물사용자 특성

　나) 사용자의 수와 장소

　다) 실 크기

　라) 가구와 실내 내용물

　마) 연소 가능한 물질들과 그 특성 및 발화원

　바) 환기조건

　사) 최초 발화물과 발화물의 위치

3) 설계자가 필요한 경우 기타 시나리오에 필요한 사항을 추가할 수 있다.

나. 시나리오 2

1) 내부 문들이 개방되어 있는 상황에서 피난로에 화재가 발생하여 급격한 화재연소가 이루어지는 상황을 가상한다.

2) 화재시 가능한 피난방법의 수에 중심을 두고 작성한다.

다. 시나리오 3

1) 사람이 상주하지 않는 실에서 화재가 발생하지만, 잠재적으로 많은 재실자에게 위험이 되는 상황을 가상한다.

2) 건축물 내의 재실자가 없는 곳에서 화재가 발생하여 많은 재실자가 있는 공간으로 연소 확대되는 상황에 중심을 두고 작성한다.

라. 시나리오 4

1) 많은 사람들이 있는 실에 인접한 벽이나 덕트 공간 등에서 화재가 발생한 상황을 가상한다.

2) 화재 감지기가 없는 곳이나 자동으로 작동하는 화재진압시스템이 없는 장소에서 화재가 발생하여 많은 재실자가 있는 곳으로의 연소확대가 가능한 상황에 중심을 두고 작성한다.

마. 시나리오 5

1) 많은 거주자가 있는 아주 인접한 장소 중 소방시설의 작동범위에 들어가지 않는 장소에서 아주 천천히 성장하는 화재를 가상한다.

2) 작은 화재에서 시작하지만 큰 대형화재를 일으킬 수 있는 화재에 중심을 두고 작성한다.

바. 시나리오 6

1) 건축물의 일반적인 사용 특성과 관련, 화재하중이 가장 큰 장소에서 발생한 아주 심각한 화재를 가상한다.

2) 재실자가 있는 공간에서 급격하게 연소확대 되는 화재를 중심으로 작성한다.

사. 시나리오 7

1) 외부에서 발생하여 본 건물로 화재가 확대되는 경우를 가상한다.

2) 본 건물에서 떨어진 장소에서 화재가 발생하여 본 건물로 화재가 확대되거나 피난로를 막거나 거주가 불가능한 조건을 만드는 화재에 중심을 두고 작성한다.

3. 시나리오 적용 기준

가. 인명안전 기준

구분	성능기준			비고
호흡 한계선	바닥으로부터 1.8m 기준			
열에 의한 영향	60℃ 이하			
가시거리에 의한 영향	용도	허용가시거리 한계		단, 고휘도 유도등, 바닥유도등, 축광유도표지 설치 시, 집회시설 판매시설 7m 적용 가능
	기타시설	5m		
	집회시설 판매시설	10m		
독성에 의한 영향	성분	독성기준치		기타, 독성가스는 실험결과에 따른 기준치를 적용 가능
	CO	1,400ppm		
	O_2	15% 이상		
	CO_2	5% 이하		

비고
이 기준을 적용하지 않을 경우 실험적·공학적 또는 국제적으로 검증된 명확한근거 및 출처 또는 기술적인 검토자료를 제출하여야 한다.

나. 피난가능시간 기준

(단위: 분)

용도	W1	W2	W3
사무실, 상업 및 산업건물, 학교, 대학교(거주자는 건물의 내부, 경보, 탈출로에 익숙하고, 상시 깨어 있음)	< 1	3	> 4
상점, 박물관, 레져스포츠 센터, 그 밖의 문화집회시설(거주자는 상시 깨어 있으나, 건물의 내부, 경보, 탈출로에 익숙하지 않음)	< 2	3	> 6
기숙사, 중/고층 주택(거주자는 건물의 내부, 경보, 탈출로에 익숙하고, 수면상태일 가능성 있음)	< 2	4	> 5
호텔, 하숙용도(거주자는 건물의 내부, 경보, 탈출로에 익숙하지도 않고, 수면상태일 가능성 있음)	< 2	4	> 6
병원, 요양소, 그 밖의 공공 숙소(대부분의 거주자는 주변의 도움이 필요함)	< 3	5	> 8

비고
1. W1: 방재센터 등 CCTV 설비가 갖춰진 통제실의 방송을 통해 육성 지침을 제공 할 수 있는 경우 또는 훈련된 직원에 의하여 해당 공간 내의 모든 거주자들이 인지할 수 있는 육성지침을 제공할 수 있는 경우
2. W2: 녹음된 음성 메시지 또는 훈련된 직원과 함께 경고방송 제공할 수 있는 경우
3. W3: 화재경보신호를 이용한 경보설비와 함께 비훈련 직원을 활용할 경우

다. 수용인원 산정기준
(단위: 1인당 면적 m²)

사용용도	m²/인	사용용도	m²/인
집회용도		상업용도	
고밀도지역 (고정좌석 없음)	0.65	피난층 판매지역	2.8
저밀도지역 (고정좌석 없음)	1.4	2층 이상 판매지역	3.7
		지하층 판매지역	2.8
벤치형 좌석	1인/좌석길이 45.7cm	보호용도	3.3
고정좌석	고정좌석 수		
취사장	9.3	의료용도	
		입원치료구역	22.3
서가지역	9.3	수면구역(구내숙소)	11.1
열람실	4.6	교정, 감호용도	11.1
수영장	4.6(물 표면)	주거용도	
수영장 데크	2.8	호텔, 기숙사	18.6
헬스장	4.6	아파트	18.6
운동실	1.4	대형 숙식주거	18.6
무대	1.4	공업용도	
접근출입구, 좁은 통로, 회랑	9.3	일반 및 고위험공업	9.3
카지노 등	1	특수공업	수용인원 이상
		업무용도	9.3
스케이트장	4.6		
교육용도		창고용도 (사업용도 외)	수용인원 이상
교실	1.9		
매점, 도서관, 작업실	4.6		

📍 [별표 2] 성능위주설계 평가단의 검토·평가 구분 및 통보 시기(제9조 관련)

구분	성립요건	통보시기
원안채택	신고서(도면 등) 내용에 수정이 없거나 경미한 경우 원안대로 결정	지체 없이
보완	평가단에서 검토·평가한 내용을 추가 반영할 필요가 있거나 추가 자료 제출이 필요한 경우로서 보완이 요구되는 경우	지체 없이 보완완료 후 재 통보
재검토	평가단에서 검토·평가한 내용이 단기간에 보완될 수 없어 신고서(도면 등)를 다시 검토·보완해야 되는 경우	지체 없이
부결	평가단에서 검토·평가한 내용이 건축법령 및 소방 관련 법령에 위반되거나 평가 요건이 불충분한 경우	지체 없이

비고

1. 보완으로 결정된 경우 보완기간은 21일 이내로 부여하고 보완이 완료되면 원안채택으로 결정된 것으로 본다.
2. 재검토로 결정된 경우 제8조 제1항에 따라 성능위주설계의 신고 단계부터 다시 진행한다.
3. 부결로 결정된 경우 제6조 제1항에 따라 성능위주설계의 사전검토 단계부터 다시 진행한다.

📍 [별표 3] 차량용 소화기의 설치 또는 비치기준(제15조 관련)

〈제정 2022.12.1.〉

자동차에는 법 제37조 제5항에 따라 자동차용소화기의 형식승인을 받은 차량용소화기를 다음 각 목의 기준에 따라 설치 또는 비치하여야 한다.

1. 자동차 종류에 따른 소화기 설치 위치 및 수량

자동차 종류	설치 위치	수량
가. 승차정원 11인 이상 승합자동차	운전석 또는 운전석과 옆으로 나란한 좌석 주위에 설치	1개 이상
나. 승자정원 23인을 초고하는 승합자동차로서 너비 2.3미터를 초과하는 경우	운전자 좌석 부근 가로 600밀리미터, 세로 200밀리미터 이상의 공간 확보하고 설치	1개 이상
다. 그 밖의 자동차	사용하기 쉬운 위치에 설치 또는 비치	1개 이상

2. 차량용소화기의 능력단위 및 설치수량

자동차의 종류		능력단위 및 설치수량
가. 승용자동차		능력단위 1 이상의 소화기 1개 이상
나. 승합자동차	1) 경형승합자동차	능력단위 1 이상의 소화기 1개 이상
	2) 승차정원 15인 이하	능력단위 2 이상인 소화기 1개 이상 또는 능력단위 1 이상인 소화기 2개 이상
	3) 승차정원 16인 이상 35인 이하	능력단위 2 이상인 소화기 2개 이상
	4) 승차정원 36인 이상	능력단위 3 이상인 소화기 1개 이상 및 능력단위 2 이상인 소화기 1개 이상(2층 대형승합자동차의 경우에는 위층 차실에 능력단위 3 이상인 소화기 1개 이상 추가 설치)
다. 화물자동차(피견인자동차는 제외한다) 및 특수자동차	1) 중형 이하	능력단위 1 이상인 소화기 1개 이상
	2) 대형 이상	능력단위 2 이상인 소화기 1개 이상 또는 능력단위 1 이상인 소화기 2개 이상
라. 「위험물안전관리법 시행령」 제3조의 규정에 의한 지정수량 이상의 위험물과 「고압가스 안전관리법 시행령」 제2조의 규정에 의한 고압가스를 운송하는 자동차(피견인자동차를 연결한 경우에는 이를 연결한 견인자동차를 포함한다)		「위험물안전관리법 시행규칙」 제41조 및 별표 17 제3호 나목 중 이동탱크저장소 자동차용소화기의 설치기준란에 해당하는 능력단위와 수량

📍 [별표 4] 소방시설등 자체점검의 구분과 대상, 점검자의 자격, 점검장비, 점검방법·횟수 및 시기
(제22조 제1항 관련)

1. 소방시설등에 대한 자체점검은 다음과 같이 구분한다.

    가. 최초점검: 법 제22조 제1항 제1호에 따른 점검을 말한다.

    나. 작동점검: 소방시설등을 인위적으로 조작하여 정상적으로 작동하는지를 점검하는 것을 말한다.

    다. 종합점검: 소방시설등의 작동점검을 포함하여 소방시설등의 설비별 주요 구성 부품의 구조기준이 법 제2조 제1항 제6호의 화재안전기준과 「건축법」 등 관련 법령에서 정하는 기준에 적합한지 여부를 점검하는 것을 말한다.

2. 점검대상 및 점검자의 자격(주된 인력)은 다음과 같다.

점검구분	점검 대상	점검자의 자격(주된 인력)
최초점검	신축·증축·개축·재축·이전·용도변경 또는 대수선 등으로 소방시설이 신설된 특정소방대상물 중 「소방시설공사업법」 제17조 제1항에 따라 소방공사감리자가 지정되어 같은 법 제14조 제1항 단서에 따라 소방공사감리 결과보고서로 완공검사를 받은 특정소방대상물	가. 소방시설관리업에 등록된 기술인력 중 소방시설관리사 나. 소방안전관리자로 선임된 소방시설관리사 또는 소방기술사
작동점검	가. 영 제5조에 따른 특정소방대상물 중 별표 5 제1호 마목(간이스프링클러설비) 또는 영 별표 5 제2호 라목(자동화재탐지설비)에 해당하는 특정소방대상물(「화재의 예방 및 안전관리에 관한 법률 시행령」 별표 4 제4호 가목의 3급 소방안전관리대상물을 말한다)	가. 관계인 나. 소방안전관리자로 선임된 소방시설관리사 또는 소방기술사 다. 소방시설관리업에 등록된 기술인력 중 소방시설관리사 또는 「소방시설공사업법 시행규칙」 별표 4의2 제3호 다목에 따른 특급점검자
	나. "가 또는 다"에 해당하지 아니하는 특정소방대상물	가. 소방시설관리업에 등록된 기술인력 중 소방시설관리사 나. 소방안전관리자로 선임된 소방시설관리사 또는 소방기술사

	다. 다음 어느 하나에 해당하는 특정소방대상물은 작동점검 대상에서 제외한다.
	    1) 특정소방대상물 중 「화재의 예방 및 안전관리에 관한 법률」 제24조 제1항에 해당하지 않는 특정소방대상물(소방안전관리자를 선임하지 않는 대상을 말한다)
	    2) 「위험물안전관리법」에 따른 위험물 제조소등
	    3) 「화재의 예방 및 안전관리에 관한 법률 시행령」 별표 4 제1호 가목의 특급소방안전관리대상물	

종합점검	가. 스프링클러설비가 설치된 특정소방대상물 나. 물분무등소화설비[호스릴(Hose Reel) 방식의 물분무등소화설비만을 설치한 경우는 제외한다]가 설치된 연면적 5,000m² 이상인 특정소방대상물(위험물 제조소등은 제외한다) 다. 「다중이용업소의 안전관리에 관한 특별법 행령」 제2조 제1호 나목, 같은 조 제2호(비디오물소극장업은 제외한다)·제6호·제7호·제7호의2 및 제7호의5의 다중이용업의 영업장이 설치된 특정소방대상물로서 연면적이 2,000m² 이상인 것 라. 제연설비가 설치된 터널 마. 「공공기관의 소방안전관리에 관한 규정」 제2조에 따른 공공기관 중 연면적(터널·지하구의 경우 그 길이와 평균폭을 곱하여 계산된 값을 말한다)이 1,000m² 이상인 것으로서 옥내소화전설비 또는 자동화재탐지설비가 설치된 것. 다만, 「소방기본법」 제2조 제5호에 따른 소방대가 근무하는 공공기관은 제외한다.	가. 소방시설관리업에 등록된 기술인력 중 소방시설관리사 나. 소방안전관리자로 선임된 소방시설관리사 또는 소방기술사

비고

1. 신축·증축·개축·재축·이전·용도변경 또는 대수선 등으로 소방시설이 신설된 경우 해당 특정소방대상물의 소방시설 전체에 대해 실시한다.

2. 최근 1년간 이 법을 위반하여 행정처분을 받은 사실이 있는 소방시설관리업자는 최초점검에 참여할 수 없다.

3. 소방시설관리업자가 「소방시설공사업법」 제4조 제1항에 따른 소방시설공사업자 또는 소방공사감리업자와 다음 각 호의 어느 하나에 해당하는 경우에는 해당 특정소방대상물의 최초점검에 참여할 수 없다.

   가. 소방시설관리업자가 해당 특정소방대상물의 소방시설공사 또는 소방공사감리를 한 소방공사업자 또는 소방공사감리업자와 같은 경우

   나. 「독점규제 및 공정거래에 관한 법률」 제2조 제11호에 따른 기업집단의 관계인 경우

   다. 법인과 그 법인의 임직원의 관계인 경우

   라. 「민법」 제777조에 따른 친족관계인 경우

4. 소방시설관리업자, 소방안전관리자로 선임된 소방시설관리사 및 소방기술사 또는 「소방시설공사업법 시행규칙」 별표 4의2 제3호 다목의 특급점검자가 점검하는 경우에는 별표 5에 따른 점검인력 배치기준을 따라야 한다.

3. 자체점검은 다음의 점검 장비를 이용하여 점검하여야 한다.

소방시설	장비	규격
공통시설	방수압력측정계, 절연저항계(절연저항측정기), 전류전압측정계	
소화기구	저울	
옥내소화전설비, 옥외소화전설비	소화전밸브압력계	
스프링클러설비, 포소화설비	헤드결합렌치	
이산화탄소소화설비, 분말 소화설비, 할론소화설비, 할로겐화합물 및 불활성기체(다른 원소와 화학 반응을 일으키기 어려운 기체) 소화설비	검량계, 기동관누설시험기, 그 밖에 소화약제의 저장량을 측정할 수 있는 점검기구	
자동화재탐지설비, 시각경보기	열감지기시험기, 연(煙)감지기시험기, 공기주입시험기, 감지기시험기연결폴대, 음량계	
누전경보기	누전계	누전전류 측정용
무선통신보조설비	무선기	통화시험용
제연설비	풍속풍압계, 폐쇄력 측정기, 차압계(압력차 측정기)	
통로유도등, 비상조명등	조도계	최소눈금이 0.1럭스 이하인 것

4. 점검 횟수 및 시기는 다음과 같다.

점검구분	점검 횟수 및 점검 시기 등
최초점검	건축물의 사용승인을 받은 날 또는 소방시설 완공검사증명서(일반용)를 받은 날로부터 60일 이내 「소방시설 자체점검사항 등에 관한 고시」 별지 3호 서식의 소방시설등 (종합)점검표에 따라 실시한다.
작동점검	작동점검은 연 1회 이상 실시하며, 점검시기 등은 다음과 같다. 가. 종합점검 대상은 종합점검을 받은 달부터 6개월이 되는 달에 실시한다. 나. "가"에 해당하지 않는 특정소방대상물은 특정소방대상물의 사용승인일(건축물의 경우에는 건축물관리대장 또는 건물 등기사항증명서에 기재되어 있는 날, 시설물의 경우에는 「시설물의 안전 및 유지관리에 관한 특별법」 제55조 제1항에 따른 시설물통합정보관리체계에 저장·관리되고 있는 날을 말하며, 건축물관리대장, 건물 등기사항증명서 및 시설물통합정보관리체계를 통해 확인되지 않는 경우에는 소방시설완공검사증명서에 기재된 날을 말한다.)이 속하는 달의 말일까지 실시한다. 다만, 건축물관리대장 또는 건물 등기사항증명서 등에 기입된 날이 다른 경우에는 건축물관리대장에 기재되어 있는 날을 기준으로 점검한다. 다. 「소방시설 자체점검사항 등에 관한 고시」 별지 3호 서식의 소방시설등 (작동)점검표에 따라 실시한다.

	가. 건축물의 사용승인일이 속하는 달에 연 1회 이상(「화재의 예방 및 안전에 관한 법률 시행령」 별표 4 제1호 가목의 특급 소방안전관리대상물은 반기에 1회 이상) 실시한다. 다만, 「공공기관의 안전관리에 관한 규정」 제2조 제2호 또는 제5호에 따른 학교의 경우에는 해당 건축물의 사용승인일이 1월에서 6월 사이에 있는 경우에는 6월 30일까지 실시할 수 있다.
종합점검	나. "가"에도 불구하고 소방본부장 또는 소방서장은 소방청장이 소방안전관리가 우수하다고 인정한 특정소방대상물에 대해서는 3년의 범위에서 소방청장이 고시하거나 정한 기간 동안 종합점검을 면제할 수 있다. 다만, 면제기간 중 화재가 발생한 경우는 제외한다.
	다. 건축물 사용승인일 이후 제2호 다목(다중이용업소)에 따라 종합점검 대상에 해당하게 된 때에는 그 다음 해부터 실시한다.
	라. 하나의 대지경계선 안에 2개 이상의 점검 대상 건축물 등이 있는 경우에는 그 건축물 중 사용승인일이 가장 빠른 연도의 건축물의 사용승인일을 기준으로 점검할 수 있다.
	마. 「소방시설 자체점검사항 등에 관한 고시」 별지 3호 서식의 소방시설등 (종합)점검표에 따라 실시한다.

비고

작동점검 및 종합점검은 건축물 사용승인 후 그 다음 해부터 실시한다.

5. 제1호에도 불구하고 「공공기관의 소방안전관리에 관한 규정」 제2조에 따른 공공기관의 장은 공공기관에 설치된 소방시설 등의 유지·관리상태를 맨눈 또는 신체감각을 이용하여 점검하는 외관점검을 월 1회 이상 실시(작동점검 또는 종합점검을 실시한 달에는 실시하지 않을 수 있다)하고, 그 점검결과를 2년간 자체 보관하여야 한다. 이 경우 외관점검의 점검자는 해당 특정소방대상물의 관계인, 소방안전관리자 또는 소방시설관리업자(소방시설관리사를 포함하여 등록된 기술인력을 말한다)로 하여야 한다.

6. 제1호 및 제5호에도 불구하고 공공기관의 장은 해당 공공기관의 전기시설물 및 가스시설에 대하여 다음 각 목의 구분에 따른 점검 또는 검사를 받아야 한다.
   가. 전기시설물의 경우: 「전기사업법」 제63조에 따른 사용전검사
   나. 가스시설의 경우: 「도시가스사업법」 제17조에 따른 검사, 「고압가스 안전관리법」 제16조의2 및 제20조 제4항에 따른 검사 또는 「액화석유가스의 안전관리 및 사업법」 제37조 및 제44조 제2항·제4항에 따른 검사

7. 공동주택(아파트) 세대별 점검방법은 다음과 같다.
   가. 모든 세대는 2년 이내 전수점검을 실시하는 것을 원칙으로 한다. 다만, 아날로그감지기 등이 설치되어 수신반에서 원격점검을 할 수 있는 경우에는 원격으로 세대점검을 할 수 있으며, 점검 시마다 모든 세대를 점검하여야 한다.
   나. 수신반에서 원격점검이 불가능한 경우 작동점검만 실시하는 대상은 1회 점검 시 마다 50퍼센트 이상, 종합점검 대상은 1회 점검 시 마다 30퍼센트 이상 실시하여야 한다.
   다. 세대 내 점검은 관계인(소유자, 관리자, 점유자) 또는 관리업자가 점검할 수 있으며, 관리자(관리사무소)는 사전에 점검 일정을 입주민들에게 사전에 공지하고 세대별 점검 일자를 파악하여야 한다.
   라. 관리업자가 점검하는 경우에는 사전 파악된 일정에 따라 세대점검을 한 후 관리자에게 세대별 점검 현황을 제출하여야 한다.
   마. 관리자(소방안전관리자를 포함한다)는 관리업자가 점검을 하지 않은 세대에 대해 직접 점검하거나 입주민(세대주 또는 임차인)이 별지 36호 서식의 소방시설 외관점검표를 활용하여 스스로 점검할 수 있도록 점검방법 등을 안내하여야 한다.
   바. 관계인은 세대별 점검현황을 점검이 끝난 날부터 2년간 보관하여야 한다.

📍 [별표 5] 소방시설등의 자체점검 시 점검인력 배치기준(제22조 제1항 관련)

1. 점검인력 1단위는 다음과 같다.

   가. 소방시설관리업자가 점검하는 경우에는 소방시설관리사 또는 특급점검자 1명과 영 별표 10에 따른 보조 기술인력(이하 "보조인력"이라 한다) 2명을 점검인력 1단위로 하되, 점검인력 1단위에 2명(같은 건축물을 점검할 때는 4명) 이내의 보조인력을 추가할 수 있다.

   나. 소방안전관리자로 선임된 소방시설관리사 또는 소방기술사가 점검하는 경우에는 소방시설관리사 또는 소방기술사 중 1명과 보조인력 2명을 점검인력 1단위로 하되, 점검인력 1단위에 2명 이내의 보조인력을 추가할 수 있다. 다만, 보조인력은 해당 특정소방대상물의 관계인 또는 소방안전관리보조자로 할 수 있다.

   다. 관계인 또는 소방안전관리자가 점검하는 경우에는 관계인 또는 소방안전관리자 1명과 보조인력 2명을 점검인력 1단위로 하되 보조인력은 해당 특정소방대상물의 관리자, 점유자 또는 소방안전관리보조자로 할 수 있다.

2. 점검인력 1단위가 하루 동안 점검할 수 있는 특정소방대상물의 연면적(이하 "점검한도 면적"이라 한다)은 다음 각 목과 같다.

   가. 종합점검: 8,000m²
   나. 작동점검: 10,000m²

3. 점검인력 1단위에 보조인력을 1명씩 추가할 때마다 종합점검의 경우에는 2,000㎡, 작동점검의 경우에는 2,500㎡씩을 점검한도 면적에 더한다. 다만, 하루에 2개 이상의 특정소방대상물을 점검할 경우 투입된 점검인력에 따른 점검 한도면적의 평균값으로 적용하여 계산한다.

4. 점검인력은 하루에 5개까지 특정소방대상물에 배치할 수 있으며, 1개의 특정소방대상물을 2일 이상 연속하여 점검을 실시하는 경우에는 마지막 날에 한하여 다른 특정소방대상물에 점검인력을 배치할 수 있다.

5. 소방시설관리업자 또는 소방안전관리자로 선임된 소방시설관리사 및 소방기술사가 하루 동안 점검한 면적은 실제 점검면적(지하구는 그 길이에 폭의 길이 1.8m를 곱하여 계산된 값을 말하며, 터널은 3차로 이하인 경우에는 그 길이에 폭의 길이 3.5m를 곱하고, 4차로 이상인 경우에는 그 길이에 폭의 길이 7m를 곱한 값을 말한다. 다만, 한쪽 측벽에 소방시설이 설치된 4차로 이상인 터널의 경우에는 그 길이와 폭의 길이 3.5m를 곱한 값을 말한다. 이하 같다)에 다음의 각 목의 기준을 적용하여 계산한 면적(이하 "점검면적"이라 한다)으로 하되, 점검면적은 점검한도 면적을 초과하여서는 아니 된다.

   가. 실제 점검면적에 다음의 가감계수를 곱한다.

구분	대상용도	가감 계수
1류	문화 및 집회시설, 종교시설, 판매시설, 의료시설, 노유자시설, 수련시설, 숙박시설, 위락시설, 창고시설, 교정시설, 발전시설, 지하가, 복합건축물	1.1
2류	공동주택, 근린생활시설, 운수시설, 교육연구시설, 운동시설, 업무시설, 방송통신시설, 공장, 항공기 및 자동차 관련 시설, 군사시설, 관광휴게시설, 장례시설, 지하구	1.0
3류	위험물 저장 및 처리시설, 문화재, 동물 및 식물 관련 시설, 자원순환 관련 시설, 묘지 관련 시설	0.9

   나. 점검한 특정소방대상물이 다음의 어느 하나에 해당할 때에는 다음에 따라 계산된 값을 가목에 따라 계산된 값에서 뺀다.

   1) 영 별표 5 제1호 라목에 따라 스프링클러설비가 설치되지 않은 경우: 가목에 따라 계산된 값에 0.1을 곱한 값
   2) 영 별표 5 제1호 바목에 따라 물분무등소화설비가 설치되지 않은 경우: 가목에 따라 계산된 값에 0.1를 곱한 값
   3) 영 별표 5 제5호 가목에 따라 제연설비가 설치되지 않은 경우: 가목에 따라 계산된 값에 0.1을 곱한 값

다. 2개 이상의 특정소방대상물을 하루에 점검하는 경우에는 특정소방대상물 상호간의 좌표 최단거리 5km마다 점검 한도면적에 0.02를 곱한 값을 점검 한도면적에서 뺀다.

6. 제2호부터 제5호까지의 규정에도 불구하고 아파트(공용시설, 부대시설 또는 복리시설은 포함하고, 아파트가 포함된 복합건축물의 아파트 외의 부분은 제외한다. 이하 이 표에서 같다)를 점검할 때에는 다음 각 목의 기준에 따른다.

　가. 점검인력 1단위가 하루 동안 점검할 수 있는 아파트의 세대수(이하 "점검한도 세대수"라 한다)는 종합점검 및 작동점검에 관계없이 250세대로 한다.

　나. 점검인력 1단위에 보조인력을 1명씩 추가할 때마다 60세대씩을 점검한도 세대수에 더한다.

　다. 소방시설관리업자 또는 소방안전관리자로 선임된 소방시설관리사 및 소방기술사가 하루 동안 점검한 세대수는 실제 점검 세대수에 다음의 기준을 적용하여 계산한 세대수(이하 "점검세대수"라 한다)로 하되, 점검세대수는 점검한도 세대수를 초과하여서는 아니 된다.

　　1) 점검한 아파트가 다음의 어느 하나에 해당할 때에는 다음에 따라 계산된 값을 실제 점검 세대수에서 뺀다.
　　　가) 영 별표 5 제1호 라목에 따라 스프링클러설비가 설치되지 않은 경우: 실제 점검 세대수에 0.1을 곱한 값
　　　나) 영 별표 5 제1호 바목에 따라 물분무등소화설비가 설치되지 않은 경우: 실제 점검 세대수에 0.1를 곱한 값
　　　다) 영 별표 5 제5호 가목에 따라 제연설비가 설치되지 않은 경우: 실제 점검 세대수에 0.1을 곱한 값

　　2) 2개 이상의 아파트를 하루에 점검하는 경우에는 아파트 상호간의 좌표 최단거리 5km마다 점검 한도세대수에 0.02를 곱한 값을 점검 한도 세대수에서 뺀다.

7. 특정소방대상물의 규모 등에 따른 점검인력의 배치기준은 다음과 같다.

구분	주된 인력	보조인력
가. 50층 이상 또는 성능위주설계한 특정소방대상물	소방시설관리사 경력 5년 이상 1명	고급점검자 1명 이상, 중급점검자 1명 이상
나. 「화재의 예방 및 안전관리에 관한 법률 시행령」 별표 4 제1호에 따른 "특급 소방안전관리대상물("가"의 특정소방대상물은 제외한다)"	소방시설관리사 경력 3년 이상 1명	고급점검자 1명 이상, 초급점검자 1명 이상
다. 「화재의 예방 및 안전관리에 관한 법률 시행령」 별표 4 제2호 및 제3호에 따른 "1급 또는 2급 소방안전관리대상물"	소방시설관리사 1명	중급점검자 1명 이상, 초급점검자 1명 이상
라. 「화재의 예방 및 안전관리에 관한 법률 시행령」 별표 4 제4호에 따른 "3급 소방안전관리대상물"	소방시설관리사 또는 특급점검자 1명	초급점검자 2명 이상

8. 아파트와 아파트 외 용도의 건축물을 하루에 점검할 때에는 종합점검의 경우 제6호에 따라 계산된 값에 32, 작동점검의 경우 제6호에 따라 계산된 값에 40을 곱한 값을 점검대상 연면적으로 보고 제2호 및 제3호를 적용한다.

9. 종합점검과 작동점검을 하루에 점검하는 경우에는 작동점검의 점검대상 연면적 또는 점검대상 세대수에 0.8을 곱한 값을 종합점검 점검대상 연면적 또는 점검대상 세대수로 본다.

10. 제3호부터 제9호까지의 규정에 따라 계산된 값은 소수점 이하 둘째 자리에서 반올림한다.

📍 [별표 6] 소방시설등 자체점검기록표(제27조 관련)

소방시설 자체점검기록표

· 대상물명 :

· 주　소 :

· 점검구분 :　　　　　[　] 최초점검　　[　] 작동점검　　[　] 종합점검

· 점 검 자 :

· 점검기간 :　　　　　　　년　월　일 ~　년　월　일

· 불량사항 : [　] 소화설비　　　[　] 경보설비　　　[　] 최초점검

　　　　　　[　] 소화용수설비　[　] 소화활동설비　[　] 기타설비　[　] 없음

· 수리기간 :　　　　　　　년　월　일 ~　년　월　일

　　　　　　　　　　　　　　　　　　　　　　년　월　일

「소방시설 설치 및 관리에 관한 법률 시행규칙」 제27조에 따라 자체점검결과 보고를 바친 관계 인등은 30일 이상 게시하여야 한다.

비고: 점검기록표의 규격은 다음과 같다.

1. 규격: A4 용지(가로 297mm×세로 210mm)
2. 재질: 아트지(스티커) 또는 종이
3. 외측 테두리: 파랑색(RGB 65, 143, 222)
4. 내측 테두리: 하늘색(RGB 193, 214, 237)
5. 글씨체(색상)

　가. 소방시설 점검기록표: HY헤드라인M, 45포인트(외측 테두리와 동일)

　나. 본문 제목: 윤고딕230, 20포인트(외측 테두리와 동일)

　　본문 내용: 윤고딕230, 20포인트(검정색)

　다. 하단 내용: 윤고딕240, 20포인트(법명은 파랑색, 그 외 검정색)

📍 [별표 7] 소방시설관리사 시험과목 세부항목 등(제30조 관련)

1. 1차시험과목 및 출제범위

1차 과목명	주요항목	세부항목
소방안전관리론	연소이론	연소 및 연소현상
	화재현상	화재 및 화재현상
		건축물의 화재현상
	위험물	위험물 안전관리
	소방안전	소방안전관리
		소화론
		소화약제
소방기계 점검실무	소방유체역학	유체의 기본적 성질
		유체정역학
		유체유동의 해석
		관내의 유동
		펌프 및 송풍기의 성능 특성
	소방 관련 열역학	열역학 기초 및 열역학 법칙
		상태변화
		이상기체 및 카르노사이클
		열전달 기초
	소방기계설비 및 화재안전기준	소화기구
		옥내·외 소화전설비
		스프링클러설비
		물분무등소화설비
		피난기구 및 인명구조기구
		소화용수설비
		제연설비
		연결송수관설비
		연결살수설비
		연소방지설비
		기타 소방기계 관련 설비
	비고: 각 소방시설별 점검절차 및 점검방법을 포함한다.	

		직류회로
소방전기 점검실무	전기회로	정전용량과 자기회로
		교류회로
	전기기기	전기기기
		전기계측
	제어회로	자동제어의 기초
		시퀀스 제어회로
		제어기기 및 응용
	전자회로	전자회로
	소방전기설비 및 화재안전기준	경보설비
		유도등
		비상조명등 및 휴대용비상조명등
		비상콘센트
		무선통신보조설비
		기타 소방전기 관련 설비
	비고: 각 소방시설별 점검절차 및 점검방법을 포함한다.	
소방 관계 법령	소방시설 설치 및 관리에 관한 법률	
	화재의 예방 및 안전관리에 관한 법률	
	다중이용업소의 안전관리에 관한 특별법	
	소방기본법	
	건축법(건축물의 피난·방화구조 등의 기준에 관한 규칙, 건축물의 설비기준 등에 관한 규칙, 건축물의 구조기준 등에 관한 규칙을 포함한다)	
	초고층 및 지하연계 복합건축물재난관리에 관한 특별법	
	소방 관계 법령 및 건축법령 등 개정 이력	
	비고 1. 법령에는 대통령령, 총리령(부령) 및 관련 고시 등을 포함한다. 2. 건축법령은 방화구획, 내화구조, 건축물의 마감재료, 직통계단, 피난계단, 특별피난계단, 비상용승강기, 피난용승강기, 피난안전구역, 배연창 등 피난시설, 방화구획 및 방화시설 등 소방시설등 자체점검과 관련된 사항에 한한다.	

2. 2차시험과목

2차 과목명	주요항목	세부항목
소방시설등 점검실무	소방대상물 확인 및 분석	대상물 분석하기
		소방시설 구성요소 분석
		소방시설 설계계산서 분석
	소방시설 점검	현황자료 검토
		소방시설 시공상태 점검
		소방시설 작동 및 종합 점검
	소방시설 유지관리	소방시설의 운용 및 유지관리
		소방시설의 유지보수 및 일상점검
소방시설등 관리실무	관련 서류의 작성	소방계획서의 작성
		재난예방 및 피해경감계획서 작성
		각종 소방시설등 점검표의 작성
	유지관리계획의 수립	소방시설 유지관리계획서 작성
		인력 및 장비 운영

📍 [별표 8] 소방시설 관리업자의 점검능력 평가의 세부기준(제40조 제1항 관련)

소방시설관리업자의 점검능력 평가는 다음 계산식으로 산정하되, 1천원 미만의 숫자는 버린다. 이 경우 산정기준일은 평가를 하는 해의 전년도 말일로 한다.

$$점검능력평가액 = 실적평가액 + 기술력평가액 + 경력평가액 ± 신인도평가액$$

1. 실적평가액은 다음 계산식으로 산정한다.

$$실적평가액 = (연평균점검실적액 + 연평균대행실적액) \times 50/100$$

가. 점검실적액(발주자가 공급하는 자재비를 제외한다) 및 대행실적액은 해당 업체의 수급금액 중 하수급금액은 포함하고 하도급금액은 제외한다.

　　1) 종합점검과 작동점검 또는 소방안전관리업무 대행을 일괄하여 수급한 경우에는 그 일괄수급금액에 0.55를 곱하여 계산된 금액을 종합점검 실적액으로, 0.45를 곱하여 계산된 금액을 작동점검 또는 소방안전관리업무 대행 실적액으로 본다. 다만, 다른 입증자료가 있는 경우에는 그 자료에 의한다.

　　2) 작동점검과 소방안전관리업무 대행을 일괄하여 수급한 경우에는 그 일괄수급금액에 0.5를 곱하여 계산된 금액을 작동기능점검 또는 소방안전관리업무 대행 실적액으로 본다. 다만, 다른 입증자료가 있는 경우에는 그 자료에 의한다.

　　3) 종합점검, 작동점검 및 소방안전관리업무 대행을 일괄하여 수급한 경우에는 그 일괄수급금액에 0.38을 곱하여 계산된 금액을 종합점검 실적액으로, 0.31을 곱하여 계산된 금액을 작동점검 또는 소방안전관리업무 대행 실적액으로 본다. 다만, 다른 입증자료가 있는 경우에는 그 자료에 의한다.

　　4) 최초점검은 종합점검에 준하여 평가한다.

나. 관리업을 한 기간이 산정일을 기준으로 3년 이상인 경우에는 최근 3년간의 점검면적실적액을 합산하여 3으로 나눈 금액을 연평균점검면적실적액으로 한다.

다. 관리업을 한 기간이 산정일을 기준으로 1년 이상 3년 미만인 경우에는 그 기간의 점검면적실적액을 합산한 금액을 그 기간의 개월수로 나눈 금액에 12를 곱한 금액을 연평균점검면적실적액으로 한다.

라. 관리업을 한 기간이 산정일을 기준으로 1년 미만인 경우에는 그 기간의 점검면적실적액을 연평균점검면적실적액으로 한다.

마. 다음의 어느 하나에 해당하는 경우에 실적은 종전 관리업자의 실적과 관리업을 승계한 자의 실적을 합산한다.

　　1) 관리업자인 법인이 분할에 의하여 설립되거나 분할합병한 회사에 그가 경영하는 관리업 전부를 양도하는 경우

　　2) 개인이 경영하던 관리업을 법인사업으로 전환하기 위하여 관리업을 양도하는 경우(관리업의 등록을 한 개인이 당해 법인의 대표자가 되는 경우에만 해당한다)

　　3) 합명회사와 합자회사 간, 주식회사와 유한회사 간의 전환을 위하여 관리업을 양도하는 경우

　　4) 관리업자는 법인 간에 합병을 하는 경우 또는 관리업자인 법인과 관리업자가 아닌 법인이 합병을 하는 경우

2. 기술력평가액은 다음 계산식으로 산정한다.

> 기술력평가액 = 전년도 기술인력 가중치 1단위당 평균 점검면적실적액 × 보유기술인력 가중치합계 × 40/100

가. 전년도 기술인력 가중치 1단위당 평균배치면적 평가액은 점검능력 평가를 신청한 관리업자의 국내 점검면적실적금액을 점검능력 평가를 신청한 관리업자가 보유한 기술인력의 가중치 총합으로 나눈 금액으로 하되, 이 경우 국내 총 기성액 및 기술인력 가중치 총합은 평가기관이 관리하고 있는 정보를 기준으로 한다(전년도 기술인력 1단위당 평균 배치면적 평가액이 산출되지 아니하는 경우에는 전전년도 기술인력 1단위당 평균 배치면적 평가액을 적용한다).

나. 보유기술인력 가중치의 계산은 다음의 방법에 따른다.

1) 보유기술인력은 해당 관리업체에 소속되어 6개월 이상 근무한 사람(신규등록 · 신규양도 · 합병 후 관리업을 한 기간이 6개월 미만인 경우에는 등록신청서 · 양도신고서 · 합병신고서에 기재된 기술인력으로 한다)만 해당한다.

2) 보유기술인력은 주인력 관리사와 보조인력을 특급, 고급, 중급 및 초급점검자로 구분하되, 등급구분의 기준은 「소방시설공사업법 시행규칙」 별표 4의2에 따른다. 이 경우 1인이 2이상의 자격, 학력 또는 경력을 가지고 있는 경우 대표되는 하나의 것만 적용한다.

3) 보유기술인력의 등급별 가중치는 다음 표와 같다.

보유기술인력	관리사 (경력 5년 이상)	관리사	특급	고급	중급	초급
가중치	3.5	3.0	2.5	2	1.5	1

3. 경력평가액은 다음 계산식으로 산정한다.

> 경력평가액 = 실적평가액 × 관리업 경영기간 평점 × 10/100

가. 관리업경영기간은 등록일 · 양도신고일 또는 합병신고일부터 산정기준일까지로 한다.

나. 종전 관리업자의 관리업 경영기간과 관리업을 승계한 자의 관리업 경영기간의 합산에 관해서는 제1호 마목을 준용한다.

다. 관리업 경영기간 평점은 다음 표에 따른다.

관리업 경영기간	2년 미만	2년 이상 4년 미만	4년 이상 6년 미만	6년 이상 8년 미만	8년 이상 10년 미만
평점	0.5	0.55	0.6	0.65	0.7
10년 이상 12년 미만	12년 이상 14년 미만	14년 이상 16년 미만	16년 이상 18년 미만	18년 이상 20년 미만	20년 이상
0.75	0.8	0.85	0.9	0.95	1.0

4. 신인도평가액은 다음 계산식으로 산정하되, 신인도평가액은 실적평가액 · 기술력평가액 · 경력평가액을 합친 금액의 ±10% 의 범위를 초과할 수 없으며, 가점요소와 감점요소가 있는 경우에는 이를 상계한다.

신인도평가액 = (실적평가액 + 기술력평가액 + 경력평가액) × 신인도 반영비율 합계

가. 신인도 반영비율 가점요소는 다음과 같다.

1) 최근 3년간 국가기관 · 지방자치단체로부터 소방 및 화재안전과 관련한 표창을 받은 경우

가) 대통령 표창: +3%

나) 장관 표창이상, 소방청장 또는 광역자치단체장 표창: +2%

다) 그 밖의 표창(+1%)

2) 소방시설관리에 관한 국제품질경영인증(ISO)을 받은 경우: +2%

3) 소방에 관한 특허를 보유한 경우: +1%

4) 전년도 기술개발투자액: 「조세특례제한법 시행령」 별표 6에 규정된 비용 중 소방시설관리업 분야에 실제로 사용된 금액으로 다음 기준에 의한다.

가) 실적평가액의 1% 이상 3% 미만: 0.5%

나) 실적평가액의 3% 이상 5% 미만: 1.0%

다) 실적평가액의 5% 이상 10% 미만: 1.5%

라) 실적평가액의 10% 이상: 2%

나. 신인도 반영비율 감점요소는 아래와 같다.

1) 최근 1년간 법 영업정지처분 및 과징금처분을 받은 사실이 있는 경우

가) 1개월 이상 3개월 이하: -2%

나) 3개월 초과: -3%

2) 최근 1년간 국가기관 · 지방자치단체 · 공공기관으로부터 부정당업자로 제재처분을 받은 사실이 있는 경우: -2%

3) 최근 1년간 이 법에 의한 과태료처분을 받은 사실이 있는 경우: -2%

4) 최근 1년간 이 법에 의해 소방시설관리사가 행정처분을 받은 사실이 있는 경우: -2%

5) 최근 1년간 부도가 발생한 사실이 있는 경우: -2%

5. 신인도등급 결정은 다음기준에 의한다.

가. 제4호의 신인도 평가결과가 +5% 이상인 경우: A2+등급

나. 제4호의 신인도 평가결과가 +2% 이상 +5% 미만인 경우: A+등급

다. 제4호의 신인도 평가결과가 -2% 이상 +2% 미만인 경우: A등급

라. 제4호의 신인도 평가결과가 -5% 이상 -2% 미만인 경우: B등급

마. 제4호의 신인도 평가결과가 -5% 미만인 경우: C등급

6. 제1호부터 제5호까지의 규정에도 불구하고 신규업체의 점검능력 평가는 다음 계산식으로 산정한다.

점검능력평가액 = (전년도 전체 평가업체의 평균 실적금액 × 10/100) +
(기술인력 가중치 1단위당 평균 점검면적실적액 × 보유기술인력 가중치합계 × 50/100)

[별표 9] 행정처분기준(제41조 관련)

1. 일반기준

가. 위반행위가 동시에 둘 이상 발생한 때에는 그 중 중한 처분기준(중한 처분기준이 동일한 경우에는 그 중 하나의 처분기준을 말한다. 이하 같다)에 의하되, 둘 이상의 처분기준이 동일한 영업정지이거나 사용정지인 경우에는 중한 처분의 2분의 1까지 가중하여 처분할 수 있다.

나. 영업정지 또는 사용정지 처분기간 중 영업정지 또는 사용정지에 해당하는 위반사항이 있는 경우에는 종전의 처분기간 만료일의 다음 날부터 새로운 위반사항에 의한 영업정지 또는 사용정지의 행정처분을 한다.

다. 위반행위의 차수에 따른 행정처분의 가중된 처분기준은 최근 1년간 같은 위반행위로 행정처분을 받은 경우에 적용한다. 이 경우 기간의 계산은 위반행위에 대하여 행정처분을 받은 날과 그 처분 후 다시 같은 위반행위를 하여 적발된 날을 기준으로 한다.

라. 다목에 따라 가중된 행정처분을 하는 경우 가중처분의 적용 차수는 그 위반행위 전 행정처분 차수(다목에 따른 기간 내에 행정처분이 둘 이상 있었던 경우에는 높은 차수를 말한다)의 다음 차수로 한다.

마. 영업정지 등에 해당하는 위반사항으로서 위반행위의 동기·내용·횟수·사유 또는 그 결과를 고려하여 다음의 어느 하나에 해당하는 경우에는 그 처분을 가중하거나 감경할 수 있다. 이 경우 그 처분이 영업정지 또는 자격정지일 때에는 그 처분기준의 2분의 1의 범위에서 가중하거나 감경할 수 있고, 등록취소 또는 자격취소일 때에는 등록취소 또는 자격취소 전 차수의 행정처분이 영업정지 또는 자격정지이면 그 처분기준의 2배 이상의 영업정지 또는 자격정지로 감경(법 제28조 제1호·제4호·제5호·제7호, 및 법 제35조 제1항 제1호·제4호·제5호를 위반하여 등록취소 또는 자격취소된 경우는 제외한다)할 수 있다.

1) 가중 사유

　가) 위반행위가 사소한 부주의나 오류가 아닌 고의나 중대한 과실에 의한 것으로 인정되는 경우

　나) 위반의 내용·정도가 중대하여 관계인에게 미치는 피해가 크다고 인정되는 경우

2) 감경 사유

　가) 위반행위가 사소한 부주의나 오류 등 과실에 의한 것으로 인정되는 경우

　나) 위반의 내용·정도가 경미하여 관계인에게 미치는 피해가 적다고 인정되는 경우

　다) 위반행위를 처음으로 한 경우로서, 5년 이상 소방시설관리사 업무, 소방시설관리업 등을 모범적으로 해 온 사실이 인정되는 경우

　라) 그 밖에 다음의 경미한 위반사항에 해당되는 경우

　　(1) 스프링클러설비 헤드가 살수(撒水)반경에 미치지 못하는 경우

　　(2) 자동화재탐지설비 감지기 2개 이하가 설치되지 않은 경우

　　(3) 유도등(誘導橙)이 일시적으로 점등(點燈)되지 않는 경우

　　(4) 유도표지(誘導標識)가 정해진 위치에 붙어 있지 않은 경우

2. 개별기준

가. 소방시설관리사에 대한 행정처분기준

위반사항	근거 법조문	행정처분기준		
		1차	2차	3차
1) 거짓, 그 밖의 부정한 방법으로 시험에 합격한 경우	법 제28조 제1호	자격취소		
2) 「화재의 예방 및 안전관리에 관한 법률」 제25조 제2항에 따른 대행인력의 배치기준·자격·방법 등 준수사항을 지키지 아니한 경우. 다만, 소방시설관리사와 관리업자가 동일인인 경우에 한한다.	법 제28조 제2호	경고 (시정명령)	자격정지 6월	자격취소
3) 법 제22조에 따른 점검을 하지 않거나 거짓으로 한 경우 가) 점검에 참여하지 않았음에도 점검결과 보고서에 참여한 것으로 서명(확인)한 경우 나) 소방시설등의 점검결과를 거짓으로 한 경우	법 제28조 제3호	자격정지 1월 경고	자격정지 6월 자격정지 6월	자격취소 자격취소
4) 법 제25조 제7항을 위반하여 소방시설관리사증을 다른 사람에게 빌려준 경우	법 제28조 제4호	자격취소		
5) 법 제25조 제8항을 위반하여 동시에 둘 이상의 업체에 취업한 경우	법 제28조 제5호	자격취소		
6) 법 제25조 제9항을 위반하여 성실하게 자체점검업무를 수행하지 아니한 경우	법 제28조 제6호	경고	자격정지 6월	자격취소
7) 법 제25조 각 호의 어느 하나의 결격사유에 해당하게 된 경우	법 제28조 제7호	자격취소		

나. 소방시설관리업에 대한 행정처분기준

위반사항	근거 법조문	행정처분기준		
		1차	2차	3차
1) 거짓, 그 밖의 부정한 방법으로 등록을 한 경우	법 제35조 제1항 제1호	등록취소		
2) 법 제22조에 따른 점검을 하지 않거나 거짓으로 한 경우 가) 점검을 하지 않았음에도 관계인에게 점검결과 보고서를 제출한 경우 나) 점검일자·점검면적·점검자 및 소방시설등의 점검결과를 거짓으로 한 경우. 다만, 관리사가 작성한 자체점검결과 보고서를 관리업자가 축소·변경·삭제한 경우에 한한다.	법 제35조 제1항 제2호	영업정지 1월 경고	영업정지 6월 영업정지 6월	등록취소 등록취소
3) 법 제29조 제2항에 따른 등록기준에 미달하게 된 경우. 다만, 기술인력이 퇴직하거나 해임되어 30일 이내에 재선임하여 신고하는 경우는 제외한다.	법 제35조 제1항 제3호	경고 (시정명령)	영업정지 3월	등록취소
4) 법 제30조 각 호의 어느 하나의 등록의 결격사유에 해당하게 된 경우. 다만, 제30조 제5호에 해당하는 법인으로서 결격사유에 해당하게 된 날부터 2개월 이내에 그 임원을 결격사유가 없는 임원으로 바꾸어 선임한 경우는 제외한다.	법 제35조 제1항 제4호	등록취소		
5) 법 제33조 제2항을 위반하여 등록증 또는 등록수첩을 빌려준 경우	법 제35조 제1항 제5호	등록취소		
6) 법 제34조 제1항에 따른 점검능력 평가를 받지 아니하고 자체점검을 한 경우	법 제35조 제1항 제6호	영업정지 1월	영업정지 6월	등록취소

📍 [별표 10] 과징금의 부과기준(제42조 관련)

1. 일반기준

가. 영업정지 1개월은 30일로 계산한다.

나. 과징금 산정은 영업정지기간(일)에 제2호 나목의 영업정지 1일에 해당하는 금액을 곱한 금액으로 한다.

다. 위반행위가 둘 이상 발생한 경우 과징금 부과에 의한 영업정지기간(일) 산정은 제2호 가목의 개별기준에 따른 각각의 영업정지 처분기간을 합산한 기간으로 한다.

라. 영업정지에 해당하는 위반사항으로서 위반행위의 동기·내용·횟수 또는 그 결과를 고려하여 그 처분기준의 2분의 1까지 감경한 경우 과징금 부과에 의한 영업정지기간(일) 산정은 감경한 영업정지기간으로 한다.

마. 연간 매출액은 해당 업체에 대한 처분일이 속한 연도의 전년도의 1년간 위반사항이 적발된 업종의 각 매출금액을 기준으로 한다. 다만, 신규사업·휴업 등으로 인하여 1년간의 위반사항이 적발된 업종의 각 매출금액을 산출할 수 없거나 1년간의 위반사항이 적발된 업종의 각 매출금액을 기준으로 하는 것이 불합리하다고 인정되는 경우에는 분기별·월별 또는 일별 매출금액을 기준으로 산출 또는 조정한다.

바. 가목부터 마목까지의 규정에도 불구하고 과징금 산정금액이 3천만원을 초과하는 경우 3천만원으로 한다.

2. 개별기준

가. 과징금을 부과할 수 있는 위반행위의 종별

1) 소방시설관리업

위반사항	근거 법조문	행정처분기준		
		1차	2차	3차
법 제22조에 따른 점검을 하지 않거나 거짓으로 한 경우	법 제35조 제1항 제2호	영업정지 1월	영업정지 6월	
법 제29조 제2항에 따른 등록기준에 미달하게 된 경우. 다만, 기술인력이 퇴직하거나 해임되어 30일 이내에 재선임하여 신고하는 경우는 제외한다.	법 제35조 제1항 제3호		영업정지 3개월	
법 제34조 제1항에 따른 점검능력 평가를 받지 아니하고 자체점검을 한 경우	법 제35조 제1항 제6호	영업정지 1월	영업정지 6월	

나. 과징금 금액 산정기준

등급	연간매출액(단위: 백만원)	영업정지 1일에 해당되는 금액(단위: 원)
1	10 이하	25,000
2	10 초과 ~ 30 이하	30,000
3	30 초과 ~ 50 이하	35,000
4	50 초과 ~ 100 이하	45,000
5	100 초과 ~ 150 이하	50,000
6	150 초과 ~ 200 이하	55,000
7	200 초과 ~ 250 이하	65,000
8	250 초과 ~ 300 이하	80,000
9	300 초과 ~ 350 이하	95,000
10	350 초과 ~ 400 이하	110,000
11	400 초과 ~ 450 이하	125,000
12	450 초과 ~ 500 이하	140,000
13	500 초과 ~ 750 이하	160,000
14	750 초과 ~ 1,000 이하	180,000
15	1,000 초과 ~ 2,500 이하	210,000
16	2,500 초과 ~ 5,000 이하	240,000
17	5,000 초과 ~ 7,500 이하	270,000
18	7,500 초과 ~ 10,000 이하	300,000
19	10,000 초과	330,000

📍 [별표 11] 수수료(제44조 제1항 관련)

납부대상자	납부금액
가. 법 제25조 제1항에 따라 소방시설관리사시험에 응시하려는 자	
1) 1차시험	1만8천원
2) 2차시험	2만원
나. 법 제29조 제3항에 따라 소방시설관리업의 등록을 하고자 하는 자	4만원
다. 법 제29조 제3항에 따라 소방시설관리업의 등록증 또는 등록수첩을 재발급받으려는 자	1만원
라. 법 제32조 제3항에 따라 소방시설관리업의 지위승계를 신고하는 자	2만원
마. 소방시설관리사증을 발급받으려는 자	2만원
바. 소방시설관리사증을 재발급받으려는 자	1만원

사. 법 제34조 제1항 및 제40조에 따라 점검능력 평가 등을 받으려는 자의 수수료는 다음과 같다.

  1) 점검능력 평가수수료: 100,000원

  2) 점검능력 평가 관련 제 증명서 발급 수수료: 2,000원

  3) 점검실적 중 점검인력의 배치기준 적합여부 확인 수수료

종류	적용 대상	수수료(원)
1종	연면적 5,000m^2 미만인 특정소방대상물에 대해 작동점검을 실시한 경우	2,200
2종	연면적 5,000m^2 이상인 특정소방대상물에 대해 작동점검을 실시한 경우	2,700
3종	연면적 20,000m^2 미만인 특정소방대상물에 대해 종합점검을 실시한 경우	4,400
4종	연면적 20,000m^2 이상인 특정소방대상물에 대해 종합점검을 실시한 경우	4,900

납부방법

1. 가목 및 마목부터 아목까지의 수수료는 계좌입금의 방식 또는 현금으로 납부하거나 신용카드로 결제하여야 한다. 다만, 정보통신망을 이용하여 전자화폐·전자결제 등의 방법으로 결제할 수 있다.

2. 나목부터 라목까지의 수수료는 해당 지방자치단체의 수입증지로 납부하여야 한다.

3. 아목의 수수료는 영 제47조 제3항에 따라 업무위탁을 받은 기관 또는 단체는 수수료를 현금으로 받을 수 있다.

2023 대비 최신개정판

해커스소방
김진성
소방관계법규 기본서 | 1

개정 4판 1쇄 발행 2022년 7월 21일

지은이	김진성 편저
펴낸곳	해커스패스
펴낸이	해커스소방 출판팀

주소	서울특별시 강남구 강남대로 428 해커스소방
고객센터	1588-4055
교재 관련 문의	gosi@hackerspass.com
	해커스소방 사이트(fire.Hackers.com) 교재 Q&A 게시판
학원 강의 및 동영상강의	fire.Hackers.com

ISBN	979-11-6880-547-7 (13360)
Serial Number	04-01-01

소방공무원 1위,
해커스소방 fire.Hackers.com

ⅢⅡ 해커스소방

· 해커스 스타강사의 **소방관계법규 무료 동영상강의**
· **해커스소방 학원 및 인강**(교재 내 인강 할인쿠폰 수록)
· 해커스소방 **패스상품**(교재 내 할인쿠폰 수록)